U0915167

传
记
文
库

特立，不独行

張伯苓家族

侯杰 秦方 著

新星出版社 NEW STAR PRESS

张伯苓（后排左1）与胞弟张彭春（后排左2）及父亲张久庵等合影

张伯苓着北洋水师军服

1917 年 8 月—1918 年 11 月在美国哥伦比亚大学留学时的张伯苓

张彭春

张彭春在世界人权会议上发言

张彭春夫妇

张伯苓夫妇在重庆津南村

张伯苓夫妇与子张锡祚夫妇及孙辈合影

1949 年张伯苓夫妇在重庆津南村与儿媳及孙子、孙女等合影

1929 年张伯苓夫人与 4 个儿子张希陆（左 1），张锡羊（右 1），张锡祚（左 2），张锡祜（右 2）在火车站迎接张伯苓赴欧考察归来

张伯苓夫人王淑贞与四子锡祜及其未婚妻

后排右起：右 1 张伯苓、右 2 张锡禄（张伯苓长子后改名希陆）、右 3 张锡羊（张伯苓次子）、右 4 张彭春（张伯苓胞弟）

中排右起：右 1 王淑贞（张伯苓夫人）、右 2 杨太夫人（张伯苓母亲）、杨太夫人怀抱张祝春的女儿、右 3 张祝春（张伯苓胞妹，马千里夫人）

前排右起：右 1 马秋官（张祝春的儿子）、右 2 张锡祚（张伯苓三子）、右 3 张锡祜（张伯苓四子）、右 4 马珠官（张祝春长女）

张彭春和夫人蔡秀珠及子女合影

1956年，张彭春和亲友们在纽约。右起：张彭春、柳无忌、高蔼鸿（柳夫人）、柳广南（柳女）、蔡秀珠（张彭春夫人，抱张元平）、张新月（次女，抱郑宗舜）、郑师拙（婿）、高玛吉（长媳，抱张元苓）

张新月大妇抱女儿合影

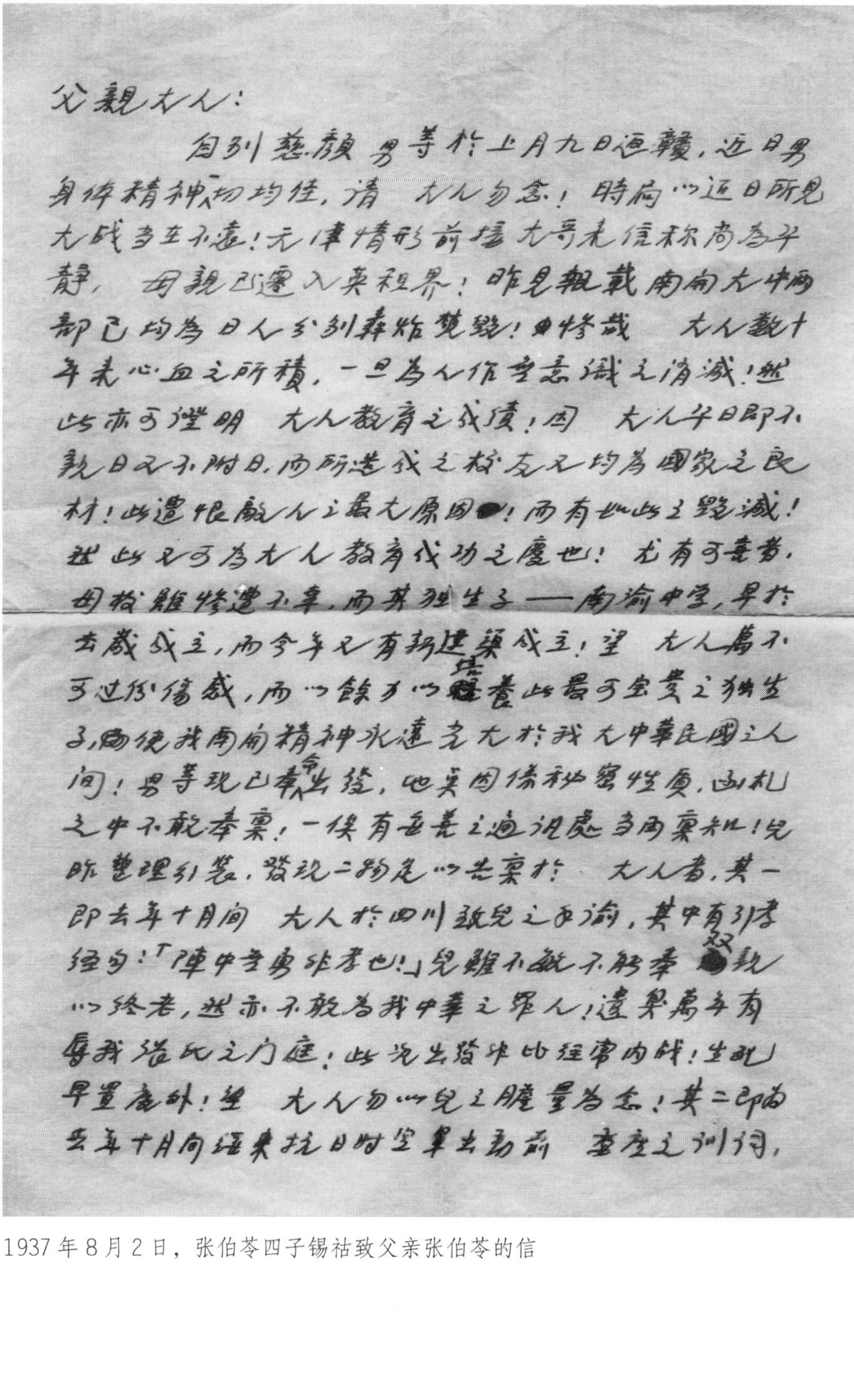
父親大人：

自別慈顏，男等於上月九日返贛，近日男身体精神一切均佳，請 大人勿念！時局以近日所見大战多在不遠！天津情形前據大哥來信称尚為平靜，母親已遷入英租界！昨見報載南開大中兩部已均為日人以則轟炸焚毀！痛哉 大人數十年來心血之所積，一旦為人作無意識之消滅！然此亦可證明 大人教育之成績！因 大人平日即不親日又不附日，而所造成之校友又均為國家之良材！此遭恨敵人之最大原因！而有此此之毀滅！然此又可為大人教育成功之慶也！尤有可喜者，母校雖慘遭不幸，而其独生子——南渝中学，早於去歲成立，而今年又有新建築成立！望 大人萬不可过份傷感，而以餘力以培養此最可宝貴之独生子，而使我南開精神永遠光大於我大中華民國之人間！男等現已奉命出發，但是因係秘密性質，函札之中不能奉稟！一俟有無甚之通訊處当再稟知！兒昨整理行装，發現二物足以告稟於 大人者，其一即去年十月間 大人於四川致兒之手諭，其中有引孝经句：「陣中無勇非孝也！」兒雖不敏不能奉雙親以終老，然亦不致為我中華之罪人！遺累萬年有辱我張氏之門庭！此次出發非比往常內战！生死早置度外！望 大人勿以兒之膽量為念！其二即為去年十月間綏東抗日時空軍出動前 委座之訓詞，

1937 年 8 月 2 日，张伯苓四子锡祜致父亲张伯苓的信

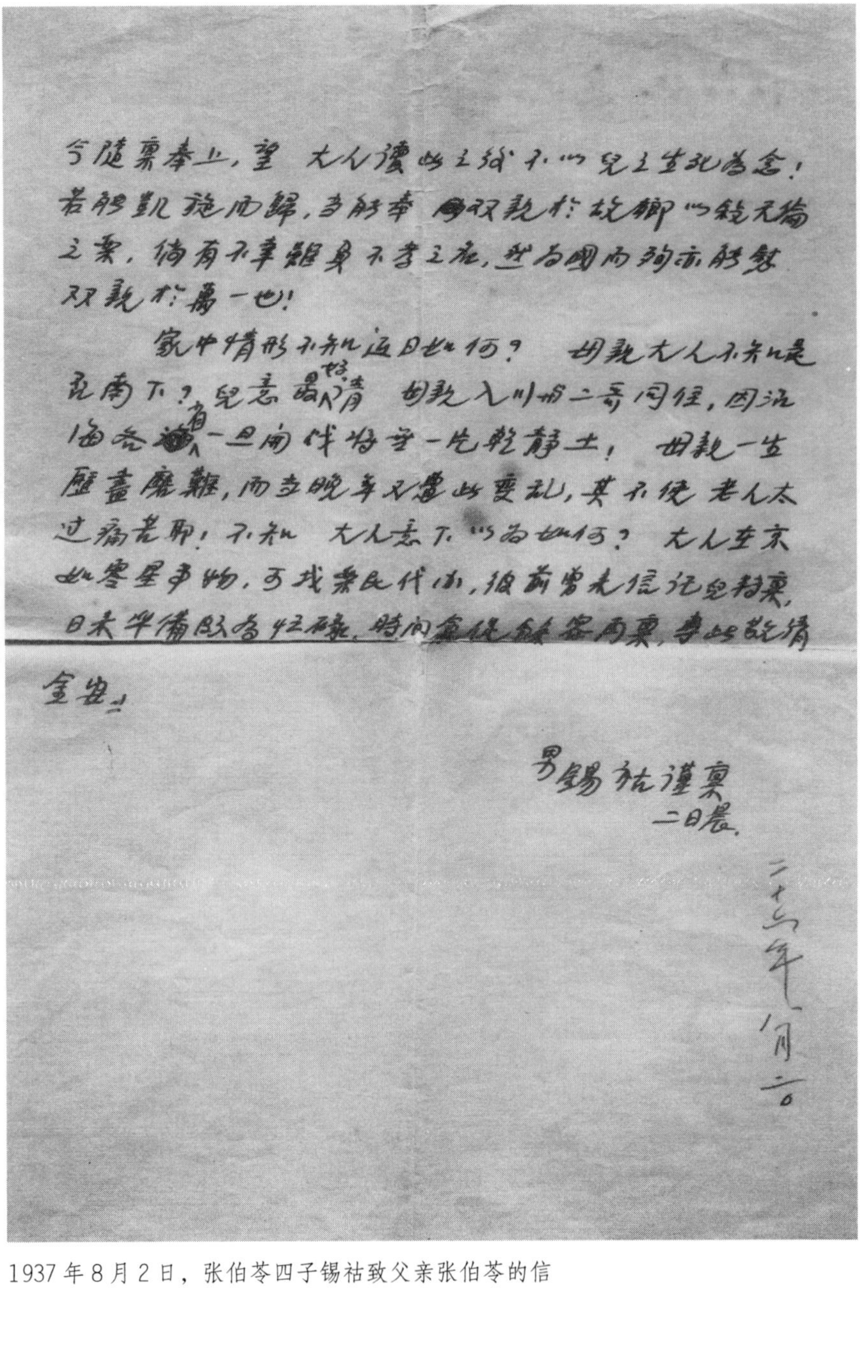

今隨禀奉上，望 大人讀此之後不以兒之生死為念！若能凱旋而歸，当能奉 母双親於故鄉以終天倫之樂，倘有不幸殞身不孝之罪，然為國而殉亦能慰双親於萬一也！

家中情形不知近日如何？ 母親大人不知是否南下？兒意最好請 母親入川我二哥同往，因沿海各省有一旦開戰皆变一片乾静土！ 母親一生歷盡磨難，而至晚年又遭此变乱，其不使 老人太过痛苦耶！不知 大人意下以為如何？ 大人在京如零星事物，可找乘民代办，报前曾來信託兒打票，日本華僑隊為此確，時間急促，餘容再禀，專此敬請

金安！

男錫祜謹禀

二日晨。

二十六年八月二日

1937年8月2日，张伯苓四子锡祜致父亲张伯苓的信

序　言

张元龙

早在十多年前，侯杰教授就曾多次访问过我，起初主要是为了撰写《张伯苓家族》一书。虽说以前就认识，但是这样的频繁接触，使我感到他确实是一个执着的人。他对中国近代史、对天津、对南开的历史也非常熟悉，也有一种使命感和责任感，所以我就尽自己的所能，提供我们张家后人力所能及的帮助。不仅如此，侯杰教授还在美国、韩国、日本等国家以及中国大陆、香港、台湾、澳门等地区讲学、合作研究的过程中，从城市史、教育史、性别史、媒体史、宗教史等不同领域深化和拓展了祖父伯苓先生及其家族的研究，拥有很多知音。更让我印象深刻的是，这么多年来，他率领着一批又一批的本科生、硕士生、博士生从事一些有关南开校史，尤其是祖父伯苓先生及其妹妹、妹夫、兄弟的研究，在“百年南开”以及随后的纪念活动中，扮演着越来越重要的角色。正所谓既培养了人才，又推出了论著，还服务了社会，用实际行动践行了南开教育理念和精神。我很庆幸，有侯杰教授这样的中青年学者数十年如一日潜心向学，在浩如烟海的文献中，爬梳整理，不计名利，甘为人梯，以传承南开精神为神圣职责，灯火传薪，造福莘莘学子。他组织的几次大型学术活动和文献片摄制我都参加了，不仅从精神上给予支持，还要提供实际的帮助。

众所周知，祖父伯苓先生没有留下大部头专著，因为他是一位述而不作的实干家。但是，他丰富而传奇的一生，不仅见证了那段波澜壮阔、沧桑磨难的历史变迁，而且在那个变化多端的历史环境中自觉寻找教育救国的宝贵经验。2015 年南开大学出版社隆重推出的皇皇十余册的《张伯苓全集》是祖父伯苓先生一生文章、言论的第一次全方位、大规模汇集，记录了他的苦闷、快乐、失落、追求及坚忍；反映了一个私立学校所有的压力，一个教育工作者对教育规律的探索；展现了中国知识分子对国家、对民族的拳拳之心。这为像侯杰教授这样的学者提供了直接的帮助，于是他在南开大学历史学院发起、组织了"伯苓研读会"，以自发和自觉的方式，动员学生们认真研读，学以致用。

2016 年 3 月，我父亲张锡祚撰写的《先父张伯苓先生传略》也由南开大学出版。在这篇序中，我的真情不自觉地流露了出来："伯苓先生的传记已出版不少，南开大学出版社最近又出版了《张伯苓全集》，这些素材更加丰富了研究南开教育的内容。我真心希望通过这些研究还原二十世纪上半叶那段历史，深入探讨在清廷腐败而时代新生、抵御外侮而内战频仍，社会激荡而又动荡之际，严范孙、张伯苓等一批有良知的知识分子，怀着教育救国的理念，如何筚路蓝缕、刚毅坚卓，建成中外驰名的南开系列学校；如何遍考中外，摸索出一套为国家培养大批精英、以'公能'为目标的教育规律；如何以一个私立学校的微薄之力最先发现、最先揭露日本侵华野心，并且做出了巨大的牺牲；如何以'私立非私有'的办学理念和优异的办学业绩，吸引了大量的社会捐助，成就令人惊叹的中国最成功的公益项目。更主要的是，先贤们为民族大业殚精竭虑、义无反顾、奉公献身的中国传统'士'的精神，如何与今天的核心价值融合，赋予新的时代内涵。"最后，我饱蘸深情地写道："谨以此序纪念我的父亲和祖父。"

在 2016 年 4 月 5 日南开大学举行的纪念张伯苓诞辰 140 周年座谈会上，我和南开大学校长龚克教授一起向校友会代表和师生代表赠送了这部《先父张伯苓先生传略》，当时侯杰教授等专家学者也在场，并畅谈了对伯苓先生教育理念和办学实践的研读体会。我们的共识越来越多。在我看来，南开教育从一开始就是近代中国一次重要的启蒙运动，启蒙的焦点就是建立起公和私的正确关系。早在 1915 年 3 月，张伯苓就指出："试问海内视国事为己事者几人哉！"他又提出："欲免为亡国之奴，请先克服自己。"南开建校 30 年时，张伯苓正式宣布南开以"允公允能"为校训。其实，这是对 30 年南开践行教育救国理念的总结和提炼。记得我曾在南开学校的许多场合说过这样的话——中华民族几千年以来，历尽磨难，屡遭列强欺侮，几次亡国，但不亡种。百年来，辛亥、五四、抗战、新中国成立、改革开放，一路走来，一定有一种精神在支撑，一种力量在推动，我以为，那就是"士"的精神。一百多年前的中国知识分子， 秉承民族精神，为挽救民族危亡毅然选择教育救国道路的壮举。这其中，严范孙、张伯苓就是中国"士"的典型代表，并且，他们通过教育事业把这种精神传承至今。南开就是培养"士"的学校，"公能"校训就是"士"的标准，南开精神就是"士"的品格，南开学子就是"士"的集合！不知道侯杰和读者们是否也有同感?

我在天津大学校友会上也曾说过：历史是由若干碎片组成的。每一个人、每一个组织的真实的历史记忆还原了一个民族、一个国家、一个社会波澜壮阔的历史进程，家族的历史又何尝不是如此呢?！感谢侯杰教授和秦方副教授在此书中描述了我们这个普通家族所经历的美好时光，赞美了整个家族与南开师长、同学、校友延续一生一世的真挚情谊，记录了学习、生活中秉承南开学校"允公允能，日新月异"校训，为祖国和世界乃至人类的美好未来奋力拼搏。

回首家族的发展变化，不能不说祖父和祖母的影响非常深远。由此我也想到：家风离不开社会风气和当地民风的熏陶，离不开家长的修养和见识，离不开成员们受到教育水平的影响。我认为家庭成员所受教育水平对家风的建设非常关键。祖父一生从事教育工作，为南开学校服务了近 50 年。他对教育生涯的体会自然影响到我们的大家庭里来。比如南开校训"允公允能"，翻译到家里就是“有爱国之心，兼有救国之力”。比如南开精神，一曰使命感，二曰奉献和担当，三曰忠诚，被祖父很自豪地灌输进我们的脑袋里，教育往往是在细节和潜移默化中发生作用。最近，我梳理出祖父两句话作为我们家人共勉的训句，那就是：“私立非私有，留德不留财。”南开是私立学校，全靠社会捐资而成，最终回归了社会，他身后竟无一分存款。他说把财产留给子孙，可能会造成懒惰和风险，留下德行在社会，子孙受用无穷。“私立非私有”，这是中华民族家风建设中的智慧之言。在天津这么多年，我受到社会各界的信任和关照，足以证明了“留德不留财”这句话的分量。当然，在先人的业绩下，后人往往都有不辱家风的压力。其实我们都是普通公民、普通家庭，尽管如此，我们愿意在家风建设中和大家一道尽自己绵薄之力。曾子说，若成大事，要先齐家、修身、正心。正心就是明确正确方向。我以为我们应该从我做起，从现在做起，从核心价值观中的诚信和友善做起。一个家庭的诚信和友善就是成员的信用等级，他得到的是低的交易成本和高效率的服务。社会中，大部分家庭都是诚信和友善的信用等级，我们和谐社会和中国梦就会前进一大步。让我们为这个心中的目标都尽一份力！

是为序

2017 年 3 月

目　录

前 言

有人说，历史是很容易遗忘的。回首往昔，曾经有过多少挺立潮头的风云人物和显赫家族，从时代的舞台上渐渐淡出，尘埃落定之后，最终为历史所湮没。在中国近现代历史上，在天津，便曾经有过这样一个本不应被我们所遗忘的家族——正是这个家族，在中国的教育、戏剧、体育、宗教、慈善、外交以及中西文化交流等诸多方面，都做出了不可磨灭的贡献——这便是以张伯苓、张彭春等人为代表的张氏家族。

时至今日，已经很少有人知晓张伯苓这位为近代新式教育奉献一生的爱国主义教育家了。但是他为国家与民族建立的南开中学、南开大学、南开小学、南开女子中学以及重庆南开中学仍然造福着一代又一代的有志有为的青年人，而他的精神也并未因时光流逝而失去光芒。张伯苓是热爱教育事业的，为此他心甘情愿地放弃了做一位海军军官的大好前途，投身严氏家馆和王氏家馆，从当“孩子王”开始，走上创立和发展新式教育的漫漫长路；张伯苓是爱国者，虽然他加入了基督教，成为一名虔诚的基督教徒，但却主张中国人的宗教应该自作，并倡行“宗教爱国”的理念精神，成为近代中国基督教

“三自运动”[①] 的前驱与领袖人物；张伯苓是善于学习的，他多次游历日本以及欧美等现代强国，向它们学习和借鉴促进教育发展的经验和方法；张伯苓是融会中西的，他将基督教的隐忍、宽容、奉献与牺牲等精神融入南开学校和社会活动之中，并将仁爱、孝悌、忠信等儒家道德传授给青年学生；张伯苓是主张所有的受教育者“德智体群”全面发展的，他在努力培养学生的学习能力之同时，也大力号召和组织同学们积极参加体育运动，从事文学创作，甚至登台表演，因而获得了“中国话剧第一人”等称号；张伯苓是坚强不屈的，南开惨遭日本军国主义者的轰炸，但是这位61岁的老人硬是傲然地说：“敌人此次轰炸南开，被毁者为南开之物质，而南开之精神，将因此挫折而愈益奋励。故本人对于此次南开物质上所遭受之损失，绝不挂怀，更当本创校一贯精神，而重为南开树立一新生命。”张伯苓更是富于创造性的，当南开学校及整个华北地区都遭到日本侵华战争的破坏时，一所名为南渝的中学早已在重庆逐渐发展起来，成为南开学校生命和奋斗精神的延续。凡此种种，无不表现出张伯苓是伟大的，“从1898年南开中学前身严氏家塾的六个学生，到1948年的包含大、中、女、小、渝五部，在校生达四千余人的一代名校，南开的发展是‘超常规’的。考虑到这几十年间战乱频仍，政治经济环境相当恶劣，张伯苓竟能开创如此辉煌的事业，后人很难不深表敬佩”[②]。

由张伯苓，我们也更多地走近了其胞弟张彭春，一位丝毫不逊色于兄长的中国现代戏剧家、外交家和教育家。他常说：当演员站在舞台上表演的时候，应该让自己在表演生活，而不是表演戏剧。张彭春本人将这一原则演绎得淋漓尽致。他以人生为舞台，凭借“庚子赔款”留学美国，热心教育、长于辩论、钻研戏剧；回国之后，指导南开新剧团，成为南开新剧的灵魂人物，并由此被誉为“北方话剧奠基人之一”；他兄倡弟随，为南开中学发展建言献策，积极推进南开大学成立，还成为清华大学草创时期的重要人物。一人参与创办两所举世闻名的大学，古今中外能有几人？20世纪30年代，他成

①以自治、自养、自传为宗旨的宗教爱国运动。

②陈平原：《中国大学十讲》，复旦大学出版社2002年版，第237页。

为梅兰芳京剧团出访美国、苏联的总导演，为把中国的国粹推向世界贡献良多；抗日战争爆发之后，他游走于欧美各地，大力宣传中国抗日政策，积极争取国际支持，并推动美国政府废除《美日商约》；抗日战争结束后，他活跃于联合国的舞台上，成为《世界人权宣言》的重要起草者之一。在这由戏剧、外交、教育编织而成的五彩缤纷的人生舞台上，张彭春始终抱定一个信念，就是推动中国的现代化。他曾自言道："个人有时致力于教育，有时从事外交，有时也研究戏剧，表面上看起来，似乎所务太广。其实一切活动，都有一贯的中心兴趣，个人三十年来，时时萦绕在脑际的中心问题，就是现代化，也就是中国怎么才能现代化。"①

张祝春和马千里的婚姻不仅在津门唱响新式婚礼的号角，而且用相亲相爱、荣辱与共的生命历史写就教育家族的辉煌，为中国现代女子教育发展呕心沥血，为新式教育的改革鞠躬尽瘁，死而后已。

在张伯苓、张彭春、张祝春和马千里之后，张氏家族的子辈锡禄、锡羊、锡祚、锡祜、新月及马桂官、马珠官，孙辈媛美、媛和、媛庆、媛贞、媛良、元敬、元龙等人又将张氏家族爱国奋斗、不屈不挠的精神延续下来，至今仍有很多张氏族人在各自领域中贡献着自己的才华和智慧。走进张伯苓家族，我们似乎可以通过一代代张家人生命历程的跌宕起伏窥见近代中国历史乃至现代社会的兴衰嬗变，对"生命不止，奋斗不息"有更多的感悟。

有鉴于张伯苓在天津前前后后、陆陆续续创办了南开中学、南开大学、南开女中、南开小学及重庆南开中学，全书以南开学校这一概念来表示对这几部学校的总称，以免造成混乱。抗日战争中，他又接办自贡曙光中学，将南开精神发扬光大。

张伯苓的生命历程，多年以来一直深深地吸引着我们。不仅是因为这位将一生都奉献给近代教育事业的老人创办了南开学校，造福后世，令人感动，更是因为他身上体现的顽强奋斗、不屈不挠、服务社会、服务人群、一心为

①《公能报》，1946年11月。

公的精神时刻激励着我们这些南开人。为了撰写这部书稿，我们有幸比较系统地探寻了张伯苓、张彭春及其张氏家族的历史发展脉络，难以自持地被这个家族的精神和散发出来的生命力所吸引。

早在2003年7月至8月，香港中文大学崇基学院神学组即现在的神学院举办了首届暑期密集课程，我率数名博士生、硕士生一道前往。其中秦方同学以"基督徒张伯苓研究"为题，继续我多年前指导日本留学生东幸司开始的研究工作。在港期间，得到香港中文大学卢龙光、温伟耀、梁元生、苏基朗、吴梓明、李炽昌等教授的指导和温兆辉、林志辉等先生的鼎力相助，获得了香港中文大学图书馆中有关张伯苓等人的中外文资料。香港浸会大学历史系的黄嫣梨教授、李金强教授和教育系的叶国洪教授或者给予了具体的指导，或者提供了实际的帮助，使我们得到了香港浸会大学图书馆的相关资料。台湾"中央研究院"近代史研究所的张力教授也为该书的撰写工作提供了许多珍贵的信息，在此一并深表谢意。

2004年，即南开学校建立100周年、南开大学建立85周年，让我们不禁想起张伯苓校长的这段话："南开之事业无止境，南开已发展无穷期，所望我同人同学，今后更当精诚团结，淬厉奋发，抱百折不回之精神，怀勇往直前之气概，齐心协力，携手并进，务使我南开学校能与英国之牛津、剑桥，美国之哈佛、雅礼并驾齐驱，东西称盛。是岂我南开一校一人之荣幸，实亦我华夏国家之无疆之光辉也。"[①] 为了衷心地祝福南开的明天更辉煌，早日使张伯苓校长和所有南开人的这个宏愿变成现实，我们潜心撰写张氏百年家族的历史，对张伯苓、张彭春及其张氏家族的历史变迁进行了较为系统的梳理。张伯苓之孙、时任天津商会会长张元龙先生在百忙之中多次接受我们的访问，并提供了相当丰富的照片和文字资料。此外，时任南开大学宣传部的李毅部长和丁峰先生、校史研究史主任梁吉生教授、王昊先生非常关心我们的研究工作，南开大学图书馆和历史学院资料室的江小敏、侯咏梅、王薇等老师为

① 《南开四十年校庆纪念特刊》。

我们查找资料提供了许多便利。学生刘宇聪、李钊、姜海龙、林绪武、高冬琴、李纳、李德珠、李净昉、冯志阳、冢田和茂等人在各自紧张而繁重的学习和研究之余，也做了大量的辅助性工作。投考南开大学却入其他学府读书的杨静同学也为本书默默地收集了不少宝贵的资料。合著者秦方在搜集资料和撰写书稿的过程中，一丝不苟，严肃认真，表现出相当强的科研能力和写作能力。看到学生的迅速成长和团队精神的加强，深信南开的未来一定会更加美好。

小女远思不论是在天津，还是在上海生活、学习期间对南开的关心与热爱，父母亲对执教于南开的儿子之宽容与无私帮助，让我把几乎全部的时间和精力都投入到教学和科研工作中去，同时也使我懂得了南开的成功凝聚了多少代人的期望与奉献。但愿天南地北的南开人都能够牢记自己曾在这里度过的青春岁月，并以此为荣耀，也都愿意将南开精神带到海角天涯，发扬光大，丰富生命，造福人群。以上是我在这部书即将出版的时候，写下的感怀。本书出版后，恰逢南开百年校庆，我们师生以此为契机，进一步加大对南开校史的学习和研究，撰写了一系列文章，在《天津日报》《今晚报》等专版、专栏中发表，践行南开服务社会、造福人群的精神。

如今，合著者秦方从南开大学毕业后，远赴美国明尼苏达大学留学，取得博士学位，并放弃在美国任教的机会，回国工作，现任首都师范大学历史系副教授，仍为青年学者中的佼佼者。更多的学生，如刘黎红、蔡伟红、肖冰、陈静、麻涛、孙毅、周思远、常全喜、吴成娥、曾秋云、张红兵、胡伟、范氏银、王军、苏芃芃、黄景辉、王文斌、赵秀丽、李从娜、侯亚伟、汪伟炜、何睦、段文艳、李文健、董虹、朱文广、刁晓敏、陈文君、徐世博、王兴昀、齐薇、王晓蕾、谢晓晨、王凤、师卓、赵天鹭、花少辉、李娜、傅懿、张培培、李贞玉、闫涛、常春波、王萌萌、孙巍溥、丛菁华、封磊、刘文慧、石兆含、王晓燕、杨林源、任启慧、王哲、赵超洋、王晓、郑羽双、刘煦、郑健超、马晓驰、赵硕、吴同、付中志、白中阳、于玥、张鑫雅、徐开阳、孟小强、庄钊滢、何晓同、周荣程、邢玮璈、杜卓阳、李厚超、丁睿、吴介楠、王宏嘉、白京麟、张昶、谢玉清、向亚军、陈华秋、岳思彤、李晋宇、廉贵锋等人在南开大学攻读学士、硕士、博士期间，在学习和研究张伯苓、张彭春、马千里等人历史的同时，也在各地将南开精神发扬光大。爱女远思去年已经从香港中文大学博士毕业，当年顺利执教于英国萨里大学，今年转到杜伦大学任教，假期返津为南开大学MBA讲授双语课程，一步一个脚印。老母至今仍替儿子关心着学生们的成长，每逢节日，也会得到早已从南开毕业，目前生活和工作在天南地北的南开学生们的衷心祝福。只可惜父亲再也无法听儿子给他讲述南开的逸闻趣事以及学生们的成长，唯以此书献给他。

十多年来，南开学校获得了更大的发展机遇，也面临更严峻的挑战，如何应对？张伯苓、张彭春等人的教育思想和实践，无疑具有一定的现代启示意义和价值，受到政府和有识之士的高度重视。影视剧的制作、专题片的摄制，都有效地传播了张伯苓等人身上所体现出来的时代精神。"公能"教育，成为南开大学的教育理念和追求目标。笔者不仅将南开精神落实到教学实践中，把"公能"教育引入天津市精品课中国近代史的课程建设，而且还倡导建立"伯苓研读会"，并且每年都在南开大学MBA、EMBA开学典礼上，和来自天南地北的莘莘学子分享张伯苓、张彭春的生命历史，回味南开大学的过往，足迹遍及天津、青岛、沈阳等地。前年，龚克校长请笔者等到各个学院讲授南开校史，对新生进行入学教育。笔者将自己的感悟和心得与经济学院、文学院、汉语言文化学院、旅游与服务学院、历史学院的新生分享，赢得了师生们的热烈掌声，受到极大鼓励。在赴海内外一些著名高校讲学的过程中，笔者应邀举办了多场专题讲座，出版专题报告。在国内外一系列学术研讨会上，笔者也发表过若干篇学术论文。在张元龙支持下，与天津基督教青年会联合主办国际学术研讨会，主编《天津基督教青年会丛书》，收集、整理了许多有关张伯苓、张彭春、马千里等人的资料，发表了一系列研究成果。

这一时期，海内外有关张伯苓、张彭春的研究论文、著作和资料也出版了很多，包括周锡瑞、叶文心、梁吉生、孙平华等教授的研究著述，龚克、崔国良教授主编的《张伯苓全集》《南开话剧史料丛编》等，尤其是张锡祚的《先父张伯苓先生传略》，为进一步走近这一值得尊重与怀念的家族，提供了更多文本和解读。而香港学者李志刚会长、苏成溢主席不仅促成“何世明博士文化讲座”落户南开，为更多的海内外学者来南开讲学，分享研究成果提供了实际的支持和帮助，而且率先讲授自己多年的研究发现。来自美国的姚西伊，日本的随清远，中国香港地区的卢龙光、萧锦华、卢淑樱，中国台湾地区的卢建荣、习贤德以及大陆的李学通、侯杰、秦方、姜海龙等人纷纷与师生们交流研究心得，为张伯苓、张彭春研究的深入及南开精神的发扬光大，奉献各自的聪明才智。卢龙光、温伟耀、邢福增等教授继续邀请南开学子出席暑期交流课程和青年学者学术研讨会，使年轻人获得难得的学习、交流机会。不仅如此，来自中国台湾地区的卢建荣、丘智贤和远在美国哥伦比亚大学留学的郑羽双寄来的有关张伯苓、张彭春的中英文资料，也弥补了以往的某些缺憾。张伯苓教育思想研究会和南开大学教育基金会、校友总会等也给予了多方面的支持。尽管如此，笔者仍然感到资料收集和作者能力有限，本书在撰写过程中还存在着一些不足和缺陷，恳望读者和方家不吝赐教。

祝福新的生命降临，祝愿南开生命之树常青，祝贺南开百年辉煌。

侯 杰

2003 年 12 月初稿于南开大学八里台中国近代史教研室

2017 年 3 月末改定于南开大学津南校区历史学院研究室

一、目睹世艰　弃戎从教

享誉津门的“琵琶张”

清光绪二年农历三月十一日（1876 年 4 月 5 日），张伯苓出生在天津一个贫寒的塾师家中。这使得多年来一直盼望着早日得子的父母终于美梦成真。由于这一代子女的名字排到了春字，父母遂为这个孩子取名寿春，字伯苓，希望孩子能够平安成长，长命百岁。张伯苓的诞生，为这个日渐衰落的家庭带来了希望。

据张伯苓的母亲杨夫人口述，“张氏先祖于清初来自山东，原在运河里使用楠木船，往来南北，贩运油粮为生”。[①] 也就是说张伯苓一家原籍山东，以运河为生，用楠木船贩运货物，风里来雨里去，多年后日渐富庶。众所周知，当时铁路交通尚未出现，运河是内河航运的主要运输方式之一，而天津位于海、河交汇处，有着得天独厚的地理优势，因此在海运、漕运中都发挥了至关重要的作用，说它是华北内河水运的集散中心、南北市场的枢纽城市，一点都不为过。一方面，每年有大量的粮食从南方的产粮区源源不断地运到天

①张锡祚：《先父张伯苓先生传略》，南开大学出版社 2016 年版，第 2 页。

津，再经通州至北京，以满足京城人口不断增长的粮食需求。另一方面，很多船户也从辽东一带贩运粮食，再通过天津转卖到其他各地。南来北往的粮船促进了天津的繁荣，也促进了天津船行的发展。

为什么在清朝初年，张氏举家移居天津河东呢。在张家还流传着这样一个故事：一天清晨，张氏先祖送货来到天津，在河东一带散步。忽然间，看到一块荒地上，有一只猫和一条蛇正在缠斗，遂十分兴奋地以为这是龙虎斗，此地一定是块旺地，马上决定把这块地买了下来，建起家园。而张家在移居天津之后，就审时度势地在河东靠近河口岸的地方开了一家名为“协兴号”的船行，取其“协力同兴”的含义。张家重操旧业，专门用楠木船来贩运粮油杂货，往来于南北各地。这家船行的规模最初不是很大，但是经过几代人的辛勤经营，最终在天津站稳了脚跟，家道也逐渐兴旺起来。从谱系传承来看，张氏“传到五世祖天行公讳健，生高祖兴如公讳文德兄弟三人。兴如公生曾祖筱洲公讳虔，为国学生，早年亡故。筱洲公生祖父久庵公讳云藻，筱洲公去世时，久庵公才九岁”。①

正是在两代单传的张筱洲、张久庵的身上，张家的命运发生了比较大的改变。清朝中后期，张氏家族传到了张筱洲这一代。张筱洲，名虔，即张伯苓的祖父，生于清嘉庆九年(1804年)，殁于清道光二十二年(1842年)。张筱洲在生前就已经做出了弃商从儒的重要决定。这条道路似乎成为传统社会中稍有资产的商人或地主较为普遍的选择和归宿。在人们头脑中常常存在这样的固有观念：商人即使再有钱，家有万金，即便富可敌国，也是不牢靠的。从社会现实来看，由于受到传统的“士、农、工、商”等级观念的深刻影响，即使商人们通过努力经营而致富，也无法获取与之相称的社会地位，有时还会受到别人的歧视。商人自已也无法彻底摆脱这种“四民”观念的影响，因此在经商赢利之后，总会放弃商业经营活动而转向求取功名的老路上来，以取得正统观念的承认。在这样的社会环境中，张筱洲自然也不例外。但是这

---

①张锡祚：《先父张伯苓先生传略》，南开大学出版社2016年版，第2页。

样的生活道路同样充满着风险，交织着成功与失败双重变奏，充满喜悦和苦楚。张筱洲虽然经过刻苦努力成为国学生，但是在此后的科举考试中却屡试不中，无法在仕途上向前迈进，最终只落得个疯癫而死的悲惨下场，年仅 38 岁。所有的家产都落在了张氏家族唯一的男丁、张筱洲的独子张久庵的肩上。

张久庵，名云藻，生于清道光十四年 (1834 年)，殁于清宣统元年 (1909 年)。在父亲张筱洲去世的时候，他还仅仅是一个九岁的孩童。可想而知，在一个九岁孩子的眼中，虽然还不能理解父亲因求取功名失败而死的真正意义，但是失去亲人的痛苦却会使他的心灵多多少少受到触动甚至伤害！是否可以这样说，父亲的死，给张久庵日后轻功名重享受的弹奏、骑射等玩乐生活埋下了伏笔。

本来在张筱洲去世之后，张家便把唯一的希望寄托在张久庵身上，按照常理，张家应尽量利用经济富足的家庭环境，为张久庵创造良好的读书条件，希望他能够平步青云、光宗耀祖。但是，“先曾祖母刘太夫人不免过于宠爱放纵了些，而当时家道又正兴盛。所以也就没有把科举事业放在意中了”。因此，张久庵养成聪明不羁的性格，对多数人追求的通过科举考试，谋个一官半职的生活道路产生了强烈的排斥心理。从青年时期起，张久庵就对骑射、弹奏等世人眼中“旁门左道”的东西，表现出极大兴趣。为此，他甚至不惜花费金钱，遍访名师，虚心求教。对科举功名无所用心的张久庵在这些方面却表现出极高的天赋，再加上有名师指点，技艺进步极快。他年纪不大，即擅长骑射，精通乐器，吹、拉、弹、唱，无一不精，其中尤以弹奏琵琶堪称一绝，具有高超演技。在艺术欣赏水平较高、对艺人表演技艺颇为挑剔的天津观众中也小有名气，津门时人一般都称他为“琵琶张”。据说严范孙还曾经为张久庵专门灌制他演奏琵琶的唱片，其演奏水平由此可窥一斑。

一直到晚年，没有一天不弹弄的，每天晚上快上床睡觉的时候，一定要弹上一两段琵琶曲子。在北方，冬天的夜晚，气温很低。可他乐此不疲，即便是隆冬时节，仍然坚持不懈。他还请妻子在棉被上挖两个洞，躺在暖炕上，把手伸出来，弹弄琵琶、弦子等乐器，转轴拨弦，演奏不辍。尽管家庭生活质量不断下降，张久庵还是不改其乐。这都是因为他生性淡泊名利，视荣华富贵如浮云，将音乐艺术视为生命中的重要组成部分。

张久庵和当时被称为“伶圣”的内廷供奉孙菊仙最要好，成为莫逆之交。他们彼此尊重，相互切磋技艺。张久庵曾教授孙菊仙戏曲乐理，而孙菊仙也将张久庵视为知己。孙菊仙是天津人，所以天津人都称其为“老乡亲”。因为戏唱得好，孙菊仙成为慈禧太后的供奉，经常进宫为“老佛爷”演唱，成为闻名遐迩的“十三名伶”之一。可是，孙菊仙每次回到天津演戏，一定要请张久庵给他打鼓。孙菊仙这个人的身上也带有很强的时代烙印，每当赈灾义演的时候，常常唱到中间，摘下髯口，停下锣鼓，对台下的听众发表演说，宣讲赈灾的道理。演说完毕，孙菊仙再挂上髯口，响起锣鼓，继续演唱。在张锡祚的印象中，孙菊仙“这个人很富于侠气。后来他活了90多岁，记得在我小时，他还到我家来过，父亲教我们叫他孙爷爷，说这就是‘老乡亲’，当时他的精神还是健旺得很”。[①]

实际上，张久庵的身上也充满豪情，时不时散发出几分侠气。张久庵晚年的时候，常常去茶馆，一边喝茶，一边听艺人们表演各种说唱弹奏节目。那天正好有一位从外地来的老艺人，在台上演奏琵琶。此人60岁左右，在各地已有一些名气。可是在弹奏时，有一处弹得不大对，张久庵情不自禁地用年老颤抖的声音叫了一声倒好。那位老艺人听到之后，大惊失色，立即放下琵琶，问道：“是哪位喝倒彩？”茶馆管事的说：“这是张七爷，琵琶弹得最好。”老艺人也不含糊，说道：“既然如此，就请张七爷上台来弹弹，让我们领教领教。”当时在茶馆中喝茶的人，多是平时认识的熟客，一齐怂恿张久庵露上一手。张久庵不愿违却众人的好意，遂走上台来，拿起琵琶弹了一阕。刚弹罢，那位老艺人“扑通”一声，跪在地上连连磕头，一定要拜张久庵为师。经不住台上台下众人的一致起哄，张久庵不仅收了这位老艺人为徒弟，还传授了几段平生最得意的琵琶曲。

---

①张锡祚：《先父张伯苓先生传略》，南开大学出版社2016年版，第3页。

尽管在琵琶演奏中，张久庵获得了无限乐趣，也赢得了人们的尊重和喜爱。可是这种不事生产的生活却很难维持长久。于是，张家以前的风光日子不得不随着张久庵的声声弹奏而每况愈下。到张伯苓出生的时候，张家只能靠张久庵设帐授徒、教授乐器，妻子杨氏为人修补衣服，勉强维持生计了。

泥娃娃三哥

说到张伯苓的出生，还有一段有关张家泥娃娃三哥的有趣故事。所谓泥娃娃，其实是天津的一种传统民俗。当时，一些结婚多年尚未生育的女性甚至包括刚刚过门的女子为了能够早生“贵子”，完成传宗接代的使命，总是要到天后宫虔诚地求拜司职生育的娘娘，请求娘娘早早赐子。乞拜之后，她们还用红头绳把娘娘像前的泥娃娃拴住一个，偷偷抱走，拿回家供养起来，若家里有钱的话还要放下一些香火钱。回家之后，若这家求子的媳妇真的怀孕生子了，那么这泥娃娃便成为这家的长子，以后不管生多少个孩子，这个泥娃娃都排行老大，俗称“娃娃大哥”。而这些求子怀孕生养宝贝的媳妇还有她们的家人，则要在生育后的百日内到天后宫进香酬谢，并奉还 99 个泥娃娃，以示感恩之情。供奉在家的“娃娃大哥”和真正的孩子一样，每年都要长一岁，因此，“娃娃大哥”每年也都要洗一次，即打碎之后再按照其成长规律加入泥土后重新塑造一次，而且其穿戴也会随着年龄的增加或者节气的变化有所不同。“娃娃大哥”的平日生活也和自家人一样，每餐都要给他摆上一副碗筷，逢年过节的时候还要摆上水果供其享用，这样年复一年，“娃娃大哥”经过了幼年、少年、中年，到了老年的时候还要留上胡须呢！

对于张家而言，传宗接代是一个严峻的问题。张久庵先娶妻胡氏，曾生育过几个子女，但都没有存活下来，夭折了。而她本人也非常不幸，很早就因病去世。可是张久庵兼祧五门，遂续娶了杨氏。杨氏宅心仁厚，温柔体贴，和丈夫的感情非常好。生活虽然困苦了一些，但是夫妻俩却能患难与共，不离不弃，不乏喜乐。只是有一件令人不顺心的事，即杨氏自结婚之后一直没有怀孕，这不能不成为夫妻俩的一桩心病。万般无奈之下，杨氏便依照传统民俗去天后宫虔诚地求来了一个高约寸许的泥娃娃，带回家中，供奉起来。但是在给泥娃娃取名的时候，张久庵夫妇颇费了一番心思。他们冥思苦想了半天也没有找到一个合适的名字。恰巧此时张家邻居有两个男孩儿叫大柱和二柱，整天活蹦乱跳，都十分健康可爱。为了求得自家儿女活得长久，张久庵灵机一动，就决定给泥娃娃取个乳名叫三柱，希望借助邻居家的两个孩子的福气给自己家带来好运气，早生贵子。张伯苓的外甥女马珠官在《我的五舅张伯苓》中回忆说："外祖母赴天津娘娘宫抱来一个泥塑的娃娃回家供奉，据说如此可生男丁。在我的记忆中，记得这个泥娃娃，我辈称之娃娃三舅，为之另设一间房屋中放一张大方桌，桌上置一张椅，这位娃娃三舅身穿长袍马褂，鞋、袜一概俱全，头上戴一顶缎质帽，顶上有一个红结，每日三餐供奉。"[①]

人有善愿，天必从之。果然在第二年，杨氏生了一个女儿，一家人大喜过望，也顾不得应该为女孩子起个女性化的名字，就按照"娃娃大哥"三柱的排行取名四柱了。转年，杨氏再次怀孕并生下一子，取名五柱，大名寿春，字伯苓。后以字行，遂以张伯苓闻名天下。张伯苓年长以后被人称为五爷，就是由泥娃娃而来。以后杨氏又多次生育，在张久庵59岁时生下另一个儿子，大号彭春，字仲述，后来又生了两个女儿。张家再无单传之虞。张久庵的三个女儿，长女嫁给许梓政，次女嫁给了黄姓人家，三女嫁给了马千里。因为人丁兴旺，所以张家对"娃娃大哥"三柱奉若神灵，总觉得是他给家里带来了好运，所以，将其视为张家的保护神。

---

①沈卫星主编：《重读张伯苓》，光明日报出版社2006年版，第393页。

启蒙教育

张久庵在43岁的时候喜得长子，确实得来不易。在中国人的传统观念里，长子的出生和成长被寄予太多的希望。这不仅意味着整个家庭乃至家族的生命可以延续下去，香火不断了，而且还能指望着长子顶门立户过日子。因此，家家户户都对长子格外看重。张久庵当然也不例外，满心喜悦地将伯苓视作掌上明珠。张伯苓幼年的时候，就表现出一些过人之处。因为性情刚直，张伯苓在少年时期就好打抱不平。外出的时候，遇见不平之事，就要上门去为人辨析清楚是非曲直。遇到强梁不逊，不听劝告，不讲道理者，张伯苓还会撸起袖子，伸张正义，为受欺负的人讨还公道。张伯苓力气很大，时常因此把人打伤。被张伯苓打伤的人及其家长也不会善罢甘休，往往会找上门来告状，让张久庵好好教训教训张伯苓。遇到这种情形，张久庵每每都会对人家赔礼道歉，承认教子不严，孩子闯下大祸，实在不应该。事后，张久庵对张伯苓并不深责，而是说“不可因此伤了他的这一点正义之气”。

鉴于自己一生的困顿不得志，张久庵将振兴家族的希望完全寄托在儿子的身上，一申自己的平生志愿，不要像自己这样哀叹悲惨的命运，因此，便竭尽所能地让被自己看出具有特异之处的张伯苓自幼接受教育，不遗余力。张久庵对张伯苓督导甚严，在张伯苓刚刚五岁的时候就亲自为其启蒙。先读浅显易懂的《百家姓》《千字文》等，后习“四书”“五经”等儒家传统经典。在讲授的时候，张久庵“重启发，贵实践，深合教育原理”。[①] 他总是对张伯苓进行耐心的教导和不厌其烦地讲解，往往将书本上的知识和社会现实糅合在一起，以便让张伯苓更容易理解和接受。幼小的张伯苓，可能对那些书本上的知识仅是一知半解、懵懵懂懂，但是对于自己生活在其中的鲜活社会还是有一些感悟的。在朦朦胧胧中，他似乎多多少少地懂得了一些道理。开始注意到什么是生活，什么是社会。这种理论联系实际的教育方法使张伯苓受

①汪斗瞻：《张伯苓先生事略》，中国人民政治协商会议天津市委员会文史资料研究委员会编：《天津文史资料选辑》第8辑，天津人民出版社1980年版。

益匪浅，以至于以后张伯苓在教书育人的过程中，也自觉不自觉地沿袭了父亲的一贯风格。

可惜的是，这种口耳相传、言传身教的教育方式并没有维持很长时间。为了维持家庭生活，张久庵不得不四处奔忙，到处授课教徒。在天津宜兴埠，有一个温姓教育世家，温世霖的母亲徐振肃在家中办起了温氏家塾，聘请张久庵担任塾师。年幼的张伯苓随父亲就读，在温氏家塾学习、成长，并与温氏兄弟姐妹特别是温世霖结下很深的情谊。[①] 像这样可以带孩子一起去学习还好，有些时候则不能带孩子就读，致使张伯苓无法得到父亲更为系统和深入的指导。这对一个有能力又负责任的父亲来说，是十分痛苦的事情。为了避免耽误张伯苓的发展前途，张久庵只好把张伯苓送到同族人张竹坡的家馆中去借读。张竹坡的家境殷实，父亲在善堂里当会董，既有钱，又有地位，为儿子专门请了一个家馆塾师。张久庵为了孩子的前途，拉下老脸，和族人商量让张伯苓在他家馆里面读书。然而一般的家馆塾师授课比较死板而且过分严苛，学生们在“举行了拜师礼仪以后……被安置在一只方桌旁就座，往往是三四名学生坐在一起，然后塾师便用死记硬背的方法教导我们迈入那熟读古典书籍的漫长岁月。一位塾师可能同时或分批教一二十名学生。如果你的住所附近设有私塾，最明显的标志就是学生们连续不断的琅琅读书声。他们正通过朗诵牢记那些古典文章。看来仿佛是课文越难，学生越笨，而念书声叫得也越响”。[②] 而张伯苓自幼接受父亲比较开明的启蒙与教导，在幼小的心灵中对这种死记硬背的方法有些抵触。所幸没过多长时间，张氏家馆便因故告停，张伯苓结束了这段学习生涯。原因却是张氏家馆的孩子，在当时算是富家子弟，不喜欢读书，想着各种办法逃学。张家一想，自己花了那么多钱，请来了塾师，自家的孩子不好好读书，倒是别人家的孩子勤学苦读，不断成

① 1911 年 1 月，温世霖因为领导立宪运动，被清廷逮捕，发配新疆伊犁。天津县议事会公推张伯苓为全国学生界请愿同志会临时议长，终日四处奔走，设法营救。1904 年，严范孙、张伯苓创办南开学校，1905 年，温世霖开办普育女学堂，两校互聘教师，张伯苓的胞妹张祝春在普育女学堂任教，并与马千里在新式学堂举办新式婚礼，传为佳话。

②梁吉生：《张伯苓与南开大学》，山西教育出版社 1995 年版，第 89—90 页。

长，觉得太不合算了，于是就把塾师给辞退了。

失学在家的张伯苓多少感到失落，但天无绝人之路。当时，天津城内设立了三十多所官办或者民办的义学，又称义塾，是专为家境贫困的子弟提供普及教育而设立的教育机构。为了鼓励穷苦孩子能够接受基本教育，资金充沛的官办义学发给前来就读的孩子四季衣物以及十二市两（旧制）的面食，即使是一些勉力维持的民办义学，也给孩子发送少量的笔墨纸张和一些零用钱，让孩子不致因为家境贫寒而辍学。因此，张久庵又千方百计地将张伯苓送入一家刘姓开办的义塾中去，继续艰难的求学之路。于是，年仅六岁的张伯苓成为义塾中的一名学生，白天在义塾里面念《三字经》，放学回家之后，再听父亲的辅导和讲解。但是出入义塾学习，在某种程度上意味着承认了自己家境的贫寒乃至窘迫，因此，在义塾里学习的孩子不可避免地要承受旁人的歧视和白眼。在这样的环境中，张伯苓忍受着别人异样的目光，内心是十分痛苦的。父亲张久庵常常借生活中的一些事例鼓励孩子，让张伯苓印象极为深刻。"当余尚梳小辫时，先父曾有言'人愈倒霉，愈应当勤剃头、勤打扮'，这就是说总当洁净光滑，表示精神。"[①] 这句话几乎成了张家的传家宝。张家人也都懂得这句话的含义：一个人越是在困难的环境里，越要把精神振作起来，不可颓废下去。张伯苓平生常引用父亲的这句话来鼓励自己，在遇到任何困难的时候，从来不气馁。[②] 所以，他十分珍惜这来之不易的学习机会，发奋读书。在这样的学习环境中，张伯苓更多地耳闻目睹了贫寒子弟的生活、学习状况，对他们的愿望、要求有了更多的了解和认识。因为张久庵和张伯苓之间父子情深，所以以后不管张伯苓是学习，还是工作，也不管每天晚上回家多么晚，张久庵一定要等儿子回家。父子要畅谈一天的学习和工作，有不是的地方，张久庵一定要指出来，以便张伯苓下次注意。对于人生处世之道，他给予的指点尤多。只有这样畅快淋漓地谈过之后，他才肯去休息。无论寒暑，天天如此，从不中断。

---

①《大公报》1932 年 8 月 23 日。

②张锡祚：《先父张伯苓先生传略》，南开大学出版社 2016 年版，第 17 页。

由于义学的宗旨仅仅是为了让学童们掌握浅显的文字，以达到教育普及的目的，因此传授的内容都比较简单，几乎没有对高深的传统文化及其经典的系统讲授。尽管如此，张伯苓不忘老师的恩情。即便是在刘先生逝世之后的几十年间，张伯苓一直都和刘先生的后人往来不断，千方百计报答师恩。

实事求是地说，传统教育形式再也无法满足张伯苓日益增长的求知欲望了。因为，他要寻觅更高的发展目标。然而，张伯苓对科举考试也没有产生太大的兴趣，觉得八股文麻醉民智。他把目光转向了“新学”，位于天津城东八里的贾家沽天津机器局西之北洋水师学堂，深深地吸引了张伯苓。张久庵爱子心切，自然也非常尊重孩子的选择。

北洋水师学堂的求学生涯

清光绪十五年（1889年），年仅13岁的张伯苓以优异的成绩考入了北洋水师学堂，在驾驶班，学习轮船驾驶等近代知识。这所新式学堂可以说为张伯苓等学子们开启了生命中的另一扇大门，让他们看到了更为广阔的世界。张伯苓接触到与以往大为迥异的生活方式和教育内容，由此开始了接受新式教育和西方思想的人生历程。

在当时被认为是“洋学堂”的北洋水师学堂可以说是19世纪中后期洋务运动蓬勃发展的产物之一。这所以培养强劲的北洋海军为主要目标的军事学堂是洋务运动的代表人物、时任直隶总督兼北洋大臣的李鸿章一手创办的。在推进洋务运动的过程中，李鸿章非常注重提倡创办和洋务事业相配套的新式学堂，认为培养人才是社会发展的当务之急，因此，他在1880年奏请设立了北洋水师学堂。当时科举盛行，为了在更大范围内延揽人才，吸引学生，学堂在招生时提出了非常优渥的就学条件，规定：来北洋水师学堂读书的学生，不仅可以免交饭费、宿费，而且学校还会根据学生的程度给予一定补贴，每月发放赡银四两。每月四两白银，对于当时的普通百姓来说，算得上是一笔不小的收入了。这件事在张家也引起不小的反响：“一般人的思想不大开通的。清朝政府为了吸引学生起见，所有的学员，不但免费管吃管住，而且每月还津贴白银四两五钱。这在当时确是个不小的数目。”这意味着学生一旦入学，不仅可以保证自己衣食无忧，不用家人担心，甚至还可以给家里提供补济，自己也可以安心学习了。这样的条件，确实吸引了社会中相当一部分立志求学却苦于家庭经济状况不佳的贫寒子弟。就张伯苓个人而言，北洋水师学堂丰厚的学习条件是他选择该学堂就读的直接原因之一。

更为重要的是，当时中华民族正面临着严峻的生死存亡的考验，西方列强纷至沓来，视中国为囊中之物，肆意掠夺和瓜分。凡有志之中国人，莫不以反对列强侵略、挽救民族危亡为己任。当时，很多人将军事富强当作国家振兴的首要条件，“军事救国”成为一股跌宕起伏的社会思潮。许多热血青年义无反顾地投身于北洋水师学堂这类新式军事学校，希望通过学习西方先进的军事科学知识和技能来解除中国的危局。张伯苓自幼家境贫寒，生活坎坷，对国家危难更是有一番深刻的体验，自然也心存报国大志，不愿落于人后。据张家后人披露：张伯苓“虽在幼年，常自胸怀救国大志，鉴于八股文的麻醉民志，欲想救危图存，唯有学新学，所以发奋考入了北洋水师学堂”。[①] 天津作为北京的门户、国内特别是北方陆路海航的重要码头，在军事上的战略地位也非常重要，再加上海军是现代化程度较高的新兴兵种，因此，在天津北洋水师学堂学习，将来更容易为保家卫国尽一分力量。

基于以上种种原因，张伯苓成为北洋水师学堂的一名学生。

北洋水师学堂的总办初为曾任船政大臣、光禄寺卿的吴赞诚。后来因吴赞诚身染疾病，实在无力支撑，李鸿章又调曾任福建船政提调的吴仲翔继任。为了保证学堂的教育质量，李鸿章还特意聘请具有海军留学教育背景的严复为学堂总教习。严复是清王朝从福州船政学堂派往英国留学的早期留学生之一，留学期间，就读于英国格林尼茨海军大学，并以优异的成绩毕业。回国

---

①张锡祚：《先父张伯苓先生传略》，南开大学出版社 2016 年版，第 8 页。

以后，他先在福州船政学堂任教，后又被举荐到天津北洋水师学堂。在先后担任学堂总教习、会办（即副校长）、总办（即校长）等职务的时候，严复非常负责任地主持了分管的校内各种事务。特别是在总领校务的时候，严复大力主张积极引进西方先进的科学知识和军事方法，培养高水平的学生，因此将自己在格林尼茨海军大学中学到的有关海军的先进技术和经验引入课堂，传授给学生，使“堂中所授繁难诸学，多为从前闽厂驾驶学堂所未及深”。同时，严复又是一位提倡维新救国的启蒙思想家，坚信只有“开民智”才能使国家国富民强，因此，在北洋水师学堂任职期间，他还撰写和翻译了大量著作，传播西方哲学社会科学理论。

北洋水师学堂学制为五年，四年课程学习，一年上船实习。学生们所修读的课程也多为西学，包括英语、地舆图说、算学（至开平方、立方）、几何（原本前六卷）、代数（至造对数表法）、平弧三角法、重学、化学、格致等基础科学知识以及驾驶、测量天象、推算经纬度等有关海军的专业知识、技能。此外，该学堂还非常注重调配优良的师资力量，加强课堂教学，为此，特意聘请了很多从英国留学归来的年轻军事教官给学生们授课。同时，北洋水师学堂也非常注重校园环境建设，收到很好的效果。时人称赞该学校“堂室宏敞整齐，不下一百余椽。楼台掩映，花木参差，藏修游息之所，无一不备。另有观星台一座，以备学习天文者登高测望，可谓别开生面矣”。[①] 北洋水师学堂成为全国新式军事学堂的翘楚，“开北方风气之先，立中国兵船之本”。[②]

对于张伯苓来说，在北洋水师学堂的学习生活，成为其人生旅程中一笔十分丰厚的财富，也为他日后的创业和发展奠定了坚实的基础。

北洋水师学堂的教育内容和教学方式，尽管只是将西学知识和教育方法初步移植到课堂中来，但是对于像张伯苓这样以前从未接触过外来文化的学生而言，不啻是一种前所未有的全新体验。“学堂请的是洋教师，教的是

---

①张焘：《津门杂记》中卷，天津古籍出版社 1986 年版，第 67 页。

②李鸿章：《水师学堂请奖折》，顾廷龙、戴逸主编：《李鸿章全集》第 10 册，安徽教育出版社 2008 年版，第 649 页。

新学，开洋船，使洋枪洋炮，用的是洋文，念的是洋书，总之这叫作上洋学。”[①] 张伯苓总是抓紧每一分每一秒的时间，如饥似渴地汲取与传统儒家文化大相径庭的西学知识，奋发努力，认真学习。他在每年春、夏、冬三次小考中的成绩都非常优秀，而一年一度的秋季大考也多是名列前茅，十试九冠其曹。“在学校五年，学习驾驶，每次考试，都是列在第一名”，[②] 成为全家的骄傲。除了文化知识考试成绩优异之外，张伯苓的体育成绩也非常不错。他尤其擅长爬竿，别看他那时个头还不太高，但是爬杆速度极快，在师生之中颇有几分名气，得一雅号“张小辫”，连当时的总办严复都知道张伯苓的这一绰号。

教育过程不仅仅是知识的输出和接受，同时也是一种思想和意识层面上的塑造催化。北洋水师学堂的学习生涯，使张伯苓潜移默化地受到了西方思想文化的濡染和熏陶。从讲解传统儒家文化的家馆和义塾，到教授西方军事文化的新式学堂，张伯苓在亲身经历两种教育方式塑造的同时，也深切地感受到了中西两种不同文化之间的异同。一边是整天摇头晃脑地背诵着“之乎者也”，一心只读圣贤书，半步不离教室，根本不知道社会为何；而另一边则是学习西方的语言文字和各种知识、技能，还到室外跑跑跳跳、操练起来，以军事救国为立志。中国传统教育的沉闷、僵化和西方知识文化的鲜活、跃动与实用形成鲜明的对比，孰优孰劣，一目了然。张伯苓开始认真反思中国衰退和西方强盛的内在原因，仔细思考国家的命运和前途。严复在近代中国社会中大力提倡和宣扬的“开民智”以及“优胜劣汰”“适者生存”等进化论思想及主张也深刻地影响着张伯苓。而整齐有序的校园环境，实力雄厚的师资力量，也构成了张伯苓对于新式学校的最初印象。张伯苓对家人也十分关心，他知道父亲年事已高，精力、体力日渐衰老，而姊妹幼弟正渐渐长成，家庭生计，日感艰难。所以，他一方面在学校里发奋读书，另一方面处处勤俭节约，用省下来的赡银来养家。

---

①张锡祚：《先父张伯苓先生传略》，南开大学出版社 2016 年版，第 8 页。

②张锡祚：《先父张伯苓先生传略》，南开大学出版社 2016 年版，第 8 页。

当时北洋水师学堂的学生，家境都比较好，再加上学校还发放赡银，所以手头上比较宽裕。因此，每天晚上，学生们常常聚在一起，赌博为戏。有时，他们硬拉张伯苓一起玩儿几圈。万万没有想到的是，张伯苓十次有九次赢钱。不仅如此，只要时间一到，他就离开牌桌，回到自己的房间去念书，或者是按时睡觉。到转天考试的时候，精力充沛，学得扎实，记得牢固，门门功课皆得满分。那些嗜好赌博的同学则不能自拔，终夜不肯罢手，白天上课，无精打采，到了考试的时候，只好交白卷了。

俗话说得好，会拳拳下死，会水水中亡。有一次，张伯苓在学校又和同学们一起赌钱，不小心输了30吊钱。这下可坏了，不光他自己无钱可还，家中因生计艰难，一时也难以拿出钱来帮他还上这笔赌账。张伯苓硬着头皮回到家，不敢和年迈的父亲直说，只好偷偷摸摸地和母亲杨夫人商量，并且保证自己以后再也不赌钱了。他恳求母亲替自己想想办法，周全一下。可是，杨夫人既拿不出钱来，也想不出任何办法，只好去求丈夫帮孩子解决这一难题。张久庵把张伯苓叫到身边，语重心长地讲述了赌博的危害，告诫爱子应当终身引以为戒。张伯苓听着听着，不禁泪如雨下，发誓再不参与赌博，并且说到做到，再也不赌了，把精力都放在学习上。①

清光绪二十年（1894年），张伯苓以最优等第一名的成绩结束了各门课程的学习，成为北洋水师学堂驾驶专业的优秀学生。按《北洋海军章程》规定："驾驶学生在堂习业四年毕业，派上练船学习船艺一年，送回学堂再习三月，然后拨入枪炮练船，再学三月。考校如式，派归兵船差遣补用。"② 因此，张伯苓满怀着对未来的憧憬，等待着上船实习的那一刻。

人有旦夕祸福，天有不测风云。就在这一年，中日甲午战争爆发。中国经历了前所未有的灾难和打击。6月，朝鲜因东学党起义爆发，向清朝政府请求派遣援兵前去救助。但蓄谋已久的日本军国主义者则以平息朝鲜内乱为借口，派出大量的军队，并不断地向清朝军队挑衅，蓄谋发动海路、陆路两

①张锡祚：《先父张伯苓先生传略》，南开大学出版社2016年版，第10页。

②南开校友会编：《张伯苓先生百年诞辰纪念册》，1975年版，第225页。

方面的进攻。清朝政府虽然在洋务运动中建立起了近代陆军、海军，但是由于战争突然爆发，根本没有做好充分的战前准备，再加上慈禧大寿在即，主和的思想弥漫于朝廷内外，占据了主导地位。因此，清朝政府的陆军、海军根本没来得及发挥应有的作用，就被日本陆军、海军击败了，几乎全军覆没，急调北洋水师学生增援。据张家后人追忆：张伯苓“也参与了这一战役。第一艘兵船才出海，就被日舰击沉了。消息传来，阖家大惊，久庵公为之废寝忘餐。后来听说议和了，先生也含泪饮恨，随着众人返师归来……这是平生第一次遭遇刺激”。[①] 这些北洋水师学堂的学生们还没来得及上船实习就仓促上阵，只能是满怀激愤地返师归来，回家等候派遣。

两次婚姻　不同体味

时年，张伯苓已经十八九岁了，这个年龄对于生活在近代中国的亿万男性而言，正是成家的大好时机。因此，张伯苓在家赋闲不久，就由父母做主于这年冬天与天津宜兴埠的安氏女结婚了。这位安氏就是温世霖的堂姑，所以温世霖在《昆仑旅行日记》中称张伯苓为“姻叔”。[②] 但是，这次婚姻并没有给张伯苓带来什么幸福。安氏女本身患有严重的痨疾，已经到了生命垂危的程度，在那时，痨病几乎等同于不治之症。因此，女方家长希望按照传统习俗通过办婚事来冲冲喜，让安氏女早日恢复健康；万一死了，还可以有人给发丧，所以把女儿带病嫁出。按照常理，这位安氏女早已久病沉疴，本应多加休养和治疗，以延缓生命，哪里经得住这繁文缛节的婚嫁礼俗。结果，折腾一通之后，张伯苓还没来得及品味新婚生活的幸福，18 天之后，安氏女就撒手人寰了。婚礼上“喜”字的印迹尚未干透，就换上了白底黑字的“丧”字。在匆忙交替的婚礼、丧礼中，张伯苓看到了生命的无常，也亲身感受到

---

①张锡祚：《先父张伯苓先生传略》，南开大学出版社 2016 年版，第 10 页。

②孙爱霞：《三津谭往》(2015)，天津社会科学院出版社 2016 年版，第 68 页。

了不自由的婚姻给自己和家庭带来的巨大痛苦。张家“在当时家计十分困窘的情况下，凭空又给添了这一娶、一葬之累”。多年以后，张氏后人还在感叹：“旧时陋习，真是害人匪浅。”[①]

转过年来，张伯苓又在父母的安排下与天津世家女王淑贞成亲。所谓“塞翁失马，焉知非福”，经历了和安氏女的短暂婚姻之后，张伯苓又一次听从父母之命、媒妁之言，于2月15日再次走进了婚姻殿堂。值得庆幸的是，这桩婚事成为张伯苓一生中最大的幸事之一。说起这门婚事，其中还有一些耐人寻味的故事。作为父亲，张久庵对于儿子的再婚之事考虑得比较多，思量得非常周到。他认为伯苓是续弦，而原配又是因痨病去世，因此一直想要找一个身强力壮的儿媳妇，以便相夫教子，操持家务。为此，他相中了天津世家之女王淑贞，并请媒婆上门替儿子提亲。

王家家道殷实，王淑贞的父亲是一位举人，家中有四个子女。王淑贞虽然已经22岁了，在时人看来，这么大岁数的女人早应该是好几个孩子的母亲了，但她却因机缘不到，一直未能婚配。王淑贞的父母担忧女儿错过了大好时光，找不到好婆家，整日唉声叹气，直到有媒人登门来为张伯苓提亲。王淑贞的父亲看到自己的女儿比张伯苓大三岁，俗话说：“女大三，抱金砖。”年龄还算般配，再加上张伯苓又是北洋水师学堂的高材生，将来前途一定不可限量，据张家后人记述：王父“一见先生，就大为惊奇。因为先生青年英俊，高身材，腰背挺直，隆鼻，两眼炯炯有神，谈笑风生，和当时的一般读书人，迥乎有别”。因此，满口应允。于是，双方一拍即合，就这么定下了这门婚事。

到了过门的那天，王淑贞蒙着红盖头一下花轿，就看见了站在旁边的张伯苓的一双大脚，大脚乃立地之根本，她心中就有了几分欢喜。等到揭开红盖头，又看到夫君张伯苓身材魁伟，气宇轩昂，眉宇中颇有几分凌云之志，更是心中暗喜。后来，她曾不止一次地告诉过孩子们，她当时就认为自己的

---

①张锡祚：《先父张伯苓先生传略》，南开大学出版社2016年版，第10页。

丈夫是一个能够顶天立地的男子汉。而张伯苓看到王淑贞五官端正，稳重淳朴，颇有大家闺秀的气质，自然也是满意得不得了。[①] 这位王夫人不仅“生来有异相，两耳长大，倍于常人，双手亦长大，远过于男人”，而且“生性勤劳，好整洁”[②]，持家有方。

百年修得同船渡，千年修得共枕眠。这门婚事虽然从头到尾采取了传统的婚姻方式，两位新人在婚前甚至没有见过面，但是张伯苓却真正体会到了幸福的感觉。和绝大多数中国传统女性一样，王淑贞没有接受过高深的教育，而且还裹着小脚，但是却克勤克俭，办事果断明理，上孝顺公婆，下照顾子女，未尝雇用一仆，就把整个家庭照料得井井有条，使张伯苓免除了后顾之忧。当张伯苓在外奔波忙碌时，她总是体贴地对丈夫说：“你外边事情忙，家里事你不用管了。”[③] 王淑贞对张伯苓也非常温柔体贴，起居饮食照顾得都非常好，无一不亲力亲为。凡是丈夫爱吃的菜，她都牢记在心，并亲自下厨烹炒，不假他人。此一习惯，直至年老都不曾改变。更为重要的是，每当张伯苓在外面遇到困难时，王淑贞作为妻子总是想方设法地婉言相劝，为丈夫排忧解难。尤其是在后来学校创办的初期阶段，由于张伯苓和他所创办的新式学校名声还不够响亮，有时出去为学校发展而化缘募捐，经常会碰壁而归。张伯苓心情非常不好，回家以后难免会长吁短叹一番。每逢此时，王淑贞总是给张伯苓打气。她说：“你办南开学校，是为国为民办好事，自会有人相助。凡事都会逢凶化吉，遇难呈祥，何必着急呢？！”[④] 在夫人的劝慰和支持下，张伯苓很快就消除了烦恼，甚至转天便精神抖擞地走出家门，继续到各处奔波游说去了。两人风雨同舟数十载，从未红过脸，吵过架，可谓琴瑟相和，相敬如宾。张伯苓非常感激夫人对自己的支持和宽慰，经常将夫人视作自己事业成功与发展的支柱。

几十年后，张伯苓对自己的两段婚姻生活，进行了细致的比较，毫不隐

①龙飞、孔延庚：《张伯苓与张彭春》，百花文艺出版社 1997 年版，第 246 页。

②张锡祚：《先父张伯苓先生传略》，南开大学出版社 2016 年版，第 10 页。

③梁吉生：《张伯苓与南开大学》，山西教育出版社 1995 年版，第 219 页。

④《天津文史资料选辑》第 8 辑，天津人民出版社 1980 年版，第 107 页。

瞒地说：

在我十九岁的时候，我就结婚了。也就在那年冬天，我第一个太太就死去了，从结婚到断弦，中间不过十八天的工夫。那十八天，就从糊里糊涂中过去。我常想假若我是一个女人而又是在旧环境中，过了糊里糊涂的十八天，便要一辈子糊里糊涂的守节守了下去，岂不是一件笑话。但我们可以想到这种笑话中的主人，是随时随地，不难找到的。

我到二十一岁的阴历正月二十一日，又和现在的太太结了婚。向来续弦，丈夫一定比妻子要大。但我们却是例外。她却比我大了三岁。他的父亲，和我的父亲的职业是一样的，也是教书的，这正称得起是门当户对。

对于这场婚姻，对于王夫人，张伯苓充满感激之情。

首先是对年幼的弟弟，王夫人承担起照料之责，丝毫没有怨言：

她到我家的时候，我的弟弟仲述，才不过四岁，她常把他背在身上的。

其次是对年长的婆婆，王夫人极为恭敬，娘儿俩共同承担起生活的重担，做出许多牺牲：

我的母亲，是一个心地很慈善的老太太，不过喜欢爽快，脾气有点燥[躁]，家里又没有钱。那个环境确实不大容易对付，但是她向来没和我说过一句话，关于她的任何困难。家里实在没钱用了，我的母亲有时就拿自己和她的东西去当，她知道家里的贫乏和婆母的苦心，她为安慰老人，假作不知，她向来不看物质，所以也并不寻找。而母亲等到有钱的时候，便又悄悄地赎出来，给她放在原处。例如这种事，她并不告诉我知道。到了后来，家境稍为充裕了，她并不再感觉任何困难了，才渐渐的当闲话，偶而［尔］和我谈谈。我才知道过去母亲和她都曾经受过许多艰难。

再次是对常常不在家的丈夫，王夫人特别尊重，报喜不报忧，维护夫妻间的情感：

我那时正在北洋水师学堂，常在船上，不能常回家。如果回家的时候，她尽说许多足以使我愁烦的家庭琐事，岂不两个人就减少了快乐，反觉得索然了吗？要是她再哭一场，我真不知将何以自处。但她并不如此，她始终认定了只有夫妇俩的情感要紧，其余都可以不管，所以便一切索兴［性］不说。这算盘打的我以为顶对，顶对！我觉得她最可以称道的，就是她应付旧家庭甚为得体而又不使我知道一点的这一点。

最后是对物质和金钱，王夫人并不看重。她看中的是丈夫的身体，千方百计不让张伯苓分心，从而专注于自己喜爱的教育事业：

我自己是一个办教育的人，办教育自然也就是教书，教书不能发财，办教育也就不能发财。当我自己开始养家时，我就告诉她，钱不要花过了头，尤其不要使我分心去想家里的钱不够花。所以几十年之内，我家里的经济支付状况，是无时无钱的。说不定，也许是我给的过多了罢？的确，她向来就不曾和我提过一个钱字。这一点，帮助我很大。假使她不能不向我提钱，而我又时时为家里用钱打算，我也就不会专心于我的教育事业了，特别是在赚钱还不多的时候。钱，这个东西，是没个够的，那要看你怎么用。

她持家当然十分节俭，但对我却很优厚……[①]

①侯杰主编：《天津中华基督教青年会历史资料选辑：〈益世报〉篇》，天津人民出版社 2015 年版，第 234—235 页。

在张伯苓的嘴里，王夫人为张家做出巨大的贡献，为自己的生活、工作付出巨大的心力：教育孩子，呕心沥血，照顾丈夫，不辞辛劳，赡养老人，毫无怨言。在张伯苓的眼里，王夫人勤劳、俭朴，十分贤惠，对自己特别敬重，一生情好无间[①]，他经常风趣地说自己与夫人是先结婚后恋爱。可见，夫妻间的相互尊重、彼此爱护才是家庭生活和谐、和睦的关键。

国帜三易　刻骨铭心

结婚之后，张伯苓享受了一段温馨的家庭生活。1895 年 10 月，他又迎来了北洋水师学堂第五期驾驶班的毕业。与他同时毕业的，还有 18 位同学。1898 年 5 月，张伯苓接到通知要随海军的"通济"舰护送清朝政府官员去山东，履行接收日本军国主义者占据的威海卫之神圣职责。这对于一个赋闲在家许久的年轻人来说，不啻是一个为国报效的好机会。因此，张伯苓立刻火速出发，来到这艘战后残留下来的练船上，准备大展宏图。可是，现实是残酷的，"通济"舰早已失去了往日的辉煌，舰船设备七零八落，无人整修，船上官兵也个个士气低落，官不官，兵不兵，整日吃吃喝喝，不务正业。这些都让这位充满雄心壮志的年轻人感到极为不满，纵然有满腹的知识和满腔的热情，但是却苦于无用武之地。舰船可以被修复如初，但是官兵们颓废的精神状态却是自己所学习和掌握的先进军事知识无法改变的，官兵们的斗志涣散，战斗力更无从谈起。张伯苓第一次感到自己军事救国的理想受到严峻的挑战。不久，在这艘舰船上发生的一件事情，使张伯苓深深地体会到了国家的落后和国民的麻木，绝不仅仅是单纯依靠所掌握的西方军事科技知识便可以改变的。于是，他逐渐放弃了军事救国的思想，转向教育救国之实践。

众所周知，甲午战争之后的中国，正陷于空前严重的民族危机之中，面

①郑致光主编：《张伯苓传》，天津人民出版社 1989 年版，第 3 页。

临着被列强瓜分的亡国灭种危险。趾高气扬的日本军国主义者强迫清朝政府签订了丧权辱国的《马关条约》，并从中攫取了巨额战争赔款。日本侵略者的做法也引起了其他帝国主义列强的不满，俄国、法国和德国为了各自的利益向日本军国主义政权施加压力，“说服”日本侵略者把辽东半岛归还中国，而代价就是中国在原有战争赔款的基础上另外给日本3000万两白银。在此之后，其他列强也以利益均沾为借口，纷纷染指中国，在华夏大地上掀起了瓜分狂潮。德国租占胶州湾，俄国强租旅顺、大连，法国租占了广州湾，而英国则要强租九龙与威海卫。但是此时的威海卫仍处于日本侵略者的控制之下，因此，英国以武力强迫日本交出对威海卫的控制权，并无礼要求清朝政府将中国海军港——威海卫的租借权转让给自己。1898年7月1日，清朝政府和英国政府签订了屈辱的《中英订租威海卫专条》，把威海卫、刘公岛及附近岛屿和陆岸十英里（16公里）范围内的地方租让给英国。本是中国自己的领土，却被这些列强肆无忌惮地宰割瓜分，这是多么屈辱的事情！

到达威海卫之前，张伯苓随“通济”舰停泊在刘公岛。张伯苓看到一个中国兵和一个英国兵并肩站立，突然产生了巨大的心灵震撼。两者的精神状态可以说是有着天壤之别，这给张伯苓留下了深刻的印象。直到后来，张伯苓还能清晰地回忆起当时的情形：“那英兵身体魁伟，穿戴得很庄严，面上露着轻看中国人的样儿。但是我们中国兵则大不然。他穿的衣服还不是现在的灰军衣，乃是一件很破的衣服，胸前有一个‘勇’字，面色憔悴，两肩高耸。这两个兵若是一比较，实有天地的分别。我当时觉得羞耻和痛心，所以我自受这次极大的刺激，直到现在还在我脑海里很清楚的。”[①] 张伯苓隐约感到，以前立志要通过军事来改造国民，改变国家命运，并非根本之举措。

而“从日本手中接收过来威海卫，再把它移交给英帝国。头一天降下日本的太阳旗，升起中国的青龙旗；第二天再降下中国的青龙旗，升起英帝国的国旗”[②] 的“国帜三易”更让张伯苓彻底坚定了放弃军事救国理想的决心。

---

①张伯苓：《基督教与爱国》，《南开周刊》第1卷，第5、6号。

②张锡祚：《先父张伯苓先生传略》，南开大学出版社2016年版，第11页。

当英国的米字旗升起时，国家、民族所遭受的屈辱，使张伯苓感到痛彻心扉，在他的心中掀起了狂涛巨浪，以至于这一幕在几十年之后还经常闪现在张伯苓的脑海中：“英人继德、俄之后，强租我威海卫，清廷力不能拒，允之。威海卫于甲午战时，为日人占据，至是交还；政府派前往接收，移交英国。其时，苓适毕业于北洋水师学堂，在‘通济’轮上服务，亲身参与其事。目睹国帜三易，悲愤填胸，深受刺激！”[①]张家后人的历史记忆是：他“亲身参与了这一场接收和移交仪式，一个青年海军官佐，他一生的第一次对外，就亲自尝受了这一丧权辱国的场面，真是目击心伤，五内皆裂，归来以后，唯有日夜筹思图强雪耻之策，一生不懈”。[②]

和同时代的先进知识分子一样，张伯苓深深感受到西方列强的贪婪与疯狂、中华民族面临着前所未有之大劫难，并一直在认真思考挽救国家、民族危机的方法。首要前提是要在中国社会中找到产生这些弊端的深刻原因，并寻得铲除弊端的有效方法。在北洋水师学堂学习期间，由于每日多是在学堂里面求知、学习，张伯苓成为知识的接受者。他接受了并坚定不移地宣传了军事救国的思想。可是一旦进入社会，真实的社会状况常常会使从书本上获得的知识显得苍白无力。甲午战争中清朝的失败，清朝政府面对西方列强无礼要求时所表现出来的无能，“通济”舰上清朝官兵的颓靡，刘公岛上清朝士兵的憔悴，这一连串的发现让张伯苓开始真正认识到军事救国只是从某种程度上改变国家军事落后的状况，但却无法拯救积贫积弱的国家。他渐渐意识到改造国家的关键绝不仅仅在于练陆军、海军，同外国进行军事上的抗衡。作为新式教育的受益者，他认定改造中国的良方是办教育，即要从国民文化思想层面上彻底改变人们麻痹和落后的精神状态。可以说，威海卫“国帜三易”等充满屈辱的经历，彻底动摇了他军事救国的想法，成为他思想转变的一个契机。教育救国的思想在张伯苓的脑海里逐渐形成，并成为他从根本上改造中国国民性的利器。“目睹国帜三易，悲愤填胸，深受刺激！念国家积弱

①《南开四十年校庆纪念特刊》。

②张锡祚：《先父张伯苓先生传略》，南开大学出版社 2016 年版，第 11 页。

至此，苟不自强，奚以图存，而自强之道，端在教育。创办新教育，造就新人才，及苓将终身从事教育之救国志愿，即肇始于此时。”[①] 自从威海卫归来之后，张伯苓便决心从海军退役，投身教育事业。

以教育救国为己任

从主张军事救国到坚信教育救国，张伯苓走过一段并不平坦的心路历程，他的后人恰恰是最好的见证者和解读者。儿子张锡祚如是说：先生自从甲午战争后，亲自看到国事一天不如一天，纵观当时世界大势，若不图自强，国家就无有生存之道。并且深深地认识到欲图强救危，不是一人之力、一事之功所能挽救的。当时中国有四亿五千万人，人数不算少，但是深病在“愚”、在“私”，虽然有广土众民，因为不能团结自强，依然是受人欺侮。今日为了要图复兴中国，百年大计，唯有是培植新人，兴办新学，去“愚”、去“私”。所以下定决心，毅然自海军退役，立下了教育救国的宏愿，终身不改其志。[②]

天假其时，天津社会名流、曾任清末翰林院编修、贵州学政等职的严范孙正在为严氏家馆延请塾师，前来授课。经人介绍，张伯苓和严范孙结识，并决定接受严范孙的聘请到严氏家馆任教。

张伯苓的这一决定遭到了周围几乎所有人的反对。大家都不能理解他为什么要放弃将来成为海军军官的大好前程而去做一个社会地位并不太高的塾师，难道他没有看到自己的父亲为了维持家庭生活而操劳奔波吗？难道他忘记了以前所经历的贫苦生活吗？王淑贞非常理解自己的丈夫，并坚定不移地站在了丈夫的一边。她对丈夫说：“你做你喜欢的工作，一定有你的道理，我支持你。”对于妻子一如既往的支持，张伯苓非常感动，但也不无顾虑地说：“办教育是清苦事，事繁而收入少，家务之事，你能相助吗？”她毫不犹豫地

①《南开四十年校庆纪念特刊》，第 305 页。

②张锡祚：《先父张伯苓先生传略》，南开大学出版社 2016 年版，第 12 页。

回答道："你能为国为民，办此大事，我岂不能克勤克俭地持家吗？不必担心。"[①] 即使知道自己以后可能要面临一种物质匮乏的生活，她还是非常坚定地用实际行动支持了丈夫的选择。寥寥数语，所表达的感情不仅饱含着"以夫为天"的想法，更重要的是一份甘愿与丈夫同甘共苦的信念。于是，在1898年11月满怀豪情的张伯苓毅然离开了海军舰队来到了严氏家馆，担任塾师，将自己教育救国的理念真正付诸实施在这三尺讲台上，开始了他以后长达五十多年投身新式教育事业的漫长而艰辛的历程。

应该指出的是，从其教育背景来看，张伯苓属于近代中国转型时期的知识分子。一方面，传统士大夫的"修身齐家治国平天下"的理念深浸于心中；另一方面，他又粗浅地学习和掌握了西方的一些科学技术知识。"国帜三易"这一颇具象征意义的场景，激发了他胸中郁积已久的由国难而生成的悲愤，成为张伯苓心中永远驱除不掉的国难情结。也正是如此沉重的国难情结促使张伯苓下定决心以教育为"培养救国建国人才，以雪国耻，以图自强"[②]的手段。近代中国社会中具有教育救国思想的热心人士虽然比比皆是，但是他们一般多做言论上的呼喊与号召，撰文、著书、演说成为这些人士宣扬救国信念的主要方式，但像张伯苓这样甘愿一生清苦，将自己的全部身心和生命融入教育实践，通过培养新式人才来建构新社会，改变国家和民族命运的人士真可谓是少之又少。或许是天津地域文化中那种特有的脚踏实地的品性使然，或许是张伯苓亲自感受到北洋水师学堂等新式教育的功效，或许是作为屈辱的"国帜三易"的亲历者，张伯苓最终选择了与教育终身为伍，不为名利，甘愿对可能飞黄腾达的海军军官职位说再见，而去做一名普通的塾师，安于贫困，确实了不起。

---

①《天津文史资料选辑》第8辑，天津人民出版社1980年版，第81页。

②王文俊：《张伯苓教育言论集》，南开大学出版社1984年版，第232页。

二、从私塾先生到南开中学校长

幸遇严范孙

张伯苓在此后的教育实践中得益于严范孙之处颇多，包括物质、资金和精神等诸多方面。毫不夸张地说，没有严范孙的大力支持和热情鼓励，张伯苓是无法成就这番教育事业的。对此，张伯苓感触颇深，总是心存感激。他经常对学生们说："真万幸，遇到严先生，让我去教家塾。严先生之清与明，给我极大的教训。严先生做事勇，而又不慌不忙。有人说，旁人读书读到手上来了，能写能作，或是读到嘴上来了，能背能说，而严先生读书，真能见诸实行。我们称赞人往往说某某是今之古人，严先生可以说是今之圣人。"① 因此，我们在这里有必要了解一下这位慧眼识英雄的严氏家馆主人、刚刚辞官返回天津的社会名流严范孙。

严范孙（1860—1929 年），名修，号梦扶，幼名玉珪，祖籍浙江慈溪。清顺治年间，其先祖移居天津，诗书传家。严范孙自幼饱读圣贤书，6 岁开蒙，12 岁参加科举考试，18 岁应院试，补廪膳生。也就是在这一年，严范孙

① 《南大半月刊》第 15 期。

结识了陈奉周，并跟随他学习天文、算学等西方科学知识，获益颇多。此后，严范孙在仕途上一帆风顺，23岁应顺天乡试，中壬午科试举人。次年，赴京应会试，中进士，授翰林院编修。后历任国史馆协修、充会典馆详校官和直隶省乡试试卷磨勘官等职。但是，和一般官吏明显不同的是，严范孙并不仅仅满足于官场上的步步高升，而是十分关注国家的前途和命运，关注现实。京城8年的宦海生涯，使严范孙深刻地体会到清政府大小官吏的颓靡和朝政的腐败，因此，对国家、民族的前途命运深感忧虑。在强烈的使命感和正义感的驱使下，他千方百计地寻找救国救民的有效方法。他在接受传统文化知识的同时，也在努力学习和掌握西方科学知识，大量阅览诸如《数理精蕴》《天文启蒙》《代数术》《格致入门》《地球地录》等介绍和阐释西方自然科学的书籍，演算勾股、开方，画过行星、四时、日月食图，对西学有了更进一步的认识、了解和掌握。

清光绪二十年（1894年），严范孙先后三次得到光绪皇帝召见；8月，被任命为贵州学政；10月，便离京上任。在途中，他得知中日甲午战争爆发，清军节节败退。严范孙不仅极为震惊，而且特别忧虑，写下了“大局不堪设想”[①]。上任伊始，严范孙发布了《观风告示》《劝学文告》，明确指出：“方今时事，急需才矣！”在贵州任职期间，严范孙心怀改变边远省区经济落后、文化不昌等面貌的志向，大刀阔斧地进行了一系列的改革，尤其是在教育方面取得了一些成果。他在选拔人才时，注重考察学生的品德，对于流弊甚多的科举考试不仅提出改革的意见，提倡时论，而且亲临各府，举行岁科考试，加入《论西学之用与用之之法》《学者不可不通世务论》《论洋务》等试题，为实行千余年的科举考试加入新元素。此外，严范孙先是大胆地将格致、算学等西学内容融入传统的书院教学中去，使古老的书院增添了几分现代的味道；后又把学古书院改为经世学堂，令30余个州县保送优秀生40人入学，聘请雷玉峰等人为师，教授经世、时务、政要、算学等课程。为提高教育质

①潘强主编：《天津近现代著名教育家传略》，天津教育史研究会1995年版，第28页。

量，严范孙亲自督办，并给学生答疑解惑，风雨无阻，因此被人们尊敬地称为“经师”“人师”。1897 年，他提出对当时教育改革颇具影响力的《奏请设经济专科折》，强调指出：“为今之计，非有旷出非常之特举，不能奔走呼群才，非有家喻户晓之新章，不能作兴乎士气。”因此，他主张仿效康熙乾隆年间，两举鸿词，一举经学的做法，“而变通之，而益推广之”，招揽那些“或周知天下郡国利病，或熟谙中外交涉事件，或算学律学，擅绝专门，或格致、制造，能创新法，或堪游历之选，或工测绘之长，统立经济之专门，以别旧时之科举，标准一立，趋向自专，庶几百才绝艺，咸入彀中，得一人即获一人之用”①，为国家效劳。这一设立“通今为切要”的经济特科主张，可谓前所未有之创举，打破了科举取士唯我独尊的地位，为士人报效国家寻找到新的发展途径，也为国家发现和使用急需的人才提供了可能。1897 年 12 月，在贵州学政任期已满，严范孙离开之时，当地人士感到格外惋惜。黔中士子称其为“经师兼为人师”“二百年无此文宗”。清光绪二十四年（1898 年）年初，光绪发布上谕，拟定详细章程，举行经济特科。同年 7 月，拟定经济特科章程，并颁布施行。因此，时人对此举大加赞赏。梁启超在《戊戌政变记》中说：“贵州学政严修，适抗疏请举特科，得旨允行。当时八股未废，得此亦足稍新耳目，盖实新政最初之起点也。”②

回到北京之后，严范孙受到一些传统官僚的排挤，遂告假，离京隐居津门。③而回到天津之后，严范孙继续推进教育改革活动，创办新式教育，成为天津教育界首屈一指的人物。毫不夸张地说，晚清民国时期天津兴办的新式学校，多与他有着直接或者间接的关系。他先后参与兴办或者倡办的学校包括天津私立第一小学、第二小学和 16 所官立男子小学、11 所官立女子小学、天津师范学堂、北洋女子师范学堂、北洋政法学堂、直隶高等工艺学堂等。1921 年，他还组织成立了城南诗社，1927 年创办了崇华学会。

---

①严范孙：《奏请设经济专科折》，潘强主编：《天津近现代著名教育家传略》，天津教育史研究会 1995 年版，第 220 页。

②梁启超：《戊戌政变记》，中华书局 1954 年版，第 32 页。

③《近代天津十二大教育家》，天津人民出版社 1999 年版，第 3—4 页。

严范孙于1898年11月在家中设立家馆，招收子侄入学，半天读“四书五经”，半天学习西方现代科学知识。严氏家馆不仅成为严范孙最初改革传统教育的实验基地，也成为张伯苓一显身手的重要地方。在最初相遇的时候，两人可能都没有想到，双方的合作将为近代天津教育史乃至中国教育史增添绚丽的一笔。严范孙为社会名流，道德学问，得到人们的普遍敬仰，闻张伯苓之名，“特为设馆，礼聘先生以新学教授他家的子弟”；而张伯苓“素来也敬重严先生的为人”。张家后人的这段描述，未必完全符合事实，最起码是省略了一个颇为重要而关键的细节。严范孙在10月29日的日记中披露：“英文师原定许子政先生，哲生所荐。许因就他事，又转荐其内弟张君。”[①] 显然，张伯苓并不是严氏家馆英文教师的第一人选，而是因为许子政另有高就，成就了张伯苓。其中的关键人物，是转荐他的亲戚——内兄。足见，因家庭、家族而结成的亲戚关系，在社会网络的形成、发展中，起到至关重要的作用。尽管有这样一段小插曲，但严张联盟共写辉煌历史却是有目共睹的。在张家后人看来，“宾主之间，志同道合。先生事严先生为师，严先生也待先生如友，从此遂孕育着南开学校的创始之基”。[②]

然而，这对张伯苓来说，实际上也是不小的挑战。据张氏后人说：“先生既决心终身从事教育事业，尝对王夫人说道：‘我现在决定终身从事教育事业，办教育是清苦事，事情繁，收入不多，家里的事，你能帮助我吗？’王夫人性情坚毅，能当大事，当时回答先生道：‘你既能在外边为国为民办大事，我岂不能克勤克俭地持家吗？不必担心！’自此以后，从来没为家里的事麻烦过先生，先生一生得以专心从事于教育事业者五十年，夫人是有功的。”[③]

① 《严修日记》编辑委员会编：《严修日记》第2册，南开大学出版社2001年版，第1027页。

②张锡祚：《先父张伯苓先生传略》，南开大学出版社2016年版，第12页。

③张锡祚：《先父张伯苓先生传略》，南开大学出版社2016年版，第17页。

执教严、王家馆

1898 年创立的严氏家馆，顾名思义主要是以教育严氏子弟为主。因此创办之初，规模很小，一共只有六个学生，其中智崇、智怡、智庸、智钟、智惺等五人都是严范孙的子侄辈，另外一位就是故人子弟陶孟和。当时，严范孙聘请了两位家馆教师，一位是负责教授传统经文典籍的陶冲明，而张伯苓则主要负责讲授英文、算学、物理、化学等西方科学知识。考虑到学生们初识西学，张伯苓一开始选用的教材或者教授的内容都比较浅显。英文用的教材是《科学读本》(*Scientific Reader*) 的小册子，语法另教；数学教几何、代数、三角，一直教到立体几何为止；物理则包括力学、光学、电磁学等内容。在授课过程中，张伯苓尽量按照自己亲身体验的新式教育方式组织教学，一反往日家塾教学的刻板与教条，不再让学生们坐在座位上摇头晃脑地死记硬背，而是在轻松愉快的气氛中加以吸收和理解。事实证明，张伯苓以循循善诱之方式将这些来自西方的科学知识传授给学生的做法，取得了非常好的效果。

张伯苓非常注重体育锻炼。为了增强学生的体魄，张伯苓还特意开设了操身课（即后来的体育课），并不辞辛劳地兼任学生的操身教师，教学生们练习柔软体操、角力、哑铃、跳高等。他不仅仿照北洋水师学堂的体操用具，甚至亲自动手绘制哑铃及火棒等图样，交给当地木匠制作，而且和学生们一起运动，为近代中国前所未有。他还为学生们安排了非常丰富的闲暇活动，教他们下围棋、打旗语、摄影、踢足球、骑自行车。特别值得一提的是，他放下了为师尊者的架子，参加学生们的各种活动，以便引导学生们更多地见识书本以外丰富多彩的世界。为了让学生们活动起来，张伯苓想了很多办法，克服了没有足够的体育活动设施等困难，亲手制造一些简单的体育器材。在教学生们跳高的时候，他就在院子里放上两张木椅，再在中间架上一个稍长的绑鸡毛掸子的杆子，作为跳高的横杆，然后让学生们把辫子盘在头上，撩起长袍马褂的前襟，练习跳高。若升高横杆的高度，就在下面多垫几本书。

在近代社会转型的过程中，作为传承文化的教育场所，严氏家馆最初并没有也不可能完全将传统文化摒弃在外，反而多多少少带有几分传统的气息。如学生们在拜师的时候，要向老师行传统的叩头跪拜礼。但是，不管是从教学内容来看，还是从教育方式来说，严氏家馆已逐渐向新式教育方向转化。经文课程和西学课程各占一半，旗鼓相当。因此说，严氏家馆在张伯苓的带领下，实际上已基本成为保留传统家馆的名义、具有民办新式学堂的雏形之教育机构。

为办好严氏家馆，张伯苓也付出很多辛劳，克服了许多困难。这也体现出张伯苓"生性坚强果决，言出必行，说到哪里，做到哪里"的性格特征。当时，张伯苓因为患上伤寒症，前前后后反复了两次，一度陷入昏迷，不省人事。张久庵非常焦急，可是也没有办法，除求医问药外，只能日夜祈求苍天，愿意以自己的身体代替，表现出一位父亲的爱子心切。后来，张伯苓病情好转，身体逐渐康复起来。然而，毕竟染病时间过长，张伯苓极度虚弱，身体乏力。张久庵看在眼里，急在心上，就想采纳民间医治病后体弱的良方，劝儿子吸食鸦片来提一提精神。三个月后，张伯苓的体力、精神复原了，可鸦片烟瘾如何戒掉？戒除烟瘾，谈何容易。很多人都是采取了很多办法，仍然戒不掉烟瘾，因此终身不堪其苦，直至身败名裂，家破人亡。一天，张伯苓对家人说道："明天我不吸了。"父亲张久庵将信将疑地问他："要戒烟，需要配些药材才好，不然如何戒得了。"张伯苓笑着回答说："全不用。"明天果然立断不吸，做到了其他人难以做到的事情。在张家人看来，"他的果决之处，实在不是常人所能及的"。[①]

张伯苓的伤寒病刚刚痊愈，中国北方爆发了大规模的义和团运动。随着反帝爱国运动的不断发展，义和团团民大规模地进入京津地区，对帝国主义列强在华利益直接提出了挑战。列强们为攫取更多利益，以此为借口，组成八国联军，悍然出兵践踏中国的领土。清光绪二十六年（1900 年），八国联

①张锡祚：《先父张伯苓先生传略》，南开大学出版社 2016 年版，第 14 页。

军攻破大沽口和天津城之后，烧杀淫掠，无恶不作。大病初愈的张伯苓急忙搀扶着年迈的父母、带领着幼小的弟妹，王夫人怀抱着一个孩子，领着一个孩子，徒步逃往天津城西严范孙家中避难。由于张伯苓说得一口流利的英语，所以就留在严家以应付外国侵略者的骚扰和进犯。有一次，日本兵冲进了严家，要钱要东西，稍不如意，就拔刀相向，猛砍账房里睡人的床铺，几层被褥都被砍坏。张伯苓面对穷凶极恶的日本侵略者毫不畏惧，镇定自若地说："我认识你们领事，来！和我找你们领事去！"因为他平日交游甚广，认识的外国人也多，各国驻津领事都知道有张伯苓这么个人。这么一说，可把日本兵给镇住了。日本兵也不知道张伯苓的来头有多大，所以只好无功而返。不仅如此，张伯苓还想方设法救助那些在逃到严家来避难的过程中被八国联军打伤的无辜妇女。此时严氏家馆的课程也因为战争和混乱而被迫中断。

在天津城被八国联军攻破之后，因为死人太多，尸横遍野，没有得到及时掩埋，堆积日久，引发了瘟疫。张家也未能幸免于难，全家老少先后都染上瘟疫。在瘟疫刚开始爆发的时候，还能在城里请得到医生，买得到药。但是随着疫情的不断扩散，无处请医买药。张彭春病得很厉害，也只能煎服父亲张久庵剩余的药渣来喝，幸亏奇迹般康复。因为疫情根本没有办法控制，所以得病的人大批大批地死去，一条条鲜活的生命在瘟神面前显得那么脆弱。张伯苓和王夫人生养的一子一女两个孩子，才四五岁，也染上了瘟病。由于无医无药，得不到治疗，再加上年龄幼小、抵抗力差，先后死去。已为人父的张伯苓，只能眼睁睁地看着两个活蹦乱跳的孩子先后夭折，心中宛如刀割一般，悲痛无比。"人生在乱离之世，死生难以保全，真是伤心之事。"[①] 这不仅是张家刻骨铭心的痛苦，也是天津乃至全中国千千万万个家庭撕心裂肺的感伤！

光绪二十七年（1901 年），为平息帝国主义列强的愤怒，清朝政府再次和各国签订了丧权辱国的《辛丑条约》，放弃了更多的权益，以换取与列强们

---

①张锡祚：《先父张伯苓先生传略》，南开大学出版社 2016 年版，第 15 页。

暂时的相安无事。八国联军在天津建立殖民统治政权后，请通晓外语的张伯苓担任翻译。张伯苓毫不迟疑地予以拒绝，彰显民族气节和个人风骨。常言道，沧海横流，方显英雄本色。近代天津著名教育家林墨青对张伯苓的义举评价极高："新得一友，张君伯苓，颇有热肠，能持正气，家本素寒，此刻宁甘食苦。不就都统衙门，盖贫而能守者也。"①

大难过后，严氏家馆再度开课，规模有所扩大。有一天，严范孙、林墨青还有严氏家馆的11名学生走到一起。严范孙庄严地宣读自己书写的誓词："尔十一人者，或为累世之交，或为婚姻之谊，辈行不必齐，而年龄相若。尔父若雄，道义相劘，肝胆相许，志同道合而患难相扶持，尔诸生所亲见也。尔十一人者，自今日始，相待如一家，善相助，过相规；毋相谑，毋垢争，毋相訾笑；毋背毁，毋面漫，同力一心，从事于学问。以绳检相勖，远非僻之友，警浮伪之行，毋做无益害有益，毋偷惰，毋轻躁，兄弟婚姻，互为师友，敦品修业，以储大用，是余等所厚望焉。陶履恭，孤儿也，当厚自策励，而去其童心。尔十人之待履恭也，悯之，爱之，砥砺之，使无坠其家学，是则今日之举为不虚矣。"② 这则誓言虽然简短，但是却对师生的行为和道德做出了一定程度的规范与约束。

由于张伯苓在严氏家馆的教学方式受到社会的好评，因此就在这一年的春天，天津"八大家"之一的盐商"益德王"王奎章出面聘请张伯苓为王氏家馆的六个学生教授英文、数学等自然科学知识，张伯苓欣然接受聘任。从此，他上午在严氏家馆授课，下午到王氏家馆解惑，来往奔波，虽然忙碌，却也乐在其中。张伯苓在几十年之后曾津津有味地回忆这一段生活往事："光绪二十四年，严范孙先生设立家塾，聘苓主讲，以英、算、理、仕诸科，时号称'西学'教其子侄，有学生六人。其后三年，邑绅王奎章亦聘苓教其子弟有学生六人，取名王馆，盖所以别于严馆也。苓每日上午课严馆，下午课

---

①《天津文史资料选辑》第8辑，天津人民出版社1980年版，第120页。

②《南开四十年校庆纪念特刊》，第18页。

王馆，如是六年，迄于南开学校之成立。”[①]

两个家馆的学生因为拥有同一位老师——张伯苓而变得关系非同一般。更为重要的是两个家馆联系得更为紧密了，可以说是呈现出跨家馆的“家庭学校”的雏形。

东渡日本——感受现代教育

义和团运动之后，清朝政府力行新政，在教育方面提出“兴学育才实为当务之急”的主张，通令各省大力举办新式学堂。在直隶地区，由于地方当局和社会力量的努力，取得了骄人的成绩。其中，直隶总督兼北洋大臣袁世凯就认为“致治必赖于人才，人才必出于学校，古今中外莫不皆然”[②]。为了培养更多的“新政”人才，他非常重视新式教育的发展，不仅在保定府设立直隶学校司，统一管理直隶地区的教育事宜，而且多方筹措教育经费，劝导地方商绅出资办学，支持学校发展。因此，这一时期直隶地区的新式教育呈飞速发展的态势。据清朝政府学部光绪三十三年（1907 年）统计，直隶（包括天津）不仅学生人数名列全国第二，而且学务资产也位居各省之冠。

直隶地区新式教育的飞速发展，为严、王两家的家馆教育提升品质也带来了新的契机。两家家馆虽然在张伯苓的主持下日益发展，但是也存在着一些明显的问题，如教材、课程、书籍等都无法再满足学生们的求知欲，甚至连很多简单的物理、化学实验都因为缺乏必要的设备而难以进行。在这种情况下，张伯苓将目光投向了中国的近邻日本，想去日本借鉴一些办学的经验。其实，在那个时代，“向日本学习”不仅是张伯苓个人的选择，而且是很多知识分子的共同意愿，也可以说是时代发展的大势所趋。

清光绪二十一年（1895 年）甲午战争中国败给日本之后，空前浓重的民

①《南开四十年校庆纪念特刊》。

②天津图书馆、天津社会科学院历史研究所编：《袁世凯奏议》，天津古籍出版社 1987 年版，第 736 页。

族危机感弥漫在整个中国知识分子阶层。清朝政府日渐衰朽成为不争的事实，但中国败给日本无论是在事实上还是情感上都令中国知识分子难以接受。因而，图强求变成为一种时代潮流，隐藏其后的是一种危机感与耻辱感。很多仁人志士痛定思痛，勇敢地转而向战胜自己的敌人——日本学习。大批国人负笈东渡，留学日本，在社会中掀起了一阵强似一阵的到日本去留学、考察的社会浪潮。他们对日本社会进行了或浮光掠影或深入细致的观察，内容涉及教育思想、法律体系、政治体制、经济政策乃至社会制度等各个层面，并努力将一些先进的方法和有价值的内容移植到中国社会。而张伯苓就是在这样的大背景下两次东渡，对日本教育的现代化发展进行了认真考察。

张伯苓向严范孙、王益孙[①] 提出去日本考察的想法之后，得到严、王两人的大力支持。清光绪二十九年（1903 年）夏天，张伯苓借赴日本参观大阪博览会之机，东渡日本。由于并非专程前去考察教育事宜，因此仅仅是走马观花地了解了一些日本学校和教育机构的实际状况。初识日本社会，明治维新之后的变化，社会各界人士对教育的重视，学校所发散出来的活力，还是给张伯苓留下了深刻的印象。在欢迎张伯苓归来的宴席上，张伯苓即席发表了一番演讲："吾今而后乃知办学之事非可以率而为也。"

严范孙由于"品端学粹，望孚士林"，在京津地区教育界的声望越来越高，被袁世凯提拔为直隶省学校司督办，成为直隶省管辖教育的高级官员。清光绪三十年（1904 年）夏天，刚刚就任的严范孙和张伯苓一起来到日本，花了两个多月的时间，实地考察了一些日本学校，如东京御茶水桥高等师范学校附属小学校、高等工业学校、大冢町高等师范学校、弘文外塾、小石川幼稚园、一桥附属小学、富士见小学校幼稚园、政法速成科附设日语班、共立女子职业学校、早稻田大学、日本女子大学、实践女学校等 10 余处，观摩算术、理科、日语、写字、游戏、体操及教育学等课堂教学 20 多节，听文部省官员专题介绍 10 次，比较深入地了解了日本文部省的机构设置，教育管理

①王益孙，王奎章之子。此时，王奎章已经逝世。

制度和体制，征税法，各种学校的行政管理，教科书的编纂，课程安排、教员检定，学生入学年龄等涉及新式教育创立和发展的各种重要问题。在考察的过程中，严、张二人还结识了日本著名的教育家嘉纳治五郎，并多次和这位教育家探讨有关学校建设及教科书编纂等问题。此外，严范孙、张伯苓一行还会见了教育家棚桥源太郎、波多野以及文部大臣久保田让和官员泽柳政太郎、松浦镇次郎等人。8月，严范孙和张伯苓满载着在日本购买的科学仪器和书籍回到天津。

通过这次考察和访问，张伯苓对日本的认识和了解逐步加深，感触颇深。他和严范孙都看到日本“社会秩序良好，交通发达，实业振兴，而人民工作勤，知识富，即贩夫走卒，于闲暇之时，亦无不人手一报，明悉国家世界大势”，受到很大触动，感到“是非由教育之力不为功”[①]。由于认识到“彼邦富强，实由于教育之振兴”[②]，所以他们认定“欲救中国，须从教育入手”。张伯苓更进一步认为日本之所以比中国强大，就在于日本社会大力推广教育普及；反观中国与此目标有相当大的距离，教育仍是少数人才能享有的权利，而仅靠若干家馆培育出来的学生，实在难以达到普及教育的目的。此时，他已经产生了要建立一所正式学校的念头：“考察数日，对日本国情了解不少，知彼邦富强，教育振兴为主因。益信欲救中国，必须从教育着手，欲使教育完善，必须有一正式学校组织。”[③] 正是由于张伯苓认识到日本“所以富强，实是由于国民教育发达而起。民为邦本，民强者国自强，今日要想富强中国，唯有先从兴办教育起，启发民智，兴建国家，这是百年大计”，所以才“决心从创办中学入手”。[④] 在回国途中，严范孙问张伯苓，怎样才能在天津试办一所民立中学，作为全省中学的模范？张伯苓毫不迟疑地说：“这件事并不难办到，所担心的就是缺少校舍和办学经费。解决了这两个问题，我非常愿意尽自己的绵薄之力，办好此事。”对于张伯苓的回答，严范孙也深有同感，不仅

---

①喻传鉴：《三十年来之南开学校》，《南开高中》“30周年纪念特刊”。

②张伯苓：《四十年南开学校之回顾》，第18页。

③《南开星期报》第23期。

④张锡祚：《先父张伯苓先生传略》，南开大学出版社2016年版，第16页。

给予理解，而且要实际支持。

当严范孙与张伯苓回到天津之后，两人便雷厉风行地开始了筹备、建立新式学校的各项工作。在张伯苓看来，当时最为社会所需要的学校是中等学校。因为“中学居小学与大学之间，为培养救国干部人才之重要阶段”[①]，所以，他决定先行创办中学，徐图扩充。张伯苓欲以严、王两家家馆为基础，建立中学。而严家和王家也各尽所能地支持张伯苓，出钱的出钱，捐物的捐物，提供场地的提供场地。严范孙“在严斋偏院，开了几间房子作为教室”[②]；王益孙甚至将自己花巨资从日本购买来的多种先进的理化科学仪器及外文书刊、杂志等一并捐出。“校具及改建费由严先生捐助。理化各种仪器及书桌、书橱等物由故绅王奎章先生之哲嗣益孙先生捐助。”[③]此外，若想保证学校顺利发展，每个月固定的资金支持是必不可少的前提条件。为了培养下一代，严、王两家还负责日常经费，“两先生各担任常年经费每月银百两”。[④]

私立中学堂诞生记

清光绪三十年九月初九（1904年10月17日），在张伯苓等人的共同努力下，一所私立中学堂在严家的偏院正式成立。张伯苓担任这所学堂的监督，总管学校一切事务，从此开始了他投身新式学校教学、管理的漫长生涯。学堂建筑物比较简陋，只是将严氏偏院稍微改造和整修了一下，变成两间教室和一间大罩棚。两间教室的面积差不多，都是长约两丈，宽一丈多，专供学生们上课使用；罩棚的面积则要大一些，计划用于召开全体学生大会，罩棚边上还陈列着严范孙、张伯苓从日本带回的以及王家捐赠的先进科学仪器和有关书籍，这在当时创办的中学之中并不多见。此外，还有三间较小的房屋，

①《南开四十年校庆纪念特刊》。

②张锡祚：《先父张伯苓先生传略》，南开大学出版社2016年版，第16页。

③《南开校友通讯》，1992年，第148页。

④《南开校友通讯》，1992年，第148页。

一间是监督室，大小仅能容下两个人，但张伯苓总是很愉快地坐在里面处理学校事务，丝毫不介意它的简陋。还有一间当作会计收费室，另外一间是教员休息室。

私立中学堂的学生来源以严馆和王馆的学生为主，还包括张伯苓的弟弟张彭春。此外，则从社会中招收了梅贻琦、金邦正、喻传鉴等人。第一届学生一共有 73 人，学费每月三元。张彭春当时只有 12 岁，却感触良多。据他后来回忆：

> 进入了这所新型学校，我被分配在第一班。一班的学生年龄十分悬殊。许多人比我受过更长期的旧教育，他们在古典文学方面确有研究，但是当时他们也不得不置身于这个新型体系中来学习其他的必修课程。

年龄大的学生为什么会和张彭春一起学习呢？效果如何呢？若干年后，张彭春从传统向现代的转变的角度给出了明确的答案：这些人虽然受过更长时间的旧教育，在古典文学方面确有研究和修养，但是学习新知识，却遇到很大挑战，困难重重。张彭春讲了一个同班同学的故事：这位同学的年龄比张彭春的年龄大两倍以上，学习英语非常吃力。本来天津人在英语拼写和发音的时候，就相当困难，对这位学长来说，从一开始更是伤透了脑筋。有一次，老师叫他拼读一个只有三个字母的最简单的生词“e–g–g”。这位学长犹豫了一阵子，突然使足了力气，把两个辅音“g–g”重复地读了出来。他那古怪而又响亮的发音，听起来很像汉语“二哥哥”，于是不可避免地成为同学们的笑柄。

对此，张彭春并没有仅仅停留在对学长痛苦的玩味上，而是寻找新旧教育的差异，进行更深入的反思：

> 在那个时代，现代化学校在中国尚属绝无仅有。为了弄清新旧之间的差别，首先要回顾一下，在现代化学校兴办以前，我和同时代的儿童

当年所受的那种教育。

当我们到了入学年龄时，我们并不是被送进一所学校，而是就读于一位塾师。举行了拜师礼仪以后，我们被安置在一只方桌旁就座，往往是三四名学生坐在一起，然后塾师便用死记硬背的方法教导我们迈入那熟读古典书籍的漫长岁月。一位塾师可能同时或分批教一二十名学生。这些孩子都来自邻近人家。

如果你的住所附近设有私塾，最明显的标志就是学生们连续不断的琅琅读书声。他们正通过朗诵牢记那些古典文章，看来仿佛是课文越难，学生越笨，而念书声叫的也越响。但是，这种教学法也并非毫无道理，因为主要目的是锻炼记忆力。在高声吟诵中，语言器官和听觉器官频繁地活动着，久而久之便习惯成自然。在熟读"四书五经"的过程中，也就是在熟读众所公认的指导人们如何为人处世的名篇佳作的过程中，记忆力仿佛是被镌刻到语言和听觉器官之中了。一位受过传统训练的中国学者，即便到了耄耋之年，仍然能回忆起某一篇古文中的某一段落。你会听见他发出的一种低微的哼哼声，这是多年前他反复吟诵时的袅袅余音。昔日的饱学之士具有何等神妙的记忆力！真是一种令人肃然起敬的奇迹！

然而，时代在前进，仅仅背诵古书已不能适应人们所面临的种种生存问题，特别是在错综复杂、千变万化的现代世界。

空前严重的民族危机，向生活在近代中国社会的人们提出了挑战，也给盛行了千余年的科举制度敲响了警钟，为新式教育的发展提供了某种契机：

十九世纪末期，现代列强侵入中国边疆，各自划定了自己的势力范围，瓜分中国的呼声甚嚣尘上。我们的前辈们为此深感忧心忡忡。经过深思熟虑后，他们开始着手于教育体制的改革。长期以来，中国是靠科举考试制度选拔政府官吏的。这种制度本身并无可非议。事实上，它乃是现代文官考试制度的前身。但是，多少年来，中国科举制度的考查依据仅仅是儒家经典方面的知识。人们觉察到在现代世界里，面临着生死存亡的危急关头的中国，迫切需要的是具有现代科学知识与实际技术的新型领导者。于是，陈旧的科举制度终于被废除，新型学校相继崛起。我们从多方面欢迎这样变革。这类新型学校给我们的第一个印象是：课程表上规定每隔五十分钟休息一次。当教师的讲解或课程的内容使人感到乏味时，我们是多么急切地等待着下课的铃声呵！[①]

虽然语近调侃，但也充分说明了与科举考试制度相配合的私塾与近代新式学校之间的差别。在废除科举制度的声浪中，兄长张伯苓创立的新式学校，使弟弟张彭春成为接受新式教育的幸运儿。

由于学生年龄不等，原来所受的教育程度也不完全一样，所以张伯苓就根据实际状况将他们划分为甲、乙、丙三个班级。两间教室分别提供给甲、乙两班的学生使用，而丙班的学生只好受点委屈，在罩棚里面上课。不久，针对社会上学校师资力量极为匮乏等实际问题，张伯苓还特意开设了一个师范班，招收了六名学生，第二年又增加了四人。

当时来私立中学堂授课的教师有中国人吴芷洲、胡玉孙，美国人饶柏森(Robertson Clarence Hovey)、霍克（Walker）以及其他几位日籍教员。他们分别负责教授自然科学和外文等课程。张伯苓在忙完校务之后，也亲自给学生授课，讲解英语、数学、史地等课程。他讲课循循善诱、深入浅出，将很多深奥的道理融会在丰富、幽默的语言之中传授给学生，因此，受到学生们的欢迎。据老南开人黄钰生回忆，张伯苓尤为喜爱数学，因此在给学生教授几何课程的时候，“不但讲解清楚，而且善于启发学生的思维逻辑。在他的班上，你脑子一分钟也闲不下来”[②]。

①张彭春：《南开是怎样创建的》，黄燕生译，崔国良、崔红编：《张彭春论教育与戏剧艺术》，南开大学出版社 2004 年版，第 324 页。

②《天津文史资料选辑》第 8 辑，天津人民出版社 1980 年版，第 137 页。

学校最初开设的课程主要有两个方面：一方面是有关“中学”的课程，如读经、国文、历史等，另一方面是涉及“西学”的课程，如地理、物理、化学、数学（其中包括代数和几何）、英文等。张伯苓尤其注重学生英文能力的培养，因此，数学、化学和英文等科目全都要求教师用英文来讲授。此外，他仍一如既往地重视体育活动，培养同学们健康的体魄和不屈不挠的体育精神。由于校园面积不大，没有足够的场地进行室外体育活动，所以张伯苓便不辞辛劳地四处寻觅空地。据梅贻琦后来回忆说：“想到我三十年前初到校时的情形，与今日颇不相同……想起当时的运动场更是笑话，最初体操是到城隍庙借地方……”[①] 张伯苓热心培养学生的精神，由此可见一斑。

张伯苓不仅强调向学生们传授书本知识，同时也注重让学生们认识社会，了解现实。因此，他总坚持在每个星期的某一固定时间在大罩棚中对全体学生讲话，内容极其丰富。有时痛诉西方列强对中国的侵略和掠夺；有时怒斥朝廷的腐败和官员的颓靡；有时告诉学生们“国帜三易”给自己带来的冲击；有时讲自己创办私立中学堂的缘起；有时针对社会中的实际问题加以评论。这一传统一直延续到以后的南开学校，成为每个南开人都不能忘却的一段记忆。由于张伯苓讲话十分诙谐幽默，所以引人入胜，常常是哄堂大笑。正是张伯苓这一番番饱含热情的讲话，使学生们印象深刻，在学习课本知识的同时，更加关注现实，放眼社会，憧憬未来，在潜移默化之中使他们开始逐步对中国社会的现实与民族的前途有所关注和反思。

在严范孙、王益孙等人的支持和张伯苓的亲自主持下，私立中学堂很快就上了轨道，各方面逐步完善起来。到1904年年底，按照严范孙的意见，张伯苓将学校更名为“私立敬业中学堂”，取“肃敬受业”之意。次年，由于招生学生开始增多，经费不足的问题显现出来，于是，严范孙和王益孙两位热心支持教育事业者便决定每月再增加捐助白银100两。这样，严、王两家每个月都要捐给学校白银200两，连外国人都高度评价此举：“每人每月二百两

---

①《益世报》，1934年10月18日。

的捐款，不能说不大。况且年年月月，连续不断，他们果敢、坚毅的精神，难道是普通的慈善家可以等量齐观的吗？”[①] 1905年年底，按照政府的规定，学校名称必须表明它的资金来源和性质，所以“私立敬业中学堂”遂又更名为“私立第一中学堂”。

私立第一中学堂的早期发展

私立第一中学堂孕育于从传统走向现代的中国社会转型时期，因此不可避免地保持了一些传统私学的特色。据说，每天早晨和晚上学生们上下学进出学校的时候，总要对着坐在监督室中的张伯苓恭敬地鞠躬，以示尊重。但是，这所学校又融入了很多新式教育的要素，显示出蓬勃的朝气和旺盛的活力，再加上教师授课认真，要求学生严格，不久就在天津中等教育界崭露头角，受到社会各界的一致好评，许多政府官员和社会热心人士纷纷前来参观。当时，天津基督教青年会主办的刊物《天津青年》也大力赞扬张伯苓对学校发展所做出的贡献，认为“这所好校园将会成为私立中学堂校长张伯苓先生之热情和精力的纪念碑”[②]。清末新政时期，清朝政府派专员到直隶地区对各校的办学状况进行比较详尽的调查。到私立第一中学堂考察之后，专员对该校的设备、师资、经费等各方面都给予了高度赞扬，在报告中强调指出，“查此堂创立已有三年，理化器械设备尚完全，学生成绩颇佳，英文程度尤优，教科用西文教授者，皆能直接听受，监督、教员均极热心，日求进步，用费亦甚节省”，因此，该校“程度为各中学堂之冠”。[③]

清光绪三十二年（1906年）夏天，高等师范班的10名同学经过两年的学习，终于毕业，成为私立第一中学堂第一届也是唯一一届师范毕业生。他

---

①露存：《心文》，古德诺：《解析中国》，国际文化出版公司1998年版，第248页。

②《天津青年》第5期。

③《东方杂志》第4卷第11期。

们是陶孟和、韩诵裳、严约敏、周绍曦、孟琴襄、武问泉、邓荫卿、韩质夫、时子周、林次和等。其中，时子周、严约敏等四位同学留校任教，成为辅佐张伯苓发展、壮大学校的中坚力量；还有四位同学在张伯苓和学校的资助下，到日本继续深造，研习日本教育之法，以备将来回国更好地为国家的教育事业贡献力量。

由于私立第一中学堂在京津地区乃至更为广泛的范围内声名鹊起，前来求学的学生不断增加，不久就超过了100人，严氏偏院已经无法容纳这么多的学生了。因此，张伯苓决意另觅他处作为校舍。正巧在清光绪三十二年（1906年）这一年，天津的一位士绅名流郑菊如先生由于敬佩张伯苓、严范孙等人坚持不懈办学，培育人才的精神，主动将自己在天津城南水闸旁边的一块大约10余亩的土地捐给私立第一中学堂。但是由德国人汉纳根创办的大广地皮公司声称这块地在他们公司界内，因此不愿相让。没有办法，张伯苓只好前去交涉，经过多次锲而不舍的谈判，该公司最终做出让步，同意将天津城南电车公司后面的10余亩地让给私立第一中学堂。当时，天津城南一带还没有发展起来，所以这10余亩地实际上就是一片尚未开垦的荒地，十分荒凉，而且旁边还有一个经年发出恶臭气味的水坑。虽然周边环境并不尽如人意，但是在张伯苓看来，只要想干，没有什么是办不成的，即使在这样一块荒凉的土地上，经过改造也完全可以使之变为一个适合学生们学习和读书的美丽校园。后来，就是在这样一块洼地上，建成了中国历史上一所著名的近代私立学校，同时也成就了张伯苓的教育救国理想。

土地的问题解决了，可接踵而来的就是办学经费问题。当时，学校发展只靠严家和王家每个月捐献的那200两白银，以及学生们的少量学费收入，维持日常开销已经十分困难，哪还有钱在荒地上建设新校舍呢？张伯苓不畏艰难，不辞辛苦，四处奔波，寻找各种可能获得办学经费的渠道。很多人为其热忱所感动，纷纷解囊相助。应该指出的是，严家和王家依然是私立第一中学堂最大的支持者，王益孙捐银10000两，严范孙捐银5000两。此外，邑绅徐菊人捐银1000两，前署直隶藩司毛实君捐银500两。时任直隶提学使的卢木斋也大力襄助，从浙绅严子均捐助直隶学务款项下拨出白银10000两用来资助张伯苓[①]。这样，在资金上就保证了新校舍建造工程的顺利进行。新校舍从开工到最后竣工，只用了一年多的时间，洼地换新颜。两栋崭新的教学楼东楼、北楼伫立起来，东楼是教室与办公室并用的二层楼，北楼是课堂与学生宿舍并用的二层楼。此外，还有平房若干间，排列整齐，各种办公用具也一应俱全，设施比较完备，校园四周还建起了一圈围墙。清光绪三十三年（1907年）秋，私立第一中学堂的学生迁入了新校舍。不久，袁世凯前来参观，给予了很高评价，还捐助白银5000两，以解决学校兴建资金匮乏的问题。于是，一所名为"慰庭"的大礼堂随之拔地而起，成为学生们每个星期聆听张伯苓演说的场所。这主要是因为该校"自从建立起来以后，因为倡办新学，很著成绩，一时社会上热心教育人士，纷纷都来捐款相助，校舍因此得以年年扩建，学生也一年年地增多起来"[②]。

次年，私立第一中学堂首届学生33人在新校舍举行了毕业典礼，他们是梅贻琦、罗凌瀛、刘文澄、张彭春、朱凤钧、顾寿颐、刘福年、高兆夔、曹鸿藻、穆嘉珍、李麟玉、卞肇新、黄树年、武登明、王正钧、安贞祥、汪启智、金廷玺、魏有万、喻传鉴、王恩震、姜绍荣、展树勋、张树珊、王震、范莲青、金邦正、李克歧、刘恩鸿、陈恩镁、卞藩昌、郑钟彝、王奎瀛等。为了纪念在学校的四年学习生活，也为了感谢校长张伯苓的悉心呵护，同学们在东楼东北角的地方掘了一口井。井口四周用砖砌成八角形的圈栏，井上立有木架，木架的横额上镌刻着"饮水思源"四个大字，侧面横额刻着33位同学的名字，这口"纪念井"在1937年和南开学校许多宝贵的财富一起被日本侵略军的炮火摧毁了。在这33名毕业的同学中，有16人被保送到保定高等学校，还有一些学生报考北洋大学、清华大学以及其他铁路和矿业学校，以便继续深造。虽然那个时代并没有将升学率作为衡量一所学校办学质量优

---

①据张锡祚记述：由严、王二家和徐菊人（世昌）、卢木斋、严子均几位先生共助银26000两，建起新校舍，因为地处南开，所以就改名为"南开中学"。详见《先父张伯苓先生传略》，南开大学出版社2016年版，第16页。

②张锡祚：《先父张伯苓先生传略》，南开大学出版社2016年版，第17页。

劣的硬性指标，但是在33名毕业生中能够有16名被保送到高一级的学校进一步深造，无疑很好地证明了私立第一中学堂的教学质量是相当不错的。视学校如生命的张伯苓更加踌躇满志，对学校将来的发展充满了信心。同年，他被推举为直隶省代表，去美国参观渔业博览会，同时参观他国教育兴办情况。参观后，又便道去英国。再考察欧洲各国的教育发展情况，直到明年即清宣统元年（1909年）才归国回来。[①] 同年冬天，张久庵不幸逝世。因为张久庵、张伯苓父子之间的感情特别深厚，所以张伯苓万分悲伤。[②]

私立第一中学堂最初的发展，离不开社会各界热心人士的帮助，更与张伯苓的努力密不可分。清宣统二年（1910年），在这所私立中学走过六周年的时候，天津发行了一张彩色明信片，以纪念那些为这所学校建立和发展做出过贡献的人们。明信片的上部从左到右分别是张伯苓、严范孙、卢木斋和王益孙四人的头像。而下部则是当时学校的教学楼。明信片右下方盖有圆形纪念戳，外圈文字为“天津私立第一中学堂第六周年纪念”，中间横格内的文字是“庚戌九月初八日（1910年10月10日）”。[③]

艰难跋涉的南开

清宣统三年（1911年），不仅对中国近代历史具有特殊的意义，就是对张伯苓和他呕心沥血惨淡经营的私立第一中学堂而言，也有着某种非凡的意义。直隶提学使傅增湘饬令把天津客籍学堂和长芦中学堂并入私立第一中学堂。因此，原本拨给这两所学堂的经费也一并拨过来。客籍学堂经费是每年2800余两（狮子林官地租），长芦中学堂经费是每年8000两，这对壮大私立第一中学堂无益是件大好事。由于接受了公款，所以私立第一中学堂改名为

①张锡祚：《先父张伯苓先生传略》，南开大学出版社2016年版，第17页。
②张锡祚：《先父张伯苓先生传略》，南开大学出版社2016年版，第17页。
③《南开校友通讯》，1994年，第81页。

公立南开中学堂，一是表明资金来源，二是表明学校所在地。所谓南开，就包含着位于天津城西南的一块洼地之意。而严范孙、王益孙、徐菊人等人对学校的捐款也因此逐渐停止了。尽管如此，公立南开中学堂每年增加如此丰厚而且稳定的收入，在很大程度上能够缓解办学经费紧张的状况，可以有效地保证张伯苓不断提高教学质量和谋求学校发展的措施出台。

由于张伯苓兴办教育获得成功，在社会上的声望日高，这一年，清华学校代理总办范源濂聘请他前去北京担任清华学校的教务长，总揽清华学校的校务。张伯苓到任以后，对该校的学生课业，多有改革。“一些外籍教师，对先生都表示深切的敬佩。”① 尽管清华的办学条件明显好过南开中学堂，但是张伯苓并不愿意放弃自己在天津开创的这番事业，因此只得辛苦地天津、北京两边跑，南开、清华两边都照顾。张伯苓曾经风趣地说：“南开、清华全是婴儿，我是个保姆，同时抚养两个小孩。”在清华任职大约半年之后，张伯苓看到学校整顿有些成绩了，就辞去了让人羡慕的教务长职务，返回天津，专心经营自己的学校。这次在清华任职的时间虽然不长，但是清华学校所推行的美国教育方式却给张伯苓留下了非常深刻的印象。以至于在相当长的一段时间内，张伯苓尝试着将美式教育引入南开教育，并取得一定的成效。

然而，也就在这一年的 10 月，武昌起义爆发，推翻清朝政府的革命浪潮风起云涌。社会政治生活的激烈动荡也影响到了公立南开中学堂正常的教学秩序，多数学生纷纷请假回家，课堂教学随之停顿。原本应该从官府领取的用来补贴学校的经费，也无法获得。因为清朝统治者把全部精力都放在怎样对付革命党人的问题上，其他事情根本无暇顾及。张伯苓万般无奈，只好先向严范孙挪借了一些钱，发给会计员一半的薪水，提供给平日照料学校的几个夫役一些食物，维持生计，而老师的薪俸则只好暂停发放。

次年春，袁世凯为了篡夺辛亥革命果实，故意在京津一带制造事端，以表明自己无法离开北方到南方去就任中华民国大总统，迫使孙中山让步。3

①张锡祚：《先父张伯苓先生传略》，南开大学出版社 2016 年版，第 18 页。

月，正准备开学的公立南开中学堂，不可避免地受到了袁世凯一手操纵的天津“兵变”的影响，因此，张伯苓只得将开学时间调整到兵变平定之后的4月。开学之后，按照民国新学制的规定，公立南开中学堂改名为南开学校，原来的学校监督也改称校长，仍由张伯苓担任。经费由学务公所补助，每月折合银币1060元，定每年10月17日为校庆日。从此以后，每年的10月17日，分散在各地的南开校友都不约而同地聚在一起，欢庆南开母校的校庆日。具体到天津，则更是热烈非凡。母校放假三天，演习、开运动会、游艺会、会餐等活动，无不尽欢而散。所有这些活动，都是围绕着一个核心人物，这就是张伯苓校长。①

1914年，直隶工业专门学校与北洋法政学校两校附设的中学班也划给了南开学校。南开学校一天天地发展起来，经费有所增加，校舍进一步添建，规模逐渐扩大，而学生的来源也越发广泛。学生已不仅仅局限于天津及其附近地区，全国各地的很多学生为南开学校优异的教学质量和新颖的教育方式所吸引，不远千里负笈前来求学，甚至连美国、东南亚的华人和华侨以及朝鲜进步青年也慕名投考南开学校，学生人数急剧增加。据统计，1912—1916年间，学校的学生人数从260人激增到近1000人，且来自全国的23个省区。单就学生数目而言，也比私立中学堂成立时增加了10倍多。校园面积更是不断扩大，到1916年，南开学校校园面积为150亩，比最初的校园大了15倍。学校建筑物也越来越多，除了东楼和北楼之外，又相继建成北斋、南斋、西斋和浴池等。

为了满足学生的需要，张伯苓还进行了一系列的教育改革，谋求发展。1915年，“徇中学毕业生之请求”，张伯苓增设英语专科班。次年，他又在南开设立高等师范班，拟以两年为期。这些尝试，都是为了给有志留学或从事教育工作的青年提供更好的深造机会，但是由于办学经费不足，难以维持，因此，英语专科及高等师范班成立不久，就半途而辍。张伯苓由此深感办教

---

①杨肖彭：《我对张伯苓校长与南开学校的回忆》，南开大学校长办公室：《张伯苓纪念文集》，南开大学出版社1986年版，第63页。

育的艰难，虽然受此挫折，仍然没有动摇其关注学生前途和命运之心。

1917年，张伯苓以为教育救国，刻不容缓，既然中学已经建立起来，就要创办大学。之前，虽然曾经两次试办过专科和高等师范班，因为遇到重重困难而没有成功，但是他下定决心，要更进一步地研究如何创办大学教育的事情。为此，他启程去美国，进入哥伦比亚大学师范班，潜心学习和研究大学教学。在此期间，他还遍游美国各地，考察各私立大学的组织和设施。1918年冬天，张伯苓回国之后，开始筹备大学部。关于学校的性质，张伯苓考虑再三，决定还是采取私立形式，认为私立学校可以少受一些束缚和干涉，而且不受政府更迭的影响，更能自主地向前发展。

精心呵护每位求学者

张伯苓不仅把南开学校视为自己的生命，把所有的心血都用在南开的教育方面，而且把南开学生当成自己的亲人，非常爱护，尽心尽力，无微不至。在外人眼里，南开好似一个大家庭。在张伯苓孩子们的眼里，父亲就是一个大家长，自己和来自天南地北的学生都是这个家庭的成员。他是一个公正、直率、热情、笃厚、生活简素，有学者风度但又平易近人，在严肃中又带着幽默感的人，所有接触过他的人都会有这样的感觉。由于他有着教育家的风度，最喜欢青年学生，在南开初创时期，因为学生人数还不太多，所以每逢星期天，必有几位同学到家里来说说话、玩一玩。张伯苓一家热情接待。他们谈学习，话家常，几乎无话不谈。后来大、中、女、小四部成立，学生太多了，家里招待不下了，只是每个星期六晚或是星期日有些同学来玩一玩，如果这一天没有人来，他会感觉到冷清寂寞。每逢暑期，他都要请这一期的毕业生到家里来，由王夫人亲自下厨，给学生们做好吃的饭菜，款待一番。张锡祚多年之后还记得一些当时的情景，父母准备了大盆大碗的炖鸡、炖肉、熬鱼、炒虾，大盆的米饭和馒头，这些大哥哥们都是自己动手装饭，又说又笑，大吃一顿。饭后还有游艺节目助兴，吃着冰水梅汤之类的东西，大家玩个大半天才散。

张伯苓是一个好客的人，爱热闹，家里经常有客人来吃饭。他是但愿座上客常满，杯中酒不空。王夫人因为一家人都没有什么嗜好，所以对于家人的饭食特别注意，她说："吃好了，好做事，好读书。"来的客人们也不挑菜做得粗细，只是为了来说话，又吃又说，宾主之间总是笑声不绝。[①] 在平时，难得有一天家里没有客人来。来的客人，有时是一些父亲的老朋友，有时是一些校友同学，也有时是一些慕名来拜访张伯苓的陌生客人。只要有人来，他都要留住谈个大半天。若到每年 4 月 5 日他的生日这一天，更是宾客盈门，有数不清的客人，包括社会各阶层的人物。孩子们要在家里负责接待客人，陪着客人们说话，到了晚上常常感到两个眼角和两个腮帮子的肌肉疼。张锡祚的体会是：必须要在头一天晚上睡好了，才能顶得住这一天的事。

张伯苓也经常住在学校，就是礼堂东南角的那一间宿舍，便于找学生来谈话，或巡视学生自习。他对学生太了解了，可以叫出每一个同学的名字。在家住的时候，他每天早上起得很早，常常先到学校里转一遭，再回家来吃早点。平时生活很有规律，所以身体一直总是很健康的。他还经常把学生请到校长室，问课外都读什么书，有什么读后感，并展开平等对话[②]。受到他呵护的学生都难以忘记这样的经验，在当时乃至毕业以后，都成为一段段美好的回忆。

后来学校的规模越来越大，学生人数超过了 1000 人。对此，张伯苓有个形象的比喻："孩子长得快，去年缝的袄，今年穿不得了，又得添新的。"[③] 这是说明要扩建校舍，容纳这些莘莘学子了。虽然他经常为了给学校募款的事情而四处奔波，但是信心满满。张伯苓常说："咱们南开真是难开，不管钱多

---

①张锡祚：《先父张伯苓先生传略》，南开大学出版社 2016 年版，第 92 页。

②端木蕻良：《我们的老校长——有关张伯苓校长的片段回忆》，南开大学校长办公室：《张伯苓纪念文集》，南开大学出版社 1986 年版，第 126 页。

③黄钰生：《早期的南开中学——1912—1916 年间的一些片断的回忆》，申泮文主编：《黄钰生文集》，百花文艺出版社 2009 年版，第 132 页。

么困难，咱学校的房子一定要修好，该上油的地方一定油饰好，永远看着有朝气。青年人不能萎靡不振。”[①] 此外，他还要忙于各种校务。尽管如此，张伯苓仍然一如既往地关怀着每一位求学者。只要一有时间，就深入到学生中间，和学生们打成一片，了解他们的生活和学习情况，建立和保持那种亲密无间的关系。这也成为他的美好回忆。一次，张伯苓亲切地对学生们说：“现在南开的学生多了，不像当年只有几十人，我可以分别请你们到我家去吃个便饭，谈谈家常，如今学校有 1000 多人，要让我请你们吃一顿饭，会吃我个家产净绝。”千万不要误解他的这番好意，以为张伯苓校长对学生留一手，把钱留给自己的孩子了。其实不然，在张伯苓这样的教育家看来，钱是死宝，学生是活宝。他平生不蓄私产，常说：“我用不着钱，我有这么多学生了，这都是我的儿女，将来我老了，这些学生谁都能养活我。”王夫人道：“你有学生养活你，我呢？”张伯苓说：“你有四个儿子了，他们会养活你的！”他还说：“我不给孩子们留钱，钱多了，他们就会产生依赖的心，不想做事了，反倒害了他们，我给他们留下德行，够他们一辈子用不尽的。”[②] 虽然张伯苓认同于“前 30 年父养子，后 30 年子养父”的传统认知，但是坚持不要给孩子们留下钱财，以免埋下祸根。

对于身边的这些活宝——学生们，张伯苓细心呵护，关怀备至。他从来不轻易谈人的短处，只是处处鼓励人的长处，张伯苓常说：“世上无完人，要善于发挥他们的长处，弃绝他们的短处，要是处处吹毛求疵，世界上将无可用之人了。”这是他的教育家风度。学生们不论做了什么坏事，只要是肯回过头来改邪归正，他都给予鼓励。学生们不论是毕业了多少年，年纪有多么大，做了坏事，都怕见校长，不是怕张伯苓批评，而是自己的良心在责备着自己。可是做了好事时，又都想到校长面前来报一报功，在得到校长的鼓励后，又都欢喜得不得了。张伯苓深有体会地说：“对于青年人，要和他们讲真正的道

---

①杨肖彭：《我对张伯苓校长与南开学校的回忆》，南开大学校长办公室：《张伯苓纪念文集》，南开大学出版社 1986 年版，第 64 页。

②张锡祚：《先父张伯苓先生传略》，南开大学出版社 2016 年版，第 93 页。

理，不可骗他们，他们将来长大后，都会明白的。”有些在学期间不守校规而被开除的学生，后来见到校长，也都发自内心的尊重他。这些学生知道在自己幼年的时候，不懂事，多亏了张伯苓给他们指出了正道、明路，没有姑息、欺骗他们，才没有耽误一生。[①]

张伯苓对学生和蔼可亲，经常非常诚恳地跟学生们说：大家如有什么问题，愿找我谈心的，可以到办公室约定时间，我愿意帮你们年轻人解决问题。可见，他依然想各种办法和学生们建立、保持联系。有时他从学生中间挑选几位代表约定时间请他们到办公室来谈心，听他们讲对学校各项工作的意见和要求；有时他在校园里散步途中遇见了同学，也会主动嘘寒问暖，询问他们的学习情况；有时他会突然出现在学生餐厅里，和学生、教职员工一道用餐，关心学生们的饭菜营养和卫生状况；有时他也会出现在运动场上，或者和学生们一起进行体育锻炼，一道活动身体，或者主动参加到学生们的体育比赛中去，成为学生队的守门员，在竞技场上与学生们并肩作战；有时他也到学生们的宿舍里和学生攀谈，询问他们的生活和住宿情况。可以说，张伯苓将学生们当成了自己的孩子，全身心地疼爱和呵护。而学生们也把张伯苓当作自己的长辈，有问题时总会想到向校长倾诉并寻求帮助。这样融洽的校长和学生的关系，使南开学校受到社会各界人士，特别是学生家长们的称赞，他们称南开是“家庭学校”。张伯苓以为这是对南开最恰当、最光荣的称赞，所以在修身课上多次提起这件事，引为欣慰[②]。谁也无法否认，张伯苓的人格魅力在其中发挥着重要作用。

张伯苓为人谦卑、自敛，从来不说一句故弄玄虚，让人听不懂的话，不论是什么大事、大问题，都把它说得极为深入浅出、通俗易懂。他也不向人自炫高深，显示自己的本事，而是想尽办法叫听他说话的人一听就能明白自己的意思。他在生活中的很多方面，都是力求通俗化。他知道不这样就不容

①张锡祚：《先父张伯苓先生传略》，南开大学出版社 2016 年版，第 95 页。

②黄钰生：《早期的南开中学——1912—1916 年间的一些片断的回忆》，申泮文主编：《黄钰生文集》，百花文艺出版社 2009 年版，第 140 页。

易接近学生，就不容易让学生受到教育、陶融。张伯苓时刻提醒自己：学校教育的对象是学生，若是脱离了学生，就失去了教育的对象。所以，平日里任何一个人都可以进门来谈，他都会热情接待，不让来者产生陌生的感觉[①]。正因为如此，学生们都很愿意接近他，而他的教育思想也就进入了学生们的心田，生根、开花、结果。这也是张伯苓最愿意看到的情形。他曾对自己的孩子们说："我是一个笨人，没有什么特长，但是我有一颗恒心，一生专心从事于南开教育事业不变，所以今天才能有这些成就。"在他生活的时代，"人们在不断地升升沉沉，上上下下，从民国以来，声誉和事业能随着时代不停地长的，唯有我和梅兰芳先生"。对此，张氏后人也有同感：父亲的事业是天天在长，而梅兰芳先生的艺术，也是天天在长。[②]

"南开最好的学生"

每年开学之际，一届届新生入学之后照例聆听校长张伯苓充满豪情的欢迎词；每个学期结束时，也有一届届老生恋恋不舍地离开学校，升入高等学府或者步入社会工作。日复一日，年复一年，张伯苓可谓桃李满天下。作为一位把一生都奉献给中国教育事业的实干家，还有什么比看着学生们逐渐成长更令人高兴的事情呢？在成千上万的优秀毕业生中，有一位学生经常被张伯苓放在嘴边夸耀为"南开最好的学生"，这就是周恩来。

1913 年，周恩来随伯父周贻庚来到天津读书，由于家境贫寒，一家人的生活只能靠伯父微薄的薪水来勉强维持。周恩来大性勤奋好学，到天津之后不久就考入以"学林夙树新标"而著称的南开中学。和每位新生一样，周恩来也是听着张伯苓充满感染力的欢迎词、怀着激动的心情迈入南开学校大门的。

①张锡祚：《先父张伯苓先生传略》，南开大学出版社 2016 年版，第 95 页。

②张锡祚：《先父张伯苓先生传略》，南开大学出版社 2016 年版，第 95 页。

周恩来先入乙三班，后由于班级调整而进入丁二班。他深知到南开学习的机会得来不易，因此非常珍惜。在他看来，南开的教育，是正常而自由的，我喜欢文学、历史，对政治感兴趣，对数理也有兴趣。[①] 他读书极为刻苦用功，各门成绩一直名列班级或者年级前列。1916 年全校国文会考时，一共有 12 个班级 200 多名同学参加，由严范孙亲自评定最佳者。周恩来以《诚能动物论》一文参与会考，结果脱颖而出，被评为全校第一名。不仅如此，国学造诣极深的校父严范孙还逐节逐句对周恩来的这篇文章加以点评，大加赞扬。除此之外，周恩来的理科成绩也很优秀，不仅代数考试曾获得满分，而且在全校范围的数学竞赛中，“捷算赛速，两列前茅”。他在化学考试中也曾于班级“名列最优者”，此外，他还“工行书，善演说……曾代表本班与全校辩论”。[②]

向来密切关注学生情况的张伯苓早已注意到了这位气宇轩昂、胸怀大志的年轻人，出于为国家培养人才的考虑，张伯苓总是尽量给周恩来的学习和成长提供便利。当时，周恩来“家贫，处境最艰，学费时不济”[③]，因此为了节省开支，平时都在食堂里吃最便宜的饭菜，或者就干脆在校门外的小食摊吃一碗花不了几个钱的白水煮豆腐。爱才如命的张伯苓不忍看到如此有为的青年为了省钱而如此艰难地生活，就决定免除周恩来的学费、书费、宿费，以便减轻他的生活压力，让他专心学习。当年，私立南开一年的费用算起来也不少，而这种费用全免的好事并不是经常出现的。但是张伯苓慧眼识英雄，采取积极的措施，使周恩来没有后顾之忧地在南开学习、生活。不仅如此，张伯苓还关照、安排周恩来在课余或者假日勤工俭学，帮助学校做些抄写、刻字的事情，以赚取一些生活费用，由此可见张伯苓对周恩来的关心和照顾是多么无微不至。

周恩来在南开中学的四年，可以说是全面成长的四年。通过勤学苦读，他成为一个非常优秀的学生；而他又绝不是一个一心“只读圣贤书”的学生，

① 《周恩来同李勃曼谈个人经历》，《瞭望》周刊，1984 年第 2 期。

②南开学校《第十次毕业同学录》，1917 年。

③南开学校《第十次毕业同学录》，1917 年。

相反，他有着广泛的兴趣，表现出多方面的才能。在张伯苓教育理念的影响下，他经常积极参加各种社团活动，曾组建或参与过的全校性及班级范围的团体就有近10个。在给朋友的信中，他尝言自己参加各种课外活动并从中获得了不少乐趣：“课外事务，则如猬集，东西南北，殆无时无地而不有责任系诸身。人视之以为愚，弟当之尚觉倍有乐趣存于中……若于课外别有所学，则虽日习之，亦不为非。”①

和校长张伯苓一样，周恩来十分热心于新剧演出。刚刚入校，他就参加了新剧《华娥传》的表演，饰演剧中女主角华娥。由于他英俊潇洒，颇具表演才华，反串女角更是婀娜动人，受到普遍好评，因此以后登台表演多饰演女角。1914年，南开新剧团成立，周恩来又成为剧团的主要成员，并负责布景等工作。他先后参加了《恩怨缘》《一元钱》《仇大娘》《华娥传》《老千金全德》《一念差》等剧目的演出。尤其是在《一元钱》中扮演的女主角孙慧娟最受人称赞，轰动京津等地。该戏还被当时名噪一时的北京奎德社移植成文明戏上演，产生了一定的社会影响。周恩来不仅享誉南开，而且也闻名津门。更为可贵的是，他除了登台演出之外，还承担了制作布景等幕后工作。因此，他受到了广泛的赞誉：“于新剧尤其特长，牺牲色相，粉墨登场，倾倒全场。原是凡津人士之曾观南开新剧者，无不耳君之名，而其于新剧团编作布景，无不赞助之功。”②周恩来一直记着自己在南开求学期间这段男扮女装登台表演的经历与张伯苓的关系，以至于若干年后有一次当周恩来和张伯苓在重庆南开中学一起观看新剧时，周恩来突然说：“我对校长有个意见。”张伯苓不免一愣，周恩来接着十分风趣地说：“当年您不应该让我演女角儿。”惹得师生二人相视而笑。

在中学时代最能体现周恩来组织和管理才能的恐怕要属他发起组织成立的“敬业乐群会”了。1914年，周恩来和常策欧、张瑞峰等人创办此会，宗旨是“以智育为主体，而归宿于道德，联同学之感情，补教学之不足”。在

①《天津文史资料选辑》第15辑，天津人民出版社1981年版，第10页。

②南开学校《第十次毕业同学录》，1917年。

成立宣言中，他们进一步提出："青年为斯世将来之主人，学者乃领异标新之人。况生值学道将绝之国，大厦濒倾之邦，则吾辈后生责任，不更加重大耶！果欲尽此重大责任，舍在学时代极力锻身心，增进智能而奚求。"[①] 周恩来热心会务，约请严范孙亲自题写会名，负责起草会章，并主持成立主管研究、执行两部。他本人曾先后担任智育部部长、副会长、会长。在周恩来的积极运作下，该会经常举办学术报告，邀请中外名人来校演讲，在学生中的影响越来越大。到1916年年底，会员已发展到300多人。正是由于参与组织了敬业乐群会的各项实践活动，周恩来的组织和领导能力得到极大地锻炼与提高。

由于文笔出众，长于写作，因此周恩来也经常参加一些和文学有关的社团活动。1915年，他参加了学校组织的"以辅助国文高才诸生，造成有用之文学"为宗旨的国文学会特别科，并被选为干事。同年，南开学生会创办了全校性刊物《校风》，周恩来也积极参与其中，先后担任"课艺选录"和"各会报告"两栏的编辑工作，负责选登优秀作文以及报道各学生团体活动的消息。此后，他又继任文苑部主任，后改任纪事部主任。当《校风》社改组后，他又担任纪事类总主任及经理部总经理，成为该刊的主要负责人之一。

周恩来在学习和社团活动方面的出色表现，使张伯苓颇感欣慰，赞赏有加。张伯苓每过几个星期就邀请周恩来到家里来做客，师生二人畅谈家事、国事、天下事。他们从学校谈及社会，从社会问题谈到国家大事。到吃饭的时间了，张伯苓就热情挽留周恩来一起吃饭，并让夫人亲自下厨给他做有天津特色的家常菜——贴饽饽熬小鱼，煮稀饭招待他。后来，周恩来曾深情地回忆说："我小时候，校长给我熬鱼吃。"

张伯苓器重周恩来，说他是南开最好的学生，不仅仅肯定他学习成绩好，还赞赏他多种才华和能力，都出类拔萃。在一个全校演讲比赛中，周恩来演讲的题目是《中国现时之危机》。他激情澎湃地痛斥了北京政府的贪污腐败，

---

① 《敬业》第1期。

展现出一个关心国家、民族命运，渴望中国繁荣、富强的青年学生的爱国情怀，令听众无不折服，更让张伯苓印象深刻。

1917 年，周恩来以平均分 89.72 分的高分从南开中学毕业，在毕业典礼上，张伯苓安排周恩来代表毕业同学讲话，徐世昌亲自为他颁发毕业证书。周恩来还获得了“国文最佳奖”的金质奖章。当时的毕业同学录上有这样一段话最能概括周恩来在南开的学习生活：“其于课程，前二载俱臻上乘，嗣以理事日繁，乃稍逊前，然绝未以他事妨学业，致失正鹄。故毕业成绩，仍属最优。”[①] 同年，由张伯苓推荐，严范孙资助，周恩来等两名学生去日本留学。于是，他抱着“邃密群科济世穷”的雄心壮志，在 1917 年 9 月离开天津，踏上了赴日留学的道路。1918 年年底，严范孙和张伯苓从美国回国途经日本，周恩来特意前去拜访两位恩师。在异国他邦，他们畅谈一番，其间，张伯苓还对周恩来谈起自己准备创办大学的想法。为了纪念这难得的相聚，他们在一起合影留念。足见，周恩来和张伯苓校长的关系极为密切。1919 年 5 月，周恩来在一封给留日南开同学的信中深情地写道：“我是爱南开的。”

1919 年五四运动中，周恩来、马骏等南开学生联合天津各校师生举行集会，发表演讲，走上街头游行示威，手举各式标语、旗帜，高呼爱国口号，成为反帝爱国运动的领袖人物。他们还到北京，以多种形式表达爱国诉求。同年，南开大学创立，经张伯苓特许，周恩来免试进入文科班深造，成为南开大学第一批入学的学生，学号是第 60 号。入学不久，张伯苓就委托周恩来在修身班上向全校师生宣布教学改革大纲。1920 年前后，五四运动及全国规模的反日爱国运动蓬勃兴起，在五四运动中脱颖而出的周恩来因带领南开等学校 3000 多名学生到直隶公署反对日本干预山东问题而被地方当局逮捕入狱。张伯苓在春节时还亲自去警察厅看望了周恩来和其他被捕师生，后来因迫于政府压力，不得不将周恩来从南开除名。但是，这并不意味着张伯苓放弃了对周恩来的培养。

---

①南开学校《第十次毕业同学录》，1917 年。

周恩来出狱之后，张伯苓和严范孙经过慎重研究，决定建立“严范孙奖学金”，资助周恩来到法国去深造。在法期间，南开一共提供了银洋7000多元，这在当年可是一笔不小的数目。对一个学生如此费心培养，可见张伯苓的眼光和胸怀。此后，周恩来逐渐走向革命道路。南开学校可以说是周恩来成长的最早摇篮，而张伯苓则当之无愧地成为周恩来的扶持者。

周恩来一直感念张伯苓和南开对自己的关怀与爱护，即使是参加了革命工作，也要克服困难，千方百计地表达这份真感情。1928年12月，为了处理中共顺直省委的一些事情，周恩来化装从上海乘坐轮船来到天津。在天津的时候，他冒着危险，特意到南开拜访张伯苓。对于周恩来不顾白色恐怖前来探望自己，张伯苓特别感动，并在以后的岁月中尽其所能地帮助周恩来开展革命工作。

20世纪30年代，中国和日本之间的民族矛盾日益尖锐。在上海“一·二八”抗战爆发之后，张伯苓明确提出“停止内战、一致对外”的要求，并充分发挥自己在社会上的影响力，宣扬抗战的正义主张，甚至曾一度考虑挺身进入江西苏区，促进统一。周恩来听到这个消息，非常高兴。1936年，为了早日促成抗日民族统一战线，共同对抗外来侵略者，周恩来于5月15日从瓦窑堡给张伯苓写了一封信，赞扬张伯苓的救国热忱，并向昔日的恩师阐明了中国共产党主张的组织国防政府与抗日联军、早日实现团结抗日的方针：

> 不亲先生教益，垂廿载矣。曾闻师言，中国不患有共产党，而患假共产党。自幸革命十余年，所成就者，尚足为共产党之证，未曾以假共产党之行败师训也。去岁末，复闻先生于“一·二八事变”后，曾拟挺身入江西苏区，主停内战，一致对外。惜当时未得见先生，而先生亦未得见苏维埃与红军历次抗日宣言，向使当时果来苏区，红军北上抗日之路，或可早开，又何致直至去岁始得迂回曲折，以先锋军转入陕甘！经二万五千里历十一省之长征，在事为难能，在红军抗日之意更可大白于天下，而战胜声威，为抗日保存活力，或亦先生所乐闻欤？今国难日亟，

华北垂危。红军不能忍华北五省拱手让人，已于十一月出师东向，力争对日作战，并一再宣言，主张停止内战，一致抗日，红军愿为先驱，集中河北。不图山西阎氏阻挡于前，蒋复出兵于后，反使中国军队同室操戈，为暴日清扫道路，是实现广田三原则中日“满”共同防共之要旨，而非中国民族之利也。目前华北局势，非战无以止日帝之迈进。华北沦亡，全国继之，救华北即所以救全国。兄弟阋于墙，外御其侮。今日如能集合全国之武力与人力财力智力，共谋抗日，则暴日虽强，不难战胜，而民族战争之开展，端赖有一致之政府与军队。居今日中国，应不分党派，不分信仰，联合各地政府及各种军队，组织国防政府与抗日联军，以统一对外，并开抗日人民代表会议，以促其成。先生负华北重望，如蒙赞同，请一言为天下先。想见从者如云，先生昔日之志，将得现于今日也。事急矣！东进匪遥，率直进言，幸赐明教，并颂教祺！①

不久，当周恩来在瓦窑堡简陋的小屋里接受一位来自天津英文报刊《华北明星报》记者采访的时候，还动情地说：“我在天津南开读中学、大学。这个学校教育严格，课外活泼。我参加革命活动是有南开教育影响的。请你回到天津后，在南开大学张伯苓校长前代我问候。”② 随后，停止内战、一致抗日的愿望逐步变成现实。

1936 年西安事变发生时，张伯苓曾经设想只身前往西安，以便帮助解决事端。后来西安事变在周恩来的巧妙斡旋下得到圆满解决，南开学校特意召开了庆祝大会。在会上，张伯苓非常高兴地说：“‘西安事变’解决得这么好，咱们的校友周恩来起了很大作用，立了大功。过去我把他开除了，现在我恢复他的学籍。”据说，他把周恩来的照片放在桌子上，和自己照了一

①周恩来：《致张伯苓信》，中共中央统一战线工作部、中共中央文献研究室：《周恩来统一战线文选》，人民出版社 1984 年版，第 14—15 页。

②王文俊编：《南开人物志》第 1 辑，南开大学出版社 1994 年版，第 42 页。

个合影。[①]

1938 年 5 月，张伯苓曾为南开募捐等事宜来到武汉，拜访了张群、孔祥熙等人，也受到武汉南开校友们的热烈欢迎。大家齐聚一堂，特意为张伯苓校长举行了盛大的欢迎会。而周恩来作为共产党八路军驻国民政府军事委员会的全权代表当时正在武汉，闻听此讯，立刻以南开校友的身份和邓颖超前来参加聚会。在会上，周恩来侃侃而谈，向校友们分析了当时的抗战形势，并向张伯苓校长表达了感激南开对自己的培养之情。他说："南开除严格之训练与优良之校风外，有两点至可注意：一为抗日御辱之精神，一为注意科学训练。"聚会过程中，校友们还用放映机放映了张伯苓带去的介绍南开学校和同学们的幻灯片，当屏幕上出现周恩来的镜头时，张伯苓想到在抗战前，蒋介石曾以近 10 万元的价格悬赏捉拿周恩来，就用手指着周恩来的头对大家风趣地说："这个脑瓜儿要值 10 万块钱呢！"在座的校友善意地开玩笑说："校长可以领着周恩来到蒋先生那里，向他要几十万块钱，这不是很好的募捐方法吗？"大家都会心地笑了。[②]

1945 年，南开校友在重庆沙坪坝为张伯苓祝贺七十大寿，周恩来讲了校长在"修身课"上的一句训示，给他留下难以磨灭的印象。北方冬季天寒地冻，学生们贪睡热被窝，张伯苓校长告诫学生要有光臀从床上跳起来的勇气，以示不畏寒冷、不怕困难的决心。讲完这段故事，周恩来还深有感触地说，当工作遇到困难的时候，他就记起张校长的"光臀从床上跳起来"这句话，困难就克服了[③]。可见，张校长的一些经典语录，在学生中具有多么大的影响力。

①梁吉生：《张伯苓先生与周恩来总理》，南开大学校长办公室：《张伯苓纪念文集》，南开大学出版社 1986 年版，第 8 页。

②《南开校友》第 3 卷，第 9 期。

③郑致光主编：《张伯苓传》，天津人民出版社 1989 年版，第 40 页。

三、皈依上帝

初识耶稣

张伯苓不仅是一位充满爱心的教育家，同时也是一位虔诚的基督教徒。他曾经多次表示，自己人生的两大支柱，一个是自己的夫人，另一个就是基督教。在他的奋斗历程中，基督教确实给予他很多精神上的宽慰和物质上的支持。而南开的发展，从某种程度上来说，和张伯苓的基督教徒身份也有很大的关系。

清宣统元年（1909 年），张伯苓开始信仰基督教，并逐渐成为一位虔诚的基督徒。当然，这与基督教在近代大规模地传入中国社会，特别是天津地区有着直接的关系。基督教在天津的传教活动不晚于清道光二十七年（1847 年），由于中央和天津地方当局都禁止传教，因此只能在秘密状态下活动。在第二次鸦片战争时期，伴随着英法联军的坚船利炮，尤其是不平等条约的签订，基督教才正式公开传入天津。较早来天津进行公开传教活动的是美国公理会（Congregational Church）的传教士柏亨利(Henry Blodget)。他在 1860 年以天津为传教的大本营，逐步向华北、东北、西北等地区传播基督教。清同治元年（1862 年），卫三畏（Samuel Wells Williams）以美国驻华公使参赞的身份，在天津鼓楼东仓门口觅得一处房子。由于该地地处闹市区，人烟稠密，便于传教，因此他当即出钱买下。就这样，美国公理会在天津拥有了第一座基督教教堂。

在基督教传入天津的过程中，尤其值得一提的是清光绪二十一年（1895 年）12 月建于天津的基督教青年会。该会是由受北美协会派遣来华传教的传教士来会理(Willard Lyon)组织建立的，是一个公立学校校际间的学生基督教青年会，由来会理本人出任第一任总干事并吸收会员 65 人。这是在中国成立的第一个城市基督教青年会，因此具有特殊的意义。清光绪二十四年（1898 年）春，北美协会又派格林(Robert Gailey)来天津接替来会理的工作，担任总干事，负责天津基督教青年会。20 世纪初，由于义和团运动的兴起，格林把大沽路的会所租给了德国人，基督教青年会则搬到城里东门里经司胡同。

初创时期，天津基督教青年会的主要工作是筹措基金，建立董事会，筹办会所，在学校里开展宣传活动，举办查经班和有关宗教的辩论会，并与社会上层人士建立联系。于是，格林充分利用这一带天津文化人士比较密集的优势，开始从事所谓的“接近中国文人的实验”，试图通过在上层知识分子中间宣扬基督教教义，培养一批具有西方科学文化知识和基督教精神的“高等华人”，以达到扩大基督教在中国社会的影响等目的。机缘巧合，格林结识了张伯苓。作为北洋水师学堂毕业的高才生以及新式学校的掌门人，张伯苓当时在天津社会上也小有名望，自然成为基督教青年会争取的对象。因此，格林积极地向张伯苓宣传基督教，并介绍他到基督教会听讲《圣经》，耐心地讲解基督教文化。可是清朝政府教育管理部门明确规定：信洋教者一般不得担任中学校长。在面临两难抉择的时候，张伯苓态度坚决，依然坚持接受基督教宣传。对于张伯苓的选择，格林特别欣赏和钦佩。

信教心路

清光绪三十二年（1906 年），天津基督教公理会从鼓楼东仓门口的布道会堂迁往西沽。在清宣统元年八月初二（1909 年 9 月 15 日）为新建教堂落成而举办的“献堂礼拜”上，张伯苓正式受洗信仰了基督教，成为基督教徒。作为一位深受中国传统思想文化濡染的知识分子，能够毅然决然地接受外来的宗教思想和文化，这并非易事。而其中的曲折、矛盾和内心的苦苦挣扎，则可以透过张伯苓信教的心路历程窥见一斑。

在张伯苓年轻的时候，确有一股机灵气，“父老见之者，辄目为聪颖”。可他偏偏也以为自己才华过人，大人们的爱护和鼓励，则使其更加恃才傲物，多少有些目空一切，每与别人交谈，必大加辩驳他人之观点。特别是对于人们的信仰，张伯苓具有很强的批判精神。在他眼中，举一切神道佛仙，皆不折服。可以说，自认为在 20 岁之前抱有玩世态度的张伯苓，在青年时期年轻气盛，对于人生和社会尚少十分清醒的认识，更不用说对人生终极问题以及宗教信仰等展开深入的思考。张伯苓“至二十三岁，从严范孙先生游”。在认识严范孙先生之后，他深受这位中国教育现代化先行者的影响。最初，他仍然抱着玩世态度，但是严范孙的当头棒喝，使得张伯苓开始反思自己的人生，认识到这种目空一切的态度只会使自己变得浅薄，对于人的一生毫无裨益。“严先生为人甚道学。闻余所谈，颇不以为是。尝谓余曰：子之言皆不着服语也，以太直率无文故云。”

然而张伯苓的这种自我反思却使自己从一个极端走向另一个极端，即由玩世之心态变为厌世之心态。“盖某固直情径行。言论所及，求诸人世，有万万不能行者，逐渐生一厌世之心……然尝细心体会，人在世间，无非生老病死，古今一辙，言念及此，遂厌世之极，甚有愿绝人间传种之意，自亦不解其谬。”在心灵困惑时，张伯苓也四处求教，以期获得某种解答。于是，他开始刻苦钻研各种学问，但似乎都未能提供有效的解决之法。“有时研究心理学，而心理学不足为我之乐。讲求明学四书，而明学四书不足慰我之心。世俗既非所好家庭之乐，亦不足以解我厌世之思想。”可以说，正是这种精神无所寄托、急切渴望心理慰藉的状态，为张伯苓信仰基督教提供了某种契机。

张伯苓尽管也曾较早地接触过基督教，但是却抱着怀疑的态度，以各种理由予以诘责，多方问难。入查经班时，张伯苓曾与基督教青年会总干事格林就很多问题交换过看法。两人在谈及基督教新旧二约时，张伯苓坦率地指出：华文《圣经》笔意太劣，浅薄无味。在他的思想观念中，“方寸中有一无神之见存，妄揣如果有神，何不灭绝魔鬼，免其扰世害人。古时奇迹，何不有于今日”。[①] 这种“执子之矛攻子之盾”的思辨，显然不能帮助张伯苓相信基督教，但是却成为他深入探讨基督教文化以解惑除疑的发端，而自己的心理矛盾也就在这种质疑中得以缓解。

基督教毕竟是一种源于域外，不同于中国文化的宗教文化，接受起来需要一个过程。随着张伯苓和基督徒们的交往日深，基督教文化和张伯苓所接受的中国文化开始发生冲突，两种文化在这种冲突中进一步融合。尽管张伯苓还没有完全改变对基督教的态度，可是在和饶柏森[②]（A.G.Robinson）、郝君瑞（R.S.Hall）等人交往的过程中，因佩服其学问和具有煽动力的言论，所以对他们的态度也逐渐发生改变。“初仅佩服其学问，若论道德，终疑其不及中华，然往往动于其言之有力。”再加上基督教青年会成员那种奋发不息、顽强进取的精神也深深地感染了为厌世情绪所左右和困扰的张伯苓，“此时之张伯苓，仍系好高欲强。譬如做一事，为人所难能者，而己独任之，究则事未就而心已灰。因见青年会诸君，孳孳矻矻，乐善不倦。遂叩其为善之目的，彼云为求上帝喜悦”。这种对个人乃至团体精神的钦佩和折服，逐渐发展成为张伯苓认同和接近基督教的一种感情因素。

不久，张伯苓又和格林、饶柏森等人共同出外游历，在北戴河小住了一个星期，远离都市之喧嚣。他“乘暇翻阅《圣经》，潜心默会，冀得了悟。旋津之前一日，往别诸君，勉从诸君祈祷，余亦自祷曰，上帝如能使我明道，

①崔国良编：《张伯苓教育论著选》，人民教育出版社 1997 年版，第 4 页。

②现通写为“饶伯森”。

必信服，且愿遍传中国，劝人尽知有上帝。此语近虚而确系实意”。后来，由于得到教会的资助，他赴美国参加第四次世界渔业大会，考察欧美诸国的教育。待归国之后，欧美国家不仅在教育体制方面甚至是在社会制度和文化层面的成就都给他留下非常深刻的印象，开阔了他的视野，也使他直接领略了西方社会的基督教文化及其精神，因此在思想上、心理上做好了入教的各种准备。他开始相信“基督教是劝人行善的伟大力量，是实施社会教育的有力组织”。在经历了这样的心路历程之后，张伯苓于清宣统元年（1909年）接受了基督教信仰，成为虔诚的信徒，并且从宗教信仰中获得了巨大的精神力量。“自一祷之后，颇有感动，心中愉快异常。”此时张伯苓对生命有了新的感悟：“自此恍然大悟，实觉今是昨非，愿将一己之身心，全付之上帝而始妥。”①

这种宗教上的顿悟，其实是两种文化形态、两种精神信仰冲突和融合在张伯苓身上具体而生动的体现。张伯苓长期接触西学，并曾了解到西方军事武器和科学技术的先进性。而作为经历了中国从传统到近代社会转型和剧变的一代知识分子，张伯苓也对中国社会积贫积弱的悲惨现实进行了深刻的反思。因此说，张伯苓选择信仰基督教可以被视为是其对西方文化和宗教精神探索的结果。从此，张伯苓对基督教信仰极为虔诚，并对基督教文化给予高度评价：

> 无怪泰西各国生理、法政、天算、格物诸科学，著名博士毕生研究，莫能出此范围，违道断难自圆其说。盖身、心、灵三者合为一完人，分言之，各有其妙用，譬如持重须用身力，欲以思想代之不可；演算须用心力，若以运动代之不能；进而上之推论，纯灵之上帝，应以灵以诚对越之；自然之理也。彼徒恃脑力，浅近之思想囿于耳闻目见之迹者，乌足以测其神妙。归途兴会淋漓，思若泉涌，想尽人皆有至宝之灵性，可

①崔国良编：《张伯苓教育论著选》，人民教育出版社1997年版，第4页。

以对越上帝，不善用之，殊为可惜。诚能以信仰之心祈祷，则必屏除私智，广收佳果。

张伯苓还把自己的宗教体验加以系统归纳和总结，并现身说法详尽阐释信奉基督教的五大好处，借以传播基督教。“某今者每日早晚祈祷两次，所得效验，可举五要征之：一心中之平安如操左券；二能知己过，毫无遁情；三读天道经，渐觉有味；四如获重生，觉有神力之助，能胜物欲，曩者有志未逮者，今竟改良自新矣；五信有永生，所谓永生者，关于属灵之世界，其幸福无穷不在世界饮食之乐，居处之安也。令我信依盼望最有价值者即永生。”对基督教的虔诚信仰，使张伯苓的心灵有所寄托，精神得到了慰藉。因此，他彻底摆脱了原有的厌世、玩世思想，“实缘在有全能全知之主宰，以宗教普度斯人。故不敢徘徊于玩世派中，且深信重生之奥义，及将来永生之希望，亦不敢流连于厌世派中”。在张伯苓内心世界发生深刻转变的过程中，“盖玩世之张伯苓，一变而为厌世之张伯苓，再变而为乐天之张伯苓矣”。而只有在上帝的面前，他才真正感受到了自己存在的价值。“对于家庭、州里、蛮貊，无往而非乐境，一心向道，谓之有我可，谓之无我亦可。唯期以身心全献之上帝，待上帝复赐以新灵，则我始见真我也。”① 由此不难看出，张伯苓信仰基督教确实经历了一个曲折的变化过程，结果却使他获得了力量，拥有了快乐。

在社会大动荡和大变革时期，在推进教育事业的过程中孑然独行的张伯苓，经常遇到各种各样常人难以想象的挫折、困难和阻力，即使以再顽强的意志去奋斗和努力，有时也会无力回天，因此不免彷徨、动摇，甚至萌生悲观情绪。然而，幸者有幸，悲者悲夫。张伯苓从耶稣身上获得了启示和力量，不断地鼓足勇气，奋力前行。他经常阅读《耶稣言行录》，以从中汲取力量，更加投入地从事教育实践活动。可以说，正是由于从基督教中得到了某种启示，张伯苓才开始接受和相信宗教，并从中获得克服前进道路上种种困难的

①崔国良编：《张伯苓教育论著选》，人民教育出版社 1997 年版，第 5 页。

动力。因此，毫不夸张地说，张伯苓皈依基督教，是他经过无数矛盾、斗争，才最终确定的一种选择。张伯苓尝言，基督信仰是他生命和事业的两大支柱之一，可谓真矣。

交相往来　相得益彰

张伯苓的教育理念和实践同基督教和基督教青年会所宣扬与倡导的精神，在很多方面都颇为契合。张伯苓非常赞赏基督教青年会“非以役人，乃役于人”等服务社会的精神，对于其“本着基督精神，促进德、智、体、群四育发展，俾有高尚健全之人格，团契之精神，服务社会造福人群”的宗旨也十分认同。[①] 因此，张伯苓在南开学校所从事的实践活动与基督教青年会所积极推进的事业极为相近，或者可以说是在教育工作中体现着基督教青年会的精神主旨。

1915 年 8 月，在张伯苓的大力支持和指导下，敬业乐群会、自治励学会等南开学生社团组织成立了义学服务团，为南开附近的贫家子弟提供免费的学习机会。同学们踊跃参加，担任国文、珠算、习字、地理、体操等课程的教师，受到居民的热烈欢迎。此举可谓张伯苓一贯提倡教育服务社会的一种生动体现。

在张伯苓与天津基督教青年会往来的过程中，双方发挥各自优势，相互支持与帮助，互惠互利。一方面，基督教青年会为南开学校提供了较为可靠的教学保证和高质量的师资力量，为南开增强实力、扩大社会影响起到了一定的作用。早在南开学校建校之初，张伯苓就聘请格林、饶伯森、郝瑞满、蔡乐尔、陶尔图、赖阳、韩慕儒、洛得伟等人来南开学校兼课，讲授英文、体育和理科课程，还在课余指导学生开展文艺、体育活动，同时邀请关锡斌等干事来校讲演。南开学校的体育活动，在基督教青年会的帮助和指导下，

①梁吉生：《张伯苓教育思想研究》，辽宁教育出版社 1994 年版，第 40 页。

取得了非常突出的成绩，长期居于全国领先地位。南开的校歌也是由张伯苓作词，天津基督教青年会干事、美国人赫西作曲编配的。由于这首校歌是赫西根据一首教堂乐曲编配而成，因此，曲调既庄严肃穆，又引人奋发向上，唱起来特别能够振奋师生们的精神。

不仅如此，基督教青年会对南开大学的建立和发展也提供了许多实际的帮助。在筹办南开大学的过程中，张伯苓曾到美国进修并赴美国各地开展募款活动，都得力于基督教青年会，特别是格林的介绍和联系。借助美国基督教青年会，张伯苓广泛接触到美国各界人士。很多时候，张伯苓就寄宿在美国基督教青年会。另外，“张伯苓担任青年会董事长期间，曾代表天津青年会出席过在上海召开的全国性的基督教会议。这些活动与他日后募捐的罗氏基金，兴建南大‘思源堂’，发展南开大学以及同不少美国人的结识，有着一定程度的关系”[①]。

另一方面，张伯苓也派南开学校教职员参与、帮助天津基督教青年会举办的各项活动，早在清光绪三十年（1904 年），张伯苓就带领私立中学堂的部分学生参加了天津基督教青年会在南市举行的运动会，一名学生还在跳高比赛中获得了第三名的好成绩。他还为基督教青年会在天津的发展壮大输送了很多人才。南开大学的著名学者何廉、方显廷、张彭春、黄钰生等教授都曾去东马路基督教青年会做过学术讲演。章辑五、伉乃如等教师都曾参加过基督教青年会的体育、智育事业部，并任委员。另外，张伯苓还为天津基督教青年会培养、推荐了许多干部。如私立中学堂首届毕业生梅贻琦于 1914 年任天津基督教青年会干事；南开大学讲师王治平于 1920 年任天津基督教青年会总务科干事，1923 年任总干事；南开毕业生杨肖彭于 1934 年任基督教青年会童子部主任，从 1943 年起任总干事，直到 1987 年逝世。

“中国新教育最要之目的，即为训练青年以社会服务心。”[②] 张伯苓认定基督教青年会在德、智、体、群四育方面皆能起到培养青年完全人格的作用，

---

①《天津文史资料选辑》第 8 辑，天津人民出版社 1980 年版，第 174 页。

②《南开思潮》第 2 期。

有助于自己教育理想的实现，所以在自己创办的学校里支持组建了基督教青年会。这是在天津非教会、非官立学校中组织的第一个基督教青年会，其意义非同寻常。南开学校的基督教青年会始建于1909年，缘于这一年，赴美考察归来的张伯苓，不仅自己正式受洗成为基督徒，而且说服父亲和弟弟张彭春接受基督教信仰。“这一年间，他已经接受洗礼，并快速发展成为一位颇具实力的基督教同工。从他自己的家人开始，他已经成功说服他年迈的父亲和弟弟信仰基督教。”[①] 最初由张伯苓的胞弟张彭春在中学堂约集同学十数人于每星期日聚萃其室论道读经，名为“读《圣经》会”。次年更名为“耶教研究会”。清宣统三年（1911年）春，有四名会员在中华基督教会领洗入教，成为基督徒。到1914年，南开学校正式成立了“南开学校中华基督教青年会”。建立基督教青年会之后，会员们多积极参与社会文化活动，不仅锻炼了学生的组织能力、自治能力，同时也增强了会员们的服务社会能力和团体精神。

尽管张伯苓和外国基督教教会、传教士、信徒联系广泛，与天津基督教青年会的关系十分密切，但是他却一直坚持南开学校独立自由的发展状态，而没有使之演变成为教会学校。南开学校由于是私立之故，办学经费比较紧张，时常会出现入不敷出的窘况。只要张伯苓愿意争取，就可以接受外国的津贴。基督教会也会非常高兴地提供大量的资金援助，把南开学校变成教会学校或者是教会的附属教育机构。“他一张嘴，这些事就成功”。张伯苓深谙这一点，因此，每当遇到经费不足的情况时，他总是咬紧牙关不轻易向外国教会张嘴。非但如此，每当外国教会主动向南开学校提供援助时，他也总是婉言拒绝：“谢谢你，南开是中国人的学校。”[②] 张伯苓虽然自己信仰了基督教，但是在学校中却始终坚持提倡信仰自由，从不劝说学生信教。这与“南开校父”严范孙的思想与实践一脉相承。1917年，蔡元培在访问南开时，曾就此赞扬张伯苓和严范孙：“贵校董严先生于旧道德素称高贵，而校长张先

---

①《天津分会总干事韩慕儒（R.M.Hersey）的报告》，《天津中华基督教青年会外籍干事历史文献选译》（下），天津人民出版社2015年版，第478页。

②黄钰生：《张伯苓先生追悼词》，申泮文主编：《黄钰生文集》，百花文艺出版社2009年版，第125页。

生又属基督教徒，但二先生中不因己之信仰强诸君以为从。校中各会会章不一，入者纯属自由，择选无丝毫信仰之束缚。此种自由足为未来之道德开一新径。”①

宗教爱国的倡行者

张伯苓不仅和基督教青年会来往密切，而且通过他所参加的基督教青年会组织的社会文化活动，也逐渐形成和发展了自己对于基督教信仰的独到见解。宗教爱国的思想可谓一直贯穿其中，成为张伯苓基督教思想的重要特点之一。张伯苓曾说：

> “我信宗教的原因，就是发生于我的爱国心……后来，我回到本城兴办学校，遇见种种的困难，并且有时候我还抱着一种悲观，我知道这种人生观，没有什么意思，因为人终究要死。以后我常读《耶稣言行录》，看见耶稣的为人，很受感动。这一本书帮助我很多，我所以借着他的鼓励总算是还没有半途中止，而打破各种困难，还要办我的教育；换一句话说，就是要改造我们的中国人。我希望受改造的中国人，再和他们外国人比较的时候，就不在他们之下。我因为得着耶稣基督的帮助，我才起始信宗教。所以我说我的基督教的信仰，实发生在于我的爱国心。”②

张伯苓不仅是宗教爱国论的大力提倡者，更是这一思想的宣传者。他提出“我以为爱国不要狭义的，乃要用一种广大的方法，去救你的国家。那方法是什么？就不外乎我所说过的用宗教去救国。我从前看见有人，抱着爱国的热心，立志要救他的国家，后来因为困难将他围住，他就始而不敢前进，

① 《南开校风》第67期。

② 《南开周刊》第1卷，第5、6号。

既而丢去他的大志，终乃灰心失望，甚或还有因灰心之后，而无恶不为者，这是因为他不知道用宗教的方法，去鼓励他自己”。不仅如此，张伯苓还是宗教爱国的成功实践者。他主张宗教应自作，努力自立办教。在近代中国，曾几何时基督教会都是由外国人主办的，根本没有中国人自己办的教会。随着列强的侵略和压迫的加剧，富于爱国主义精神的中国基督教徒们掀起摆脱外国控制，教会自立的社会运动。但是这一进步要求和实践却遇到了种种困难。从外部来说，一些外国传教士断然拒绝中国人自办教会的要求；而在内部，也有一些鼓吹西学、崇尚“全盘西化”的中国人认为宗教是富国强兵之本，理应由进步的西方人来办教会，中国人自己绝无自办教会之能力。可是，张伯苓则坚决主张中国人要办自己的教会。他是基督教徒，无疑非常笃信基督教的经典，但是却不主张信仰“外国的神仙”，而是坚决倡导“宗教应自作”。他认为，“若是入了基督教，无论什么事情都要学外国人，说外国话，穿外国衣服，甚至于还信仰外国神仙，若是用外国宗教，而爱吾们中国，这岂不是‘南辕北辙’”[①]？在他看来，只有中国人建立属于自己的教会，将坚定的爱国思想融入外国宗教文化中去，才能达到以宗教爱国、改造社会，使国家的地位不在外国之下的目的。因此，张伯苓挺身而出，成为天津基督教自立运动的主要倡导者和组织者之一。

张伯苓参加的天津基督教青年会，首任会长为埃德穆德·卡森斯，首届董事会的董事长为美国人白雅各。在他们卸任之后，该会事务一直为外国人所主持，并演变成为一种约定俗成的传统。直到清宣统元年（1909 年），越来越多的中国会员逐渐不满于外国人掌权的实际状况，遂于该年秋天要求改选董事会。结果，张伯苓等九位中国人担当董事。新董事会上任之后的第一件事，就是筹建新会所。欧阳旭德捐银 20000 两，连同其他捐款共募得白银 37000 两，购得东马路会所的建筑用地。1911 年 3 月 31 日，张伯苓当选天津基督教青年会会正，即董事长，很快召开当年首次董事会，专门商议筹建会

① 《南开周刊》第 1 卷，第 5、6 号。

所之事，大力募捐，从美国友人万那美克处获得114000美元的捐献。1913年5月23日开工兴建东马路会所，至1914年10月16日落成。该会所包括地下室共四层，设礼堂、乒乓球室、台球室、健身房、阅览室等。张伯苓不仅长期担任青年会董事，直至抗日战争前夕，而且还在1920年复任会正职务，从而改变了天津基督教青年会领导层的华洋结构，由中国人决策和实施各项事工，可以说是张伯苓宗教自主实践活动的发轫和大胆尝试，并取得丰硕的成果。张伯苓为基督教青年会制订了“为社会、国家服务”的方针，聘请刚刚从美国留学归国的学生梅贻琦为干事，约请名人前来演讲，组织宗教、文化、教育、卫生、赈济等活动，在德智体群各个方面开展广泛培养青年“健全人格”的活动。[①]

清宣统二年（1910年），在天津公理会教徒杨宝慈的倡议下，伦敦会、公理会、美以美会、圣道堂、长老会等数百名教徒在东门里经司胡同青年会开会，商量有关组织成立天津基督教自立会的具体事宜。在会上，张伯苓被选为董事。为筹备建立基督教自立会，张伯苓担当起解决会堂地点问题的重任。他与美国传教士玉嘉立(C.E.Ewing)反复商讨有关事宜，最后终于研究商定：天津基督教公理会从城里鼓楼东仓门口迁往西沽后留下来的布道会堂，同意出售，房地价款先付一部分，余额陆续偿付，全部土地和建筑由自立会接管使用。自立会的管理、收支、传道等工作，均由华人自办。张伯苓联合志同道合者，经过共同努力，于清宣统二年九月十七（1910年10月19日）正式举行献堂礼拜，建立起一个中国人自己的基督教教堂，成立了天津乃至华北范围内第一处由中国人自己办的自立会，实现了国人自立、自养、自传的“三自”理想。当时教会门前的匾额为“中国基督教会——华人自立”，因此有“自立会”之称。可以说，张伯苓就是后来基督教界“三自爱国运动”的先驱者之一。他不仅被推举为董事，还成为首届董事会的会正，负责收支、办理文牍等项工作。为了办好中国人自己的教会，张伯苓每个月都要捐款10

①崔国良：《张伯苓与东马路青年会》，天津市南开区政协文史文化委员会编：《南开春秋：南开区政协文史资料汇编》第8卷，天津大学出版社2015年版，第117—118页。

元。从清宣统二年（1910 年）到 1936 年他离开天津时为止，始终坚持，从来没有间断过。

自立会成立以后，来此聚会礼拜的人很多，组织也随之发展壮大。1920 年，进入鼎盛时期，以张伯苓为会正，董事增加到 15 人，其中包括沈子实等高级知识分子与社会知名人士。而执事部也扩充至 20 人，特别值得注意的是，还有几位女性参与办理各项具体事务。自立会“以十年之经过而比较之，信徒由三人而达 600 人，会所由茅屋四间扩充至会堂四所，其间所差当为 1 与 100 之比例”①。这样的发展速度和所形成的规模在国内十分罕见，而这与张伯苓等宗教爱国人士的积极努力是分不开的。1932 年，由于原来的自立会会堂难以容纳日益增多的信徒，因此，会徒又募集了 10000 元的建堂款，在院庭后部改建圣堂，加筑部分二层楼，楼上楼下可以容纳 400 人，临街建可以容纳百余人的布道副堂。前院东侧有跨院二层住房小楼一所，房五间，新建会堂土地面积共计 1012.35 平方米，总建筑面积 1126.94 平方米。1934 年新堂建成，7 月，在会正张伯苓的主持下，举行献堂礼拜。同时，他还主持了为基督徒将领张之江夫人开启殿门的仪式，由燕京大学宗教学教授李荣芳博士证道②。这在宗教界和社会上都引起不小的轰动。可以说，张伯苓的宗教爱国、宗教自立等进步思想得到了实践和肯定。

除了提倡宗教自立之外，张伯苓还大胆革新基督教青年会的宗旨，广泛组织开展“四育”活动。张伯苓信仰基督教的初衷是出于爱国之心，因此他对于基督教的教义，有着自己明确的见解。实际上，他既不是布道者，也并不热心用亚当、夏娃在伊甸园所犯的罪过劝说人们忍受一切苦难，也不是身体力行地践履对全智、全善、全爱的上帝的敬畏和驯服，听从上帝对未来的安排。他认为，“敝人今天所谓的宗教，也就是宗教的真义，并非仅仅的讲演神灵，祷告上帝……我们还用这宗教的能力，改造社会，使国家的地位不在

①天津宗教志编辑室编：《天津宗教资料选辑》第 1 辑，1986 年版，第 171 页。

②天津基督教三自爱国委员会：《天津基督教仓门口堂》，天津市南开区政协文史文化委员会编：《南开春秋：南开区政协文史资料汇编》第 8 卷，天津大学出版社 2015 年版，第 297—298 页。

外国之下”[①]。他不把信仰寄托于虚无缥缈的未来，不大看重宗教的来世说教，而是更为注重基督教中所体现出来的奋斗精神。

为此，张伯苓主张改革基督教青年会的宗旨，进一步强调基督教青年会服务社会的现实意义。他在天津基督教青年会秋季大会讨论会务纲要时指出：基督教青年会的会务工作分消极与积极两个阶段，今后的工作应是积极地为国家社会服务。1920 年 4 月 25 日，在天津召开的基督教青年会全国第八次大会上，作为基督教青年会会正的张伯苓发表了《基督教对于明日中国之贡献》的讲演，强调全国青年要发扬民主共和之真精神。此外，在 1921 年 4 月 19 日为南开学校基督教青年会六周年纪念大会所做的讲演中，他还提出了精神基督社会主义的思想。这些宣传在动员基督教青年会会员和基督徒们积极向上、为社会服务等方面起到了一定的指导作用。

1930 年以后，由于张伯苓更多地把精力放在南开学校的发展上，因此除一些重要场合外，一般很少在基督教青年会组织的活动中露面。1934 年，艾迪来到天津基督教青年会发表演讲，张伯苓不仅出席基督教青年会举行的欢迎宴会，而且还主持并致辞。1935 年年初，蒋梦麟应邀来天津基督教青年会演讲，他仍担任主席。同年 10 月，天津基督教青年会举行成立四十周年纪念会，格林从北京来到天津，住在八里台南开大学，与张伯苓深入交流了数日。至于其他的董事例会，张伯苓一般都很少出席。

尽管张伯苓在基督教青年会的活动大为减少，但是在 1934 年 5 月 13 日基督教青年会举行的模范公民选举中，张伯苓仍然被选为最受钦佩的天津模范公民。据《益世报》1934 年 5 月 13 日记载：

> 天津基督教青年会公民教育运动，昨举行模范公民选举，到会投票民众约千余人，每人可自由选举自己钦佩之天津市公民十人，投票结果，得票最多之前十人发表如下，一、张伯苓，二、刘孟扬，三、李仲吟，

① 《南开周刊》第 1 卷，第 5、6 号。

四、雍剑秋，(注：原文似缺第五人姓名)，六、祈云五，七、陈宝泉，八、叶文楼，九、赵鹤舫，十、时子周。

由此可见，张伯苓在社会上的影响力还是非常大的。

晚年，虽然张伯苓仍然致力于发展南开学校，但是却一度步入官场。在这一段时间里，他更加笃信上帝，常说："一切人不助你时，神仍然助你。"1948 年，当他就任国民政府考试院院长一职之后，每天早晨起床，必先用一个小时左右的时间来阅读《圣经》。每到星期日，他还要到教堂去做礼拜。对上帝的顶礼膜拜，成为张伯苓生活中的一种精神寄托。[①]

①孙彦民：《张伯苓先生传》，台湾中华书局 1971 年版，第 12 页。

四、南开大学的缔造者

沐浴欧风美雨——哥伦比亚大学访学记

民国初年，由于中华民国的建立特别是第一次世界大战的爆发，中国民族资本主义获得了更大的发展空间，所以愈加茁壮地成长起来。作为中国最重要的近代工商业城市，天津显示出勃勃生机与活力，纺织、面粉、化学、制革等工业在全国均首屈一指。“工非学不兴，学非工不显”，民族资本主义的发展迫切需要与之相适应的高等科学技术人才。作为新式教育的创立者和实践者，张伯苓是很有远见和抱负的。他深知处于这样的社会环境中，机遇与挑战并存，对于南开的持续发展来说无论如何都是一个千载难逢的契机。再加上南开的名气越来越大，从南开学校毕业的学生也越来越多，很多成绩优异的学生渴望能够继续深造，可当时的高等学府并不多，使得这些立志求学的学生从中学毕业之后即面临欲学无门的窘境，散失在社会中，不能更好地服务社会，为国家做出更大的贡献。

张伯苓敏锐地察觉到社会的发展对受过高等教育的人才的渴求，又痛心于自己精心培养的人才在社会上的部分流失，遂下定决心尽自己的最大力量创办一所大学，为南开学校的优秀毕业生继续深造提供条件。胞弟张彭春也认为南开学校若想进一步发展壮大，应该创办一所大学，以适应社会的需要，在社会急速发展变化中站稳脚跟。当时，办大学说说容易，做起来就不那么简单了！当初创办英语专科和高级师范班失败的情景，还时常浮现在张伯苓眼前。但是，在困难面前，他没有退缩。张伯苓坚信若要兴办一所具有生命力和持久力的私立大学，必须向成功的范例学习和借鉴。放眼国内，要么是像北京大学这样的国立大学，要么是得到外国教会支持发展起来的教会大学，并没有较为完善的、非常成功的私立大学可资参考借鉴。为此，张伯苓下决心去私立大学林立的欧美国家取经。其实，对于美国的私立大学，张伯苓早就有所了解。

早在清光绪三十四年七月（1908 年 8 月），张伯苓就曾经作为直隶地区的代表，前往美国参观渔业博览会。特别关注中国教育现代化事业的张伯苓充分利用这个大好时机，参观、访问了美国的一些学校。他在麻省理工的时候，还顺便考察了当地的市政厅、公立学校、防火站、教堂、市立医院和公园等机构。这次美国之旅给张伯苓留下了非常深刻的印象，一方面，张伯苓对美国的私立、公立教育机构有了直观的认识和了解，优美的校园环境、精良的教学设备、自由宽松的学习环境、实力雄厚的师资队伍等成为张伯苓发展南开教育事业所追寻的目标；另一方面，张伯苓对整个美国社会的发展情况产生了整体的认识，懂得了“怎样在民国、教育、德育、慈善和身体健康等使用上为民服务”[①]。后来，他在经欧洲回国的途中，还考察了一些欧洲国家的教育情况。从欧美归国之后，张伯苓就力图将欧美教育方式直接引入南开学校的教学实践中去，以便形成南开的一种特色。南开学校把英语学习放在了一个非常重要的地位上，学校的许多课程基本上都采用直接从美国购买的英语教材，各种教学设备和图书资料也多购自美国。

因此，当张伯苓下决心要创办大学时，马上想到去美国对私立大学做一

① 《天津青年》第 7 期。

番细致的考察，为将来办学提供具体的借鉴。临行之前，张伯苓将自己花费十余年心血建设起来的南开学校交托给了胞弟张彭春，然后放心大胆地踏上了去异国取经的漫漫长路。

为了使自己对高等教育有更多的认识和了解，张伯苓于 1917 年 8 月到了美国哥伦比亚大学师范学院研修高等教育。由于他在中国成功地创办了私立南开学校，所以哥伦比亚大学给予他很高的礼遇。该校师范学院教务主任在张伯苓到达之后不久就给他写了一封信，授予他荣誉奖学金。著名教育家杜威、克里伯屈、桑代克等人指导张伯苓学习了有关教育学、教育哲学、心理学、教育行政等方面的课程。次年 4 月，严范孙和范源濂等人到北美来考察教育，参观了加拿大温哥华大学、美国西雅图大学等高等院校以及一些中小学校，还访问了华盛顿教育局和教育界的知名人士。这也使张伯苓获得了进一步学习和传授知识的机会。他每天白天在哥伦比亚大学上课，接受系统的专业知识和训练，晚上则去严范孙的住处，向严范孙讲述自己学习和掌握的有关教育学的知识。严范孙也旁听了大学教育学课程。张伯苓还充分利用时间，与严范孙等人先后访问参观了芝加哥大学、哥伦比亚大学、旧金山大学等著名高等学府，详细地了解了这些学校有关资金来源、学校设施、学生来源、师资配备等各方面的情况。在参访著名学府的同时，张伯苓还拜访了一些教育学家，如与凯尔 · 鲍德里（Cayre Baldrey）教授就中美教育等方面的问题进行了深入的切磋。凯尔 · 鲍德里教授认为中国的学校应该向学生灌输一些共和思想，以树立民主观念和公共群体意识，抵消长期以来封建思想所产生的影响。这番话让张伯苓沉思良久。张伯苓和严范孙还广泛接触了正在美国学习的中国留学生，倾听他们讲述对美国大学的印象以及各自在美国大学求学的经历和体验，以资借鉴。

就在距离张伯苓离开南开到美国来求学将近一年的时候，张伯苓又收到一封信函，被告知他已获得了下学期的荣誉奖学金，可以继续得到资助在这里研修。但是他对创办大学的想法已日渐成熟，加上一想到南开上千名学生正殷切地盼望着自己赶快回去开创一片新天地，不禁心潮起伏，归心似箭。

为此，张伯苓给哥伦比亚大学师范学院教务主任写了一封信，婉言告知对方自己已经决定11月回国。在离开美国之前，张伯苓还应格林奈尔大学校长斯廷纳博士（Dr. Steiner）的邀请，在该校大礼堂发表了题为《中国学制之变迁及其将来与中美关系》的演讲，受到听众们的热烈欢迎，“聆者座无虚席，鼓掌如雷”①。张伯苓游学美国取得了圆满成功！

南开大学的诞生

1918年年底，张伯苓和严范孙等人取道日本横滨，回到天津，受到南开师生的热烈欢迎。就连学校的军乐队也赶到车站，高奏凯旋曲，欢迎久别的校长张伯苓等人归来。在南开师生举办的欢迎宴会上，张伯苓即席讲话：“这次我与严范孙先生和范源濂先生先后游美，很有收益。一年多来，考察他们的国情及人民的精神，遂知教育是一国之根本，并且一国的人才全由大学产生而来。现在我国教育不兴，人才缺乏，不禁使人感而思奋，要立即创办大学。”② 这番话，赢来学生的热烈掌声。他接着说：“此次大学成立之动机，系第三次试验，此后将冲破艰难，永无止息。教育为社会谋进步，为公共谋幸福，教育为我终身事业，英语life work，予于此至死为止！”③ 在欢声雷动中，张伯苓结束了自己的演说。

张伯苓不仅是一位演说家，更是一位脚踏实地的实干家。他和严范孙一起肩挑重担，四处奔波，为创办大学筹募经费，积极筹备南开大学。据记载，他们为南开大学立案、建立董事会、募集捐款等，奔走于北京、太原、保定、上海、南京、杭州等地，拜访了很多有关机构和人士，寻求支持。由于南开学校在社会上声誉颇佳，因此社会各界人士得知张伯苓要创办南开大学

---

①梁吉生：《张伯苓教育思想研究》，辽宁教育出版社1994年版，第385页。

②梁吉生：《张伯苓与南开大学》，山西教育出版社1995年版，第19页。

③郑致光主编：《张伯苓传》，天津人民出版社1989年版，第27页。

时，纷纷表示愿意提供各种支持，还有人慷慨解囊，予以经济上的资助。于是，张伯苓雷厉风行地组织起南开大学筹备委员会，负责规划设计校园、宿舍、教学楼等具体事宜。不久，在南开学校南端的旷地上兴建起了大学校舍。5月，张伯苓又组织教师成立了大学筹备课，负责拟定校章，规划系科、课程等事宜。经过研究，决定南开大学暂时设立文、理、商三科，计划待大学走上轨道之后再增加新闻学科、教育学科、工科等，学制分为四年和六年。

1919年秋，张伯苓的努力终于结出了丰硕的果实——南开大学正式宣告成立。9月7日、8日两日，学校举行了招生考试。周恩来（经张伯苓批准，予以免试入学）、马骏等96名学生成为南开大学第一届学生。其中，理科19人，文科49人，商科28人。另有14名各科教员。9月25日，南开大学举行了具有历史意义的开学典礼。严范孙、黎元洪、范源濂、卢木斋等社会名流到场祝贺，以示对南开大学和张伯苓的全力支持。"校父"严范孙不仅与张伯苓先后致辞，还再次慷慨捐款和赠书，设立"严范孙奖学金"。

南开大学创校伊始，张伯苓就表现出极强的开拓进取精神和服务意识。最初，文、理、商三科虽然各科教师很少，只有教授两三人和助教一两人，学生人数也不多，从十几人到几十人不等，但是所开设的课程并不少。每位教授要授课三四门，两年内要讲过一轮。更为重要的是，这样的学科分布还体现出张伯苓"文以治国，理以强国，商以富国"的办学理念和追求。1920年，张伯苓还争取到李组绅的支持，在南开大学内增设矿科（直到1926年因经营的实业萧条，李组绅停止对南开的资助才停办）。1929年，改文、理、商三科为文、理、商三个学院。

南开大学的学科设置从一开始就体现出张伯苓的办学理念，即务求实用和"服务社会"。以南开文学院为例，1923年，文科共设有文学系、历史系、经济学系、政治学系、教育学系、哲学系、心理学系、人类学系等。1930年，文学院组建之后，原来的文科八个系变成了政治学系、经济学系、英文学系、教育哲学系等。之所以进行这样的学科调整，主要是为了"将文科组织缩小范围，裁并前此所设之五系，而以政治经济为主干，以历史哲学及教育心理三系附之。如此学生即可专其所学而致实用之效”[①]。可见，南开大学的文科设置及其调整主要是以社会需要为准绳，追求“致实用之效”，将政治、经济二系作为发展的重点，而以其他系辅助之。这既是张伯苓根据自身财力和办学规模所进行的慎重考虑，也是南开大学从学科设置上考虑培养学生主动适应社会的一种具体体现。

南开大学的创立不仅标志着张伯苓个人的兴学实践活动迈上了一个新台阶，而且在天津乃至中国私立大学史上都具有里程碑意义。当然，其中也凝聚着张伯苓为这所学校的诞生所奉献出的聪明智慧，及其自立、自强发展中国近代高等教育事业的雄心壮志。初创时期，南开大学的设备自然不如外国名牌大学，留学回国任教的教授中，不免有人挑剔，甚至责难，说这不如外国，那不如外国。这些批评、责难令张伯苓十分气愤，遂开诚布公地予以回击：“我也知道我们不如外国远甚，但好是人家的，不是我们自己的，住高楼大厦，乘汽车，享受高级设施，没有人反对。但要知道，我们现在用的，多是外国进口的，有本领的要自己创造，要自力更生，否则只是尽说人家好，尽用人家发明的、制造的东西，不唯可耻，而且危险啊！我们办教育，教学生，就是要急起直追，赶上人家，一切最好能自己创造，俾能自卫，自给自足，我们大家应先苦干，使国家富强起来，不应怨天尤人，不负责任地唱高调啊。”[②]这样的肺腑之言，不仅让那些挑剔的教授感到汗颜，进而折服，也深深地教育了莘莘学子，立志学好本领，报效国家。

在南开大学成立三周年的时候，张伯苓曾就自己为创办这所高等学府所度过的艰难岁月做了一番总结，之后他慷慨激昂地表示：

> 此后将打破艰难，永无止息。至成立之历史，则一由外界之帮助，二由内部之增长——校舍扩充，学生增加，教授得人。而教育之目的无

①王文俊等编：《南开大学校史资料选 1919—1949》，南开大学出版社 1989 年版，第 207 页。

②祝瀛洲：《忆恩师南开学校校长张伯苓先生》，天津市南开区政协文史文化委员会编：《南开春秋：南开区政协文史资料汇编》第 2 卷，天津大学出版社 2015 年版，第 244 页。

他，在求此解决吾华困难问题之方而已。此问题吾知非一时所能解决者，然“百尺高楼从地起”，事无大小，全在精神。《圣经》有言：“对小事忠心者，对大事亦必忠心。”故吾敢语诸生，凡事不在成功，不在失败，只视其如何竞争。须记汝“责任大”“机会好”，志向一定，前途正远。人谓南开今日虽小，后望方长。他吾不知，吾唯知“穷家子弟咬牙紧”“生于忧患，死于安乐”“天将降大任于斯人也，必先苦其心志，劳其筋骨……”望与诸生共勉之。[①]

此前，上海圣约翰大学就曾于1919年11月授予张伯苓名誉文学博士学位，以示对其“醉心教育，成绩卓然”的表彰。这一荣誉的获得，无疑是对张伯苓为中国中等和高等教育事业所做出的杰出贡献的一种肯定。

特别值得一提的是，张伯苓从1920年就开始招收女生入学，在南开大学实行男女同校。第一名女学生许桂珍就是于当年考入文科学习的。因此，南开大学成为华北地区最早开放女禁的私立大学。这不仅说明社会上渴求新知的女性可以通过自身的努力奋斗，抛弃“女子无才便是德”的传统观念，获得和男子平等的接受高等教育的机会，而且也反映出作为一所私立大学的创办者，张伯苓能够顺应时代的发展，勇于开风气之先，顶住传统思想的压力，推动社会进步。

张伯苓除了积极扩大学生来源和到处募集办学经费之外，尤为重视师资力量的配备。他清楚地知道，一支优秀的教师队伍是一所大学具有生命力的必要条件。因此早在美国研修教育学的时候，张伯苓就开始留心，在中国留学生中为南开大学物色教师人才。最初前来担任南开大学主任一职的就是早年从南开中学毕业、后在哥伦比亚大学攻读教育学博士学位的凌冰。此外，还有很多中国留学生在毕业归国之后，也直接来到南开任教。因此，南开大学刚刚成立不久，在张伯苓的周围，就陆续聚集起一个兢兢业业为南开大学

① 《南开周刊》第41期。

发展尽心尽力的优秀教师群体。文科有教授历史学的蒋廷黼、教授人类学的李济、教授政治学的徐谟和萧公权、教授英文的司徒月兰等人；理科有教授化学的邱宗岳和杨石先、教授数学的姜立夫、教授物理的饶毓泰等人；商科有教授经济统计的何廉、教授经济学的萧遽和李卓敏、教授商学的唐文恺等人。在这些学者中，有的已经是各自领域中名噪一时的学术大师；有的则是刚刚从国外留学归来，在学术上很有潜质只要假以时日必将有所建树的青年学者。他们受到南开大学朴实的学风、良好的生活环境、优异的教育质量以及张伯苓个人魅力的吸引，齐聚南开。尽管万事待兴的南开大学给教师的薪水并不太高，但是依然有不少学者甘愿放弃其他学校的高薪聘请来到南开大学执教。从这个意义上来说，南开大学成为这些有为、有志学者步入中国高等学府的第一个阶梯，而张伯苓则成为他们步入学术殿堂、创造学术乃至生命辉煌的引路人。于是，南开大学拥有了一支较为优秀的教师队伍。

张伯苓对这些年轻学者的扶持，表现出一位教育家的高瞻远瞩。锦上添花易，雪中送炭难。请一位学术大师来学校为学生授课似乎并不是一件特别困难的事情，但是要发现和造就一个未来的名家就不容易了。众所周知，培养一位年轻学者，既要为他创造宽松的学术环境，又要给他配备优良的教学、科研设备，还要为他提供基本的生活条件，更要关心他在学术上的成长，需要倾注大量的心血。张伯苓经常说，要让每一位教师充分发挥其聪明才智，就必须使他们心情舒畅，生活上无后顾之忧，作为一校之长，有责任和义务为教师们创造良好的条件。因此，他总是不辞辛劳地营造着大家庭的温暖气氛。

张伯苓尊重每一位来南开大学服务的教师，并尽可能地为他们提供良好的工作环境和居住环境，免除他们的后顾之忧，以便全身心地教导学生，实现自我价值和理想。每位新教师到校，张伯苓总要举行欢迎茶话会，并由学校拨给一间宿舍，里面各种家具用品一应俱全，每天还派专人清扫，让人产生回到家中的感觉。张伯苓特别关心教职员工的休闲娱乐生活，专门为教师建立了教工游艺室。下班之后，教师们可以三五一群，在里面看报、下棋或者天南海北地聊天，放松心情，然后尽兴而散。遇到哪位教师结婚生子，张伯苓必定前去表示祝贺。对那些尚未成家或家眷在外地的单身教师，张伯苓格外关注。特别是在节假日，除了请大家聚在一起吃饭之外，他还经常组织集体活动以缓解单身汉们思念家乡及亲人的心情。若有教师不幸逝世，张伯苓不仅抚恤遗孤，而且还要召开追悼会，并亲自致悼词。南开中学就有一间“思敏室”，是为纪念最早去世的青年教师严约敏而命名的，里面还悬挂着学校已故教师的照片，供全校师生瞻仰遗容，缅怀他们为南开所做的贡献，“以备徘徊瞻望之中，得识诸先生之仪容于不忘也”[①]。

在培养教学、科研人才方面，张伯苓更是想方设法，不遗余力地为有潜力的教师提供深造的机会。化学系的杨石先教授，到南开大学之后工作成绩非常突出，张伯苓遂用美国罗氏基金派他去美国继续攻读博士学位，提升专业水平。

每位来南开任职的教师几乎无不为张伯苓的人格魅力所折服，多多少少都为受到过校长的知遇之恩而感动。因此，在传道授业解惑的时候，他们总是竭尽所能，以自己最好的状态、最高的水平，教授课程，培育学生。为此，教师们精心备课，有时备课用的时间比上课的时间要多出五六倍。更多的时候，教师们都是一人当几人用。凌冰不仅要负责组织教学，更要亲自授课。他自己既要讲授心理学，还要讲授教育学和哲学等几门课程。有些系科甚至是由一人主系支撑、发展、壮大起来的，邱宗岳 1921 年来到南开大学化学系时，全系才四个学生，连个最基本的实验室都没有。他一个人既教物理化学、普通化学、定性分析和定量分析等课程，还要担任系主任以及理学院院长等行政职务。不论大小事情都需要他处理，像教学的安排、院系的行政，甚至添盖实验室新房都得他亲自过问。即使这样辛苦忙碌，他们依然无怨无悔地奋斗在自己的岗位上。

张伯苓知人善用，使教师们安心教学，在南开大学实现着理想和自我价值。张伯苓对教师的真诚与善良也得到了超值回报，一批批优秀人才扎根南

① 《南开校风》第 55 期。

开大学，甚至为南开的教育事业奉献了毕生的精力。众家云集，成为南开大学的一大特色，也成为南开大学学生们的极大幸事。而这一切都与当家人张伯苓有着极为密切的关系。

五四风潮中

作为一所私立学校的奠基人，张伯苓曾面临着很多困难，也解决过很多问题。当学校资金短缺的时候，张伯苓辛辛苦苦地四处奔波，无怨无悔；当学校发展受到军阀混战、社会动荡的影响时，张伯苓也敢于挺身而出，捍卫学校的利益。可是，在面对学生运动这样棘手的问题时，张伯苓却表现得十分矛盾。

1919 年，五四爱国运动兴起，天津学界立即成立天津学生联合会，并组织学生进行罢课、游行等活动，以抗议北京政府逮捕爱国学生的野蛮行径。1920 年，由于日本帝国主义者枪杀中国人民而酿成了“福州惨案”，全国范围内又掀起了抵制日货的爱国浪潮，天津学生联合会也走在了爱国运动的最前列。他们或上街游行，或宣布罢课，或散发传单，表达爱国情怀。可是，地方当局对于爱国学生却进行了大肆迫害。1 月，由于前去洋货店检查日货的学生和奸商发生冲突遭到殴打，天津学生联合会到直隶公署示威抗议。当局逮捕了马骏、马千里等 24 人，警察厅厅长杨以德还下令查封了天津各界联合会和天津学生联合会，宣布一切爱国团体“一律解散取消”。这引起了天津人民更为强烈的反抗。1 月 29 日，数千名学生前往直隶公署请愿，提出拒绝日本干预山东问题，启封天津各界联合会和天津学生联合会，释放被捕代表，允许人民有集会、结社、出版自由等六项要求，但是却遭到军警的残酷镇压。周恩来、于方舟、郭隆真、张若名四人被捕入狱。后来在社会各界舆论的巨大压力下，地方当局不得不开庭审理此案，并最终释放了全部被捕代表。

这一连串学生运动，不仅和南开学生有着很大的关系，而且使张伯苓的教育理念受到了前所未有的考验。作为一个非常现实的教育救国论者，张伯苓兴办南开学校的主要目的就是培养学生们的爱国情操和救国能力，因此非常同情和支持学生乃至教师们的爱国行为，并多次出面进行援助。五四运动中，当北京爱国学生在游行时被政府逮捕之后，他闻讯后立刻打电报给北京政府总统徐世昌，反对政府派军队镇压学生爱国运动，并请求释放被捕的学生，电文直言："京师学生因爱国热诚，致有被逮之事，情有可原，吁请即为释放，以顺舆情。"[①] 他还参加了天津各界代表团，赴北京营救被政府逮捕的天津学生。为了声援南开学生游行抗议的举动，一向注重学生学业的张伯苓还特意提出免除本学期的暑期考试，作为给予学生的实际支持。"此次学生奔走呼号，纯系爱国之确证，于假期内犹复勤劳不休，其心可见，其志可钦。至若期考一项，本属验明学生所读之书是否心会，现所做之事，非心会于平素可得乎？故余意，及期考一项准予免除。"[②] 在天津警察厅厅长杨以德动用武力镇压学生爱国活动的事件发生之后，张伯苓还联合天津其他各校校长，立即召开会议，呼吁政府将杨以德撤职查办，积极支持学生的正义斗争。1920 年 4 月，当被捕入狱的各界请愿代表中有人因为绝食抗议以致病危的时候，张伯苓立刻与新学书院校长赫立德一起谒见省长，要求将被拘代表无条件释放。张伯苓所采取的这些行动，在很大程度上都是支持和声援南开乃至天津、北京等地的爱国学生，参与五四爱国运动的表现。

但是学生们的爱国行动有时又大大超过了张伯苓所能接受的程度。张伯苓虽然不反对同学们的爱国活动，可是也并不赞成学生们以长期的罢课、游行的方式来争取斗争的胜利，认为以此种方式进行爱国运动，似乎并不可取。"只以手持旗帜游行于街市为爱国，亦不免于肤浅。"在张伯苓看来，学生们来学校求学，本职任务就应该是珍惜这来之不易的学习机会，努力在课堂中汲取知识，增强自身的能力。只有这样，在将来毕业走入社会之后，才有能力为社会进步做出贡献。如果现在把大好时光都浪费在游行和罢课上，无异

---

① 《益世报》，1919 年 5 月 8 日。
② 《南开日刊》，1919 年 6 月 28 日。

于杀鸡取卵，得不偿失。因此，他总是谆谆告诫同学们说：“在你们以后的一生中，有充分的时间从事政治论争或社会改革，在眼下，如果去掺和那些没有直接关联的事，只会是浪费时间。”“青年人要做的是有效地利用时间，充分地准备做中国未来的主人，年轻一代在没有完全武装之前就投入到眼前的斗争中去，是既愚蠢又不切实际的。否则，当注定的机会终于来临时，或许会发现自己却无法担当重任。”

实际上，“校父”严范孙早在 1919 年五四运动时期，就产生了类似的看法。他在 6 月 6 日的日记中写道：“学界风潮日甚一日……外交无丝毫之补救，教育又根本之推翻”；10 月 14 日又写下这段文字：“到青年会与……会商，劝学生上课，阻学生运动罢市，第一条可望缓和，第二条仍持原议。”正因为张伯苓抱定这种信念，加上“校父”严范孙的类似认知，有时便不可避免地会和爱国同学、教师，甚至自己的妹夫马千里产生矛盾，甚至是激烈冲突。

1920 年，为了抗议天津地方当局逮捕进步师生的卑鄙行径，天津学界决定继续罢课。但张伯苓却自行登报通知学生返校开学。3 月，南开学生贾金熔在礼堂门前粘贴“代表未释暂缓开课”的宣传单，被张伯苓看到，大为气恼，当场勒令其退学。不久，张伯苓又迫于政府的压力，陆续勒退了包括周恩来在内的 26 名进步学生。张伯苓的这些做法引起一些进步教师们的不满。马千里一经出狱，立刻愤然离开南开。而南开师范班最早的毕业生之一、在南开工作已经数十年的时子周也因此和张伯苓分道扬镳。对于张伯苓的所作所为，舆论界也发表了近似讽刺的评论：“回忆去岁学生被殴后，曾有南开全体辞职，次有女师范单独行进，均可谓铁骨铮铮；今岁开学，仍复南开首倡，女师范继之，教育厅论功行赏，定当南开第一”①。

其实，这样大规模地开除学生，并非张伯苓的本意。张伯苓一向视学生为自己的孩子，也知道很多年轻人前来求学确实不易。因此，对于以前出现的学生罢课等事情，张伯苓多以诚恳劝导为主，并没有想过要将学生开除出

---

①《时报》，1920 年 3 月 24 日。

校。但这次不同，由于参加爱国活动的很多学生都来自南开，所以地方当局向张伯苓施加了很大的压力。作为私立学校的大家长，张伯苓深知学校的发展无法脱离社会的支持与需要，尽管学校不曾接受过政府的经济援助，但是政府在整个社会中的力量足以左右南开的发展。如果直接和当局发生冲突，那么有可能整个南开学校都会被关闭。他不可能因为少数学生的爱国行动而葬送整个南开，影响其他同学的前途。因此，为了保证南开学校能够在社会中平稳发展，他不得不从大局出发，采取勒令学生退学的方式，缓解地方当局对自己和南开学校所施加的种种压力。

即使是一个真正的家庭，家庭成员之间也难免会彼此磕磕绊绊，更何况是规模如此之大的家庭学校呢！经过此次风潮，张伯苓也开始摸索一种自己和学生都能够接受的方式来表达各自的爱国热情。1925 年，日本帝国主义者采取十分卑劣的手段杀害了几名上海爱国学生，在社会各界尤其是学界惹起了一场不小的风潮。当时天津学界采取的抗议方式是：由学生和教员两方商定罢课三日，借以表示对被害学生的哀悼，待三日过后，学生恢复上课，但部分同学每日轮流出外游行讲演，检查英日货物。对此，张伯苓颇为满意，曾经对南开校友查良钊讲："救国必须读书，读书即是救国，双方兼顾，方为上策云。"[①]

天津有个八里台

南开大学的兴办获得了巨大成功，社会影响也不断扩大，慕名前来求学的学生日益增多，南开中学旁边的校舍已经无法容纳大学的进一步发展。1922 年，张伯苓决定另建新校舍，遂在八里台觅得一块 800 多亩的空地，包括 139 亩捐助地，158 亩价购地，539 亩永租地，并由基泰公司承包下来，开始大兴土木。南开学校的发展和壮大，一直受到社会的普遍关注，因此，张

① 《益世报》，1925 年 6 月 13 日。

伯苓修建大学新校舍的举措，在很多新闻媒体上都有所反映。1922 年 3 月，天津《益世报》刊登了一则题为《南开大学建筑新校址》的消息："南开大学，由前年夏成立，进步迅速，成绩卓著，皆由校长张伯苓一人，独立擘画，惨淡经营，始有今日之观，近闻该校仍拟从事扩充，奈校址不敷布置，故又在八里台东北两处，置地计共两百九十余亩，所有校舍，即须开工建筑，昨已由该校矿科主任李子明率领矿科学生及庶务主任华午晴测量妥协，不日即建桥修路，指日动工，而旧址即作中学部课堂，因实行三三制时，年限稍长，班次自多，即为扩充中学之用也。"①

1922 年 6 月，南开大学教学楼建成，名为"秀山堂"，纪念以遗产作为南开大学永久基金的李秀山。不久，教职员工宿舍、学生宿舍等大大小小 11 处住房也建立起来。8 月，南开大学学生迁入新校舍，等到次年秋季再开学时，新入学的学生就直接在新校舍学习和生活了。在新校舍举行的第一次开学典礼上，张伯苓满怀希望地再次强调自己创办大学的宗旨和目的："办大学之目的，在信学以致大。学以易愚，学以救国，救世界，学能求真理又能改善人格。故欲达到此目的，须自大学时代做起。"同时，张伯苓也表达了对前来南开大学求学的学生们的殷切期望："学者终身从事于学理之研究，然做学者须先具以下五种善行：（一）立志；（二）敦品；（三）勤勉；（四）虚心；（五）诚意。"② 1923 年 10 月，用美国罗氏基金会和袁述之奉母命共同资助的 14 万元建设起来的科学馆竣工，名为"思袁堂"（注：即思源堂），以兹纪念袁述之之母。1928 年，醉心于教育事业和图书事业的卢木斋向南开大学捐款 10 万元，赠书三万余册。南开大学图书馆建成之后，被命名为"木斋图书馆"。这幢外形为 T 字型的新式图书馆，规模宏大，可容纳读者 300 人，内部可供藏书 30 万册，于时南开大学的规模更宏备了。③

1928 年 10 月 17 日，张伯苓借校庆之际，举行了木斋图书馆落成仪式，

① 《益世报》，1922 年 3 月 27 日。

② 《南开周刊》第 69 期。

③ 张锡祚：《先父张伯苓先生传略》，南开大学出版社 2016 年版，第 24 页。

严范孙、卢木斋等人亲自出席，各界观礼来宾多达400余人，成为当时天津文化教育界的一大盛事。就规模而言，木斋图书馆是天津乃至全国范围内颇具特色的一座图书馆。1931年，陈芝琴又捐款建成“芝琴楼”，后成为南开大学女生宿舍。1928年，南开大学文、理、商三科第一批学生21人毕业，在新校舍举行了毕业典礼。他们是祝瀛洲、韦光煩、张培元、周树基、黄肇年、郑通和、邱凤翩、梁景樱、马福通、华克信、张世钤、郭嘉柱、顾训贤、崔宗埙、胡振名、吴绍会、赵克捷、章文璥、陈同燮、邹宗善、沈观准等人。

在张伯苓的悉心擘画下，南开大学逐渐成为天津城南一处优雅、宁静的世外桃源，和校外的世界虽然只是一墙之隔，但是却有着天壤之别。校外是嘈乱的世界，有臭气熏天的小河，还有许多无以为生的贫民以及惨不忍睹的贫民窟。可一走进南开大学，人们耳目为之一新。校门内外，仿佛两个世界。校门外，一座新式水泥桥横跨河上，校门内，向西的是一条笔直的煤渣路——大中路，和外面尘土飞扬的情况形成鲜明对比。道路两旁垂柳依依，下面是修建整齐的扁柏。这条大路将校园隔成南北对称两半，南北侧各有一个马蹄形的池塘，称为南北马蹄湖。湖的南岸是思源堂；东面是丽生园，内植各种花草，并有唐丽生捐赠的珍奇金鱼数千尾；西北处是秀山堂；而秀山堂以西则是教员住宅柏树村；村北是女生宿舍芝琴楼。湖的北岸有木斋图书馆，西岸有食堂和餐厅，再往西则是两栋红色楼房，作为男生宿舍，宿舍前还有体育运动场。两湖各有一中心岛，南岛上塑有李秀山铜像，北岛上是赏莲亭，满湖香花，让人流连忘返。各个建筑物之间都有蜿蜒长廊相接。西院还有花窖，聘行家王九龄养菊，每逢十月校庆，必展菊以赏目，成为南开一绝。当时，很多校外人士在南开菊展时都慕名前来观赏。

很多考入南开大学的学生都为自己能够在这样优美的环境中读书而感到高兴。一位南开学生回忆说：“当我抵达天津，坐上黄包车，来到大中桥，走上林荫夹道、流水小桥、笔直的大中路时，从树影丛隙中，窥见两边散布的楼阁亭台，顿时觉得，我竟能在这样美丽的环境中读书，真是一生的幸运！”[①] 不仅如此，在这里求学的学生们多数精神饱满，意气风发，或三五人聚在一起探讨问题；或独自在湖边高声诵读英语文章；或在充满书卷油墨香气的图书馆中埋头苦读；或在宽阔的体育场上挥汗如雨。整个校园，充满了旺盛的生命力，使人仿佛看到了中国的未来与希望。张伯苓依然是只要一有时间，就到校园里面四处走走，了解一下正在茁壮成长的青年学生们的学习和生活。整个南开大家庭其乐融融，一片和谐景象。时人评论道：南开大学就像污泥里长出来的一朵荷花，可谓是出淤泥而不染。

1934 年 4 月，诗人柳亚子来到南开大学，探望当时正在英语系任教的儿子柳无忌，曾赋诗赞美道：

> 汽车飞驶抵南开，水影林光互抱环。
> 此是桃源仙境界，已同浊世隔尘埃。[②]

殊不知，1932 年来南开大学任教的柳无忌的家曾被张伯苓光顾过。一天，张校长独自光临柏树新村 32 号柳无忌的宿舍，让柳无忌夫妇大吃一惊。他没有什么特别的事情，只是巡视校园时到柳家歇歇脚，看看他的教员的生活情况。临走前，他对柳无忌的太太大加夸奖，因为在客厅里他摸摸在沙发旁的电灯罩子，发现上面并没有丝毫灰尘。[③]

在刀尖上行走

然而，要想保护好这宁静的校园，放下书桌，让青年人安心地读书，在充满刀光剑影的动荡年代又谈何容易？

---

①南开校友总会：《南开校友通讯》，1992 年，第 260 页。

②梁吉生：《张伯苓与南开大学》，山西教育出版社 1995 年版，第 53 页。

③柳无忌：《巍巍乎吾南开大校长》，南开大学校长办公室：《张伯苓纪念文集》，南开大学出版社 1986 年版，第 189—190 页。

中国的政局自晚清到民国混乱不堪，数十年间，军阀割据，你争我夺。在政治舞台上，北洋军阀、国民党军阀，先后登台，直系军阀、奉系军阀，皖系军阀，你方唱罢我登场。统治这个国家的，不仅仅是这些大军阀，更有割据一方的大小军阀，逼迫亿万民众只能做任其宰割的愚民、顺民。在这样的环境下，由几个私人创办一所私立学校，培育反对这些军阀统治和外来侵略势力的幼苗，的确不是一件容易的事。在政治上，更不能触动这些军阀统治者，不然他们就会施展各种各样的手段，绝对不会允许你存在。如何在军阀彼此讨伐，你争我夺中求得生存空间，谋求发展，无异于行走在刀尖上，稍有不慎，就会遭遇不测。

20世纪20年代，南开学校遭到几次变乱，如褚玉璞、李景林、张宗昌控制天津时，市面上几度陷入混乱状态。张伯苓除了把南开女中和南开大学的女生临时迁往租界避难以外，自己总是以身作则地留在学校。一次，校外的散兵和土匪勾结起来，到处放枪抢劫，学生们有些害怕。张伯苓把学生们召集到大礼堂，笑容满面，态度轻松地对大家讲："你们不用害怕，那些大兵们就怕看见书，你们在这里是念书，所以他们不敢进来。"①

1924年10月下旬，直奉战争的炮火燃烧到天津。很多人怕遭遇不测，争先恐后地躲到租界。张伯苓反其道而行之，来到学校，指挥大家把学校的前后门和角门全都关死。由于战败的直系军阀的部下在天津到处抢劫，校门外枪炮声不绝于耳，张伯苓又安排学生持枪护卫学校，以防万一。他与师生们同生死，共患难，在"中楼"的地下室终于等来国民军，天津恢复平静。张伯苓宣布停课一天，让学生们到北仓直奉两军激战过的地方去察看，② 对破坏和平与安宁的战争多一点了解和认识，坚定不移地反对战争，维护和平。

由于南开学校的师生里有不少共产党人，这对军阀们来说，是要严拿的，所以南开学校便成为这些统治者注意的对象。当时驻在天津的奉系直隶省督

---

①杨肖彭：《我对张伯苓校长与南开学校的回忆》，南开大学校长办公室：《张伯苓纪念文集》，南开大学出版社1986年版，第64—65页。

②吴大任：《我所受的南开教育》，南开大学校长办公室：《张伯苓纪念文集》，南开大学出版社1986年版，第78页。

办褚玉璞，是个土匪出身的军阀，经常在他的办公署里杀人。有一次，他手下的一个人给他献计道："在天津市里，要数张伯苓对社会的影响力最大！他所办的南开学校里，专门出共产党！应该赶早把他除掉了！"褚玉璞一听，随口答道："好的！咱就这么办吧！"褚玉璞的参谋长正在一旁，见状，大骂这个出坏主意的人："你懂什么？张校长是一个好人，他办南开学校几十年，对国家的贡献最大，在天津的南开学校办好了，也是督办的一件大功呀！督办应该好好地奖励他才是。"褚玉璞一听，立刻派人去张伯苓的家里，要接张校长到督办公署去谈谈。

那时已是晚上九点多钟了，张伯苓正在八里台观看南开大学学生们的游艺会。督办公署的汽车先到西南城角张伯苓的家里来接，听说人在八里台，便又急忙转头赶往八里台。南开大学师生听明来意，不免心里打起鼓来，为张校长的安全担心。毕竟张伯苓经受过大风大浪的考验，非常坦然地到了督办公署，他把褚玉璞一阵对付，乐得他老鼠胡子一翘一翘的。直到深夜 12 点钟，才派车把张伯苓送回家，大家听到他平安归来，心里的一块石头才落了地。事后有一位南开女中的学生来告诉张校长，她的父亲就是那位参谋长，因为时常听到女儿回家说学校怎样怎样好，校长怎样怎样好，所以他才和褚玉璞讲了那一段话，帮助张伯苓转危为安。事后想来，真是好险哪！

1930 年 4 月，国民政府以"勾结叛逆，图谋不轨"为借口，封闭了晓庄学校，这所实验乡村师范学校的创办人陶行知遭到通缉。被迫出国前，陶行知给张伯苓写了一封信，希望儿子陶宏能到南开来读书。张伯苓既不在乎国民政府通缉陶行知这件事，欣然答应下来，又使陶宏免费入学，也不害怕陶宏把晓庄师范的革命思想带到南开来，成就了中国近代教育史上的一段佳话。

20 世纪 30 年代，有一位专门负责对苏外交的东北官员名叫莫德惠。一天，他和苏联驻华大使加拉罕谈及孩子们上学的事，加拉罕对莫德惠说："听说在你们中国的天津，有一个南开学校，办得很好，你为什么不送你的孩子们到那里去上学呀？"这件事传到张伯苓的耳朵里来了，他受到了激励，也拿来和孩子们分享。他对张锡祚说："你看！不管我的奋斗是多么艰难，但是到处都有我的知音啊！”[①]

在西南联大时期，张伯苓正在观看学生的晚会表演，正演到高潮时，忽然电灯灭了。学生纠察队逮住了制造这起事端的破坏分子。只见他快步上台，怒斥破坏分子，并鼓动在场袖手旁观、保持中立的人：“你们这么多人不能坐视少数破坏分子搅和！”于是，在场人群起而攻之，把破坏分子赶跑了。[②]

抗战时期，在重庆，一天晚上，有一位在国民党政权某机构工作的老校友，到家里来看望张伯苓，并低声说道：“校长！二陈[③]对您不大好！请校长注意！”张伯苓随口答应了一声，当时并没有多说什么。后来又过了些日子，一天下午五六点钟的时候，张伯苓从外面约了陈果夫到家里来聊天。两人大谈了一阵子三民主义哲学，临走时，张伯苓特意把他送出大门外，看着他上了车走了，才长长地吐了一口气。回到房里，张伯苓默默地坐着，心里仿佛在说，我的一切委曲求全都是为了南开呀！他的一生，几十年来，除了办南开学校教育救国以外，他是与世无争的，但是树大招风，时时还要防着碍了别人的路，遭遇种种不测。

1949 年 6 月 14 日，国民党特务突然冲进重庆南开中学，逮捕进步教师和学生，并打伤多名学生。张伯苓闻讯之后，立即写信给权倾一时的张群，严厉斥责这种行为破坏校园秩序，危害人身安全，要求保证被捕学生安全，展开积极营救。[④]

由此可见，这几十年来，由于国家政治的不稳定，给张伯苓的教育事业带来了许许多多的困难。好在张伯苓“平生凡事都是从实际出发，一切为了祖国的将来，为了教育下一代。鉴于当时态势，为了保全南开教育事业不致中断，不能因为小不忍而乱大谋，还得要耐心地应付这个局面，他已经如此

①张锡祚：《先父张伯苓先生传略》，南开大学出版社 2016 年版，第 80 页。

②晏升东：《我爱南开，更爱南开精神》，南开大学校长办公室：《张伯苓纪念文集》，南开大学出版社 1986 年版，第 133 页。

③即陈立夫、陈果夫。

④刘兆吉：《我心目中的张伯苓校长》，南开大学校长办公室：《张伯苓纪念文集》，南开大学出版社 1986 年版，第 101 页。

地应付了几十年了”。[1] 张伯苓十分清醒地认识到没有好的政治环境，是很难做出什么事来的，然而，如此恶劣的政治环境又不是那么容易改善的。这一切都更进一步刺激他做出深度思考，不仅要咬紧牙关，而且要更好地针对青年学生进行更有效的教育、培训，使之承担起更神圣的使命。于是，对学生“他尽力地灌输着爱国主义思想，允公允能，团结建国”[2]。换言之，即积极地通过教育救国的方法，改造中国社会、改造政治环境。

在极为恶劣和复杂的社会环境中，张伯苓还尽其所能帮助朝鲜革命党人。早在1919年9月，朝鲜反日爱国青年朴世荣经过长途跋涉来到天津，报考刚刚成立的南开大学。张伯苓“壮其志而怜其清贫”，特许其免费入学。到1921年，南开大学共接收朝鲜学生七人。不仅如此，一些朝鲜革命党人往往还会在晚上八九点钟之后，偷偷摸摸地来到张家拜访张伯苓。据张氏后人张锡祚透露：

> 那时我还在幼年，记得常来的有一位叫朴隆泰先生，留着两撇浓浓的胡子，说一口流利的中国话。他还送给我们一些画报，记得上面有日本军国主义者在朝鲜残杀革命党人的照片。有一张照片是在地下倒栽葱埋着一排人，齐腰以上埋在土里，腰以下在地面上。另外还有一些对男女非刑惨杀的照片，我是不忍心再说了。他们常用的逼供刑法，是把人的十指用竹签插入，痛彻心扉。
>
> 我还记得有一天晚上十点多钟，忽然朴先生来叫门，进来之后，他急忙忙地请先生叫人给看看门外有人盯着他没有。他说有一位同志在南市被日本特务给架走了，押在日本宪兵队里，用竹签子穿手指甲逼供，请先生给设法营救。先生忙给他联络天津的警察厅，要求把这一政治犯引渡过来，如此的不止一次。
>
> 后来朴先生的女儿也在南开女中读书，年岁和我们差不多。当时南

---

①张锡祚：《先父张伯苓先生传略》，南开大学出版社2016年版，第82页。

②张锡祚：《先父张伯苓先生传略》，南开大学出版社2016年版，第75页。

开的朝鲜学生很不少，他们在一同受着反对帝国主义的教育。抗战后，南开学校被毁，这些联系也中断了，这些革命党人的下落也不知道了。当然在这些方面，也是足以引起日本帝国主义痛恨先生的地方。

总之，先生的一生是一个富于热情的人，他自己在为着复兴祖国而奋斗，同时也热情地不避一切艰险地帮助被压迫的兄弟国家的反帝革命斗争。①

尽管如此，当张伯苓听到有人议论他是事业家不是革命家时，依然不予反驳。张伯苓点头称是，觉得“这句话说得一点也不错”。但是，张伯苓对革命有自己的认识和解释：“救国之道多端，端在各行其志，见仁见智，各有千秋。假使我当日作为一个革命家，到今日早已成仁取义，成为一个烈士了，到今天哪里还会有南开学校的存在？更哪会给祖国建设，培养出这么许多新人才来？今日打一个比喻，先有鸡乎？先有蛋乎？其实鸡与鸡蛋，本是一物，不过形态各异耳。革命事业，也要自培植新人出，两者实二而一，殊途同归，没有什么区别的。”在张氏后人眼里：他的这种说法，也可以代表他的教育救国的看法吧！②

教育救国的前提是要在经济上能够维持这个学校的存在和发展，这是一副沉重的担子，特别是私立学校的经费主要是依靠社会各界人士的捐款。而近代中国的社会财富却大量地掌握在军阀、政客们的手里，对此张伯苓既清楚这种实际状况，又明白这个道理。他自问要不要复兴中国？要不要培植新人？要不要办教育？要不要用钱？这一系列的问题使他不能不从实际出发。他不能等国家政治走上正轨之后再办教育，他要先从教育救国、培植新人、改造社会着手。所以他在各个政权不断地变换交替之下，适应着环境，和他们交往，劝他们捐钱。③

①张锡祚：《先父张伯苓先生传略》，南开大学出版社 2016 年版，第 97 页。
②张锡祚：《先父张伯苓先生传略》，南开大学出版社 2016 年版，第 22 页。
③张锡祚：《先父张伯苓先生传略》，南开大学出版社 2016 年版，第 75 页。

不辞辛劳　化缘兴学

对于一所私立学校而言，办学经费和办学场所是决定其能否生存发展的关键，尤其是像南开这样渐成体系的私立学校更是如此。从早期初创阶段开始，南开学校的办学经费和办学场地，多来自于社会热心教育者的大力捐助。这是因为一些民族资产阶级，有着较为开明的思想和较为远大的眼光，所以会大力支持张伯苓兴办教育的各项活动。至于一些军阀政客也被张伯苓的真诚所感动，慨解私囊，捐资兴学，或是在各方面相助。南开学校教育事业的发展因此得到不少的好处。[①]

一般来说，办中学教育，募捐的压力相对较少。张伯苓及其家人对此非常清楚：由于学生多，教学设备简单，教师的工资较低，一般学校的开支有学生的学费收入可以相抵，所差已不多了。其余不足部分和学校的发展建设需要可以依仗社会捐款来维持。至于办大学教育就完全不同了，大学的学生少，教学设备复杂而用钱多，教师们的工资高，要想指望着学费的收入来抵补支出，相差实在是太远了。这项巨额亏差，必须要仰仗社会捐款来抵补，此外还要添建校舍、增添设备等，这不是少数的钱所能解决的了。于是，张伯苓就扮演起化缘的老和尚，不辞辛劳，化缘兴学，并获得成功。

以 1919 年南开大学初创时所得的入款为例，其中包括北洋政府大总统徐世昌的捐款 16744 元，江苏都督李纯即李秀山的捐款 37165 元，王仲希的捐款 100 元，绥远都统蔡虎臣的捐款 2000 元，袁伯森的捐款 4790 元，山西都督阎锡山的捐款 5000 元，江西督军陈光远的捐款 1000 元，前任大总统黎元洪的捐款 8010 元，李炳麟的捐款 1000 元，严范孙的捐款 2000 元，国务总理梁士诒和财政总长周自齐的捐款各 40000 元，交通银行的捐款 10000 元。在这些捐款中，除去交通银行所捐赠的 10000 元外，绝大部分都来自于当时的政要、军阀、绅商的个人捐款。捐款者皆为一时之风云人物。在随后的近十

①张锡祚：《先父张伯苓先生传略》，南开大学出版社 2016 年版，第 75 页。

年间，又有“李纯的遗嘱基金五十万元（实收到十万元），理科得袁述之氏捐七万元，美国罗氏基金会先后捐十四万五千元；中华教育文化基金董事会捐十六万五千元；民国十年至十四年得李组绅氏捐办矿科十五万元；图书馆得卢木斋氏捐十万元，书三万册；李典臣氏赠藏中文典籍七百册。这差不多是南开大学首十年全部所得”。[①] 1919—1935 年间，在南开学校捐款统计表中，我们还发现许多当时社会上的其他政要名流，如靳云鹏、张学良等人。

其中某些人士的捐款故事，以及给南开带来的变化，也成为张家的历史记忆。据张伯苓后人记述：“先生连年办理南开教育，学生日众，成绩日著，南开学校之名，在国内已经深入人心。那时有一位江苏督军李纯，字秀山，天津人。因病沉危，自知不起了，自己又无有儿女，平日知道故乡有一个南开学校，立下遗嘱，以家产之四分之一，折合当时银币五十万元，捐赠给南开大学。先生因得此款之助，在天津城南八里，地名八里台的地方，选购了两百多亩地，当时是一片芦苇地，港汊交错，于是开渠填土，兴工建起校舍来。两年后落成，大学部就迁到八里台来，即是今日的大学校址。同时社会人士响应捐款的，颇不乏人。如李组绅先生捐助矿科常年经费，袁述之先生捐助建筑资金，而一时外邦人士，闻名捐款的，仍是大有人在，共促其成。在大学部有秀山堂，是纪念李秀山先生的，在抗日战争中，被日军炸毁。有思源堂，是纪念袁述之先生的母亲袁太夫人的，这是当时命名之由来。”[②] 对这些陈年往事，张氏后人极为熟悉，如数家珍。在张锡祚的印象中：父亲平日生活朴素，总是穿着一件蓝布长衫，有一次到北京去，因为同时还要给一个学生证婚，穿了一件缎子长袍，到了教育部，人们都在奇怪，这是张校长吗？怎么今天穿着缎子袍子呢？后来因为常常给学生们证婚，这些老学生们也常送他一些衣料，王夫人给他制成新衣说道：“给这个老和尚挂一挂袍吧！免得叫人家看着太寒碜了。”[③] 笑谈中，浸透着张伯苓一家人的彼此关心、支

①梁吉生：《张伯苓与南开大学》，山西教育出版社 1995 年版，第 112 页。
②张锡祚：《先父张伯苓先生传略》，南开大学出版社 2016 年版，第 22 页。
③张锡祚：《先父张伯苓先生传略》，南开大学出版社 2016 年版，第 76 页。

持和爱护。

取得社会各界人士的资助和捐款是南开这所私立学校的生命线，张伯苓曾深有感触地说："盖私人经营之学校，其经济毫无来源，其事业毫无凭借，非得教育同志之负责合作，在校或出校校友之热烈爱护，与夫政府及社会各方之赞助与支持，绝不能奠定基础而日渐滋长也。"[①] 但是整合社会各界人士的力量，为中国的未来培养人才，并不是一件容易的事情，不仅需要以坚韧不拔的毅力四处游说，而且还要有为教育事业献身和牺牲的百折不挠的精神。张伯苓正是这样一位值得称道的极有毅力与富于牺牲精神的人。他秉持着"为自己向人开口捐钱是无耻，为南开不肯向人开口捐钱是无勇"的信念，常年为学校筹款，在社会上四处奔波。不管是绅商、军阀、政客、实业家，还是普通百姓，只要有支持南开之心，都被张伯苓纳入了自己的社会网络体系，成为他劝善捐资的对象。从张伯苓存留的20世纪二三十年代的部分函稿来看，在300多封信件中，涉及筹款事宜的函件就有78封，由此可见张伯苓办学的一片苦心。

1926年10月19日，他在致金城银行总经理周作民的信中称：

> 作民我哥赐鉴：睽教又经有日，驰慕之至。兹敬启者：时事多乖，而谋教育救国，尤须臾不可稍懈。苓滥竽教育廿余载，丁兹时会，实属欲罢不能。现为全校计，拮据自不待言，而所最感困难者，尤莫过女中学新校舍工程清理账目之事。该项工费结至目下，除就已莫入款尽数开销外，余尚亏欠三万余元未有着落，焦灼万分。前呈上捐册四万，仰邀热心大力之处知必不少。倾因需用孔急，拟请将所集之数即日同捐册一并掷下，藉济燃眉。无论若干均极感荷，伫盼速惠，不胜祷切，伏惟查鉴是幸。祇颂，大安。张伯苓谨上[②]

① 《南开四十年校庆纪念特刊》。

②龚克主编：《张伯苓全集》第4卷，南开大学出版社2015年版，第107页。

是年10月20日，张伯苓在致长芦盐运使言仲远的信中称：

仲远先生赐鉴：目前敝校廿二周年纪念日，并行女中学部新校落成礼，辱蒙光临，非常荣幸。窃念敝女中此次所成新校由何而能有今日？实自先生捐款提倡始。则即谓今日在校之女学生皆受先生之厦庇亦无不可。惟是春风发萌不限于一拂，雨露生物有赖乎频滋，苓不揣冒昧，愿先生对敝女校始终成全之。此校虽工竣，尚亏款三万余元未有着落，谨以捐启奉上，乞大力代为登高一呼，想急公好义如先生，自必不以无厌斥我也。呼吁乏术，待惠情殷，肃此，不胜叩祷翘企之至。祇颂，钧祺！附捐启一册。张伯苓谨上[①]

筹集资金和寻求支持是一项长期而艰巨的任务，并不是所有的人都愿意将自己的钱财贡献出来，帮助南开学校建设。因此，张伯苓在诚恳求助时也会被别人以各种方式拒绝，甚至被人故意羞辱为“乞丐”。但是张伯苓并不以此为羞耻，反而更加坚信自己是为了发展南开、培养栋梁才四处化缘的，做的事情非常有意义。他颇有感触地说：“我虽然有时向人求见、捐款，被其挡驾，有辱于脸面，但我不是乞丐，乃为兴学而作，并不觉难堪。”[②] 因此，他曾多次称自己为“不倒翁”，谓“非不倒也，倒后能复起也”。

经过他的努力，南开学校总能获得一些经费支持。即便如此，南开每年的日常经费仍十分拮据，入不敷出可以说是家常便饭。在1919—1925年的七年间，有五年经费出现了亏欠。1920年，亏款2931元；1922年，亏款1220元；1923年，亏款4201元；1924年，亏款25403元；1925年，亏款27966元。在学生面前，张伯苓从不打肿脸充胖子。他希望学生们能够和学校一起咬紧牙关，战胜眼前的困难，更加发奋努力地学习。1924年11月，在一次全校的集会上，他向师生们讲述了学校经费极为困难的处境：“今春董事部通过

①龚克主编：《张伯苓全集》第4卷，南开大学出版社2015年版，第109—110页。

②梁吉生：《张伯苓与南开大学》，山西教育出版社1995年版，第153—154页。

预算，本校三部皆有亏空。男中部计亏三万余元……大学部计亏四万……上星期曾往北京，收效甚微，拟再往设法。”[①] 张伯苓逐渐形成这样的信念：教育机构的账上应该是赤字。任何学校若在年终银行账上有结余，证明他是一个守财奴，没有充分利用这些钱办件好事。因此，张伯苓总是尽可能地将每一分钱用在学生和教学上面，“南开虽受经济限制，然颇能以一文钱作二文钱用”[②]。他常常乐观地说：“幸年来屡遇此等困难，今亦不觉其难。且以乐观而论，愈难愈佳，可增加办事之能力。总之，绝不令同学失学，汝等尽可沉心静气，专心学业也。”[③]

募捐的智慧

在长期的募捐活动中，张伯苓不断地总结经验和教训，俗话说“久病成良医”，这样一位抱定教育救国理想的实干家，经过多年的磨炼最终成为一位集资募捐的高手。他每次出手，几乎都能一拿一个准。《大公报》主笔张季鸾曾问过张伯苓：“你怎么那么擅于捐钱？”张伯苓笑着说：“容易，摸着穴位一针就是一笔钱。”南开校友孟昭彝回忆说：“老校长募捐很有意思。他从不说：‘请你帮帮忙……’而老是说：‘我给你一个机会。’”[④]

张伯苓深知如果让别人心甘情愿地将资金投向南开，就要使捐款者对南开学校产生一定的认同感。为此，他总是想方设法地了解各种捐款人的心态，以便对症下药。从南开大学所获社会捐款来源来看，一类是北洋与民国时期的军政要员的私人捐款，像袁世凯、黎元洪、徐世昌、李纯、张学良、孙子文、颜惠庆、傅作义等人。尽管清末民初中国政局总是陷于一片混乱，政权更迭频繁，政局也总是变化多端，但是张伯苓却懂得并紧紧抓住这一条：一

---

①《南开周刊》第 108 期。

②王文俊等编：《南开大学校史资料选（1919—1949）》，南开大学出版社 1989 年版，第 45—46 页。

③《南开周刊》第 108 期。

④孙彦民：《张伯苓先生传》，台湾中华书局 1971 年版，第 115 页。

个人无论怎样地作恶，在得势之后还是极喜欢得一个美名，另外他们也愿意把自己的子女送进一所教学质量比较好、名声比较响亮的学校学习，受到良好教育。所以，张伯苓一方面同意满足他们的愿望，另一方面要他们捐款。张伯苓紧紧抓住了这两点，并主动和这些当权要人进行交往，争取从他们那里得到一些实质性的资助。由于各个政权的交替频繁，统治者如走马灯一般换来换去，张伯苓想尽办法找他们要的常年补助经费，一经政局变化，就有可能要重新再来。这也不断地考验着他的耐心和毅力。更为严峻的考验是，每一遇着内战打起来，学校就要被迫停课，各个方面都会受到影响，募捐的来源也中断了，如何解决经费问题，这的确是一大挑战和难题，有时也不得不付出沉重的代价，办大学就曾遭遇两次挫折和失败。尽管困难重重，张伯苓还是怀揣着教育救国的理想和信念，不避一切艰难，充分施展募捐的智慧，想方设法尽早走出困境。支撑张伯苓顽强走下去的既有王夫人的鼓励，也有永不磨灭的教育救国的信念。他始终坚信：钱无论是从哪里捐来的，中间经过多少反复，付出多少辛苦，只要能拿来，用在办教育上，对于国家民族总是有益的事。[①] 但是，也有一些学生不理解，对校长说："我们不要军阀的臭钱。"张伯苓每逢此时总是笑着回答："让他们拿出钱来办对社会有益的事业总比随意挥霍强吧！"[②]

此外，还有一些华北地区的开明士绅与民族资本家，如严范孙、吴鼎昌、李组绅、卢木斋、王正廷、章瑞廷乐于为南开大学慷慨解囊。譬如，"校父"严范孙乃天津盐业巨商出身，还曾担任清朝政府的官员，南开学校的诞生和成长离不开他的大力支持。李组绅则是新兴工商业巨子，也为南开学校捐过巨资。张伯苓认为，由于和社会发展联系密切，一般的绅商与民族资本家都有着比较开明的思想和较长远的眼光，认为捐资兴学是一种义举，不仅有助于社会发展，而且也有益于事业的扩展，而南开大学又是一所重视办学质量、

①张锡祚：《先父张伯苓先生传略》，南开大学出版社 2016 年版，第 75、77 页。

②马秋官：《怀念五舅张伯苓先生》，南开大学校长办公室：《张伯苓纪念文集》，南开大学出版社 1986 年版，第 201—202 页。

注重培养人才的学校，所以他们都非常乐意将自己的赢利投入南开，成为南开的同情者和支持者。以木斋图书馆为例，就可见一斑。虽然南开大学刚兴建不久，但张伯苓却想扩大图书馆规模，为同学提供更丰富的图书资料。为此，张伯苓把目光对准了社会名流卢木斋。卢木斋生平最喜读书，但却因自幼家贫而无钱买书，因此，等到自己创办的实业发达起来之后，他特别喜欢为学校和图书馆的发展贡献一些力量。张伯苓了解到这种情况之后，就向卢木斋的外甥、从美国留学回来在南开任教的黄钰生说："我总想用什么来纪念卢老先生。"黄钰生知道南开办学经费紧张，所以就向舅舅卢木斋介绍了南开的情况，以及张伯苓校长的意愿，得到卢木斋的理解和支持。此后，张伯苓利用严范孙与卢木斋是儿女亲家的关系，请求严范孙转告卢木斋自己纪念卢老先生和为学校兴建一座图书馆的计划。双管齐下，终于大功告成，卢木斋为南开慨然捐资 10 万元，并捐献 3 万余册书籍给图书馆。南开大学马上动工修建图书馆，卢木斋尽管已经年过 70，仍多次前往施工地点督察。1928 年 10 月 17 日，南开大学庆祝建校二十四周年，同时举行图书馆命名及落成启用仪式。这座被命名为"木斋图书馆"的新式建筑，占地 920 平方米，为 T 字型，造型新颖，颇具规模。在天津乃至整个华北地区都很少见，伫立在美丽的南开校园中显得格外壮观。

在南开大学为纪念校庆而举行的全校游艺会活动时，张伯苓总是念念不忘邀请一些关心南开发展的嘉宾来校参观访问。这一方面是为了让这些资助南开的热心人士来看看学校的发展变化，更重要的是借机向来宾寻求资金支持。每位来宾在参加游艺会的时候都会得到一个纪念品，上面印有学校计划修建的建筑物名称，旁边标明了每个建筑所需款项。1924 年 10 月 17 日，在南开学校庆祝建校二十周年的游艺会上，张伯苓照例率先讲明意图。他说："今天发的纪念品，上边印的大学二十五万元的科学馆，男中学二十多万元讲室之楼，还有一块白地，是女中学的，预备捐十五万元盖房子，这一点，请来宾注意。男女是平等的，男中这样完备，女中哪能太坏？我们提倡女子高等教育，非从女子中学起不可。我希望二十一周年时，那块地上已有房子了。

这种事应当大家做，为什么我一个人做呢？今天来宾不少，本校学生也不少。希望出全力帮忙，我想借此成功这件女中盖房子的事。”①

正是由于张伯苓采用了一些精妙的筹款方式，“各方社会人士，慕名捐款者仍多”，从而使得经费不足的南开学校得以在变幻莫测的时局中艰难发展。张伯苓的“创办新教育，造就新人才”的爱国理想才有了现实基础。“章瑞廷先生捐建男中部礼堂，校舍兴建，连年不断。前天津警备司令傅宜生（作义）将军，又将小站营田一千顷，拨归南大经租，租金收入作为南大的常年经费。”为了纪念这些捐资助学的热心人士，张伯苓就以这些人的名字来命名当时南开园里的建筑以示感谢和纪念，如秀山堂、木斋图书馆、芝琴楼、思源堂等。

经过苦心经营，南开中学部由于连年购地扩建，中间又开辟了一座大运动场，连接着女中部，对面又设小学部，校舍绵延，约有一里，成为一片文化区。大学部自校门起，大道笔直，绿树成荫，两旁曲池芳荷，红楼相望，已成为津南的风景区了。在孩子们的眼中，这就是张伯苓的家，就是张伯苓的命根子。孩子们也非常理解父亲对南开学校的这份深情，张锡祚就曾写下这样一段文字，表达了子孙们的心境：“先生平生，殚精竭虑，为祖国之复兴，创办南开学校，培植人才，到此已初步有成。”张伯苓还在平居的时候常一再地告诉孩子们说：“我将来死后，一定要葬在南开大学，永远看着南开学校的存在和发展。”这是先生毕生献身于南开教育事业，精诚所聚、死生不离的一点心愿。②

张伯苓是一位具有国际眼光的教育家。他看到国内政局不稳，实业发展也多多少少地会受到政局、战争、投资者等多方面的影响。为获得比较稳固的经济支持，他经常到欧美一些国家去游历，借机向那些热心中国教育现代化的个人或者基金会筹募资金，以促进南开大学的进一步发展。这并非一件容易的事情。

① 《南开周刊》第 101 期。

② 张锡祚：《先父张伯苓先生传略》，南开大学出版社 2016 年版，第 26—27 页。

向外国人捐款更不容易，欧洲人自顾尚不及，所以只有在美国捐款。美国人的财产都是自身赚来的钱，不易拿出。无故的绝不帮助，必须理由充足。再有便是美国立国百余年，而今土地肥沃，工商业的发达，都是自己努力创造出来的，并没有任何人的帮忙，自由的精神，独立的精神是美国人所特有的。我们向他们捐款时，他们要问到中国的财富为什么不自己去发展，我们是莫可以对的。用可怜的态度，Beggar的手段，美国人是绝不予以同情的，所以不能这样说法，必须有正当的理由。

得此经验，张伯苓并不以乞求的姿态去募捐，而是先向他们阐明中国教育之前景，再表示希望他们出资帮助南开渡过办学经费不足的难关。“我这次的理由是中国以前怎样好，将来预备怎样发展，现在虽然不好，乃是因为内政的纷扰，故经济紊乱，所以需款办教育造就有为的青年，因此也要请你们稍帮忙，不是用你们的钱作基金，乃是在这过渡时期几年中的经费。让他们看看我们南开的以往，他们便可以晓得我们是时时刻刻在困难中争斗的。三十年的以往我们绝不是Follow the least resistance。容易的道路越走越狭，难走的道路才可以发达前进。他们给我们钱很小心，可是我们用之也不是随便，因为我们有我们的自立精神。世界上再强也没有能自立的人强了。又因为中国的问题是未来的世界大问题，助我们解决这个问题，也是他们所应该的。”①

正是由于张伯苓常以这种不卑不亢的态度与外国朋友交往，晓之以理，动之以情，所以每次去美国募捐，总是满载而归。“在美因时间关系不能久住，许多友人之维持有委员会Committee之组织。委员多系各界名人，由彼等介绍富户资助。如经友人介绍曾到New York见一位富翁Mason，彼则允许每年捐款二千美元以五年为限。又有Chicago的一位太太也允每年捐助

① 《南开双周》第4卷，第2、3期。

一千美金以五年为限。此外尚有每年允一千美金者一位，现来中国在燕京大学开会。总之，捐款注意点有二，第一便是须有人介绍，第二须有充足之理由。”①

虽然实在无法用这些国际友人的名字来命名南开大学的建筑，但是张伯苓本人总是想该如何回馈他们的慨然襄助。因此，张伯苓出外募款时，总是要带上几条南开园喂养的金鱼。每捐款10000元者，就赠金鱼一条，作为纪念。礼物虽然微不足道，却暗含了张伯苓对捐助者的一片感激之情。南开能得到捐款，就会有发展，捐款于南开就像鱼儿得水一样。

学生们似乎都能理解校长办学的良苦用心，但是对于张伯苓接受北洋军阀、政客的捐款却颇有非议。为此，张伯苓解释说："美丽的鲜花，不妨是粪土浇灌出来的"，"让他们拿出钱来办对社会有益的事业总比随意挥霍强吧。"严范孙也非常同意张伯苓的看法："盗泉之水不可饮，用它洗洗脚，总不失为一有益之举！"②的确，在民国初年动荡不安的年代里，政府有时尚且不暇自顾，就连国立大学也不得不面对捉襟见肘的尴尬景况，更何况并无政府太多支持的私立南开呢？如果张伯苓不从包括军阀政客在内的社会各方人士手里获取学校发展所必需的资金，那么南开凭借什么发展起来呢？没有资金，同学们如何能够在宽阔的操场上奔来跑去，如何能在装潢如新的礼堂舞台上演出新剧，如何能在设备充足的实验室从事物理、化学实验，如何能在明亮宽敞的教室里聆听教授上课，如何能在座无虚席的图书馆阅览古今中外的书籍资料？尽管如此，当学生们反对或不理解时，张伯苓还是会十分风趣地说："有的人钱来得不光彩，是脏的。我们用这钱来办教育，可以培养救国建国人才。我们不用，他们也会花天酒地挥霍掉。要知道，脏水可以浇花，那花可是香的哟。"一席话说得学生们心悦诚服，认为张校长的做法，确实无可厚非。③

在张伯苓后人的记忆中，仅在1928年的冬天，"先生三次出国考察教育，

---

①《南开双周》第4卷，第2、3期。

②龙飞、孔延庚：《张伯苓与张彭春》，百花文艺出版社1997年版，第29页。

③宋乃谦：《张伯苓办学轶闻》，天津市南开区政协文史文化委员会编：《南开春秋：南开区政协文史资料汇编》第8卷，天津大学出版社2015年版，第99页。

周游世界，东自日本，渡海到美国，绕道西欧，经过英、法、意、瑞等国，复经苏伊士运河归国，环绕地球一周。所到之处，深受外邦人士的热烈欢迎。在西方各国习俗，凡是有演讲会，听的人都要购票入场，演讲的人也可得到应得的报酬。先生所到之处，都有人请他演讲。先生就把演讲收入充作旅费，余下的钱用来请在各国的南开留学生聚餐。一时学生都自远处各地赶来欢聚，并摄影留作纪念，倍觉相亲。先生一生就是爱青年人、爱学生，常说：'我看见了青年人，就忘了自己的老了。'"①

受益之南开

1927 年之后，北洋政要、军阀的个人捐款越来越少。这主要是因为随着北洋势力的渐渐衰弱，南开的捐款簿上也逐渐隐去了他们的名字。代之而起的是近代社会组织机构和政府补助，尤其是一些中外基金会成为南开学校资金的主要来源，如太平洋国际学会在 1928—1934 年连续向南开大学捐赠了共 20 万元，美国罗氏基金会自 1923—1932 年一直为南开的教育事业捐款，此外还有中华教育文化基金会等机构也不时伸出援手。捐款从个人向社会组织机构的转变，至少从一定程度表明，近代社会逐渐从旧秩序被打破而新秩序尚未建成的真空中走了出来，因秩序破坏而游离的个人资金等重新回归到一定组织结构之中。社会资金机构与实业公司的捐助比个人捐款更具有稳定性和连续性，更能有效地保证南开学校进一步发展的需要。

国民政府与教育部也给南开大学提供了大量的补助。20 世纪 30 年代，中国面临日本军国主义者的疯狂侵略。"山雨欲来风满楼"，向南开大学提供经费的一些社会政要、名流，面对复杂局势，也不得不捏紧手中的钱袋，为个人做长远的打算，因此不愿拿出更多捐款。而实业界由于受到世界范围内经济危机的影响，在经费捐助上也难以有更大的作为。国家力量的介入，于是

①张锡祚：《先父张伯苓先生传略》，南开大学出版社 2016 年版，第 24 页。

就成为一种可能。自1932年起，国民政府开始向南开大学发放补助。1932—1934年，每年为62000元，1935年教育部拨款35254元。这表明国家力量逐渐浸透到包括南开在内的私立大学之中。此举还是对张伯苓兴办南开等教育实践活动的鼓励，南开的教学质量得到社会各界人士的肯定，才有可能从政府或者教育部获得更多资助。

随着南开声望的逐步提高，经费来源的渠道也逐渐增多，经费比过去也更有保障。以1931年南开全年入款为例，其主要来源有以下几个方面：(一)学生缴费；(二)公债利息；(三)基金利息；(四)房租地租；(五)罗氏基金团补助费；(六)中华教育基金委员会补助费；(七)太平洋国际讨论会专题研究补助费；(八)校田进款；(九)财政部河北财政特派员公署补助费；(十)特别捐款。这10种资金来源又可以划分为四类：其一，学生缴费；其二，私人捐款和团体资助；其三，政府补助；其四，校产与基金利息。从1931—1934年四年间南开的总收入来看，国家补助占43.8%，社会捐助占29.8%，校产与基金利息占16.9%，学杂费占9%，其中，应该着重分析的是南开学杂费所占比重。南开大学的学生通常出身于经济条件比较优裕的政界、实业界及知识分子家庭，贫寒家庭的子弟人数较少，这与私立南开学校收费较高有关。当时一个南开学生"学费每年六十元，宿费两学期三十元，这与国立大学（如北京大学）之学费每年约十元较，自是很高的"[①]，但与教会大学(如燕京、岭南等)比较，则是"平民"化的。因此，学生学杂费并未成为南开资金收入的主要来源，相反，国家捐助和社会补助则为南开的发展提供了大部分资金。与同时期的20所私立大学相比，南开大学接受国家补助金额仅次于中法大学，名列第二。它所接受的社会捐助也居于私立大学的前列。所以说"南开大学经费是年年增加，在各大学中是少见"的[②]。20世纪30年代，南开大学教学设备总值达到115520元，在全国19所私立大学中名列第五；与13所国立大学相比，超过了北京大学、北平师范大学、暨南大学、同

①梁吉生：《张伯苓与南开大学》，山西教育出版社1995年版，第112页。

②陈能治：《战前十年中国的大学教育》，台湾商务印书馆1990年版，第235页。

济大学和上海交通大学等学校。以学生平均设备费用计算，在全国 38 所大学中，南开位居第 13 位。能够取得这样的骄人成绩，张伯苓功不可没。

南开既然是私立学校，那么，它的管理方式自然有别于公立学校，采取的是校董会下的校长负责制。为了团结更多的人士关心南开，投资南开，建设南开，1919 年，张伯苓聘请严修、范源濂等人担任南开董事。到 1920 年，董事包括范源濂、严慈约、孙子文、孟琴襄、蒋梦麟、王濬明、陶孟和、刘芸生、卞俶成九人。次年，改称董事会，此后人数一般固定为九人。任期三年，每年改选三分之一，可以连任。除了学校董事会之外，各个学院也可以成立自己的董事会。1932 年，校董事会的董事为严智怡、颜惠庆、陶孟和、胡适、李组绅、李琴湘、卞俶成、王秉喆、丁文江九人。

透过这些名单可以看出，能够当选南开校董的多是南开的“财东”，而这些财东既要为南开筹得一定的捐款又要具有较高的社会声望。校董的当选是社会力量对南开的支持（主要是经费）和南开对社会力量的选择（聘任或解聘）双向相互动的结果。校董主要分布在向南开大学捐款的社会力量中间，大致可分为官僚政要、民族工商业资本家、教育家及社会名流。根据南开大学章程规定，校董会的职责是：①聘任校长；②筹备本校经费；③议决预算及审查决算；④对于本校章程之制定变更或撤废予以同意。[①] 在这四项职责中，以第二、第三项职责最为重要。校董会从其职责来看，是一个介乎学校与社会之间的平台，一方面向外筹款保证南开的生存发展，同时也利用董事自身的声望与影响为南开结交社会关系，社会关系与金钱一样，都是南开发展的必要条件。另一方面，他们向内对南开的发展也有所影响，南开的校务一般都由张伯苓统筹规划，但是有关经费的使用、规章制度的变更等重要问题，还需要由董事会讨论决定。董事会对于南开来说，是社会力量的实质性介入并对南开起到一定的监督作用。张伯苓总是非常谦逊地说：“社会实可谓南开之保姆，而南开实乃社会之产儿。”[②]

---

①南开大学校史编写组：《南开大学校史（1919—1949）》，南开大学出版社 1989 年版，第 104 页。

②《南开四十年校庆纪念特刊》。

至1934年，整个南开学校校产总值为300多万元，其中校舍100多万元，地皮70多万元。南开有了这样迅速的发展，可以说是张伯苓辛勤努力的结果。从张伯苓的言行中，我们对其创业的艰难可以有更多地认识和了解，“人生当如拉马车之马，左右两眼被蒙着，只许往前走，而前面又是走不完的路……四十多年来，我好像一块石头，在崎岖不平的路上向前滚，不敢做片刻停留。南开在最困难的时候，八里台笼罩在愁云惨雾之中，甚至每棵小树好像在向我哭，我也还咬紧牙关未敢稍停一步。一块石头只需不断地向前滚，至少沾不上苔霉，我深信石头会越滚越圆，路也会越走越宽的”[①]。张伯苓的座右铭就是“干”。他不仅把这句话挂在嘴边，而且还写在纸上，挂在办公室的墙上，提醒自己。在重庆南开中学张伯苓办公桌后面的墙上就挂着一个紫底白字、一尺五寸见方的“干”字。在南开学校入口的过厅处，他还摆上一面穿衣镜，将“实干、苦干、硬干”六个大字挂在镜子的上端，在激励自己的同时，也教育学生们养成这样的生活态度和习惯。

这在张家后人看来，无异于传家之宝。在他们眼里，父亲从幼年就得到祖父的教诲，“对于教育方法，首重实践，贵启发，用各种方法，引导学生去学习。训练学生们自己会读书，会去钻研问题，并且常以‘干干干’三个字来教育学生，凡事必须亲自动手实干，才能懂，才能会，才能精”。张伯苓曾举例说：“我是一个学海军的，对于教育本是外行，因为有志于教育，所以才研究教育、办教育，干中再学，学了再干，尽毕生精力，干！干！干！今天已由一个外行变成为一个内行了。还有我们学校的华午晴先生，他是严王家馆的一个学生，没有学过土木工程，因为他心细，就叫他总管学校的建筑。连年修建，今日女中部的教室楼，就是他绘图设计的。用地不多，楼上楼下，没有一处方寸之地没有加以利用的，虽一般专业的工程师，也不能过之。此外还有王九龄先生，他是师范班毕业生，没学过农林园艺，叫他管学校的花木，他天天看书钻研，找别人学，今天已成为一位花木专家了。他所培养的

① 《南开周刊》，复刊第5号。

菊花，千百异种，每年一到开放展览，有多少爱好者，从远道来参观。这些事实，说明了知识是从干中得来的。”[①]

作为长达近半个世纪的南开学校大家长，张伯苓不辞辛劳，四处奔走，干了几十年，依靠“化缘”为南开挣下千百万产业，但是并不认为这是自己的，而是将其视为南开师生共同的产业，从不动用分文。抗战前，天津的比利时商人建立的电车电灯公司，要邀请一些中国的社会知名人士担任董事，其中就包括张伯苓，有时送些车马费。张伯苓常常把这些钱分给随他工作的南开老职员们。张伯苓说：“他们工资低，责任重，而又忠于职守，家庭困难，我要这钱没用，应该送给他们！”[②] 王夫人宅心仁厚，对他的所有助人善举，从不说三道四，更不会阻拦。张伯苓更是深通人情，自己不爱钱，但是却懂得别人的生活里需要钱，故而常常解囊助人。为了高级职员的生活安定，张伯苓还让学校给他们办理了人寿保险等。最让一般人难以理解的是，张伯苓还把自己的工资降到比一般教授还低的水平[③]，并安于清贫。据宁恩承回忆，校长的月薪初为 50 元，20 世纪 20 年代增至 100 元，张家所有开支都靠这 100 元。单就这笔薪资来说，不及教授的月薪，不仅如此，一旦遇到经费不足，开不出工资，先人后己的张伯苓总是尽量保证教职员的薪资优先照发，张家生活难免会受到影响，以致寅吃卯粮。除了家庭的日常开销之外，社会交往中的礼尚往来，也需要自掏腰包。那么，张伯苓又是怎么渡过这一道道难关的呢？他在走投无路之际，就不得不向学校会计处临时挂借。10 年之内，日积月累，这种挂借竟然高达 3000 元。直到 1933 年，张伯苓担任华北政务委员会委员，有一笔 4000 元的车马费，才由伉乃如和宁恩承背着他收下，并还上他在学校会计处的欠债。“经过这次送款交涉，方详知伯苓先生在学校挂借之秘密。南开学校的一切开支伯苓先生有权处理。而先生公私分明，一文

①张锡祚：《先父张伯苓先生传略》，南开大学出版社 2016 年版，第 32 页。

②郑致光主编：《张伯苓传》，天津人民出版社 1989 年版，第 34 页。

③ 20 世纪 20 年代，南开大学教授的工资为 180 元。

不苟，洁身自好的美德，绝无仅有。”[①] 也正因为掌管着这么多资产的张伯苓，从没有在自己身上乱花过一分钱，廉洁奉公，不谋私利，公私分明，从不动用公家的一分钱，所以才赢得人们的敬重。张伯苓的孙子张元龙在接受笔者采访时，就深有感触地说：“在我小的时候，爷爷亲口跟我说过，咱们家留德不留财。这怎能让人不感动！虽经手万千财富，却一生清贫，并坦然处之，尽管没有积蓄，但成为富有之人，拥有巨大的教育事业。”

张伯苓校长将学校的各项经费来源和支出，完全公开，每年的账目都放在图书馆里，任由师生查看，由社会各界人士监督。张伯苓把荒凉的八里台建成大花园，成为津门一景。为了让教师们安心在南开工作，给教授们修建了宽敞的住宅，创造了舒服、实用的生活环境，却没有用学校的经费替自己建一所“校长宿舍”或“校长公寓”。他自己却住在南开中学附近的、被人们称作“贫民窟”的西南角电车厂旁的一个羊皮市中，门前是熟羊皮的羊皮市，满街满巷张挂的都是臭气熏天的羊皮。住宅是一所青砖平房，为不规则的旧式院落，只有几间简陋的平房，张伯苓一家却安之若素地居住在陋巷之中30年。据说，有一次时任东北军副司令的张学良因为请张伯苓协助整顿东北大学之后，要亲自驱车前往张宅去拜访他，当面致谢。张学良的汽车在泥土路上转来转去，花了好长时间，都没有找到他想象中的“张公馆”。后来，他终于在那条晒满了羊皮、散发着恶臭的小路上找到张伯苓的居所。这是一个两扇小门、仅有丈余的小院，坐北朝南的几间平房是原来的建筑，左侧靠大门处，加盖了一排厅房，右侧加盖了两间厢房，勉强凑成一个小三合院。张学良怎么也没想到，堂堂南开学校的校长竟然住在这样的小院、如此简陋的房间里，不禁对张伯苓的简朴生活深表敬佩，发出感慨：“偌大大学校长居此陋室，非我始料！令人敬佩。”

张伯苓两袖清风，生活十分简朴。一日三餐，天津特色小吃，如烧饼、油条、豆皮、豆浆、面茶、锅巴菜等都是他爱吃的早点；午餐和晚餐，就是

---

①宁恩承：《伯苓先生天赋奇才绝顶聪明》，沈卫星：《重读张伯苓》，光明日报出版社2006年版，第406—407页。

两三样简单可口的家常菜，偶尔是饺子，已算改善伙食。晚餐的时候，他偶尔也吃半小杯葡萄酒来帮助消化，但是吃过酒后立刻满脸红涨。他是没有酒量的，白酒是根本不能喝。家里面，从没有请过仆人，都是王夫人亲自下厨，数十年如一日。衣服也很朴素，以整洁为好。两件深色长衫，轮换着穿。夏天穿单，秋天罩夹袍，冬天罩棉袍。只有出席会议、宴请或陪来宾来校参观，才穿西服或绸缎衣服。往来津京时，为防止弄脏、弄坏，还要罩上布衣或粗呢大氅。甚至可以毫不夸张地说，张伯苓对待自己极为苛刻，甚至有些吝啬。张伯苓每天早上步行到学校上班，多年来虽在社会上四处奔波，却很少坐汽车，而是用一辆“洋车”——人力车，还非他专用，所有南开同仁都可以和他分享。有几个调皮的同学将人力车后挡板弄坏了，张伯苓也不肯更换新车，总是凑合着用。在天津市内开会时，他经常以步代车，步行来回。一次散会时，有服务员询问张伯苓的车号是多少，他随口答道：“11 号。”该服务员找来找去，也没有发现 11 号车。等他看到张伯苓已经走远的背影，这才领悟“11 号”的意思，11 号代表两条腿。① 每次去北京，张伯苓总是坐火车的三等车厢，住在前门外施家胡同的北京旅馆，自带三个烧饼以节省饭费。学生们深情地回忆说：“该旅馆价格便宜，每日一元。先生去时，每次带一盒臭虫药，一包茶叶。北京旅馆的臭虫很多，永远欢迎客人。臭虫药是必需的防敌设备。另外张先生自带一包茶叶，因为旅馆的茶叶实在太劣，太要不得，这一包茶叶是张先生唯一奢侈品。”②20 世纪 30 年代，一首名为“变戏法”的诗可以概括张伯苓为南开所做出的种种努力与贡献：

戏法人人会变，
张先生的戏法整变了三十年。
他在一块空旷的场上，

①马秋官：《怀念五舅张伯苓先生》，南开大学校长办公室：《张伯苓纪念文集》，南开大学出版社 1986 年版，第 200 页。

②南开校友会编：《张伯苓先生百年诞辰纪念册》，1975 年版，第 122 页。

变出高楼多少间！

从前天津城的西南，

有一块荒地不值钱，

自从张先生在那里表演，

“南开”两个字响到云南！

八里台是一片汪洋的水田，

种着芦苇走着渔船。

自从张先生铺上了变戏法的大地毯，

倏忽之间，楼阁相连接。

他从这楼房里变出多少女和男，

他教给他们变戏法精神便是“干”！

变出来的人有的已经都鬓发斑斑。

张先生到如今还在变！[①]

身教胜于言教。由于张伯苓校长一贯廉洁奉公，勤俭治校，无形之中在学生们中间倡导出一股力矫奢惰，勤俭整洁的风气，一生受用不尽。

①《南大半月刊》第15期。

五、南开大家庭

南开女中的成立

张伯苓虽然早在南开大学成立的第二年就开始实行男女同校，但当时并没有多少女生考入大学接受高等教育。这和近代中国女子中等教育不够发达有直接的关系。虽然直隶女学比北方其他地区更为发达，但是多为初级水平，即旨在让走出家门的女性能够接受最基本的教育，因此，在女子初等教育和高等教育之间，缺乏应有的中等教育，形成了断层。正因为如此，才出现了南开大学招收女生，但是并没有太多的人前来应考的尴尬局面。有鉴于此，张伯苓在推动南开中学和南开大学稳步发展的同时，又开始为兴办南开女子中学而奔波忙碌起来。

其实张伯苓关注女子教育，由来已久。起因同样与严范孙关系极大。早在严氏家馆时期，严范孙于1902年开设了严氏女塾，张伯苓就曾任教于此，兼授算术、英文等课程。当时，张伯苓正在提倡天足运动，所以严氏的几位千金就获得了“解放”，成为“天足”，成为开风气之先者。1905年，张伯苓担任严氏保姆讲习所的教师。1915年11月，张伯苓还曾代理直隶女子师范学校校长一职，直到次年1月，才由从日本广岛高等师范留学回来的齐国梁接替。“留学日本广岛高等师范毕业生齐国梁，现经电调回国，昨奉巡按使朱经帅委派该生为直隶女子师范学校校长，齐君昨已谢委莅该校，与代理校长张伯苓君接交办理。”①

张伯苓的妹夫马千里不仅在直隶女子师范学校任职、任教，对女子教育也十分重视，并大力提倡。他在1917年2月11日就曾发表演讲《中国女子问题之研究》，重点阐释了女子学习的必要性、女子与家庭的关系、女子与社会的关系、女子与国家的关系、男公民对女公民应尽的义务，表达了他对中国女子教育的高度关切。1919年12月5日，马千里还在《南开校风》第132期上发表了一篇文章，提出南开中学应当添招女生的建议。源于9月25日南开大学的开学典礼，演讲嘉宾鲁伊士提出：“今日南开大学开学，是男子的大学，是男子研究高等知识的地方，可以说是南开中学办学15年的好成绩。但是大学中没有女生，这是跛足教育，这还是半身不遂的教育，甚盼望南开要办女子中学，以备入大学，使女子在本国有研究高等知识的机会。”这一番话，极大地刺激了马千里。后来，他还和南开大学部主任凌冰博士探讨过此事。凌博士说：“南开大学可以男女合校，就是苦于现在天津的女学生没有入大学直接听讲的程度。”这又引发马千里的进一步思考。

马千里思来想去，最终想到南开中学添招女生这一妙招，并提出四个添招女生的理由。其一，直隶全省没有一所公立的女子中学，这亦是直隶教育中的好一个笑话。现在如果要开办一个省立的女子中学校，建筑费、设备费、经营费等需款甚多。当这财政维艰的时候，如何能做得到？南开中学已有15年的基础，设备上略有规模，添招女生可以说事半功倍。其二，天津虽然有一两所私立女子中学，都是在小学里加添的中学班，有注意英文不注意科学的，有英文与科学全不如南开中学程度的。这样的女子中学毕业后，如何能入南开大学直接听讲呢？南开中学若添招女生，课程进度男女无异，将来毕

① 《益世报》，1916年1月10日。

业后入大学的一定不少。其三，天津中等女子教育的学校，原来很少。每年暑假招生的时候，各县与天津女子高小毕业的学生不多，故来报考的也很少。这两年女子高小毕业的学生日见加多，已有供过于求的现象。有志入学的无处可去，岂不可惜，南开中学添招女生正应社会的需要。其四，将来南开大学招收女生万不能单为女生另立一班，必与男生同班。南开中学添招女生采取同校分班的办法，以作入大学时同校同班的预备。这不是缓进的进步吗？

不仅如此，马千里还提出一系列的具体办法，以求收到立竿见影的效果，尽可能满足女学生继续深造的愿望，解决南开大学缺少女生的实际问题。在他筹划中，翌年 1 月，招中学一年级或补习班一班，40 人，用东楼上的讲室做女子中学的讲室。如果一年添招一班，招齐中学四班，补习一班，共五班，正好用东楼上五个讲室，其他去理化教室、博物教室、实验室、书报室、餐厅、礼堂，全与男生共用。

校内东斋厕所改为女厕所，校外租民房一所，能容 30 名学生寄宿，做女生的寝室。添聘女舍监一人（专任职）。课程上同男子中学一样，普通的科目就请中学的男教员担任，添聘教员、图画、手工、体操的女教员二人（兼任职）。

经济方面，如果有学生 40 人，住校的有 30 人，学费、宿费与男生一样，以宿费供宿舍的费用约亏 30 元，以学费供教员的薪金每月盈 30 元，盈亏相补，经费不用另筹。只有开办时的寝室设备筹划 300 元钱。第一年就可不用其他的款项了。

为了消除张伯苓校长的顾虑，回应其他人关于“南开中学没有添招女生的必要”等意见。马千里还特别举例说：今年即 1919 年秋天，校父严范孙已经在自家创办女子中学，并请张伯苓全权处理学校事务。再在南开中学添招女生不是校长太好新奇吗？他斩钉截铁地予以回绝，说这也不然。马千里根据自己的亲身经验，反复说明男女合校是时代发展的需要。他明确指出：天津自从五四运动以后，男女学生会议的时候非常之多，如学生联合会与女界同志会的评议会中联席会，为报社联合会，如平民杂志社，如觉悟社等的晤面会议已有半年之久。我是实在地知道，一点出乎轨道的地方也没有，足见受过教育的比没受过教育的人格高得很多。男女合校是未必准有什么笑话的。若说我太好新奇，我真是不敢承认。

为了增加自己意见的分量，马千里还详细列举了在10月出席山西太原召开的第五次全国教育会联合会大会议决15件陈请案中的一件案例——《改革女子制度案》。然后，他进一步强调指出中学校的定位：中学校一面为升学准备，一面为完成人格并修养社会上必需之知识技能，男子女子正同。其因分业原则，不是张先生吗？主任不是尹先生吗？其他教员不全是南开中学的教员吗？校长、主任、教员既全是南开中学的，功课的程度能不一样吗？若程度一样，毕业后还不可以入大学吗？他说：不然，不然。严范孙家宅建立的女子中学将来毕业的学生，可以为改进家庭生活的人物，相夫教子的人才。因为设备上的缺欠，故教授上必感困难。女子皆不住校，训练上也很少有机会，程度上不能与男生相等。假设能够一样，未经过同校分班的阶段，直入大学而与男生同校同班，恐怕她家中承认，她自己或者还不肯呢！故我的主张，南开中学添招女生采取同校分班的办法，为入大学时与男生同校同班的过渡是不可少的。

或者又有人说："中国历来男女学界甚严，如果男女合校，恐怕要闹出很多笑话来，你这女子须特修家事科，男子应并修手工及他种职业课程等。部分的分班最正当。纵为社会习惯所限，暂行同校分班，亦系变通之良法。必欲分校，不但教育原理、社会经济均不容许，师资问题恐亦甚难解决。是提倡中学分校，不啻反对女学也。至师范学校，尤非于在学期间养成男女共同治事之习惯不可。盖我国情势，小学校中必须采男女教员兼用之制，而男女教员所任职务又毫无彼此之分，使根本所受教育不同，恐于教授训练上均将生种种争执，高等师范学校为统一教育思想之中心，而文理诸科，绝对的无男女之区别，尤无可分校之理由也。"

马千里觉得，发展女子中等教育的时候到了，我们南开还不奋起直追吗？他大声疾呼："我愿我南开学校是进步的，勇敢的；不是保守的，胆小的。我愿我南开同学对这个问题发表主张。或是赞成，或是反对，或是怀疑，请在《校风报》上做个商榷的机关，建议人甚为欢迎。”①

1920年，张伯苓在南开学校的校董会上提出了有关成立女子中学的预算问题。但因为经费不足等实际困难没有办法解决，所以办女子中学的想法暂时还不能变成现实。

1923年春，天津各女子小学校毕业生数十人，联名给张伯苓写了一封请愿信，要求张伯苓添设一所女子中学。在信中，她们明确提出女子不应只受师范教育和贤妻良母教育，应有与男子共同受教育的机会，可以直接升入高一等的学校继续深造。并提出如下理由：一、女子教育同男子教育同样重要；二、天津缺少适当的女中学；三、南开大学既然已经迁到八里台新校舍，那么原址就可充作女中校舍，这样就不用再费钱另起炉灶；四、关于教师事宜，男中的教职员可在男、女中两部同时兼任。没想到，在信寄出两三个星期以后，这些年幼的女孩子们就收到了张伯苓的亲笔回信，请她们选派代表到南开中学校长室中进行正式商谈。于是王毅蘅、陈学荣、王文田三人怀着忐忑不安的心情来到了南开中学，受到了张伯苓的热情接待。这一幕在事隔多年之后，当事者还清楚地记得：“我们三人走进办公室内，看见办公桌前，坐着一位魁伟壮健、体格高大的长者，抬头看见我们三个小孩子进来，即刻站起来，满面和蔼慈祥，而诚恳亲切的，用手指着旁边的几个椅子对我们说：‘好——好——你们坐下谈。’张伯苓诚恳地对我们保证：‘我看见你们给我的信，你们有这种勇气，我很高兴！我一定答应你们办女子中学。不过大学部的原址，另有用途，我一定想别的办法就是了。’”② 当事者在回忆起这段往事的时候，可能遗漏了一个细节。那就是有位求学心切的女生见到张伯苓之后，听出张校长担心建立女子中学需要解决经费问题，就不管不顾地丢出一句很伤人的话：“张校长善于募捐，可以到美国去募捐嘛！”闻听此言，张伯苓不仅没有动怒，反而非常和善地表明自己的态度：“你们有这种勇气，我

---

①《校风》，第132期（1919年12月5日）。

②王文田：《张伯苓与南开》，台北传记文学出版社1964年版，第25—26页。

很高兴，我一定答应你们开设女子中学的要求。”[①]

同年12月2日，在袁述之母亲袁太夫人的追悼纪念会上，张伯苓再次强调建立女子中学的必要性和重要性。他说：“成立女学之宗旨，即为提高一般女子之人格。中国现在社会中，每谈及妇女参政、社交公开诸问题。然吾以为，妇女之知识苟能提高，则其能力、其人格自亦因之而增高，其他枝叶问题自均易解决矣。”他还借宣扬袁太夫人的事迹，鼓励女学生们更加关注社会、服务社会，“袁太夫人所受教育，本无一般新女子之多，尚其教育子女服务社会之精神，则或为一般妇女所不及。现代女子其受教育之机会，既远多于袁太夫人，苟能获得袁太夫人之精神，则中国将来何患不强？”[②]张伯苓克服困难，为女性继续求学创造条件的良苦用心，深深地感动了渴望进一步深造的天津知识女性，“张先生如此耐难热心教育，且完成我等的要求，不但我等很感佩，凡是天津难得正当中学教育的姊妹们，定亦感佩你的热诚，不但如此，更是我们天津女界的庆幸！”[③]

在这段时间，张伯苓不仅成立了女子中学的组织委员会，而且开始为选定校舍、募集资金等问题操心。恰逢此时，母亲杨氏去世，张伯苓力主丧事从简，将节俭下来的治丧费1000元捐作女中建立资金。他在距离南开中学东边大约1里之遥的六德里租用几间民房当作女中校舍。经过一阵紧张筹备，到1923年秋，南开女中正式成立，开设初一、初二两个年级，每个年级招生一班，共有学生78人，管理员为潘丽荪女士。这样，私立南开学校的大家庭又多了一个成员。

两年之后，南开女中的报考人数激增，使得原来租用的校舍已经不敷应用。因此，张伯苓又多方求助和募捐，用募得的20000多元，在南开中学南楼南端的旷地购地10余亩，开始兴建女中校舍。1926年3月，校舍竣工。女中学生迁入新校舍上课。此时，女中设置也有所变化。除初一、初二年级外，

①郑致光主编：《张伯苓传》，天津人民出版社1989年版，第77页。

②《南开周刊》第79期。

③《新民意报》，1923年3月22日。

又增添了初三年级，每年级各有甲、乙两班。为满足即将毕业的初中女学生所提出的添设高中部的合理请求，张伯苓还添设高中一年级，并分成文科班和理科班。文科开设政治、经济、商法等课程，与男中同班上课。理科班的实验课程与男中部分班共用理化实验室。这样，女中总共有八个班级，200多名学生。

1926年6月15日，南开学校校董会举行例会。范源濂、丁文江、严慈约、卞俶成等人出席，张伯苓列席并报告说："现本校已有大学、中学、女中三部，各部名称颇不一致，应有规定，以示划一。"范源濂提议："本校各部名称对外应分立，如南开大学 Nankai University，南开中学 Nankai High School，南开女子中学 Nankai Girls High School；对内仍用南开学校大学部、中学部、女子中学。"此议获得与会者的一致赞成，得以通过。1926年10月17日，在纪念南开学校成立二十二周年庆祝会上，张伯苓致辞说："大学、男中、女中三部用这一天作纪念日。原因就是：因为这天是男中纪念日，大学、女中两处是由这一处里发达出来的，并非特立的，所以仍然要在这一天纪念。"[①]

此时的南开女中，在已经具备一定规模的南开大家庭中，令人称羡。不仅如此，张伯苓还有针对性地对女学生灌输一些自己的人生体验，希望通过女性对丈夫和家庭的襄辅作用来直接或间接影响男性国民为国家和民族效劳。一次在南开女中的毕业典礼上，张伯苓诚挚地对即将走入社会的女学生提出建议："你们将来结婚，相夫教子，要襄助丈夫为公、为国。不要要求丈夫升官发财。男人升官发财以后，第一个看着不顺眼的人就是他原配太太。"[②] 这不禁让人想起张伯苓反对学生早婚的一系列思想主张和具体实践活动。他对学生说："你们入南开中学以后不满20岁的不要结婚，早结婚有害处。如果你的父母非要让你结婚不可，你就对他们说：我结婚是要给自己娶太太，不

①冯笪：《南开中学校名略考》，《重庆南开校友通讯》第39期，2013年6月版，第80—81页。

②朱传誉主编：《张伯苓传记资料》（一），台湾天一出版社1979年版，第24页。

是给你们娶儿媳妇。他们如果还不同意，你就说这是我们校长说的。”[①]

“轮回教育”风波

1924年秋，时逢南开学校成立二十周年。可是，谁曾料想，此时的南开正酝酿着一场罢课风潮。天津的《益世报》对此做了详细报道：“南大成立亦以数年……校风极为良善，从无罢课等无意识举动。南大忽于前三日罢课，轰遍天津，莫不惊奇。”[②] 既然南开少有罢课风潮，那么这次风潮又是如何酿成的呢？1924年11月28日，《南大周刊》第8期上刊登了学生宁恩承以“笑萍”为笔名发表的一篇名为《轮回教育》的文章，在师生中引起了轩然大波，由此引发了这场南开历史上罕见的罢课风潮。

宁恩承的文章，一针见血地指出了近代教育体制中存在的严重缺陷，即教育体制和社会实际相脱离。在宁恩承看来，当时的教育，就是一种转圈子的教育，你教育我，我教育他，他再去教育别人，这些人都在一个圈子里面转来转去。中学毕业的学生，可以充当高小学校的教员。大学毕业的学生，则充当中学教员。而留学海外，获得学位头衔或博士凭照的人，回国则充任大学教员。如此循环，一代一代地当教员，学习还有什么服务社会的意义呢？文中着重描述了留学回国的教员，说他们“先到美国去，在美国混上二三年、三四年，得到一个什么EE、MA、D等，于是架上一架洋服，抱着两本notebook回家来，做一个大学教员。不管他是真正博士也好，骗来的博士也好，‘草包’博士也好，上班捧着他自外国带来的notes一念。不管它是是非非，就A、B、C、D地念下去。一班听讲的学生，也傻呆呆地不管生、熟、软、硬就记下来，好预备将来再念给别人。英文好一点的教员，就大唬特唬，

---

①杨肖彭：《我对张伯苓校长与南开学校的回忆》，南开大学校长办公室：《张伯苓纪念文集》，南开大学出版社1986年版，第64页。

②《益世报》，1924年12月27日。

一若真是学贯中西一般。学生们因为他是说外国话的中国人，也只好忍气吞声受他唬。至于英文糟的留学生，也勉强说英文，老说那 in the first place, however, therefore，一天到晚老是这一套，真令人作三日呕。他们唯一的武器，他们唯一的饭碗，就是 notes 和 solution。一个人曾和我说，他的教员有一个大本。这大本就是他的武器。假如若有人将他这大本偷去，他必放声大哭，收拾行李不干了”[①]。

其实，宁恩承提出这一问题并非无的放矢，显然是针对张伯苓和国内其他大学所采取的政策以及所造成的问题而来。在张伯苓的刻意追求下，南开学校的欧美化倾向十分严重。1924 年前后，南开学校的学制来自西方，教科书不是英文原本，就是英文译本。不仅如此，南开教授“除了讲授中文课和中国文学课的教师外，所有的教员都是从留美学生中延聘的”。以 1930 年为例，全校教师 41 人，留美学生有 31 人，占 76%。这些留美学生不仅有较为专深的近代科学知识，而且熟悉美国的教育制度与教育方法，他们的到来使南开的欧美色彩更加浓重。为了方便学生购买美国出版的书，张伯苓还特意在南开学校内设立“伊文斯售书处”，即美国伊文斯书店的分店。据说南开大学生物课上解剖用的蚯蚓也要美国货，只有这样，才能和美国生物课本上的蚯蚓一致。至于选科制、积点制等也都沿袭了美国的教学管理制度。可以说，南开的教育从形式到内容，再到教学管理体制，完全模仿美国的制度体系。因此，有人无情地指出：南开学美国真是学到了家！

大学出现过分追求欧美化的原因很多，主要是自五四运动以来向西方学习的热潮持续升温，出现唯西学马首是瞻的倾向，南开不可能不受这种思潮的影响。张伯苓认为中国教育存在很多问题，主张向先进的国家汲取成功的教育经验。早在南开成立之初，张伯苓曾向日本学习，但是随着其教育思想的日趋成熟，张伯苓也察觉到日本的教育虽然善于吸收新事物，但是缺少民主意识，不利于人才培养，于是又转向欧美国家学习，借鉴它们有关学校设

---

①《南大周刊》第 8 期。

置、教育管理等方面的经验。

其实，张伯苓的头脑非常清楚，在中国教育尚不能尽如人意的时候，向先进国家的教育学习是一个无法避免的过程。他认为只有使学生接触最先进的知识，增强自身的实力，才能最终解救中国，跻身世界之林。这一点张彭春表述得更加清楚明白："我们中国已远远落后于世界强国，我们不应在后面一步一步跟着走，必须把美国的精华吸收过来，迎头赶上！"用一句更直白的话来说，"就是把美国炼成的仙丹吞进我们肚子里"[①]。那么中国的"肚子""胃口"能够消化、吸收这些美国炼成的"仙丹"吗？这是张伯苓和张彭春乃至那一代教育家们没有考虑到，或者考虑比较少的地方。他们似乎没有意识到，近代教育制度的建立必须在学习和引进国外先进经验的基础上，进行适应中国社会和国情的调整与改造，使近代教育与社会现实之间确立一种相对合理也合适的关系。不管张伯苓和张彭春在南开追求欧美化的初衷是什么，事实上，南开学校体制和近代中国社会的实际需要之间已出现了严重的脱离。

南开学校的学生多来自于中产阶级家庭，他们必须面对的是毕业后择业的一系列实际问题，迫切地需要用在学校中学习到的知识和技能为自己在社会上谋求到适当的位置。《轮回教育》一文所反映出来的正是学生对学校教育不切实际的不满和对自身前途的忧虑。对此，周恩来也深有感触。他说："五四时期，我跟张伯苓先生说过，我从中学三年级起，耳朵里就不大听中国话了。除开国文课，还有一个中国先生讲中国话外，英文、代数、三角、几何、历史、地理、物理、化学……都是用英文教，用英文教本。直到现在，还有一些科学术语，要我说成中国名字，我还说不出来。你们看，把一个青年搞成这个样，还有什么办法跟中国的实践相结合呢？"[②] 而宁恩承在《轮回教育》中尖锐地指出："这样转来转去，老是循着这两个圈子转，有什么意思

①曹汉奇：《从南开发展过程看张伯苓校长》，南开大学校长办公室：《张伯苓纪念文集》，南开大学出版社 1986 年版，第 94 页。

②《周恩来同志 1951 年 9 月 29 日在京津高等学校教师学习报告会上的讲话》，郑致光主编：《张伯苓传》，天津人民出版社 1989 年版，第 54 页。

呢？学问吗？什么叫作学问！救国吗？就这样便算救国吗！”

平心而论，宁恩承的这篇文章的确切中了近代新教育的两大弊端：第一，学校所教授的内容严重脱离社会实际。第二，教育改造社会的功能没有完全发挥出来。以南开1931—1933年毕业生职业调查为例，从事教育的高达33.12%，占全部毕业生的三分之一，也就是说有相当一部分的学生在各学校中从事教育。但是，这也是近代新式教育发展初期必然出现的一种现象，因为师资严重匮乏，所以常常要跨专业授课。如后来成为著名人类学家的李济1923年刚在哈佛大学取得博士学位，就到南开大学来教书。当时南开大学只有300位学生，规模很小。“他的人类学班上只有三个学生，注册部为充分利用他的劳力，请他教商业统计。他满肚子不愿意，对于商业统计所知既少，且不加准备，在班上随便乱讲一阵，讲他的人类学博士论文，文不对题，不知所云。他自己极以为苦，我们学生听着更难受。”[①]

当然，宁恩承的这篇文章确实有些夸大的成分，诸如对留学美国归来教师的评价，说他们只知ABC，以此混饭吃，则未免有些偏激。开学伊始，宁恩承的文章并没有引起南开教师们的普遍注意。到了12月，忽然一天全体教授罢教了。指明那篇文章批评教授，侮辱师长，一定要惩办作文的人。[②] 大为不满的教师，联名上书给张伯苓，请求校长出面进行详细调查，看此种言论究竟仅仅是少数学生的想法，还是大多数学生的意见。“不意该文为某教员博士，反复寻绎，认为学生有意侮辱教员，乃联合教员全体一致签字，向校长交涉，要求惩办该作文学生。”[③] 教师们认为该文侮辱教员，这固然是因为文章中某些部分夸大事实所引起的一种情绪化反应，所以才有“全体教员一致签字，全体教员一致坚决不允”这类事情发生。可是当中外报纸把这篇文章译成英文、法文出版之后，校内外舆论为这篇文章叫好，作者由罪魁变成英

①宁恩承：《伯苓先生天赋奇才绝顶聪明》，沈卫星：《重读张伯苓》，光明日报出版社2006年版，第408页。

②宁恩承：《伯苓先生天赋奇才绝顶聪明》，沈卫星：《重读张伯苓》，光明日报出版社2006年版，第408页。

③《南大半月刊》第15期。

雄，教授成了幼稚胡闹，大学学生会加入"起哄，说这篇文章由学生会负责。因为《南大周刊》出版人是学生会，一切后果由学生会负责。"作为对立面的"教授们一看情形不对，再没有任何人敢出头说话"。[①]

为了调解师生间的这场争执，张伯苓召集学生代表开会讨论。学生代表们宣称这是全体学生的意见，并非个人意见。因此，双方仍旧僵持不下。这让张伯苓感到非常难堪，一面是自己爱护备至的青年学生，一面是自己费尽心思聘请来的优秀教师，可师生间各执一词，莫衷一是，不接受调解。丁文江校董出来打圆场，屡次与宁恩承接头交涉，终不成功。师生间的争执还在继续，学生到校上课，可就是见不到老师。《益世报》报道说："现双方各走极端，学生们仍按时上课，秩序井然。唯无教员到班教授。于各种罢课中，此类罢课办法，尚属创闻。"[②] 南开学生会还向社会各界广泛散发传单，将此事来龙去脉以及学生们的想法公之于众：

> 夫以卓立华北声誉素著之南开大学，而谓能发生风波，国人其孰能信？然而昊天不吊，乖舛顿生，乃于最近数日内，吾南大前途竟发生一剧烈变化，其不能不先向国人声明者。则此种变化之非起自同人，而实起自吾校诸教授是也。同人等遭兹逆运，悲愤交集，不能不将此风波经过，为国人一述其梗概。是非曲直，自有公论在焉。吾校自有史以来，即著家庭学校之美名，亦实以学生爱学校如家，爱师长如兄父。数年来何曾发生一次风潮？国人有目，当能共睹。今春同人等以感于学校生活之偏于发枯寂也，于是而有学生会之产生，更随之而有《南大周刊》之出版。夫《南大周刊》之所以出版，系供吾南大全体师生讨论学术发表言论之用，并非仅供少数人意见之发表，更未带有专事攻击之色彩也。同人等既为南大学生，当然有自由发表言论之权，绝不能受任何人非理

①宁恩承：《伯苓先生天赋奇才绝顶聪明》，沈卫星：《重读张伯苓》，光明日报出版社 2006 年版，第 409 页。

②《益世报》，1924 年 12 月 27 日。

之干涉。而况吾人发表之言论，又多关系全国教育问题。例如所谓国语讲授者，所谓轮回教育者，何一非针对我国教育现状而发出之正言谠论，更何一而非本吾人洁白心灵所发出真挚之呼声？刊物具在，世所共见。乃不幸以此竟引起吾校少数教授之误解，不肯略加体会，径据该项文字为系专对彼等而发。于是联合其他诸教授，以全体辞职为最后要挟。同人等而窃以为言论自由，法且不禁。一二教授，有何权力干涉学生？且同人等为保障将来同学言论之自由起见，更不敢稍有屈服。于是不得不全体议决采取自卫主义。

乃该教授等态度愈趋坚强，致使吾人最敬最爱之张校长，因处于彼等胁迫之下，不能不宣告暂时与南大脱离关系。而吾南大之工作，乃陷于停顿状况。同人等际此时限，忧心如炽，再三思维，莫得其解。窃念周刊上一二篇文字，并无稍带攻击吾校诸教授之色彩，而况吾校诸教授之学问，及其素日与同人等之情感，平心言之，固亦弗恶。即诸教授误认为对个人而发，然此事亦殊细小，何足引起师生两方誓不共存之仇感，更何值引起罢教辞职之风波？该教授等其必别具心肠，另有用意，而故借此以为实施其私谋之口实。明眼人当共见之。嗟呼！数年来，有光荣有名誉之洁白南大校史上，不意于今日竟为此无谓罢教风潮所沾染。思之殊令人心痛。同人等悲惶之余，无以为计，除尽力图谋转圜恢复原状外，谨将此经过事实，宣告国人，国人其公鉴焉。①

这场罢教风潮前后持续了30天，教授们始终罢教。张伯苓觉得双方都在气头上，比较情绪化，无力调解，时值冬季学期之末，宣布提前放假，自己以退为进，离开南开，出走北京。群龙不可一日无首。不管师生们如何对立，南开学校确实不能没有张伯苓。到了1925年年初，在南开学校董事会代表丁在君、严慈约、李士伟等人出面调停下，师生双方达成谅解，南开大学开始

①《益世报》，1924年12月27日。

恢复正常的教学秩序。学生会致函张伯苓，向校长道歉，并明确表示愿意做出某些让步：

校长先生：

前次所发声明书后，得读先生致董事会函后，始悉先生辞职并非被教员胁迫。声明书所载一节与事实不符，殊深歉仄，兹特取消，相应函达查照，并颂道祺。

学生会谨启

张伯苓在校董们的劝说下，接受了学生们的善意致歉，回到南开大学继续主持校政。他还向全体校董致函曰：

敬启者：本校自宣布停课后，校事稍告一结束。乃日前有学生代表数人，来敝处表示伊等以前措置失当，现在均有觉悟，欲鄙人对伊等相当处置。鄙人当令其仍行自想办法，借以觇其觉悟至何等程度。翌日伊等又来，谓已拟定办法，其办法除致鄙人函声明取消以前之声明书，以学生会名义登报声明以前之措置失当，函教员与毕业同学会声明道歉外，并对先生等另肃专函表示歉悃，似此自动觉悟，过而能改，在先生等自必能特别加以原谅。鄙人亦何可为既往之咎？现拟于一月十六日仍继续到校视事，以期不负诸公之委托，仰唯查鉴是幸云云。

多年以后，张伯苓再提此事时，以“两个孩子打架摔跤，摔倒了，爬起来，拍拍衣服回家吃饭”来形容。至于宁恩承没有受到教师们的报复，那次考试成绩很好，没有一科不及格，更没有被学校开除，因此赞叹“张校长应付困难问题的做法高明”[①]。

①宁恩承：《伯苓先生天赋奇才绝顶聪明》，沈卫星：《重读张伯苓》，光明日报出版社 2006 年版，第 409 页。

“轮回风波”所反映出来的问题表面上看是教师与学生两代知识分子之间的一次群体冲突，实际上并不仅仅是师生们的恩恩怨怨，触及到了教育与社会现实之间的关系等深层问题。对于学生来说，他们没有留学海外的经历，所接受的新式教育都是由以留学生为主的教师们传授的。他们不仅要学习更多的来自西方的新知识，同时也必须面对现实的中国社会，考虑包括自身的就业以及中国现实在内的一系列问题。课堂上和书本上所给予学生们的新知识，固然可以给年轻人以思想的启蒙和理论的储备，但是在将知识应用于社会，进行理论转化的思考与实践时，却发现困难重重。这就是《轮回教育》一文中所提到的问题之关键，即如何运用在学校中学习到的新知识融入并改造中国社会。

南开教师中的绝大多数人为海外留学生，并以留美生为主，多有在海外学习和生活的经历。对于他们来说，西方文明不仅是知识性的、工具性的，可以用来改造中国社会，而且也是一种生活方式。应该说，他们所接受的西学远比学生多，理解的也比学生深刻。他们回到国内，来到南开大学，用十分西化的方式教授他们在美国所接受和理解的西方知识，已经算是服务中国社会了。更何况留美的求学背景使教师群体认同感相当强烈。他们的历史使命就在于：将西学更具体、更全面地带回中国。用西学来改造中国社会固然也应该是他们的历史使命之一，但对于进入大学以教师为职业的留学生来说，理解和研究西学要比应用西学更多一些。

南开大学的教师们被卷入这场风波的直接原因是，教师群体所关注的焦点是学生指责他们不学无术，是对他们关于西学理解的一种否定，是对教师工作意义的某种挑战。这似乎是否定了教师们最重要的历史使命。学生们所强调的是，西方的学问是否能用来解决中国社会的实际问题，以及如何来解决这样的问题，并牵扯到他们毕业之后将何去何从等学生们普遍关心的事情。指责教师的无能，也是基于这样的背景和语境。实际上，教师和学生双方对新式教育的社会功能等问题的理解各有偏重，是酿成这场风波的深层原因。

“轮回风波”虽然告一段落，但是余波未平。1925 年 4 月，南开的 80 余名同学联名上书校长，要求张伯苓改变教育方式，除了外语课以外，所有的课程应该一律改为国语讲授。由此引发了张伯苓的深刻反思：自己辛辛苦苦创办南开大学并为之殚思竭虑、呕心沥血，主要目的并不是为了单纯照搬欧美的教育模式，而是为了培养更多适应社会、服务社会的爱国人才。恰恰是自己精心栽培的南开大学的学生们对自己的教育方式提出了非常尖锐的批评。于是，他开始深刻反省南开教育中所存在的脱离社会、不适应国情的倾向："此种教育既非学生之需要，复不适于中国之国情，等于小贩经商，行买行卖，中国将长此数人余唾矣。"[①] 能够真心接受学生们的批评意见，深刻反思与自省，适时地调整发展方向，从而不断走向辉煌！这才是张伯苓—— 一位永远令人尊敬的教育家。

"土货化"的南开

张伯苓从"轮回风波"中出走，却受到了深刻的教育。他对这场风波的省察和随之进行的教育改革，充分展现了一个处于转型时期的中国知识分子随着社会时代的变迁而勇于超越自我的风范。经过几年的慎重思考，张伯苓终于做出了有关南开大学未来发展的重要决定。

1928 年 2 月，张伯苓亲自主持和制订了《南开大学发展方案》，对以往的教育方式方法进行了重大调整，反对"洋货"教育，提出以"土货化"为南开日后发展的根本方针。

> 以往大学之教育，大半"洋货"也。学制来自西洋，教授多数系西洋留学生，教科书非洋文原本即英文译本，最优者亦不过参合数洋文书而编辑之土造洋货。大学学术恒以西洋历史和西洋社会为背景，全校精神几以解决西洋问题为目标。就社会科学论之，此中弊端，可不言而知。

①南开大学校长办公室：《张伯苓纪念文集》，南开大学出版社 1986 年版，第 212 页。

社会科学，根本必以其具体社会为背景，无所谓古今中外通用之原则。倘以纯粹洋货的社会科学为中国大学之教材，无心求学者，徒奉行故事，凑积学分，图毕业而已；有心求学者，则往往为抽象的主义或原则所迷，而置中国之历史与社会于不顾。自然科学稍异，然亦不能谓洋货均能适用，更不宜谓中国应永久仰给于洋货……中国大学教育目前之要务即“土货化”。吾人更可断定，“土货化”必须从学术之独立入手。是故“土货化”者，非所谓东方精神文化，乃关于中国问题之科学知识，乃至中国问题之科学人才。吾人为新南开所抱定之志愿，不外“知中国”“服务中国”二语。吾人所谓“土货化”南开，即以中国历史、中国社会为学术背景，以解决中国问题为教育目标的大学。①

1929年，张伯苓再次去欧美各国考察教育。此行张伯苓不再仅仅注重考察欧美国家的教育方式，而且要把教育放到整个社会的大背景中去考察。他明确指出此次教育考察与以往的不同之处：“教育的考察以前是注意学校的组织、外形，现在的考察不应如此了，因为我看过的学校不知有多少了。现在的考察教育便是考察社会。教育是解决社会问题的，各国的情形如何？一切政治经济的状况如何？教育怎样解决他们这些问题？所以，教育与社会很有关系。”② 对于完全效法西方、脱离中国实际的教育方法，张伯苓提出了严厉的批评与自我批评，充分显示出他对这一问题已经形成了非常深刻的认识。他说：“我们取法的，只是他们科学的方法和民治的精神的使用，而不是由科学方法和民治精神所产生的结果。所以我们说，欧美的方法尽管可学，欧美的制度则不必样样搬来。要搬，也须按照环境的情况而加以选择。”③ 可见，此时的张伯苓已经形成了较为完整、非常理性的思想方法，既不与封建复古主义为伍，也反对“全盘西化”的倾向，坚持走适合中国国情、具有中国特

①王文俊等编：《南开大学校史资料选（1919—1949）》，南开大学出版社1989年版，第38—39页。

②《南开双周》第4卷，第2、3期。

③《南大周刊》第71期。

色的南开发展道路。

就这样，在1928年前后，南开完成了“土货化”的教育改制。其中，对于学术研究进行了明确的规定：一、各种研究必以具体问题为主；二、此问题必须为现实社会所急待解决者；三、此问题必须适宜南开之地位。南开大学的教育方针也正是这三条规定的集中概括。在有针对性地选择研究课题的过程中，南开大学的老师们一般较少从事阳春白雪式的与社会关联不大的研究项目，多是与社会、与天津发展密切相关的实用性研究，南开培养的人才也逐渐增加了实用性的因素。

张伯苓还组织成立了电机工程系、化学工程系等应用型的系科，一改往日偏重理论的风气，以课本知识紧密联系生产实际，甚至在一些工厂内建立了供同学实习的基地。电机工程系与天津电灯电车公司合作，化学工程系则与久大精盐公司、永利化工厂等联系，双方互相帮助和扶持，共同发展。张伯苓还聘请有实践经验的工程技术人员来南开大学兼课，将实际生产经验带入课堂。张伯苓也鼓励成绩优秀的学生去这些地方工作或者实习，为生产发展提供更高水平的理论指导。张伯苓还在具体的教学工作中进行了以下改革：一、将建校初期学习美国的完全自由选课制度改为学程制，根据学校师生的实际情况实行有限制的选课制度；二、编写适合中国国情的中文教材；三、成立社会视察委员会。

除此之外，张伯苓还设立了几个研究中国社会现实问题的研究机构，如经济研究所和应用化学研究所等。南开经济研究所的前身是1927年成立的“社会经济研究委员会”，后经合并改建而成经济研究所，简称“经研所”。经研所的研究主项就是中国经济状况和华北地区特别是天津的经济问题。在所长何廉的带领下，经研所汇集了一些著名的经济学者，如方显廷、鲍觉民、吴大业等，成为南开的学术重镇。他们的研究对现代中国社会的农业经济、工业经济、地方财政经济统计均做出了杰出的贡献，尤其是对天津地区的经济研究更是做到了学术性与应用性并重。

为了对中国经济问题进行深入研究，教师们带领学生进行实地调查，大规模地开展以物价指数为主的经济统计工作，完成了中国进出口物价物量及物物交易指数、华北批发物价指数、天津工人生活费指数、天津外汇指数、上海外汇指数等。这些成果都成为民国时期的中国官方物价指数，对于经济发展起到了相当重要的参考作用。经研所的最初活动范围是在天津、河北等地，后来逐渐扩大，北到东三省，南到广东顺德。进行了天津地毯业、织布业、针织业、粮食业、磨坊业、鞋业、棉花运销业、河北省高阳县织布业、宝邸县手工业、中国煤矿及17省华商纱厂、东北移民问题、河北和山东两省棉花产销、静海县（今属天津市）典当业、河北省及定县（今定州市）、静海县地方财政等多项调查。此外，经研所还将一些关于天津的经济统计在天津《大公报·统计周刊》上连载，有效地服务了社会。就此而言，南开大学可谓近代中国第一所将经济调查成果公布在大众传媒上的高等学校，因此“颇为读者欢迎，前后共出二百五十余期”[①]。经济研究所还出版了《经济周刊》、《政治经济学报》、*Nankai Social and Economic Quarterly* 等为国内外学术界所推崇的经济专刊，成为天津乃至中国物价状况的真实记录者和研究者。经研所的成立“兼任研究及教学两种任务，并谋二者之间的充分互力者，在国内尚为首创”。[②]

应用化学研究所由美国麻省理工学院博士张克忠负责，张伯苓亲自定名，尤其突出“应用”二字。在该所章程中明确指出：“本所目的，在研究我国工商业实际上之问题，利用南开大学之设备，辅助我国工商界改善其出品之质量，俾收学校与社会合作之实效。”[③] 该研究所下设三部，其中化学部专门负责化学分析和鉴定各种工商物品；制造部以先进的科学方法制造当时中国实业界所需之物品；咨询部用来解答各界关于化学工业上的困难问题。应用化学研究所为国产轻工业制品的发展起到了巨大的促进作用，例如，帮助王祯祥桅灯厂制造手电灯反光镜，帮助范永和号研究茶油硬化问题，研制《大公

①王文俊等编：《南开大学校史资料选（1919—1949）》，南开大学出版社1989年版，第376页。

②南开大学校史编写组：《南开大学校史（1919—1949）》，南开大学出版社1989年版，第201页。

③《南大一览》1932年。

报》委托的印报铅字合金技术；其重要成果之一就是帮助天津利中公司设计和建设整套化学工程。1933年，天津利中公司拟由外商包建，但外商条件苛刻，费用昂贵，仅设备费就高达25万元之多。应用化学研究所后来接受了该项工程，承担了全部设计和施工任务，在不到一年的时间里，只用了13万元即建成投产，而且各项指标都超过了外商。研究所在总结报告中写道："以其费用之低廉，建筑时间之迅速，成绩之良美，本所同人深以为幸，亦以尽同人学习工程之责，因是尤觉中国问题可以由中国人自行解决，而中国工程师未必不如外人也。"[①]可以说，南开创办的这些研究所，是中国同等大学中最早一批从事应用性研究的实际部门，因此被公认为"独开风气之先"。

此外，张伯苓还于1926年8月在南开正式开设了社会实践课程——社会调查课，规定大学文、理、商三院按不同系科，分别到社会上进行实地调查与研究，高中的社会调查为必修学科，每人均要写出调查报告，由教师批阅评定成绩。张伯苓认为："吾国学生最大之缺点，即平日除获得书本上知识外，鲜谙社会真正情状，故一旦出校执业，常觉与社会隔阂，诸事棘手。欲免此种弊病，最宜使学生与社会接近。若调查或视察各种问题，不特可培养学生实际上之观察力，抑可以换课堂生活之拘郁空气也。"[②]他还明确提出开设此课的六大宗旨：培养学生的实际观察力；引起学生的职业兴趣，做未来选择职业的准备；谋学校生活和社会生活的联系；注重客观事实作为学术研究的根据；为学校教学和课程改进的科学基础；将视察结果提出报告，为关心社会问题者提供参考资料。

由于开设社会调查课程的目的是使同学们真正了解中国社会现状，因此上课方式也非常独特，大致分三步进行：首先是充分的事前准备，包括选定调查目的地，进行接洽联系，确定调查内容范围，编定调查提问重点等。其次为组队出发，包括学生分组、交通路线和交通方式的确定。最后是调查和总结，包括制订调查现场活动，调查注意事项及撰写调查报告，回校后分组

① 《南开校友通讯》，复刊第4期。

② 《南中周刊》南开学校二十二周年纪念号。

讨论，发表总结演讲等。涉及调查的对象各有不同，其中，调查的政治机关有天津特别市政府及所属各局等，日、英、意、比、法等租界，造币厂和海关。司法机关有天津各地方法院、河北高等法院、河北第三监狱等。交通机关有天津电话局，无线电报局，天津摄影电报处，天津电车公司，广播无线电台，津沽保磁内河航运局，招商局，公懋、美丰、美龙、中央、捷龙各汽车行，津浦铁路机车厂，太古、怡和、美最时各轮船公司，通济隆转运公司、中国旅行社。公用机关有英租界自来水厂及发电厂，济安自来水公司，天津电车电灯公司发电处，法、日租界电灯房。工业机关有裕源、恒源、宝仁、北洋、华新、宝城纱厂，三津永年面粉厂，东方铁厂，北洋、丹华火柴公司，天津、兴华造胰厂，明星、鸿兴汽水公司，宏中酱油公司，模宏陶器工厂。商业机关有中国、交通、浙江兴业、中南、华义、麦加利、汇丰、金城、大陆、盐业各银行，四行储蓄库，兴隆、隆茂、太古、怡和、平和、美最时各洋行，利济贸易公司、中原公司、各大商场。社会机关有各种救济院。舆论机关有《大公报》《益世报》《商报》《泰晤士报》《华北新闻报》《华北明星报》等。

这种理论联系实际的课程改革，是中国教育界的一大创举。不仅使学生受益匪浅，就连指导教师都感到新奇可喜。晏升东曾很有感触地说："特别使我感兴趣的是在周末下午走出校门到各行业的工厂参观，使我们在书本之外，深入社会，了解社会。这是一门功课，即社会调查课。学生由老师率领，按照社会调查大纲实地访问，回来要认真写成报告交给老师。"[①] 通过这些调查，学生们既取得了对社会的基本认识，锻炼和增长了实际工作能力，又写出了一些优秀的考察报告，提高了专业能力。如侯桂茹撰写的《久大黄海永利视察报告》，从工艺、资金、组织等 15 个方面系统阐释了这一民族工业的基本架构，留下一份十分珍贵的历史记录。[②]

1927 年夏，张伯苓把南开学生召集到自己的家里，听他们报告本学期社

①郑致光主编：《张伯苓传》，天津人民出版社 1989 年版，第 55 页。

②《南开女中》第 7 卷，第 3 期。

会视察的情况，感到十分欣慰。这不仅初步实现了自己的改良教育发展方向之设想，而且使南开与社会之间的互动关系更加紧密，还取得一些调查成果，对于改良社会将起到一定的作用。为了加强学生的实践能力，张伯苓还增设了“社会作业”课，选择广开地区为工作区域，由高三学生试办一些社会改革实践，将他们调查、研究的成果，在社会上试行、推广。1931 年，学校还将同学们的社会调查结果编纂整理出版，名为《天津南开社会视察报告》。这种社会实践课程可以说是南开的一大特色，培养了同学们的各种实践能力，使广大青年学子更加贴近中国社会，让他们对中国社会的实际状况有了更直观、更深刻的认识和了解。

“土货化”的南开，不仅扭转了“唯洋是举”的教育局面，而且获得了生机与活力。更为重要的是，张伯苓越来越坚信：教育发展应“本国情而定”；而教育不能联系中国实际，“尤为中国之大病”。实际上，“土货化”并不意味着完全排斥和拒绝对人类文明成果的吸收和借鉴。

设计教学法的实验成果——南开小学的成立

1928 年，张伯苓受美国设计教学法的影响，决定在创办中学、大学和女中之后再设立南开学校小学部。设计教学法是 1919 年前后从美国传入中国的一种教学方法，张伯苓初识设计教学法，是在 1917 年到美国哥伦比亚大学进修教育的时候。当时，他师从设计教学法的主要代表人物之一克伯屈教授，因此深受其教育理念的影响。南开小学是张伯苓着力推行设计教学法的实验场所，在这个意义上来说，南开小学也可以被称为南开实验小学。

1928 年 8 月，张伯苓在女中校舍对面修建了小学部。为了使设计教学法顺利实行，虽然只是一所小学，张伯苓还是尽可能地提供了较为完备的设施。东面是一个拥有 400 米标准跑道的椭圆形操场，操场里面是一个足球场和一个篮球场，南面是供学生练习跳高、跳远用的两个沙坑，北面是供中低年级同学游戏用的转塔、滑梯、攀登架和摇船等设施，西南方向是一个网球场。这些体育设备都是张伯苓特意为小学部专门修建的。西北方向是一栋楼，正对着学校校门的教学楼，老师办公和同学上课都在里面。校门的两边是两排平房，左边是儿童商店、食堂和厨房，右边是传达室、儿童银行、职工宿舍和体育器械储藏室等。

一切准备完毕之后，南开小学开始招生，共有50多人前来报名。张伯苓将这些孩子分为一年级、二年级两个班，小学部先是由钱伯超具体负责，后由马恩华、姜叔和等人继任。后来又增加了小学高年级班级。为了将设计教学法真正融入小学部的日常教学中，张伯苓还特意聘请克伯屈教授的高徒、美国人阮芝仪（Rankin）博士为实验导师，从事设计教学法的实验。

所谓设计教学法，就是主张在学习的过程中，学生们应该成为决定学习目的和学习内容的主角，而教师的任务则是合理地运用教学环境，引发学生的学习兴趣，并从旁协助学生选择开展活动所需要的教材。因此，这种教学法的实质是让学生充当学习过程中的主动角色，而教师则成为配合者和引导者，师生之间并非传统意义上的知识输出和接受者。比如说，当时一年级开设了一个叫作“娃娃家”的单元教学，就是通过孩子们的参与，来展现不同环境中的家庭生活。于是，孩子们要在教室的一角用大型积木搭建起来一间一人多高的小房子，安置一个玩具娃娃住在里面，再将一些小型的床桌椅、茶具和衣物都放进去，要和真的家是一样的，然后小孩子们完全可以进到小房子里面去。过娃娃家的时候，同学们要自己选出适合的娃娃爸爸、妈妈、哥哥、姐姐，另外还要根据需要选出其他社会角色，比如说大夫、护士、商店售货员等。然后每天编排不同的内容，如去医院、去游玩、去买东西等场景，让不同的角色加入进来，再配以适当的情节和台词，然后演出，其他同学就是观众，每天过娃娃家只要一两节课的时间。其余上课时间多为与当天娃娃家有关的语文、数学、常识和唱歌等课程，讲义都是由老师亲自设计编写好。

二年级有一个单元叫作“人类的老祖宗”，就是展示原始人的生活状态。

同学们在教室的一角摆放一个大型沙盘教具，里面用沙子垒成原始社会的森林和山洞，原始人和他们穿的树皮、兽皮、树叶等衣物，长矛、弓箭、石块等武器以及瓦罐、瓦盆等生活用具也都是在老师的带领下，由同学们自己动手制作而成。学生们每天还要根据不同的内容进行表演，既要做各种动作，还要说台词。高年级的教学法则比较复杂一些。比如，要在课上讲中华民族的起源和发展问题，老师还会带领学生们在操场侧面的小院地上，挖出一个半尺宽、七八寸深、十几丈长的黄河模型，并用砖头、木牌标出沿河城市。

为了培养小学生的社会实践能力，张伯苓还在小学部开设了学生储蓄所和小卖部，小学生们在教师的指导下亲自参与各项活动。儿童商店的售货员由五年级学生轮流担当。凡是学生们需要的东西诸如文具、手绢等物一应俱全。商店的经理、会计也都是五年级的学生。售货员每卖出一样东西，都要记账。每天晚上放学前还要结账，向经理、会计交账。每月还要盘货、结算、计算赢利等。在儿童商店买东西，用的都是儿童银行自己印制的钱票，大小和票面金额与真钞票差不多。儿童银行则由六年级同学负责，有兑换校内通用货币、储蓄存款、贷款、兑现等业务。银行有行长、行员和总会计。也是每天结账，收入的现金还要存储到社会上的银行中去。每学期末要为储户结账计算利息，退还本金，一切都与真实社会中的商店和银行步骤相同。儿童商店和儿童银行也因此成为五年级、六年级学生社会活动的实践基地。就这样，学生们在游戏之中锻炼和提高了自己的能力。除了这些课程和练习之外，在小学礼堂里面，还有当时非常罕见的平台和钢琴。学校还设有种植园和畜养基地，以便培养孩子们的动手能力。由于该方法强调儿童的学习兴趣，启发学生积极学习的主动精神，因此南开小学充满了生动活泼的学习气氛，其教育方法也被其他小学校所广泛吸收借鉴。①

为了办好南开小学，张伯苓和严范孙费尽心血。早在 1927 年 5 月，严范孙就邀集天津富商王心容、范竹斋、纪锦斋等人捐款，并开始各项筹备工作。

---

①《南开春秋》编辑部编：《南开春秋》第 6 辑，1993 年版，第 174—176 页。

1930 年，在女中部对面，又购地 10 亩，起建小学校舍落成[②]。至此，南开学校已经发展成为包括中学部、大学部、女学部、小学部四部分在内的私立学校，全校学生总数已经超过了 3000 人。在那个内战频仍的年代，如此规模的私立学校能够得以维持，足以证明张伯苓具有非凡的组织和领导才能。

校父严范孙逝世

正当南开顺利发展、规模不断扩大之际，1929 年 3 月 15 日，严范孙病逝于天津。校父的去世，不仅对于张伯苓和整个南开学校来说，是无法挽回的损失，而且对于近代中国教育变革的损失，也是无法估量的。

早在戊戌变法前，他就主张开办经济特科。新政时期，为消除新式教育发展道路上的障碍，严范孙还与日后慷慨解囊，捐助南开图书馆的好朋友卢木斋等人一起说服袁世凯废除科举取士。据卢木斋的弟弟卢弼在《严公墓碑》披露："伯兄（卢木斋）常谓曩与先生（严范孙）同谒项城（袁世凯），力陈科举之弊，非罢废不足以言兴学。项城毅然约江楚二督入奏。数百年锢蔽民智之举，一旦廓清，最为愉快。" 1905 年，清政府最终宣布废除科举制度。

同年 12 月，清政府设立了学部，以荣庆为尚书，严范孙为右侍郎，后升任左侍郎。尽管侍郎无权总揽全国学务，但由于严范孙办私立第一中学堂等新式学校有经验，受到倚重，以至于"凡百设施，十九出公（严范孙）意而不见其迹"。清光绪三十二年（1906）年 5 月，学部提出劝学所章程，被清政府批准后通行全国。这个章程照搬了严范孙在直隶省学务处制定的章程，这一方面说明严范孙对晚清新政时期新式教育管理做出实际贡献，参与了制度建设，另一方面也有助于南开学校与各界教育管理部分的对接，提高办学效率和水平。次年，学报奏准《女子师范学堂章程》。该章程包括女子小学章程和女子师范学堂章程，是中国最早的女学章程，也反映了严范孙的某些女子

②张锡祚：《先父张伯苓先生传略》，南开大学出版社 2016 年版，第 25 页。

教育思想，如“女子教育为国民教育之根基”；“凡学堂教育，必有最良善之家庭教育……欲家庭教育之完善，端赖贤母，欲求贤母，须有完全之女学”；“家政修明，国风自然昌盛，而修明家政，首先女子普及教育”；等等。这些制度安排对张氏家族所从事的新式教育，特别是女子教育的建立、发展都很有意义和价值。

自从1898年聘请张伯苓入严馆执教以来，严范孙就尽其所能地帮助张伯苓实现其教育救国的理想。在长达三十多年的相知互助的交往中，严范孙一直给予张伯苓无私的帮助，从物质到精神无所不包。他们之间的关系早已跨越了东家和被雇用者的关系，成为真正为中华民族教育事业共同奋斗的知己。何廉在其回忆录中就对严、张二人之间形成的默契给予赞叹。1926年，他来到南开后便在张伯苓的带领下对严范孙进行了唯一一次拜访：

> 我拜见张伯苓的那一天，他带我登门对严修做了一次礼节性的拜访。严修当时已年近古稀，隐居在家。在隐退期间，尽管严修一向深居简出，远避尘嚣，但却总是乐于与张伯苓议论学校大事，并为之出谋划策。我在对他的初次也是唯一的一次拜访中，就能深切感到他对南开大学的热爱以及他与张伯苓之间的相互信赖与尊重。自1903年以来中国政局一直混乱，动荡不安，在此期间南开的学校体系却迅速地、按部就班地发展、完善起来，这在很大的程度上应归功于两位领导人——严修与张伯苓亲密无间的合作。他们是中国最优秀的智慧与道德传统的最名副其实的代表。严修是大名鼎鼎的学者与哲学家，张伯苓是出类拔萃的创业人才，他们又都是忧国忧民的爱国者。他们通过教育青年使国家富强的不可动摇的决心和坚定不移的信念，他们对于新时代的新知识的深刻了解与兼收并蓄的胸怀，以及他们在京津一带德高望重的社会声望，都是这个由私人开班的现代最大的教育机构之一获得成功的关键因素。[①]

---

①何廉：《何廉回忆录》，中国文史出版社1988年版，第38—39页。

张伯苓固然是南开学校的创办者，但是他一直强调，没有严范孙先生的支持，就不会有现在的张伯苓和南开。所以，称严范孙是南开学校的“校父”，一点都不为过。

作为一位在中国教育界和天津地方社会都很有影响力的人士，严范孙通过自己的社会关系网络给张伯苓这位崭露头角的教育救国者以最大的支持和最无私的帮助。从最早的私立中学堂的兴建，到南开大学、女中、小学的陆续建立，在这个私立学校体系逐渐构建的过程中，处处可见严范孙的心血和智慧。私立中学堂兴建之初，严范孙提出建议并征求张伯苓的意见：“吾安得于津试办民立中学一所，以做中学之模范。”张伯苓说：“所虑者无地与钱耳，苟有此二者，吾极愿效绵薄。”张伯苓感到犯难的经费和场地问题，都是严范孙自己或者利用自己在社会上的影响力加以解决的。在私立中学发展的过程中，张伯苓一遇到问题，就会得到严范孙的全力帮助与及时解决。

为了支持张伯苓创办南开大学，已届花甲之年的严范孙不顾体弱多病并强忍刚刚丧子的悲痛，于京津大道上风尘仆仆地四处募款筹资。他亲赴北京，到教育部拜见教育总长傅增湘，讨论南开大学立案事宜；在六味斋约见蔡元培、胡适、陶孟和等北京名流，听取他们有关创办大学的各种意见和建议；在中山公园会见梁士诒、曹汝霖、周自齐等人，向他们陈述张伯苓创办南开大学的构想，并趁机筹募办学经费。此后，严范孙又奔波于太原、保定、南京等地，请求阎锡山、曹锟、李纯等资助张伯苓办学，还派人遍访各省军政长官及教育当局，敦请鼎力相助。为了就近与张伯苓等人筹商大学创办事宜，严范孙甚至提出要在南开学校内为自己设立一间办公室，以便帮助张伯苓出谋划策。

南开大学成立以后，严范孙一如既往地支持张伯苓，为南开大学的兴建捐款赠地。1919 年，他不仅向南开大学图书馆捐赠了 30 余种数百册的中文典籍，而且还向张伯苓捐赠了 2000 美元的购书款。1922 年，他又向南开捐了五亩多土地，1924 年再将自己收藏的《二十四史》《九通》等 10 种古籍赠给南开大学图书馆。1923 年，当南开女中建立时，严范孙从朋友言仲远处募得 1000 元的资金，毫不犹豫地全部捐助给了张伯苓。可以说，没有严范孙的努力和支持，南开大学就不会如此迅速地创建起来，也很难达到这样大的规模。

严范孙对南开最好的学生周恩来也十分欣赏。1917 年，在周恩来即将从南开中学毕业的时候，严范孙特意让人送给周恩来家世表，并准备将幼女智安许配给他，只因智安正在读书遂作罢。后来周恩来得知此事，也表示反对："我是穷学生，假如和严家结了亲，我的前途定受严家支配。"1919 年秋，南开大学开学前夕，严范孙宴请社会名流以求对南开大学支持，还特意邀请周恩来陪同。1920 年，因为参与组织和领导五四运动离开了南开大学的周恩来，去法国、英国留学，费用也是常年由严范孙按期供给，使周恩来在法国的生活得到了物质保证。在严范孙 1921 年的日记中，就有多处记载："李琴湘来，余将补助李福景（琴湘子）、周恩来之学费币八百元，交伊持去"；"会李琴湘，是日交补助李福景、周恩来学费 720 元，据言可汇英金百镑。"周恩来在欧洲参加共产党后，李琴湘告诉严范孙："听说周恩来在法国入了共产党啦！还供给他吗？"严范孙闻听此言，只是微微一笑，轻声说道："士各有志，加入共产党何害？"供给如故，继续支持周恩来。[①] 据美国友人斯诺在《西行漫记》中披露，周恩来对我说，"当时有朋友提到，我用了严修（即严范孙）的钱，却成为一个共产党人，严引用中国一句成语'人各有志'"，对周恩来的政治选择予以理解和尊重。这在中国文化和社会中，是非常难得的！因此，周恩来评价严范孙为"封建社会的一个好人"！[②]

对于严范孙的不幸逝世，大众传媒给予了很多报道和评论。《大公报》发表社评《悼严范孙先生》，称严范孙的逝世"诚为学界之大不幸"，并赞扬严范孙为南开的发展所做出的孜孜努力。"以兴学为务，慨出私产，发起南开，筚路蓝缕，惨淡经营，至今日蔚华北一大学府。数十年前严氏提倡之诚，赴

---

①张锡祚：《先父张伯苓先生传略》，南开大学出版社 2016 年版，第 25 页。

②《天津日报》，1992 年 2 月 22 日。

义之勇，饮水思源，有令人不能不肃色起敬者”！[3]

严范孙逝世时，张伯苓正在欧美为南开学校的募款事宜而四处奔波。闻此噩耗，不禁哀叹天不假人。自己在离开南开远赴欧美之前，严范孙还一切安好，可等到满载归来时，和这位热心支持南开发展的“校父”已经是天人永隔了，甚至连最后一面都不能相见。情何以堪！张伯苓的后人描述了这种情境：“先生当时在美国未归，闻讯之下，倍感伤痛。盖因先生平时受严先生人格熏陶之处甚多。严先生虽是生当清季，然而他的思想开明进步，迥非同时代人所能企及。”[1] 张伯苓满怀悲痛，召集南开学生举行隆重的追悼会，并发表悼文，以纪念这位一生支持教育事业、支持南开的老人，悼文这样写道：“严先生道德学问，万流共仰，个人追随颇久，深受其人格之陶冶。南开之有今日，严先生之力尤多，严公逝世，在个人失一同志，在学校失一导师，应尊严先生为校父。”[2] 世界各地的南开校友听闻此讯，纷纷捐款，在南开中学建成“范孙楼”以兹纪念。1936 年，又敬塑严范孙铜像。至今，这座铜像仍安放在南开大学东门内的花园中，供南开学子瞻仰。在南开大学八里台校区，范孙楼成为聚集海内外人文、社会科学精英和莘莘学子砥砺学术，学习、交流、研讨最新发现的重镇。

培育学术大师的摇篮

张伯苓聘请教授，需要经过严格和谨慎的考察，根据学校的学科建设、发展需要，精心挑选。这些教师不论是人格、道德水平，还是学识、能力，都要有突出的表现，尽可能的是德才兼备，堪当大任。姜立夫在 1920 年来南开大学任教时，全系上下既无讲师又无助教，只有他一个系主任全程教授，

③《大公报》，1929 年 3 月 16 日。

①张锡祚：《先父张伯苓先生传略》，南开大学出版社 2016 年版，第 24—25 页。

②《天津文史资料选辑》第 8 辑，天津人民出版社 1980 年版，第 128 页。

其辛苦程度可想而知。但是，他凭着渊博的知识和培养学生的满腔热情，仅从1927年至1930年就在数学系开设了高等微积分、立体解析几何、投影几何、复变函数论、高等代数、N维空间几何、微分几何、非欧几何八门课程，他亲自授课，精心培养出陈省身、江泽涵、刘晋年、申又根、孙本旺等著名数学家。其中，陈省身是现代微分几何的巨匠，江泽涵是国际知名拓扑学家。数学是一门高度抽象概括的科学，而数学教学则是一种逻辑征服，但姜立夫“他就像熟悉地理的向导，引导着学生寻幽探胜，使你有时似在峰回路转之中，有时又感豁然开朗，柳暗花明，不感到攀登的疲劳”。对于姜立夫，陈省身不忘师恩：我的基本数学训练都是姜先生口授的。他一直都认为，姜立夫渊博的知识和严密的逻辑推理，对自己影响深远。1980年，他对香港《明报》月刊的记者说：“我感到学数学有无穷的乐趣。我在大学所学的数学，都是他教的。”1981年4月，由南开大学校长滕维藻教授带领的访美代表团一到旧金山，陈省身不顾脚伤拄着手杖到机场迎接，当场拿出1000美元的支票作为“姜立夫”奖学金捐赠母校。因为他认为姜立夫是中国现代史上的一代圣人，“他人很简单，他是个教授，规规矩矩教书，别的事情都不管。他当时是系主任，他也不要做院长，更不要做校长，所以我叫他圣人”。姜立夫在南开大学执教29年，全部时间和精力都无私地给了他的学生。①

陈省身既是南开的学生，又是南开的老师。1926年，15岁的他考入南开大学理学院。一年级的生活，过得很充实，除了上好微积分、力学、国文、英文、物理等课程外，还广泛阅读文学作品。1927年，姜立夫讲学归来，深深地影响了陈省身，感到“学数学有无限的兴趣与前途”，开始领略几何世界的无限风光。此后，他在清华大学、西南联合大学、美国普林斯顿高等研究院、中国中央研究院数学研究所、美国芝加哥大学与加州大学伯克利分校任教授，是美国科学院院士，中国、法国、意大利、俄罗斯、英国等国家科学院或皇家学会外籍院士与会员。先后获美国国家科学奖章、以色列沃尔夫

---

①李钊、侯咏梅：《数学大师的几何人生》，《天津日报》，2004年10月14日第67版。

奖、中国国际科技合作奖及首届邵逸夫数学科学奖等多项重要荣誉。2004年11月2日，经国际天文学联合会下属的小天体命名委员会讨论通过，将中国国家天文台施密特CCD小行星项目组所发现的永久编号为1998CS2号的小行星命名为“陈省身星”，以表彰他的贡献。陈省身在微积分和拓扑学，特别是在整体微分几何研究中的开创性贡献对数学乃至物理学等学科的发展产生了巨大影响。被公认为20世纪最伟大的数学家之一。在成为驰名世界的数学家之后，他仍念念不忘回馈母校。从1984开始，他在南开大学筹建数学研究所。陈省身多次饱含深情地说过：“我最美好的青春年华是在天津度过的，她给我留下许多美好的回忆……我身在他国异乡，但我总时时怀念着启迪我智慧，教给我知识，哺育我成长的母校——南开。”次年校庆日，数学研究所正式成立。陈省身说：“我把最后一番心血献给祖国，我的最后事业也在祖国，我要为中国数学的发展鞠躬尽瘁，死而后已。”① 他先是把自己的一万余册藏书和沃尔夫奖奖金5万美元全部捐给数学所，后又捐出100万美元建立“陈省身基金”，资助数学所迅速发展。此外，他还亲自向邵逸夫提出要在南开大学建立数学图书馆，并得到支持和帮助。他给江泽民写信，提出希望在南开大学建立数学研究中心大楼，得到国家领导和相关部门的支持和资助。除了举办暑期学校，与杨振宁、萨姆索诺夫共同培养众多数学人才外，陈省身还于2002年在中国举办有数学界“奥林匹克”之称的国际数学大会，他被选为大会名誉主席，并在开幕式上致辞。

南开大学在校园东部盖了一幢别致的二层楼房，题名“宁园”，供陈省身和家人居住。2007年，宁园被辟为“陈省身故居”。他的生前好友、著名画家范曾教授专门题写匾名。客厅内的黑板、书籍、影碟、相片等一切如故，客厅悬挂着“数学之美”的挂历，也是他亲自设计制作的数学科普日历，时间定格在2004年12月。记得12月3日晚，笔者还在情绪高昂地给坐满教室的学生们上课，突然接到没课学生发来陈教授逝世的信息，情绪一下子就跌到

①龚克：《南开大学史话》，社会科学文献出版社2016年版，第131页。

谷底，强忍悲痛，勉强坚持着完成了教学任务。下课后，我和学生们一起往“宁园”奔去，远远地就看到蜡烛摆满新开湖畔，成百上千的师生自发地集聚在大中路到“宁园”的路上，默默地哀悼，表达哀思。

自2000年郑士宁女士去世后，陈省身多次表示百年后要将自己和夫人的骨灰安葬在南开园，他希望在墓碑前有黑板、有座位，以便大家讨论学术问题。墓碑由两块石头组成，一块是汉白玉，另一块是贴在白色汉白玉上的黑色花岗岩。墓碑整体横截面为曲边三角形，象征数学史上著名的高斯—邦内—陈（Gauss-Bonnet-Chern）公式的最简单的情形。墓碑的正面犹如一块黑板，上半部写有数学符号和公式，那是墓碑的主人之一——国际数学大师陈省身先生在美国任教时手书讲义中的高斯—邦内—陈公式，整个素朴的墓园犹如一个开放的露天教室。2011年6月19日，89岁的世界著名物理学家杨振宁来到南开大学，以物理前沿讨论的方式为陈省身创办的陈省身数学研究所理论物理研究室庆祝25周岁，并在学术报告会后，为陈省身夫妇墓揭幕，并高度赞扬陈省身“世纪性”的贡献：“这启动了20世纪后半叶几何学的方向。”陈省身用自己的精彩人生，诠释了南开的功能教育的妙道。

1923年，留学美国的杨石先在回国途中，获得了四个工作机会：德商请他做染料和药物的化学技师，同学推荐他到银行做业务技术员，浙江大学和南开大学邀请他执教。经过一番考虑，杨石先选择了待遇偏低的私立南开大学。他觉得私立大学受政府干预较少，可以更好地实现自己的教育救国理想。何况，张伯苓校长教育救国、执着办学的精神也感染了他。于是在舒适的生活与教育救国的理想之间，杨石先选择了后者。这是杨石先第一次选择南开。1929年，杨石先获得出国攻读博士学位的机会。因为教学成绩突出，张伯苓动用美国罗氏基金团的资金，资助他作为南开大学的进修教师赴美深造。临行前，张伯苓对他说：“你是南开享受教师学术休假制的第一个人，出国期间的工资照发。”杨石先在耶鲁大学研究院从事杂环有机化合物的研究，取得突破性进展。1931年，杨石先获得化学博士学位后，诺贝尔化学奖获得者维兰德邀请他到自己的实验室做研究员。经张伯苓的吁请，杨石先谢绝了维兰德的盛情，回到南开大学继续任教。

如果说杨石先第一次选择南开，放弃的是舒适的生活，那么第二次选择南开，放弃的则是事业上取得更大成就的机会。1945年夏，杨石先第三次去美国，为南开大学物色教师，采购图书仪器，并在美国印第安纳大学做访问教授兼研究员两年。此间，杨石先完成了论文《中国抗疟植物鉴定——常山的化学性能的研究》，并由于成绩卓越，被推选为美国“化学学会”荣誉会员。1947年，杨石先准备回国，该校化学系主任兼研究院院长挽留他说：“你们国家正在打仗，华北就要成为战场。您可以把家眷接来，在这里从事研究工作。我们非常需要像您这样有才干的人。”杨石先这次毫不迟疑地答道：“我们国家更需要人，我要把我的知识奉献给祖国。”他毅然放弃了优越的研究条件和生活待遇，踏上了归途。回国后，杨石先陆续担任南开大学教务长，后任代理校长、校长等职务，杨石先的名字就是这样与南开大学紧密地连在了一起。[①]

与杨石先一样担任大学校长的还有梅贻琦，长期担任清华大学校长、梅贻宝担任燕京大学校长、宁恩承担任东北大学校长，李卓敏担任香港中文大学校长等。

1926年6月中旬的一天，由温哥华驶往上海的“加拿大皇后号”抵达日本横滨。刚刚获得美国耶鲁大学经济学博士学位的何廉（1895—1975年），接到了南开大学商学院的聘书，与此同时，他的手里还有另一份来自暨南大学的聘书。当时，南开大学创办仅仅七年，而且作为一所私立大学，办学经费并不充裕，因此教师的待遇与国内其他大学相比是比较低的。南开大学的月薪只有180元，而暨南大学开出的薪水是300元。尽管如此，何廉毅然决然地在日本神户上了岸，取道朝鲜，从中国东北直奔天津。他选择了南开大学，起初是因为“从某种意义上，南开的聘约似更可取。京津地区系中国文化中心，教育水准较全国其他地方均胜一筹。权衡之下还是忍痛放弃暨南丰

①冯志阳：《化学界“四金刚”》，《天津日报》2004年10月14日第70版。

厚的薪水，决定去南开”。7月中旬，他到校长办公室拜访张伯苓之后，更坚定地认为自己的选择是正确的。张伯苓“十分热情地接待了我，我立即被他的堂堂仪表所吸引，因为他比一般的中国人都要高大魁梧得多。当时他约50岁，神采奕奕，生气勃勃。多年来，我与他的交往发展到十分亲密的程度。对于他的为人，我了解的也比较多了。张伯苓成了鼓舞我工作的动力。他的语言质朴、真诚、恳挚，他是个著名的有感染力的演说家。然而在私人交谈中，他总是全神贯注地听着，很少开口。该他说话的时候，他就直截了当地表明自己的观点，回答别人的提问，非常认真仔细。他把权力下放给各系教师与行政人员，可是从不推卸自己的责任。尽管他克勤克俭，为了学校花钱，他却绝不怕超过预算允许的范围。凡是为扩展学校而进行新的筹划的时候，资金的匮乏绝不会妨碍他把规模设想得更宏大一些，对未来他总是乐观的”。[①]

足见，放弃暨南大学丰厚的薪水来到南开大学发展，何廉自有他的理由。在何廉看来，严修与张伯苓是中国教育真正的希望。他们兴办教育使国家富强的不可动摇的决心和坚定不移的信念，对于新时代和新知识的深刻了解与兼收并蓄的胸怀，使何廉对他们充满了敬意，“我自己也被这种气氛所激励，作为商科的财政学与统计学教授，开始了我的教学生涯”[②]。而校园简朴、安定的气氛也使他很快沉浸到教学与研究的乐趣之中。何廉在南开大学同时开设“经济学”“财政学”“统计学”和“公司理财学”四门课程。和其他教师一样，何廉将全部心血倾注到学生身上，把自己的住宅变成他和助手工作与生活的园地，全力以赴当好年轻一代的良师益友。

虽然已经在南开大学任教，但何廉的睿智与勤奋使他再一次成为各校争夺的对象。1927年春末，北京大学社会学陶孟和教授邀请他担任“中华文化教育基金会”社会研究部的研究导师，薪水是南开大学的两倍多。在犹豫不决时，何廉找张伯苓来咨询。作为中华文化教育基金会的董事，张伯苓已经知道此事，但一如既往地热情接待何廉，并语重心长地对他说：“你应当留在

①何廉：《何廉回忆录》，中国文史出版社1988年版，第37页。

②何廉：《何廉回忆录》，中国文史出版社1988年版，第39页。

南开，因为南开比中华文化教育基金会更需要你。”他答应对陶孟和教授说明情况；为保证何廉将更多的时间投入科研，张伯苓建议减少他的授课时间，还从极不宽裕的大学财政预算中多拨出一点经费资助他开展科研工作[1]。何廉似乎感受到张伯苓的诚意，也觉得南开大学比中华文化教育基金会和中央研究院更器重自己。而他本人的兴趣也在于如何使教学与研究相辅相成，相得益彰，对一个独立研究机构的高级职务并无多大兴趣。他坚信研究工作会使教学生动活泼，而教学也会有益于研究工作的丰富多彩和不断深入；此外，当时中国正缺乏足够的训练有素的人才，当务之急应该是在大学中教学与研究并举，使年轻人在学业和工作能力上都得到最好的训练。为此，何廉坚定不移地留在南开大学工作。出于同样的考虑，何廉在 1928 年夏季，还回绝了中央研究院社会研究所的邀请。

把心留在南开大学的何廉，不遗余力地贡献着自己的智慧。他向张伯苓提议在南开大学设立社会经济研究委员会，集中力量重点探讨和评价中国的社会、经济和工业存在的实际问题。1927 年，社会经济研究委员会成立，这便是后来在国内外享有盛誉的南开大学经济研究所的前身。然而，经济研究所的建立，还经历了一场不大不小的风波。1929 年，对于南开大学来说真可谓是多事之秋，校父严范孙去世不久，教授出走的事件便接踵而至。这年春夏之交，南开大学按照往年的惯例发放下学期聘书，但却因为薪金的问题引起了一些教授的不满。当时，正在南开大学商学院教授经济学课程的著名经济学家萧蘧看到其他和自己水平相当的教授都有五到十元不等的加薪，遂向自己的堂弟、同在南开大学担任政治学教授的著名政治学家萧公权抱怨说："我在这里五年了，这回仍没加薪。我想这是他们对我示意。我不能赖在这里了。"恰巧此时历史学家蒋廷黼也接到清华大学的邀请，来找萧蘧谈论去留问题，看到他有如此遭遇，也坚定了去意。萧公权因此也决定离开南开大学。萧公权后来回忆说："叔玉（即萧蘧）脱离南开，可以说是不欢而散。学校当

①何廉：《何廉回忆录》，中国文史出版社 1988 年版，第 41 页。

局对他的态度，不能令人满意。这增加了我脱离南开的决心。”① 当时和他们一起离开南开的，还有生物学教授李继侗和佛学名家汤用彤。五位教授的出走，本来已对学校的教学和研究工作造成了不小的负面影响，而此时物理学家饶毓泰赴德国留学深造，陈礼也外任工业工程师，两人相继离开南开大学。这样，南开大学一下子就减少了七位著名的教授，且多被薪金更为丰厚的清华大学聘请而去。

南开大学和清华大学在资金方面确实存在着一定差距。对此，张伯苓也深有感触，因此尽量保证给教授们的薪金每月按时发放，绝不拖延，而且都是现金，多多少少弥补了薪金不高的问题。但是，和其他国立大学或者教会大学相比，南开大学教授的薪水明显过低。相比之下，资金一向充足的清华大学所能提供的薪金就优厚很多了，并且还能提供可观的科研经费来购置优良的设备器材等，所有的教授甚至还可以享受每七年出国带薪休假一年的待遇。这是私立南开大学无论如何也做不到的事情。教授们选择去清华大学这样的高等学校任教虽是无可奈何之举，但他们做出这样的选择也是情理之中的事情，很容易让人们理解。

对于南开这样一所在办学条件并不十分具备的条件下苦苦挣扎的私立大学而言，这么多著名教授突然间离开，使师生们“确有如遭大劫之感”。南开学校向来有所谓“家庭学校”之称，在这里，师生之间的关系非常融洽，尤其是学生们更不会料到他们所尊敬和爱戴的教授们会离他们而去。当时，“该校同学闻讯，多现惊慌之象。盖此数教授，多为该校之台柱，一旦离校，大学将不成其为大学矣，全体同学为此，将于昨晚举行全体大会于大礼堂，讨论应付办法，结果全体通过誓以十二分至诚，一致挽留，不达目的不止，若教授有不便进行，或以为障碍者，全体同学誓一致努力打破之，铲除之，以维持南大过去及未来的光荣云云”②。但是，教授们的去意已定，学生们的诚意也未能将他们挽留。经此风波，南开大学元气大伤。

---

①台湾《传记文学》第17卷，第3期。

②《益世报》，1929年6月3日。

而此时张伯苓正在欧美，尚未归来，闻听此讯，大伤脑筋，虽尽力挽回，但也于事无补。张伯苓有着愈挫愈奋的性格，绝不会被眼前的困难所吓倒，而是想方设法地为南开大学的发展寻找出路。他一返回国内，便召集部分教师商谈对策。张伯苓的言语之中虽然也流露出对清华大学用高薪“挖墙脚”的做法不满，但是对于不平等的竞争这样不争的事实，他也有充分的思想准备，所以只能亡羊补牢，另谋其他补救的方法和途径。张伯苓所能做的就是通过各种努力办出南开大学的特色，尽量弥补薪金或者教学、科研条件不足所造成的缺陷。

经过一番比较和思考，张伯苓认为，“南开坐落于商业都市天津，天津还有个成为华北大工业中心的前景，南开应当把重点都放在培养企业人才和工程技术人才上，而当时的国立清华和国立北大尚未包括这两个领域”[①]，为此，张伯苓多次和何廉商谈，对他委以重任，除负责大学经济研究所之外，还要其主持商学院和文学院经济系的工作。经过一番深思熟虑，何廉欣然接受，同时也开诚布公地提出了自己的几点建设性意见：第一，把商学院、文学院的经济系和大学的经济研究所合并，采用南开经济学院这个新名称，承担起教学与研究双重任务；第二，根据每门课程教学的需要，按照精减课程、突出重点的要求，重新改编大学的经济学与商学方面的教材；第三，为经济学院组织一个独立的董事会负责政治指导与寻求新的赞助。张伯苓深知，如果何廉的改革不成，那么自己呕心沥血所创办的南开学校就要面临极大的危机。因此，他完全接受了何廉的建议，并对他的改革给予了极大的支持。

1930 年，在张伯苓与南开同仁的齐心协力下，经济学院正式宣告成立，何廉成为首任院长。由于该院师资力量得以重新配置，因此显得实力非常雄厚。在初创时的十名教授、九名讲师、五名教员和八名研究助理员中，大部分教师都在国外著名大学取得了博士学位，如耶鲁大学的方显廷和张纯明、哈佛大学的丁佶、伊利诺斯大学的李庆麟和陈序经、加利福尼亚大学的李卓

①何廉：《何廉回忆录》，中国文史出版社 1988 年版，第 46 页。

敏和林同济、哥伦比亚大学 W.Y.林以及纽约大学的袁贤能等人。特别是有些学者先在经济研究所获得硕士学位，而后又到国外获得博士学位，然后再回到南开任教，哈佛大学的吴大业、陈振汉、吴保安、胡光泰，康奈尔大学的叶谦吉、威斯康星大学的杨叔进，剑桥大学的宋侠，伦敦大学的李锐、冯德华、杨敬年等人基本上都是如此。何廉在经济学院全面推动经济学教学和科研的“中国化”，对中国城市物价、工业、农业经济等展开调研，并取得天津物价和生活指数等重要成果，引起社会各界人士的高度关注，何廉甚至还被誉为中国最早重视农业的经济学家。[①] 何廉和经济学院的创新性教学、科研实验，体现出张伯苓将南开的教育和天津乃至全国的社会需求相结合，为现代化建设提供智力支持的胆识与魄力，显示出他的高瞻远瞩。从某种意义上说，这也是张伯苓推行南开“土货化”教育的继续和发展。

何廉具有卓越的领导才能，不尚空谈，勇于革新；胸怀开阔，诚挚待人。在他的周围，形成了一个强大的教师阵容和锐意进取的研究群体。至抗战前，先后任教授和研究员的有方显廷、张纯明、丁佶、李适生、陈序经、李卓敏、林同济、袁贤能等，可谓群贤毕至，各师荟萃；后来者有吴大业、鲍觉民、陈振汉、杨叔进、李锐、冯华德、杨敬年、傅筑夫、丁洪范、谷源田、钱荣望、滕维藻等，多为南开毕业或受过西方教育的少壮经济学者，道德文章，各领风骚。研究所经十年努力，不独在校中独树一帜，而且“被公认为研究中国经济之权威机构，其出版物驰名全球”[②]。

其中，从 1937 年起任教南开大学的经济学家李卓敏，后来在 1964 年 9 月至 1978 年 9 月担任香港中文大学的创校校长，创建中国文化研究所，编纂《李氏中文大字典》。该字典 1989 年由香港中文大学出版社出版，共收录 12800 多个单字，共有 1171 部。该字典是第一部以形声部首为主的字典，利用了简单易记的垂扇检字法，将许多笔画相同的字，按点、撇、竖、捺、横

①李净昉：《商以富国两先驱》，《天津日报》，2004 年 10 月 14 日第 82 版。

②《南开大学经济研究所创始人、著名的经济学家何廉》，http://www.55paper.com/Lunwen/caizheng/czyj/200804/16855.html。

的次序排列，便利检字工作。2016年9月4日刚刚逝世的108岁著名经济学家杨敬年生命中充满坎坷，却也写满奇迹。他于1936年进入南开大学经济研究所，师从著名经济学家何廉、方显廷等人。1945年，作为第八届英国庚款留学生，37岁的他进入牛津大学学习“政治经济学”，获得博士学位。1948年回国，杨敬年开始在南开大学任教，曾担任南开大学校务委员会委员、财政系主任。在1957年至1979年间，杨敬年历经坎坷，但痴心不改。86岁，杨敬年从南开大学退休；88岁，他写完20多万字的《人性谈》；90岁，翻译74万字的亚当·斯密《国富论》，16年中连印16次，成为学术畅销书；95岁，他重新修订这部译著，增译六万字；100岁，他出版了27万字的自传《期颐述怀》；105岁《人性谈》再版，他“在头脑里头修正”，口述改动意见，达一万多字；他最新的作品是不久前口述完成的一篇长文，以读者和译者的身份，回忆自己与商务印书馆长达90余年的往来。支撑他克服重重困难，取得人生辉煌的信念是：“我走的是路漫漫其修远兮，吾将上下而求索的道路。支配我的唯一动机就是充分发挥自己的天赋和聪明才智。”在他看来，人生就是要追求更多的知识和更大的力量，即使危及生命、牺牲快乐也在所不惜。①

在中央研究院第一届81位院士中，有九分之一同属南开校友，大名鼎鼎的有姜立夫（数学）、吴大猷（物理）、殷宏章（生物）、汤用彤（哲学）、李济（人类学）、萧公权（政治学）、陶孟和（社会学）等。其中著名物理学家吴大猷不仅培养了诺贝尔奖获得者李政道等人，而且还曾任台湾中央研究院院长。他说过一番颇为中肯的话：“南开在声望、规模、待遇不如其他大学的情形下，借伯苓识才之能，聘用年轻学者，予以研教环境，使其继续成长，卒有大成，这是较一所学校借已建立之声望、设备及高薪延聘已有声望的人为‘难能可贵’得多了。前者是培育人才，后者是延揽现成的人才。我以为一个优良的大学，其必需的条件之一，自然是优良的学者教师，但更高一层

① 《108岁学者杨敬年：超越生命长度的力量》，http://china.ynet.com/3.1/1609/05/11694527.html。

的理想，是能予有才能的人以适宜的学术环境，使其发展他的才能。从这观点看，南开大学实有极高的成就。”[①] 张伯苓常说：“每个人都有他的长处，也都有短处，世间没有十全十美之人，我们使用人才，要尽量使其发挥所长，避其所短，在长处得到发挥时，短处就会退缩不显了。如果我们处处吹毛求疵，世间将无所用之人了。”

左膀右臂之黄钰生及四大金刚

在南开学校举行二十五周年校庆典礼的大喜日子里，张伯苓曾向一位嫁到中国的外国女士露存说过这样一句话：“我只有一个头脑。如果没有强健的臂膀，那么空有头脑又能有什么作为？”为了帮助对方理解其中含义，张伯苓在说这句话时，还向露存女士着重提到了几个人，即南开学校的有功之臣喻传鉴、华午晴、孟琴襄、伉乃如等人。其实，在南开学习和工作过的师生们都十分清楚，张伯苓提到的这四位人士，就是南开赫赫有名的四大金刚。他们辅助张伯苓在南开学校创造了一系列辉煌，具体实施了张伯苓校长的许多理想，成就了南开，也赢得了人们的普遍尊重，从而获得了“四大金刚”的美誉。实际上，他们只是张伯苓和南开教育事业的中坚、骨干代表。

随着南开学校规模的不断扩大，校务工作越来越繁重，令常常在内操持校务、在外奔波募款的张伯苓感到分身无术，无暇应付。于是，孟琴襄、华午晴、喻传鉴、伉乃如等人便凭借着个人的能力及出色的表现逐渐成为张伯苓创办和经营南开学校的左膀右臂。这四位忠心耿耿且又精通本职业务的行家里手，几乎终生服务于南开，不计名利、兢兢业业地为南开的发展和壮大贡献出了自己的智慧和力量。无怪乎有人说：“南开之成功在于稳定，而稳定的关键在于有这四根台柱。”

孟琴襄（1884—1969 年），号广进，天津人，是私立中学堂高级师范班

① 《南开校友通讯》，1996 年。

的第一届学生。毕业之后，他曾游历欧洲，在法国担任中国华工青年会的干事，形成了卓越的管理能力。孟琴襄从1908年起便任职于南开，先后担任事务主任、庶务主任，负责南开学校的总务部门，担当着十分繁重的行政工作。孟琴襄粗中有细，因为外表憨厚，所以大家亲切地给他取了一个不太雅的绰号“傻孟”。实际上，大家都很敬重他，知道他是一个办事相当周到细致的人。南开学校的大事小情，在孟琴襄的手中都能得到合理的安排和妥善的解决。学校整齐洁净的校貌就是靠孟琴襄与众南开师生共同创造出来的，说起来也特别不容易。众所周知，南开学校的外部环境非常不好，不是荒地就是臭水沟，可是，一走进校园，人们马上就会有一种来到了世外桃源的感觉。只见绿树成荫，道路整洁，教学楼窗明几净，教学设备摆设整齐，学生宿舍也极为干净，非常适合于教师和学生们工作、学习。

南开是私立学校，张伯苓一向主张精减办事人员、力求高效运作。孟琴襄所负责的总务部门，就是张伯苓这一思想的忠实贯彻执行者。它在南开各个行政部门中实际工作人员数量最少，当学生达到1200多人的时候，行政管理人员只有24人，两者比例约为50∶1。然而工作人员少并不意味着可以以此为借口进行推诿，也不代表着工作效率就可以低下。以庶务课为例，当时课内只有一位职员。他不仅要负责计算每位同学的餐费，而且还要处理诸如收费、编排座位、通知食堂等琐碎的事情。或许正是由于这些工作是由他一人具体操办的，才更加井井有条，以至从未出过差错。

从南开的食堂管理最能看出孟琴襄的能力。当时，校园西墙外是一段臭水沟，极易滋生蚊蝇。为了彻底杜绝蝇患，孟琴襄在食堂外面加建一段玻璃窗短廊，并把纱窗换成了两层。为了提高师生们在食堂就餐时的卫生条件，孟琴襄还实行了包饭制，即要求用餐的师生员工使用公用的筷子和汤匙。孟琴襄还规定食堂的工作人员要常剪指甲，常理头发，厨师还要在每日开饭前列队接受学生代表的卫生检查。这些简单有效的措施，受到南开广大师生的褒扬：“全校——大学、中学、女中、小学宿舍，室内室外的整齐清洁——包括食堂无苍蝇等事实，足以证明他在这方面的才干和责任心。”当时，南开的学生来自全国20多个省份，真可以说是天南海北，相聚一堂，为了让他们可以选择到符合自己口味的饭菜，孟琴襄还特意在南开校园里设立了三个食堂，分别以本地、江浙和广东口味为主，任由师生随意选择。为了照顾少数民族学生的饮食习惯，他还特意在校内网球场边开设了一家牛肉馆。考虑到学生经济状况差别很大的实际情况，他把一日三餐也制订出甲、乙、丙三种不同的标准，以适应不同生活水平的学生之需要。

孟琴襄不仅负责学校各项庶务，而且在南开中学创办之初，还曾兼任过一段时间的体育课课长。1916年，张伯苓确立了学校体育教学和学生体育锻炼并行的“双轨制”，把固定的体操课和每天的课后运动结合起来，并任命孟琴襄为课长，章辑五为副课长，具体负责全校的体育教学工作。此后，南开体育更为蓬勃地发展起来。

出于对孟琴襄行政办事能力的赏识，1930年，南开校友、东北大学秘书长宁恩承专程来南开学校，同张伯苓校长商量，把孟琴襄“借”去一年，负责整顿东北大学。孟琴襄到达东北之后，就被任命为东北大学的事务主任，大刀阔斧地进行了多方面的改革并取得了成效。时间不长，校园里面的电灯亮了，道路平了，水沟通了，再也听不到师生们的抱怨了。孟琴襄离开东北大学的时候，有心人曾经算了一笔账，经孟琴襄的手，一年之中为东北大学节约了大约20万元，可学校的办事效率和服务水平却提高了很多。对此，当地报纸盛赞说：“南开精神自白河之津而展至辽河之滨矣。”从东北大学返回南开之后，孟琴襄依然默默地从事着学校的总务后勤工作，仍旧为南开的各项工作不知疲倦地操劳着。

华午晴（1879—1939年），号光霁，天津人。早年受教于张伯苓执教的王氏家馆。1908年毕业于私立第一中学堂，留校担任会计工作，也曾负责过南开庶务课事务，后成为整个南开学校的会计课主任兼建筑课主任，总管全校的财务和基建。

作为整个南开大家庭的“财政部长”，华午晴一贯秉持着少花钱多办事和能省则省的原则，谋求南开最大限度的发展。他尽量避免浪费，以节省南开本来就不太宽裕的资金，将每分钱都花在刀刃上。即使支出一笔小小的经费，就算是张伯苓亲自提出来的，到了华午晴这里，他也要眼望天花板，慎重地思考一番。于是，南开师生取唐诗“白眼望青天”之义，无不调侃地亲切称呼他为“华白眼”。华午晴为人诚实，不善言辞，略显木讷，但是南开学校的每一笔进账和花费在他的心中都是一清二楚的。南开的账目对内对外都是全部公开，摆放在学校的图书馆里面，任师生们检查，从头到尾都非常清晰、明确，一目了然。这可以说是华午晴的功劳。张伯苓曾自豪地向前来南开学校参观的客人们说道：“你要想知道南开一共有多少资产，我五分钟之内就可以给你算出来。”其中就隐含着对华午晴工作成绩的莫大肯定。

华午晴的建筑才能，也是因南开学校经费拮据给硬“逼”出来的。他虽然没有接受过正规的建筑专业教育，但是为了节省每一分钱，也积极参与到南开学校建设事业中来。他总是以美观实用为标准，亲自勘测和设计建筑，以便为学校免除一切不必要的浪费，节省下那得来不易的经费。当时南开中学、大学、小学、女中的校舍，几乎无一不是华午晴亲自带领学生进行勘测，再经他亲手绘制出结构图来加以建造的。这样不仅可以节省一大笔设计费，而且设计质量似乎一点也不比正规建筑公司逊色。南开大学初建时仅有两个学生宿舍，第一宿舍由专业的建筑公司负责设计施工，共花费了五万元，这不能不让华午晴感到心疼。到建筑第二宿舍时，华午晴亲自出马自进行建筑设计，在参考第一宿舍设计方案的基础上，进行了适当的调整，然后招工建造，这样只花了两万元。结果，两个学生宿舍的外观完全相同，功能和设施也基本一致，质量更是难分上下。只是第二宿舍少盖了一间地下室，而且宿舍里面的暖气没有采用“片”，而是用了“管”。

出于对工作的认真和负责，华午晴还坚持每日晚上熄灯的时候到学生宿舍去查寝，看看有没有学生尚未归来就寝。他还喜欢每日在校园中四处走走，看看哪里需要修缮，哪里需要改进，随时记录下来，马上着手办理。1914 年南开新剧团成立之时，华午晴还被任命为布景部的负责人。他费心费时设计和制作出来的布景、道具，准确地诠释了剧情的特定内涵，与演员的精彩演出相得益彰，获得了剧团和观众们的普遍好评。

1939年，华午晴因劳累过度而突发脑溢血，在重庆南开中学不幸逝世。为了纪念他多年来服务于南开，一丝不苟地创造出平凡而伟大的功绩，张伯苓提议把重庆南开中学的礼堂以他的名字命名，得到大家的一致赞同。从此，"午晴堂"这个名字在南开师生中广为流传。这座礼堂是一座砖木结构的大礼堂，可以同时容纳上千人，当时不但是沙坪坝最大的一座礼堂，而且差不多也是重庆乃至大后方屈指可数的一座大礼堂。"午晴堂"建筑造型朴实无华，颇有几分华午晴生前的风格。命名典礼由张伯苓亲自主持，与会者中间还有喻传鉴、张彭春及部分师生，周恩来亲自到会表达对华午晴的敬意并发表讲话。

众所周知，南开学校的建筑，绝大部分都是以捐助修建者的名字来命名的，用一位职员的名字来命名大礼堂是不多见的。由此也可以看出，张伯苓和南开学校对华午晴的重视，以及华本人为南开学校做出的非常重要的贡献。当时，南开校友严仁颖为纪念华午晴还奉上一副挽联："沙坪坝上多恨事，南开校里少一人。"而南开人黄钰生在《早期的南开中学》一文中对华午晴所做的评价似乎更可以看出其一生的风范："这个人诚实、正直、廉洁、能干而才华不外露。他是南开起家的大功臣，是南开的建筑师、会计师又是财务管理员。南开行政廉洁的风气和行政效率之高，是和他的作风和操守分不开的。我和南开的老同学，都非常尊敬华先生，其尊敬的程度，仅仅亚于张校长。"①

喻传鉴（1888—1966年），原名鉴，别号廛涧，浙江嵊县（今嵊州市）人，是南开中学第一届学生。他曾亲身经历了学校草创时期的艰难历程，从在严氏偏院拥挤在一间教室中上课，到搬进私立第一中学堂崭新的教学楼，喻传鉴目睹了张伯苓对学校发展做出的艰辛努力。对于所有的付出，他都一一铭刻于心。在私立第一中学堂学习期间，喻传鉴就非常活跃，积极参加

---

①《天津文史资料选辑》第8辑，天津人民出版社1980年版，第134—135页。

社团活动，曾任学校最早的学生组织自治励学会的会长。1908 年，经过四年的学习，喻传鉴以优异的成绩考入北京大学法学院，攻读经济，离开南开时，仍依依不舍。从北京大学毕业之后，喻传鉴又义无反顾地回到母校工作，担任英语教师并伴随在张伯苓左右，为南开学校的发展出谋划策。由于多年服务于南开，张伯苓对他的才华和能力了然于心，遂于 1930 年 9 月出资赞助他去美国哥伦比亚大学师范学院深造。1932 年，喻传鉴在获得教育学硕士学位之后，又受爱国将领吉鸿昌的邀请，到欧美各国游历，比较全面地考察了西方国家的教育体制及其运作。从欧美回国之后，喻传鉴被任命为南开中学部的教务主任，同时还担任大学部的教授。1933 年，张伯苓对喻传鉴授予全权，改任南开中学主任。他利用自己在欧美国家考察所得，对学校的课程设置、教材安排等都进行了大胆而适当的改革，极大地提高了南开的教学质量和社会适应能力。

作为学校教学质量的把关人，长期担任教务主任和中学部主任的喻传鉴对教师授课要求十分严格，丝毫都不能松懈。聘请新教师的时候，他更是严把第一关。“每当聘用新教师时，他都要亲自和应聘老师谈话，了解对方的情况，觉得合乎标准时，才决定聘用。以后还亲自听新老师上堂讲课，肯定成绩，指出缺点，帮助他们提高教学质量。”[①] 窥一斑而知全豹，正是喻传鉴如此认真而严肃地把住教学授课关，才使得南开学校的教学质量能够享誉天津乃至整个中国。

然而，一贯对教学严苛的喻传鉴，同样十分关心每位新到南开任教的教师，从不摆架子。一位曾任职于重庆南开中学的教师对此深有体会：“事前我听说喻传鉴主任很严格，学生都怕他……我认为严格是理所当然的，所以没有什么顾虑。我初见他时记得他是平头、戴眼镜、眼睛很有神，好像会鉴别人似的。他带着微笑，说话的声音不高不低不尖，也听不出是否南方口音，总之对我这刚出茅庐不久的青年够和气的了，使我一下子便安下心来。”[②]

---

① 《喻传鉴先生纪念文集》编辑组：《喻公今犹在》，天津教育出版社 1989 年版，第 190 页。

② 《南开校友通讯》，1992 年，第 305 页。

凡曾在南开中学就读或者任教的人，几乎都会认为喻传鉴最能体现南开的实干苦干精神。张伯苓总是说："喻先生抢做我所做之事，诸位即应抢做喻先生所做之事。"[①] 喻传鉴以校为家，甚至连星期日也不休息，经常跑来学校，坐在办公室里检查学生的作业和教师批改作业的质量。随着南开学校大家庭的不断扩大，喻传鉴的任务也更加繁重。有一次星期天，正巧是喻传鉴的生日，女儿们请他不要再去学校工作了，理由很简单也非常诚恳："今天，您可不要出去了，跟我们多待一会儿吧！"他也满口答应，然而学校的事情又怎么能够放心得下呢？所以，他跟家人说到外面转转，就走出了家门。到了中午，家人做好满桌的丰盛饭菜等他回来庆祝生日，但是却迟迟不见他的人影，无奈只好出去四处寻找，最后果然还是在办公室里找到了他，他只是一脸歉疚地说了一句："我一出来，就把过生日这事给忘了！"很多南开同人都认为喻传鉴对于南开的发展贡献很大。"喻先生之治校，公、平、勤、细，调度全校各部门，协调无间，工作效率显著，日新月异，学校声誉，持续不坠，有增无减，此固有赖于张伯苓校长之规划与威望，而内部实情，应主要归功于喻主任之努力。"[②]

1935 年冬天，张伯苓到四川游历，见到蜀中真是天府之国，人文荟萃，物产丰富，于是就有在四川设立分校之意。因为看到华北局势紧张，大有一触即发之势，应该早做准备，以为将来一旦有事，好做后撤之地。回到天津之后，经过筹思，就决定在第二年春天，派中学部主任喻传鉴到四川经办此事。

1936 年春天，喻传鉴接受张伯苓指派，赴重庆筹办南开中学分校事宜。张伯苓在重庆沙坪坝购地 800 余亩后，立即破土兴工，建筑新校舍。他常说："办学校是长远之计，必须要选择好的环境，不能顾惜小费，并且处处要为将来发展留余地。"这是张伯苓的平日处事，一切都从大处着眼，从远处着眼，不屑斤斤计较一些小节。8 月，部分校舍竣工，就开始招收 200 多名新

① 《南开校友》，新 3 号。

② 《喻传鉴先生纪念文集》编辑组：《喻公今犹在》，天津教育出版社 1989 年版，第 3 页。

生，9 月间正式开学，定名为重庆南渝中学。当时一般社会人士都惊奇重庆南渝中学的神速，一时慕名捐款者甚多，而重庆南渝中学的发展，因此更得到迅速的完成。[①] 当重庆南渝中学各项工作都步入轨道之后，喻传鉴又回到了天津。1937 年 7 月，在日本侵略者将南开摧毁殆尽之后，喻传鉴等人是最后一批撤离的教师。他不顾个人安危，掩护南开员工家属躲避在学校旁边的电车公司，后几经辗转，终于带领大家安全地来到了重庆。在重庆工作期间，喻传鉴担任南开中学校长，同时还兼任四川自贡蜀光中学校长。

1940 年 4 月 1 日，喻传鉴在重庆南开中学全体同学大会上发表讲话，追述南开学校的光辉历史，激励学生奋发有为，积极进步，充分表达了对莘莘学子的殷切盼望："余战前考察中学教育，所见全国第一流中学，北方为南开，南方仅上海中学可与相比。战事发生，天津南开被毁，上中亦陷。故今日配称像样的中学，亦仅吾重庆南开一校而已。南开毕业生已达 4000 人，而曾读南开之学生不下 20 万人，正服务各地。愿诸同学珍惜三四十年来光荣历史，共同勉励，在德、智、体、群各方面求进步。"[②] 抗日战争胜利之后，喻传鉴亲自主持了天津南开中学和南开女子中学的复校工作，此后又回重庆担任重庆南开中学校长。可以说，喻传鉴的一生都贡献给了南开学校。"文化大革命"时期，喻传鉴受到迫害，于 1966 年逝世于重庆。

曾长期共事的黄钰生对喻传鉴评价可谓公允："南开中学柱石，喻先生当之无愧，喻先生兢兢业业，孜孜不倦，专心致志，无丝毫之旁顾者，四十有七年，晚年虽兼有他职，而家在南开、心在南开，萦回于心中者，仍为南开……一生精力，倾注于实现南开允公允能之校训，鞠躬尽瘁，死而后已者。"[③]

著名诗人柳亚子曾为富于牺牲精神的喻传鉴挥笔写下一首诗，赞誉他为南开学校所做出的无私奉献。

---

①张锡祚：《先父张伯苓先生传略》，南开大学出版社 2016 年版，第 44 页。

②刘鹤守：《沙坪岁月——南开校园回忆录》第 2 辑，第 15 页。

③《喻传鉴先生纪念文集》编辑组：《喻公今犹在》，天津教育出版社 1989 年版，第 2 页。

轩享直北鉴湖南，供奉徐陶革命龛。

渝水偏安承正统，析津飞去亦奇男。

马翁衣钵堂皇甚，秋侠粉榆磊落堪。

他日鸿光传韵事，千秋说士肉同甘。

伉乃如（1890—1947年），名文翰，天津人，1911年毕业于直隶高等工业学校化学科，因学业优异被张伯苓聘为南开中学化学教员。伉乃如表达能力强，讲课生动活泼，极富感染力和吸引力，因此深受同学们的欢迎，往往下课的铃声已经响过很久，学生仍端坐听讲。中国科学院院士、南开校友江泽涵曾动情地回忆伉乃如讲课时的生动场面：

> 有一位使我难忘的是化学老师伉乃如先生，他是学化工的，有着渊博的实际知识。当他讲某一化学药品的时候，总是先谈它在工业上的用途，何处生产以及制造方法的概略等。他谈了一阵，往往看表说，这堂课还有30分钟了，大家都把课文打开到某页。他不是照本宣科，讲得毫不枯燥……总是能让学生精神集中地听课。

1920年9月，伉乃如开始兼理张伯苓秘书，帮助校长处理各种各样的事情。能者多劳，他还曾协助张伯苓筹建南开大学八里台新校舍。从新校址购地、勘查、建设到竣工，伉乃如始终参与其中，贡献良多。从1922年开始，他又兼代大学注册课主任，还一度代理男中、女中教务课主任。当时，注册课的事务十分繁杂，远远超出“注册”的范围，不仅要规定授课时间表、办理学期考试并核算及宣布考试成绩、掌管和处理学生告假等事益，而且还要协助办理入学考试、保管注册事务统计图表等事务，有时还要负责监考等。尽管有这么多的工作要做，但当时注册课的工作人员实际上只有屈指可数的三个人，除伉乃如之外还有王植庚和张志铨两名职员。但伉乃如仍然能够运筹帷幄，率领着职员们将这些事情处理得井井有条。每逢新学期开始，同学们都要前来学校办理注册、缴费、领书、分配宿舍等事情，由于提前都做好了充分准备，每个学生用短短的几分钟就可以办妥了，效率如此之高，学生们哪还会有意见。

伉乃如在繁忙的工作之余，还热心参与各种课外活动，尤其擅长表演话剧。他是南开新剧团的元老，1915 年还曾担任过演作部部长，曾参与演出过《仇大娘》《一元钱》《华娥传》《老千金全德》《一念差》《新村正》《巡按》等剧目。伉乃如经常与周恩来同台演出，扮演戏剧中的夫妻，两人也因此而结下了深厚的友谊。

1937 年，“七七事变”之后，南开大学南迁。伉乃如留守天津，至 1938 年，在张伯苓的安排下前去重庆工作，仍然做张伯苓的秘书。他的工作负担非常重，需要处理的事情也很多。国立西南联合大学南开大学办事处凡需请示张伯苓的事情，多要经过伉乃如，有些就是由他出面办理的，另外还要负责与昆明和重庆等地的通信联络。当时，重庆沙坪坝津南村成为各界人士社交活动的中心，而周恩来也大多通过伉乃如广泛联络社会各界人士，从事统战工作。由于伉乃如在天津南开时期就热衷于话剧表演等活动，因此到了重庆之后仍然在百忙之中，抽出时间亲临同学们的话剧排练现场进行指导。

抗日战争胜利后，伉乃如成为参与天津南开中学复校工作的主要人员之一，负责修缮被日本侵略军摧毁殆尽的几栋楼房，其他修复道路、整理教员宿舍、分配校舍等诸多事务也由他一手操办，为南开北归复校做好各项准备工作。此外，他还负责制订南开学校校务管理条例，参与制订了《国立南开大学行政会议章程》《本校教职员兼课兼职条例》等基本规章制度，成为南开在天津复校的功臣之一。他终生供职于南开，1947 年 10 月 28 日因胃穿孔医治无效逝世，享年 57 岁。张伯苓闻讯后十分悲痛，在致胞弟张彭春的信中说道：“讵意伉乃如又于十月二十八日相继身故，同事三十余年，竟先我而去，追念往昔，能勿凄然！”[①]

①崔国良编：《张伯苓教育论著选》，人民教育出版社 1997 年版，第 335 页。

因此，南开师生将辅佐张伯苓的“四大金刚”赞誉为“出自爱国热忱、致力于教育事业的、困难压不倒、灾祸摧不垮的硬汉子”，是张伯苓校长“同心同德”的合作者，是辅助校长办好南开的一个精诚团结、配合默契的团队。他们不仅年富力强，而且精通本职工作，堪称行家里手。尤其令人称道的是，这四大金刚，不计较名利，不计较个人得失，全心全意为南开师生服务，为南开学校贡献终身。究其原因，是张伯苓校长“知”他们，“用”他们，“信”他们，以“国士”对待他们[①]。他们常言道，士为知己者死。“四大金刚”在平凡的工作、生活中，为南开学校做出不平凡的贡献。南开学校的一切校务行政，全靠这四根顶梁柱。当然，更离不开张伯苓这根大梁。他们相互依靠，彼此支撑，谁也离不开谁。

除“四大金刚”以外，南开还有一个重要的智囊人物，那便是黄钰生。黄钰生于1912年考入南开中学，1916年又以优异的成绩考入清华学校。1919年，黄钰生怀着“教育救国”的理想去美国继续深造，先后在艾普敦劳伦斯学院和芝加哥大学攻读哲学和教育学。1925年，黄钰生提前回国，随即投身南开，开始了长达25年的教育生涯。他先后担任南开心理学、哲学和教育史的教学工作，以讲课内容丰富、善于启发学生思考而受到学生的喜爱。由于种种原因，黄钰生在授课过程中往往多采用西方的理论和教材，但是他却从不照搬照抄，而是坚持西方理论联系中国实际，特别注重研究中国的教育问题。他曾耗费了大量的心血和精力编著《儿童心理学讲义》，但这份珍贵的教材手稿在日本侵略军轰炸南开时未能抢救出来，被毁，造成了无法挽回的损失。在教育实践方面，黄钰生特别强调理论联系实际，非常重视培养学生的实践能力和社会活动能力。1936年，他在讲授教育学时就要学生到天津里弄和附近农村调查半日制小学的情况，为研究普及教育和扫盲教育寻找根据。

“九一八”事变之后，南开大学经常受到日本侵略者的无端挑衅和骚扰，黄钰生与傅恩龄、郭屏藩等人机警地与日本侵略军周旋，保护学校师生和财

①潘强主编：《天津近现代著名教育家传略》，天津教育史研究会1995年版，第80页。

产的安全。为此，张伯苓赠他“沉着应付”的条幅以示表彰。“七七事变”爆发后，南开大学被日本侵略者炸成一片废墟，黄钰生迅速安排南开师生撤离到安全地区，然后才离开。从学校乘船逃难的时候，他虽然身处险境，但还时刻不忘舒缓同仁们的紧张情绪。当时，黄钰生和杨石先、郭屏藩等人同乘一条船，每遇敌机来袭，郭屏藩则低头躲避，黄钰生与郭屏藩南北相对而坐，笑曰：“老郭你莫要自私，你低头，炮弹不就打着我了吗？”[①] 说得全船人都笑了起来，真乃苦中求乐，谈笑间，恐惧感一扫而光。在这场大劫难中，黄钰生几过家门而未入，没来得及抢救一点自家的私产，心中挂念的是学校的公产，离开天津时身上仅剩的是南开学校各部的钥匙。当他辗转来到长沙临时大学之后，又临危受命，组织清华大学、北京大学、南开三校的师生徒步转移到昆明。一路上历经千辛万苦，终于完成了这一任务。到达昆明的时候，正是黄钰生 40 岁的生日，于是，他便为自己刻了一方图章，文曰：“行年四十，步行三千。”

国立西南联合大学时期，黄钰生除任南开大学秘书长、代教务长、教育学教授，还兼任国立西南联合大学建设长、国立西南联合大学师范学院院长。黄钰生为国立西南联合大学的发展，贡献了很多的智慧和心力。当时校舍不够用，黄钰生想办设法在西大门外低价购得荒地 120 亩，盖起了土坯草顶的“新校舍”，国立西南联合大学总算有了自己的教学场所。抗日战争结束之后，南开准备复校，黄钰生在张伯苓的领导下组织成立了南开大学复校筹备处，和诸位同仁共同努力，收回八里台原校舍 852 亩，接收六里台的中日中学、农场、综合运动场、苗圃等“敌产”多达 110 亩。这样，沿卫津河南北二里，东西一里的地方均成为南开大学的校园。南开学校在抗日战争以后之所以能够迅速恢复，与黄钰生等人所做的大量卓有成效的工作是分不开的。新中国成立前夕，黄钰生还掩护进步学生，参加了“反饥饿、反内战、反迫害”的请愿活动。尤其可贵的是，在黄钰生等人的尽心保护下，到天津解放时，南

①南开大学校长办公室：《日军毁掠南开暴行录》，南开大学出版社 1995 年版，第 65 页。

开学校完整无缺。

可以说，南开学校的日益发展和壮大，和这些南开同人齐心协力、共同努力有着密不可分的关系。其实，他们仅仅是南开教师的杰出代表，几乎每一位南开的教职员工，都将爱护学校视为己任，并且尽其所能地为南开贡献自己的力量。张伯苓就曾十分动情地回忆南开同仁为学校发展所做出的卓越贡献："吾犹忆十数年前南开中学始成立时，天津中等学校同时而起者不下七八处，如官中、新学、长芦、明德、私二、私三等，皆争胜于是，而至今存在者已无几。若发展由数十人、数百人以至千三四百人者，则更希矣。此中消长情形，固有幸与不幸之分，而南中办事诸同人和学生笃信教育万能之梦，至处此经费极困难情形之下，仍能煞费苦心，竞争不息，亦可大增吾辈办学之信心矣。"[①]

在张伯苓的后人们看来，南开的干部，多是严、王家馆和早期中学毕业的老学生。他们和张伯苓等人有师生情谊，团结得有过于父子，所以一切工作都能得心应手。学生们都能深切体会老师的心情，老师也能深切体会学生的心情，彼此紧密地团结在一起，为一个共同的教育救国目标而奋斗。即使是校外来的同人，只要在南开工作过相当的时期，也会熔化在这个大熔炉里。这一切就是南开所以能克服一切困难的原动力，坚强不动摇的组织和淳朴为公的校风。于是，南开学校就这么年复一年在艰苦奋斗中成长着，经受着暴风雨的洗礼，使得这一群朴素的教育工作者，养成了一种坚强的意志，和"干！干！干！"的南开精神，他们实际上是一生一世地在教育救国的战线上战斗着，没有一时一刻停歇下来。[②]

张伯苓像对待"家人"一样对待同人，让大家心情舒畅地工作。当同人遇到困难时，他总是毫不犹豫地伸出援手。抗战时期，南开中学被日本侵略者毁坏之后，老师们追随张伯苓奔向重庆。有位青年教师历尽艰辛，从天津辗转到了汉口，并登上了开往重庆的民生公司轮船，当时已经身无分文，幸

---

①《南开周刊》第 41 期。

②张锡祚：《先父张伯苓先生传略》，南开大学出版社 2016 年版，第 78 页。

亏遇到张伯苓校长及其家人。张校长借给他50元，使他平安到达重庆。当同人举办婚礼时，张伯苓不仅送上对联："同舟人结同心结，解语花开解雨时"，而且还到新房致贺词："现在是国难时期，大家都要振奋精神。你们两人的喜事，也是咱们南开的喜事。"①

难得的是，张伯苓没有狭隘的帮派观念，一碗水端平，努力做到以南开的毕业生为事业发展的稳定力量，海纳百川，从外校吸纳贤才，增强事业发展的冲击力，并将两种力量拧成一种合力，共同致力于南开，乃至中国的教育发展。为此，张伯苓唯才是举，从他们身上发现各自的优点，创造各种条件，让他们发挥各自的才华。不仅如此，张伯苓还经常和同人们一起聚餐，在轻松愉快的气氛中，虚心倾听同人们的意见、建议，商量学校的大事小情。

正是由于张伯苓在用人上坚持唯德、唯能、唯贤，被他延聘到南开任职的教职员工大都对南开怀有一份特殊的感情，甚至是发自内心的热爱。张伯苓一向偏爱那些为人忠厚、踏实奋斗的人，对于那些花言巧语、华而不实的人，他总是坚决将他们拒之于南开校门之外。知人是为用人，用人在于信人，"疑人不用，用人不疑"，是张伯苓的一个重要用人原则。喻传鉴说："校长用人秘诀，在信人，在令人负责。"正是张伯苓以诚心善待同人，才使得南开学校成为一个十分温暖的大家庭，生活、工作在这里的人们感到特别舒心，可以化解一些矛盾与分歧，以致每位成员都以维护南开的最高利益为天经地义的事情。张伯苓经常说："学校一切事，不是校长一人号令，应大家共同商量，所以要大家同负责任，有了此种力量，才能一致地奋斗。"② 雷法章对张伯苓的用人极为赞赏，曾给予高度评价："伯苓先生对于他的僚属，不仅能亲爱相处，而且信任不疑。他能在工作中赋予他的僚属们以充分的权责。他知道怎样去鼓励他们努力工作，并给以明确而扼要的指示，同时，他也常常愿意从旁协助僚属们，去完成他们的任务，但是他却从不直接干预他们的工作，

---

①张镜潭：《昔日南大琐记》，南开大学校长办公室：《张伯苓纪念文集》，南开大学出版社1986年版，第114页。

②《南开周刊》第1期。

或是希望把决策和执行的大权揽于一身。他既不掩人之美，更不扬己之功。他愿意尊重每个人的能力，而尽量让他发挥其个人的才能。因此，他不仅赢得了人们对他的衷心爱戴；同时，在工作的推进上，也能充分获得同事们合作无间的效果。”

六、漫漫南开路——独特的教育理念

新鲜活泼的社团生活

就像私立南开学校在一步一步扩大规模、扩大影响一样，张伯苓也在传承诸如严复、严范孙等先贤大德之教育思想的基础上阐释和完善着自己的教育理念，并在长达数十年的教育实践中逐渐形成了自己独特的教育思想。后世很多学者在评价张伯苓的时候，大都将其视为一位教育实干家而非教育理论家。其实这样的认识是不够全面的，综观张伯苓教育事业的发展，我们可以清晰地发现其颇为独到的教育理念和精神。张伯苓虽然不以撰著文章、宣扬自己的教育理念而为世人所知，但是他却扎扎实实地将自己的教育思想融入到了创办南开学校的具体实践中，培养了一批又一批学生，造就了一批又一批人才。因此说，张伯苓的教育主张和理念值得认真梳理与再认识。

张伯苓曾不止一次地倡言自己创办南开的宗旨与目的，就是在于“痛矫时弊，育才救国”[①]。他认为中华民族存在的主要问题表现在五个方面：一是“愚”，民性保守，不求进步，教育不普及，人民多愚昧无知，缺乏科学知

---

①《南开四十年校庆纪念特刊》。

识；二是“弱”，重文轻武，鄙弃劳动，鸦片烟害泛滥，早婚流行，导致民族志气消沉；三是“贫”，科学不兴，灾荒不断，生计艰难，政治腐败，贪污盛行；四是“散”，不善组织，不能团结，因此个人主义畸形发展，团体观念极为薄弱；五是“私”，自私心太重，公德心太弱，所风所谋，短小浅近，只顾眼前，忽视将来。在这五个方面之中，又以私心尤为严重。因此，张伯苓在创办南开学校的过程中，主要就是针对这五个方面问题展开的，有的放矢地确立训练方针，以期实现自己的教育救国理念。

对此，张伯苓的家人也深表认同。张锡祚就很有感触地说：“先生见到清末国势衰颓，分析它的原因，主要犯着五病：曰愚、曰弱、曰贫、曰散、曰私。愚则人民的智识不开，弱则民族的体魄不强，贫则生产力不振，散则团结力不固，私则只顾个人利益，没有国家民族思想。今天如要想振兴中国，唯有兴办新教育，灌输新思想，培植新人才。所以他在创办南开学校，培植学生时，要力矫以上五病。”不仅如此，他对张伯苓教育方法的概括和总结也比较准确，反映出常人往往忽略的“知父莫如子”的个中奥秘。张锡祚提出父亲的教育方法，首重在以下五个方面：（一）培养新道德，（二）提倡科学知识，（三）注重体育锻炼，（四）培养组织能力，（五）灌输爱国思想。① 真是句句在理，让人佩服。

张伯苓认为国民之所以私心甚重，毫无凝聚力和团结力，关键就在于人们彼此之间缺乏组织和合作精神。因此，他在南开学校的创办过程中，非常反对将学校办成单纯向学生灌输课本知识的场所。张伯苓经常告诫同学们说：“书要念活的，不要念死的”，学生“不单是从书本上得学问，并且还要有课外活动，从这里得的知识学问，比书本上好得多”。因此，他在《我校之各项政策》中明确提出：“本校于课程外组织各种学会团体，以为学生练习做事之资助……有学生专事读书，日夜埋首，除课程以外之事，毫不过问，此又非也。诸生今日之服务于各会，即练习将来做事之基础。若徒谓吾来求学

---

①张锡祚：《先父张伯苓先生传略》，南开大学出版社 2016 年版，第 28—31 页。

只知读书，其奈闭门造车，出户反辄何？”[1] 显然张伯苓是倡导和鼓励学生们在课外时间组建各种社团组织，以合作的方式来开展团体活动，这样使学生们真正能够开阔眼界，增长见识，提高对事物乃至社会的认识，锻炼才干，有更多机会来练习做事、参加活动，以此提高学生组织团体、参与社会活动的能力。“能辅助能勉励吾等者，小团体之力甚大，苟不利用之真失机会也，将来在社会做事非有团结力不可，否则必不能成功，此即团体之效力也。”[2] 在张伯苓的鼓励和支持下，丰富活跃的社团活动成为南开学校的一大特色，因此不仅社会各界人士多关注南开的社团活动，而且连张伯苓的孩子都引以为傲。张锡祚在《先父张伯苓先生传略》中就明确指出：“为了训练学生的组织能力和办事能力，指导学生多做课外组织活动，组织各种团体，如各种学术研究会、演讲比赛会、出版刊物、创办新剧团和音乐研究会、体育队等等，使得学生在幼年时，就过惯团体生活，加强团结思想。同时还教育学生，不但要会读书，而且还要会办事。”

同学们兴趣各不相同，因此创办的社团数量很多，先后有数百个。分属校级、班级、跨班级的这些社团涉及各个方面，真可谓五花八门。有属于研究学问的，如文学会、科学会、英文学会、天津研究会等；有属于培养艺术情操的，如音乐会、军乐团、唱歌会、美术会、新剧团、旧剧研究会、讲演团等；有属于增强体魄与技能的，如武术会、各种球会（足球、篮球、棍球、网球）等。尽管种类繁多，宗旨各有不同，但是南开社团的一大共同特点就是各社团从基本规模到成员构成、组织形式等，都极为正式，不仅有各自的宗旨、会章、成员资格、固定活动时间，甚至每个社团基本上都有自己的刊物，从撰文、编辑到发行都是社团的学生们自己筹划。以文学社团来说，20世纪20年代的南开，就有晨风社、文学会、绿竹社、玄背社、碧潮社等一批社团活跃在校园里。他们大都开辟了发表个人作品的园地，像晨风社有《晨风》，文学会有《文学》（半月刊，后改为旬刊），绿竹社有《绿竹》（旬刊），

---

①龚克编：《张伯苓全集》第1卷，南开大学出版社2015年版，第41页。

②《校风》第74期。

玄背社有《玄背》，碧潮社有《碧潮》（不定期刊），此外还有全校范围的《校风报》，刊载学生们的优秀作品。

张伯苓反复强调“学生们不要读死书，要会用书，要学会吕洞宾的那个点石成金的手指头”。这在张伯苓的后人们看来，父亲“是要求学生们会学会用，要学会真本事”。[①] 他并不要求每个学生的学习成绩门门都达到优秀，因为“只知道压迫着学生读死书的学校，结果不过是造出一群‘病鬼’来，一点用处也没有”[②]。几乎南开每个学生在课余时间都可以按照个人兴趣参加一个或多个社团。在社团活动中，学生们有着广阔自由的天地，个人爱好和兴趣可以尽情发挥，组织能力和办事能力能够得到极大的提升。南开的社团活动开人心智，每位参加者的集体观念、组织性、纪律性都会有所增强。张伯苓不仅大力支持学生们自己组织对身心有益的各种社团，实行自治，而且还鼓励老师和同学一起参加各种社团活动，他也常在一些师生联欢晚会上主持游艺节目，有的放矢地开展群育。在不断的交往之中，“有欢乐大家分享，有困难大家担当。南开人就在这熔炉里和别人熔合在一起”。大家在生活与学习中逐渐培养团结精神，“以校为家”成为每个学生的共识。当然，张伯苓也不主张学生因为过多地参加社团活动而影响学业，因此，他经常劝诫同学们要处理好课程学习和社团活动之间的关系，既不能“两耳不闻窗外事，一心只读圣贤书”，也不能过多参加社团活动，“以致误其课程”，影响正常的课程学习，“此大非也”。总之“宜使课程和做事互相调和，勿使有过长、过短之处，斯可耳”。[③] 由此可见，张伯苓在南开学校既重视课堂教学，又发展课余社团活动，两者互为补充，相得益彰。有种学生做事虽善，然所担任者太多，影响了学业，也不提倡。

其中的奥妙，张伯苓的孩子也非常清楚。“南开学校为了培养学生的团结能力和组织能力，由学校派专人负责指导，成立各种各样的课外活动组织，

①张锡祚：《先父张伯苓先生传略》，南开大学出版社 2016 年版，第 32 页。

②《南开校友》第 1 卷，第 8、9 期。

③龚克主编：《张伯苓全集》第 1 卷，南开大学出版社 2015 年版，第 41 页。

同学们可以根据个人的爱好选择加入。所以每天一到下午三点半放学后，学生们都各自去参加课外活动去了。这些组织是各种各样、五花八门的。历年成立的有自治励学会、敬业乐群会、青年会、童子军、新剧团、国剧社、中乐西乐研究会，各种体育组织、广武学会以及各种学术研究会、演讲比赛会等。”[①]

在南开学校初期的社团中，最有特色的要数南开军乐队。而此乐队，也最能体现张伯苓的独特眼光。该乐队的指导老师陈子诚是张伯苓特意从清朝皇室洋乐队中聘请来的。陈子诚是清光绪年间慈禧太后下令成立洋乐队时被甄选入宫的，曾随宫中德国教习学习多年音乐，并多次在国家庆典或者重要场合演奏。清朝灭亡之后，张伯苓购买了一批乐器，成立了南开军乐队，并聘请陈子诚前来执教。在当时的中国各所高等院校中，还没有哪所学校拥有如此规模和水准的乐队，因此，南开军乐队倍受人们的关注，也可以说是民国初年新式学校中的一大创举，在京、津两地乃至全国范围内都颇负盛名。每逢天津或北京召开大型运动会，都要请南开军乐队为先导，高奏进行曲，带领全体运动员绕场一周。南开举行校庆活动的时候，更要高奏军乐，作为开场。每次张伯苓从国外游历归来，在车站下车的时候，军乐队也要用激昂的乐曲来迎接校长的归来，堪称当时天津的一道亮丽的风景线。张伯苓组织军乐队，绝非仅仅限于在各种场合表演一下，招摇、显示一番，而是通过社团活动，凝聚力量，扩大社会影响。南开军乐队也确实扮演了张伯苓倡导的移风易俗的先锋等角色。在清末民初的一段时间里，每逢星期天在天津市的一些讲演所内演奏一次，以吸引观众来聆听关于反鸦片、反赌博、反缠足等的讲座。在张锡祚等张家后人的印象中，南开的新剧团和体育会是比较出色的。[②]

除了以丰富多彩的社团活动来吸引学生，增强合作精神之外，张伯苓还致力于培养学生们的集体意识。当时，张伯苓规定每个班级上课的教室都是固定的，而且每班学生人数也较为稳定。这样，同学们一起上课，一起活动，

①张锡祚：《先父张伯苓先生传略》，南开大学出版社 2016 年版，第 34 页。

②张锡祚：《先父张伯苓先生传略》，南开大学出版社 2016 年版，第 34 页。

大家相互帮助、相互规劝，使得每个班级都成为南开大家庭中的一个小家庭。为了增强集体荣誉感和责任感，张伯苓还经常组织开展班级与班级之间、年级与年级之间的体育、演说等各种各样的比赛活动。哪个同学获奖，在宣布名单时，也是先说某某班级，再说某某同学，由集体而个人。张伯苓通过培养同学们的班级精神、集体荣誉感，使他们逐渐养成了维护学校声誉、重视学校荣誉的态度，使每个学生都和南开荣辱与共，休戚相关。他说："诸生须知既为学校中之一分子，则汝实栖息于此全体之中。学校而良善，汝亦随之以受益；汝而良善，学校亦随之与有荣焉。反言之，学校而有缺点，汝亦不完；汝而有败行，学校亦玷污。利害相关，休戚与共。"因此，张伯苓要求每个在校学生都要为了维护学校的声誉而克己奋斗，学校的声誉"较物质百倍可贵，则维持之，发扬之，应尽其力所能及"。[①]

为了巩固学生的团结精神与合作意识，使之提高到一种理想的精神境界，南开校歌应运而生。1917 年 5 月 16 日，留学日本的南开学生在东京举办茶话会欢迎张伯苓校长率队赴日参加东京远东运动会。会上，张蓬仙倡议编写南开校歌，得到张伯苓校长的赞许。随后，张校长赴美，在哥伦比亚大学留学，亲身感受到西洋音乐的魅力。1918 年年末回国后，张伯苓就请音乐教师孙润生和一些老师一起商量创作南开校歌。他们商定的曲调就是德国民歌《哦，圣诞树》(*O Christmas Tree*)，为其填入新词。1919 年春，在张伯苓的主导下，南开不仅有了自己的校歌，而且成为弘扬南开精神的利器，"于聚会之时，千人合唱，以期神会而铸成南开真精神"。张伯苓校长审定的校歌，一经传唱，就深得广大师生的喜爱，经久不衰，并且有天津南开学校、重庆南开中学、自贡曙光中学等不同版本。相同的旋律，相同的精神追求，校歌增强了南开学子之间的团结与集体认同，无论是年近耄耋，还是初入学府，无论是移居海外，还是隐蛰内地，只要唱起南开的校歌，人们就会精神为之一振，对母校的缕缕情思便油然而生。

① 《校风》第 18 期。

四十字镜箴

道德教育是张伯苓对南开学生精神培养的一个相当重要的内容。中国传统文化的核心在于伦理，修身齐家治国平天下向来为历代仁人志士所推崇。作为一个深受中国传统文化影响的近代知识分子，张伯苓对于道德教育自然十分重视。早在南开学校建立之初，张伯苓就提出青年学生必须具备五种善行：立志、敦品、勤勉、虚心、诚意，以此来作为对学生道德的基本要求。随着时代的不断发展变化，到了1919年前后，社会思想、文化界普遍展开了对于传统道德的重新审视。一方面，新文化运动提倡打倒旧道德，直接挑战旧道德中的核心——孔教伦理；另一方面，一些有识之士也看到，传统道德中的诸如诚信、友爱、孝悌等观念也并非一无是处。因此，张伯苓在对学生的道德教育中，除了提倡诚信、友爱等传统伦理道德中的积极因素外，同时也按照自己的认知理念扬弃了许多传统的糟粕，大力宣扬新道德观。

作为一个目睹了甲午战争使中国饱受创伤的近代知识分子，张伯苓的使命感和责任感相当强烈。因此，特别重视对学生进行德育教育。张伯苓以为德育的内容极为丰富，涉及人生观、价值观、事业心、意志力、社会公德意识以及正直、善良、无私、勇敢等很多方面，在整个教育体系中与人格教育、道德教育存在某种联系。他指出："教育范围绝不可限于书本教育、智育教育，而应特别着手于人格教育、道德教育。"因此，南开学校对人格教育也很重视，要求很高。张伯苓甚至认为在学校中，"研究学问，固然要紧；而熏陶人格，尤其是根本"。[①]

因此，在私立中学堂创办之后，张伯苓就于每个星期三课后将全体同学召集在一起，借修身课的机会将他的思想、观念及对中国、世界的观察、思考讲解给学生们，使之细致入微地渗入每个南开学生的心田。对此，张伯苓的家人也都特别理解："每星期三下午，有修身班，召集全体学生在大礼堂，

①龚克主编：《张伯苓全集》第1卷，南开大学出版社2015年版，第239页。

给同学们讲做人做事读书救国之道，同时也旁及国内国外大事。”[①]

在修身课上，张伯苓的讲话没有底稿，像是海阔天空的漫谈，又像是古今中外的荟萃，实际上，确是南开精神的熏陶和训练，为张伯苓独创。有时，张伯苓也会请校内外的专家或者社会名流来南开讲学，内容涉及时事、外交、经济、艺术、工业建设等很多方面的内容。这些讲学活动对于开拓学生们的视野，理清学生们的思路，陶冶学生们的情操大有裨益。就是在与学生面对面谈话的大礼堂之中，他以看似不经意的方式将自己与同时代知识分子的共同认知传递给下一代，用理想和智慧点燃学生们的生命之火。张伯苓用鲁哀公问政于孔子有没有一句话就可以富国强兵的故事向学生们提问，并就孔子给出的“为君难”的答案，告诉大家“做事情必须要战战兢兢，念念不忘困难，随时随地小心，就不致有错了”。

为了让学生们养成敬业的习惯，他勇敢地挑战传统观念。张伯苓说：“陶渊明提出的不求甚解，就不合现代科学精神。”他要求学生要待人以诚，这关乎成败：“一以诚成，一以不诚败。”他特意举了袁世凯的例子加以说明：“诚之一字，为一切道德事业之本源，吾人前途进取应以一是为标准。”[②] 要诚实，也要虚心，张伯苓说：“吾望诸生及吾同仁皆以虚心自勉。”[③] 他不仅道理讲得深入、透彻，而且还特别注意方式、方法。他不止一次地把一把筷子带上讲台，向学生们做演示。张伯苓教导学生说“筷子是大家常用的东西，若是一根根分开来，一用力筷子就折断了，几岁的孩子都可以办得到。但如果将一把筷子合成一捆，大力士也无可奈何”[④]。张伯苓以这个演示，说明“分则弱，合则强”的道理，阐发团结起来，可以拯救危难中的民族、国家的真谛。此外，张伯苓还在修身班上详细讲解学生应该遵守的基本礼节，如见师长敬礼，路遇女学生或女教员要让路，同学见面须彼此为礼，等等。张伯苓聘请不同的讲者，采用灵活多样的方式、方法，讲解为人处世、修身治学之道，让学

---

①张锡祚：《先父张伯苓先生传略》，南开大学出版社 2016 年版，第 28 页。

②《校风》第 36 期。

③《校风》第 40 期。

④郑致光主编：《张伯苓传》，天津人民出版社 1989 年版，第 39 页。

生们铭记在心，往往都取得非常好的效果。学生们普遍感到："张校长有口才，很能讲话。他的讲话，给我们的印象很深，有的终生不忘。"[①]

在实际生活中，他也是率先垂范。无论是在家还是在校住宿，每天都是早睡早起，一年四季都很有规律，仪容非常整洁。张伯苓以他的人格魅力与影响力使得道德教育在南开学校没有流于空言，而是真正地融进了学生们的认知体系之中，转化成生命的一部分。这是非常了不起的，也令人深思。

在南开的教育理念之中，仪表反映着一个人的精神面貌，因而张伯苓要求学生必须面净发理，衣整履洁。事实上，对仪表的严格要求看似生活的小事，其实在当时则被看成是一件关乎社会文明的大事。众所周知，晚清以降，精神萎靡、衣冠不整已成为整个中国社会的普遍现象，一个人仪态懒散，一个国家的国民蓬头垢面，精神涣散。这样的精神面貌，又怎么能谈得上救国强种呢？张伯苓本人非常注重仪表，同时也要求南开学子注重自己的仪容仪表，希冀青年一代从最基本的日常生活起居做起，焕发精神，进而为中华民族的振兴大业贡献力量。一衣不整，何以整天下？南开校规明确规定："体态松懈，言语蛮横，奇装异服，光彩华丽，凡一切惹人注目之行为装饰，皆行禁绝。"[②] 有一段时间，天津社会上盛行一种叫"名士派"的不良风气，一些南开学生不免受到影响，也整天不修边幅、邋邋遢遢地在学校里面晃来晃去。张伯苓发现之后，立刻在修身课上对这种现象提出了严厉的批评："你要是名士，你须有名士的智慧学识。假若你没有名士的条件，而你要肮脏恶臭，硬要学名士，学校绝对不允许。"[③] 此番话，虽然让追求名士风流的学生们听起来非常刺耳，但是语重心长，饱含着这位教育家对学生的一片良苦用心。不久，这种懒散现象在南开学校得到了彻底的根绝。民国初年，张伯苓对学生的服装还做了具体的规定，一般春、夏、秋三季都是布大褂，冬天为颜色较深的棉布袍，或穿丝绸呢绒，裤子一般是西式的，鞋是皂鞋或皮鞋。后来虽

①黄钰生：《早期的南开中学——1912—1916年间的一些片断的回忆》，申泮文主编：《黄钰生文集》，百花文艺出版社2009年版，第134—135页。

②《南开周刊》第1卷。

③郑致光主编：《张伯苓传》，天津人民出版社1989年版，第18页。

有一定的变化，但学生的服装基本上都遵循着朴素、整齐、洁净的原则，从而有效地避免了因为学生家庭经济情况不同，出现攀比，追逐浮华等现象的发生。张伯苓对个人仪表严格要求的做法，使南开的学生受益匪浅。

南开学校非常重视培养学生的个人操行，其中较为著名的例子就是所谓的“四十字镜箴”。为了培养学生的文明行为，张伯苓特意在南开中学东楼中的过道左侧（一说校门入口处一侧）立一面一人高的大镜子，上面镌刻着张伯苓请严范孙书写的四十字：“面必净，发必理，衣必整，钮必结。头容正，肩容平，胸容宽，背容直。气象：勿傲、勿暴、勿怠。颜色：宜和、宜静、宜庄。”[①] 使学生出入校门有所儆戒。在这四十个字中，“气象：勿傲、勿暴、勿怠。颜色：宜和、宜静、宜庄”等充分体现表现出张伯苓对于儒家传统道德讲求修身养性的追求，而“面必净，发必理，衣必整，钮必结。头容正，肩容平，胸容宽，背容直”等对仪态的具体要求，也可以隐约看出几分张伯苓受过军事化训练以及按照军事化管理的痕迹。张伯苓在修身课上经常带领同学们背诵此格言，并耐心地逐字加以解释，认为学生们如果能够长期坚持实行，一定可以形成“吾校学生之气质”。于是，南开学生不仅出校进校，都要在镜子前理理头发，整整衣扣，逐渐形成了一种习惯，而且始终保持仪容整洁，无论是课堂上还是宿舍，如不整洁，必受责罚。绝对不随地吐痰，食堂厨房不许有苍蝇，水电用时才开，养成良好生活习惯。以至于南开学生走在街上，即便没有佩戴校徽，大家也都可以看出这是南开的学生。当时有人评论：“南开学校乃一极有精神之学校……学生均甚活泼而眉宇间有一种文雅之态度。”[②] 这大概就是南开学生长期遵行“四十字镜箴”所取得的实际效果吧。

“四十字镜箴”不仅在南开流传开来，甚至还引起外国教育家和教育管理者们的关注。美国哈佛大学校长伊利奥博士来南开学校参观时，觉得南开学生的仪态和精神面貌与他在其他学校中看到的学生有很大不同，就特意询问校长张伯苓其中的原因。张伯苓颇为自豪地将伊利奥博士带到了镜子旁边，

---

①《南开四十年校庆纪念特刊》。

②《教育杂志》第7卷，第6期。

并将镜子上的箴言，一一加以翻译和解释，伊利奥博士听后大加赞叹。他返回美国之后，特意将这个箴言告诉他人。美国罗氏基金会还特意派人来南开将镜上的箴言拍摄下来，寄回美国，刊诸报端，加以传扬。镜箴的影响是深远的，1916 年，周恩来在南开《校风》报上发表了一则通讯："我校事务室前所悬之大镜及上列格言，原为资警励全校师生之用。前次美人白崔克博士（Dr.Buttrick）来校参观时，睹之甚以为善。今格瑞里先生（Mr.Greene）致函校长索斯镜之撮（合）影，并请将格言译作英文，同行寄去以为纪念，藉俟归美时，公之彼邦人士。"[①]

接受文明洗礼　远离社会恶习

张伯苓的道德教育远不止这"四十字镜箴"，他非常明白，年轻的学生不仅应当振作精神，更为重要的是，青年人要接受文明的洗礼，具有坚定的意志以抵御社会上的种种诱惑，才不会被这个充满丑恶和腐败的社会所污染。因此，张伯苓明令严禁南开学生冶游、吸烟、喝酒、赌博、早婚、嫖娼等行为，并将这些禁令郑重地写进了校规，张贴在同学们进出的教学楼旁侧，以示警醒。他表示，"苓鉴于民族精神颓废，个人习惯不良，欲力矫此弊，乃将饮酒，赌博，冶游，吸烟，早婚等事，悬为严禁，犯者退学，绝不宽假"[②]。张伯苓的孩子们对此也都印象深刻：父亲"力矫时弊，严禁学生吸食鸦片、酗酒、嫖妓、赌博和早婚；凡有违犯的，都予开除"。[③]

近代中国，早婚现象相当普遍，这是导致国民素质下降的重要原因之一，张伯苓本人也曾深受其害。因此，他明确规定，学生不满 20 岁不得结婚，违者即行斥退。后来做了适当的调整，内容改为"肄业生年龄到 21 岁始准娶

① 《校风》第 26 期。
② 《南开四十年校庆纪念特刊》。
③ 张锡祚：《先父张伯苓先生传略》，南开大学出版社 2016 年版，第 28 页。

亲，如违，查出即令退学”[①]。而修身课则成为他慨然陈述早婚危害的一个重要地方，他说：“早婚于学习、进步、道德诸方面都有损无益。”他疾呼力矫此弊，并希望南开学生为爱身计，为爱国爱家计，绝不早婚。学校的新剧团还排演了《早婚鉴》，痛陈早婚的害处，为青年学生敲响警钟。在禁止早婚的同时，张伯苓还十分重视对学生的青春期卫生教育，特意在修身班上讲授青春期卫生问题，既反对对青春期卫生问题漠然视之的不负责任态度，也不赞成沿袭传统做法缄口不言。他除了亲自向学生宣讲之外，还鼓励学生自我认识。当时的报刊《校风》就专门刊登《健康与色欲》的文章，介绍性科学知识，并邀请校外专家辅以幻灯，讲解性知识，提出戒除陋习的方法。这在当时是开风气之先的大胆举措。对此，周恩来在1963年回忆说自己感到受益匪浅。与此相关的是，为杜绝学生游访烟花柳巷的陋习，防止他们因为沉溺其中而损害身体和耽误学业，张伯苓采取了十分严厉的措施禁止学生去各处冶游，甚至连当时社会中存在的落子馆也成为南开学生的“禁区”。有时，张伯苓还亲自到这些地方去调查，看是否有南开学生前来游玩。据当时的新闻报道：“天津南开中学校长张伯苓因近来学界风俗日坏，每逢星期日，各生多有二三成群同赴落子馆观曲，难免聚众冶游，与学务关系重要，闻昨饬派稽查，调查各生品行优劣而维教育云。”[②]为了言传身教，酷爱听戏的张伯苓也从不在天津进戏院听戏。他虽然和郝寿臣、梅兰芳等京戏名角颇有交情，但是当他们在天津表演时，张伯苓绝不前去捧场，而宁愿大老远地跑到北京去听他们唱戏。原因很简单，张伯苓就是希望通过自己的一言一行来规范学生的行为，真可谓煞费苦心。

有一个张伯苓以身作则的故事曾在南开学校广为流传。在一次中学的修身课上，张伯苓除了谆谆告诫学生们最好不要抽烟外，还指着一个因为吸纸烟过多，手指被烧得焦黄的王姓同学说：“看你抽烟抽的，手指都烧成那个样子了，吸烟对青年人身体有害，应该戒除了它。”但是这个王姓同学很不服

① 《南开周刊》第1卷，第2号。

② 《益世报》，1916年1月17日。

气，当场质问校长说：“先生您不是也抽烟吗？怎么说我呢？”张伯苓顿时无话可说，深切地认识到欲教育学生，必先教育自己，凡事要以身作则。当即叫来校工说：“把我房里的烟全拿来！”当时张伯苓吸吕宋烟，房里存着几大盒，校工全给拿来，他当着所有学生的面把烟全都折了，扔在污水桶里。校工觉得可惜，说道：“留着拿回家给老太爷抽不好吗？”张伯苓说：“不如此不能表示我的决心，从今以后，与诸位同学共同戒烟。”[①] 在场的学生都被感动了，报以热烈的掌声。自此以后，南开在校学生，从没有吸烟的，先生自此也终身不吸。

张伯苓凭着自己的顽强毅力，成功地戒除了烟瘾。他经常说：“正人者，必先正己。要教育学生，必先教育自己。”然而戒烟的过程确实非常痛苦，张伯苓也不例外。当天回家以后，张伯苓一句话没说就把家里的香烟、吕宋烟全扔到炉中烧毁了，连晚饭也没吃，躺在床上生自己的气。他的夫人非常了解丈夫的心情，连忙上前劝解说：“你做得对，我支持你想办法戒烟。这个学生提的也对，当校长就得以身作则，要不然学生如何信服你呢！”为了帮助张伯苓坚持戒除吸烟的习惯，她还在每天晚饭后，准备四小碟零食，如花生、糖沾子、糖瓜、瓜子等，以零食代替香烟。张伯苓戒烟成功，离不开夫人的帮助。很久之后的一天，黄钰生和张伯苓谈起弗洛伊德的心理学说——梦是欲望的满足，张伯苓笑着说：“有道理，我戒烟之后好久还做梦抽烟。”[②] 值得肯定的是，张伯苓持之以恒，从此再未抽烟。他以身作则，严于律己，最终赢得了广大师生的尊敬。榜样的力量是无穷的，在提升学校德育水平的过程中也是必不可少的。在高尚人格影响下，南开学校形成了铁的纪律和良好的风范，以致后来所有的南开学生包括已经离校多年者，从不敢在张伯苓面前吸烟。

在近代中国，赌博几乎可以说是一项全民共同参与的休闲娱乐活动，有的青年学生也免不了受此诱惑。张伯苓利用各种机会，在多种场合，向同学

---

①张锡祚：《先父张伯苓先生传略》，南开大学出版社 2016 年版，第 32—33 页。

②龙飞、孔延庚：《张伯苓与张彭春》，百花文艺出版社 1997 年版，第 248 页。

们大力宣传赌博的危害，并谆谆告诫同学们远离赌桌。张伯苓始终是一位为学生负责到底的好校长。1916 年 2 月，寒假将近，他担心学生们回家之后会受到赌博等社会恶习的影响，所以防患于未然，在诸生即将离校之前，好言相劝："寒假在迩，诸生多将回家，归则易与社会相习染。近日世风不竞，邪辟是尚，至于赌博，尤奉为时髦。""夫人性好胜而多贪，少年尤甚。当闲暇无事或手中阔绰，则易感赌而成癖，故由元旦至元宵，青年坏去十九，直谓之赌博养成期可也。迨习惯既成，夜以继日，废寝忘餐而不肯舍。于是减食也，妨睡也，阻身体发育也，以至丧德败名，废业倾家，诸恶果随之一生。此后，居官则贪婪而枉法，就事则济私而忘公。其害如此，而一般人士犹沉迷其间，视为高雅，岂以其百害尚有一利乎？能增知识乎？能充精神乎？能致富兴家乎？抑以舍之而不能优游以乐于斯世乎？吾知其谬也。"

同时，张伯苓也希望有志青年，不仅能够自己远离赌博，而且还可以劝诫周围的亲朋好友不去赌博。"我校期造完人，想诸生亦能恪守校规，不致有上述恶习。然一旦离校归家，则吾恐随流扬波，或竟为社会所移易。诸生皆为有思想之青年，曷不于归家之前立志戒赌。于己则谨慎以防，于亲友则善言以劝，庶几正己、正人，不负汝辈之青年，不污我校之名誉。"[①]

张伯苓还大力提倡搞好个人卫生和环境卫生，努力引导学生们养成文明卫生的良好生活习惯。他在南开校规中用了很大的篇幅对学生日常的生活起居做了细致入微的规定。20 世纪 20 年代初，学校专门编制了《学生卫生习惯自省表》，并拟定《学生每日生活的正轨》，从早晨起床到晚上就寝，一天的生活、学习、饮食、运动、娱乐等，都制订出规范条例，规范一言一行。譬如在《学生卫生习惯自省表》中明确写有如下内容："今日早晚及饭后刷牙否……今日激烈运动否？近日饮水几大杯……睡时开窗否？"又如在《学生每日生活的正轨》中写道："六点一刻醒来，想想今天做什么了……七点二十分吃早餐，饭后漱口，休息……十二点午膳（不要忙，要细细地嚼，食毕

① 《校风》第 19 期。

漱口）……”[①]

学校每学年还要检查一次学生身体，按照“健康进退计分法”，计算学生健康分数，并把结果在全校通报。学校巡察委员会每月巡察一次，会同训练课一期，检察学生卫生习惯，制订学生卫生习惯登记表。每年的3月、6月、9月和12月，测量学生身高，将结果在班里公布，并提出营养矫正方法。请著名医生向学生们讲解生理卫生知识。张伯苓还很重视环境卫生，教室、宿舍窗明几净，墙壁年年粉刷，玻璃、纱窗破碎之后及时修整。为学生们潜心学习，创造干净、整齐的外部环境。

身体力行的爱国教育

对于生活在20世纪初的中国人来说，国家与民族的悲剧似乎每天都在上演着。亲历过“国帜三易”、胸怀厚重国难情结的张伯苓一直将爱国热情同教育救国的理念融为一体。在他看来，“德育为万事之本”，德育是围绕着爱国主义教育展开的。青年学生首先应具备的品德就是爱国，必须“有爱国之心，兼有爱国之力，然后始可实现救国之宏愿”。张伯苓一直强调，自己最初投身于中国教育事业的动机即是爱国主义，南开学校则是在国家遭受外侮的历史背景下产生并发展、壮大起来的。放眼南开学校创办的历程，张伯苓强烈的爱国思想一直贯穿其中。“南开学校系受外辱刺激而产生，故教育的目的，旨在雪耻图存；训练方法，重在读书救国……时时对学生剀切训话，借以灌输民族意识，及增强国家观念。”[②]

南开学校每周三固定的修身课及不定期的各种集会也都成为张伯苓开展爱国教育的重要场合。每次讲演，张伯苓都要对会场进行一番精心的布置，讲台上必高悬国旗，两旁大书“爱国”二字，以激发青年学子对祖国的热爱

①王文俊：《南开大学校史资料选（1919—1949）》，南开大学出版社1989年版，第520—521页。
②《南开四十年校庆纪念特刊》。

之情。张伯苓在讲演时，总是用他那纯正的天津话向学生们讲述中国近代历史上一幕幕国家遭受侵略、人民遭受奴役的惨痛历史。他那饱含热情的声调具有极强的感染力，以至“其言极其痛深，其感人至矣。同学少年受此剧烈之感触，顿有坐立难安之势”[①]。他还念念不忘告诫青年学生在面对民族危亡之时，千万不能丧失信心，一定要坚定自己的爱国、报国之心，更加努力地以自己所学的知识去改变祖国贫穷落后的面貌。

张伯苓还经常通过一些生动有趣的小游戏来形象地向同学们讲述团结为国的道理。一次，他在讲演时请一位娇小的女同学双手紧握一把绳子的一段，然后叫几个粗壮的男同学各执一根绳子的另一端往不同的方向拉。这样，那个女同学稳如泰山，岿然不动，而几个男同学使出浑身的力气也无济于事。而后他又让那几个男同学合拢起来，往同一方向用力拉那几根绳子，根本不用太大的力气，那个女同学就站立不稳，并被轻而易举地拉过去了。进行完这样的表演之后，张伯苓画龙点睛地总结一句：“你们懂了吧？分则弱，合则强。”[②] 团结合作、共同为国的种子从此埋在南开学生的心中。1916 年 11 月 1 日，张伯苓在修身课上讲“爱国”，不禁想起他前几年在美国看到美国学校的学生每日向国旗行礼的一段往事：“前八年，余在美国时参观一小学校，校长每晨率学生对国旗行礼，以养成学生爱国之念。吾校亦自今起，每星期三至此，先对国旗行三鞠躬礼，以表爱国之诚。”[③] 这种培养南开学子爱国精神之方法，当时在国内似乎尚不多见。

爱国思想的培养，并不仅仅限于举办几次演讲或者举行若干仪式，而是要全身心地投入切切实实的爱国活动中去，只有这样，爱国思想才能真正转化成为爱国行动，才能对国家危亡之局势起到挽救的作用。为此，张伯苓从不放过任何一次现实的爱国教育活动，每年的“五七国耻日”，张伯苓都要组织南开师生举行纪念游行活动，以铭记日本侵略者提出旨在灭亡中国的

①《校风》第 46 期。

②张镜潭：《昔日南大琐记》，南开大学校长办公室：《张伯苓纪念文集》，南开大学出版社 1986 年版，第 112 页。

③《校风》第 44 期。

“二十一条”的屈辱和中国人民为反抗外来压迫而进行斗争的光辉，同学们唱着“五月七日，城下盟，杀我主权，谋我江山，追印度，逐波兰，大家猛着鞭”的爱国歌曲，甚至自发地斋戒一天以表达勿忘国耻之念。同时，张伯苓还结合社会热点时政问题组织学生们撰写文章，讨论国家大事，甚至在考试试卷中也有所体现。如 1919 年的第一学期曾以《欧战格局与中国前途之关系》为题作试卷，并组织时事辩论。

张伯苓深知，身体力行的爱国运动，绝不能局限于南开校园，因此，每逢社会上掀起轰轰烈烈的爱国运动，张伯苓总是率先将南开师生发动、组织起来，鼓励他们参加爱国运动，昂扬爱国激情。清光绪三十一年（1905 年），一场抵制美货的爱国运动在全国范围发展起来，中国民众以种种形式来抗议美国无理反华、排华的野蛮行径。天津是这场爱国运动的重镇之一，尤其是天津学界，在张伯苓等人的领导下，学生们表现得相当积极，站在了斗争的前列。6 月 10 日，张伯苓和官立中学堂校长胡玉孙等人在《大公报》上发表《敬告天津学界同志诸君书》一文，呼吁学界赶快行动起来，积极投身到这场以抵制美货为中心的反美爱国运动中来，希望各学堂利用修身课的机会控诉美国残害华工的累累罪行，并叮嘱学生们千万不要购买美国货品以支持这场运动。16 日，张伯苓、胡玉孙二人又在《大公报》上发表启事，指出：“美人续订限禁华工条约，南省之商界、学界，倡谋抵制，咸以不购美货为最妙策。以我津郡学堂夙多爱国志士，表同情当不乏人。”[①] 在张伯苓的带动下，学生们联合天津地区 30 多所学校发起大规模的学界集会，以“保全国体，振发民气”为口号，群情激昂，慷慨陈词，抒发爱国情怀。集会之后，同学们还上街散发传单，发表演说，深入店铺进行调查。

张伯苓积极投身禁烟运动，于清宣统二年（1910 年）在南开中学堂召开顺直禁烟分会成立大会，利用禁烟来反帝爱国。他提出的口号是“禁烟可以强种，强种自然是爱国”[②]。因此，开会那天“官、绅、学、报、工、商各

---

①《大公报》，1905 年 6 月 16 日。

②黄钰生：《张伯苓先生追悼词》，申泮文主编：《黄钰生文集》，百花文艺出版社 2009 年版，第 125 页。

界到者约及千人，礼堂座位已满，后到者竟无地插足（凡是日到会签名以及前曾来函赞成者，统认为会员）”。张伯苓不仅参与会议筹办，会场照料，还登台演说，而且还被公举为会长。“当场认捐者或三五元或一二元，皆争先恐后。观近来之民气，日见膨胀，程度日见增高，爱国之真精神，宪政上之真预备，直有不能遏止之象，我中国之前途或有转机。”① 此后，该会更名为“中国国民顺直禁烟会”。② 参加该会的既有华人，也有洋人，如英文书记丁义华就是赫赫有名的美国来华传教士，法国商人葛朗盖自愿入会，做一名会员。由于禁烟是人道的举动，所以国际组织和天津租界当局也纷纷与该会和中国政府建立联系，答应“中国政府，在禁烟会的事务上各国的领事予以协助，伯苓先生抓着这一点，就以禁烟会的名义向天津各国租界的当局交涉，准许禁烟会的职员（一个民众团体的职员，不是政府的官吏）会同租界的巡捕去阻止烟馆营业”。③ 于是，该会一方面争取英国禁烟会的“赞助”，另一方面去天津法租界展开调查，发现“有售烟处十五家，得有禁烟局执照，若禁烟局不发，即可不卖语”④。不仅如此，法界工部局在该界抓获烟贩多名，送交县署究办外，还致函中国国民顺直禁烟会会长张伯苓曰：“伯苓先生大人赐览：启者：敝界禁烟之事，业经议定办法，于前日先行知会各烟馆房东，早行驱逐。奈有不遵示论驱之不去者，昨晚派人一并抓获，共六十余人。拟于今早十一点送交禁烟总局，儆戒罚办。务祈阁下及时到禁烟总局题明办法，庶不致如前之即行放释，方为有益之举也云云。张君接到此函后，已于初二日回复禁烟总局照办矣。”⑤ 为此，张伯苓还和法国领事商议，“请禁止该租界售卖烟膏各店”并筹商禁止张家口地方之烟土汇集。盖本省烟土凋敝，仅张家口一处。该处禁绝，全省肃清也。⑥ 在张伯苓等人的领导和努力下，天津禁烟取

---

①《大公报》，1911 年 12 月 6 日。
②《大公报》，1911 年 12 月 10 日。
③黄钰生：《张伯苓先生追悼词》，申泮文主编：《黄钰生文集》，百花文艺出版社 2009 年版，第 125 页。
④《大公报》，1911 年 12 月 28 日。
⑤《大公报》，1911 年 3 月 5 日。
⑥《大公报》，1913 年 3 月 28 日。

得一定的成效。至次年4月下旬，“津埠内地膏店均经停闭”，只有法界内尚开设烟膏店，“经会长张伯苓君谒见法领事”，展开交涉，一面偕同全国禁烟联合会打消其“消缩减办法有碍烟禁”之议。[①] 中国人终于可以收回在外国租界中的一部分权利，为当时懦弱政府所不敢为，不能为。由此可见，张伯苓用心之良苦，斗争艺术之高，成就之巨大。

到了20世纪二三十年代，反对日本帝国主义的斗争成为近代中国最主要的反帝爱国斗争。当时，南开学校深受日本侵略者之害。日本侵略军驻扎在天津海光寺，而这一区域正好位于南开中学和南开大学之间，于是，在同学们琅琅的读书声中，隐约可闻日本侵略军在墙子河畔的打靶枪声。对于具有爱国主义光荣传统的南开人来说，手枪、步枪、马枪声，声声入耳，有的时候日本侵略军还肆无忌惮地以南开校园为军事演习的目标，直接将炮口对准校园，南开学校遭受着敌人的公开挑衅。面对穷凶极恶的敌人，张伯苓毫不畏惧。作为一介知识分子，他虽然手无寸铁，无法直接和日本侵略者展开搏杀，但却巧妙地以南开学校为基地，直接或者间接地展开反抗日本侵略者的活动。这一时期，南开中学和南开大学在每年招生的时候，总会有很多从朝鲜远道而来求学的学生，多的时候竟然有20余人，张伯苓不顾日本方面施加的种种压力，毫不犹豫地将朝鲜学生招收进来，并置于自己和南开学校的保护之下，对他们的生活和学习给予无微不至的关怀。有的朝鲜学生因为国破家亡，缴不起学费，张伯苓便慨然同意免除他们的学费和住宿费，让他们能够在学校里面专心学习，培养能力，以备将来报效祖国。这对于一个经费经常捉襟见肘的私立学校来说，确实不是一件容易的事。张伯苓一生将中华民族的利益置于至高无上的地位，践履笃行着爱国精神。

对此，张伯苓有很深的体会：“余深信今日中国最要者为联合，欲联合则必须有一公共之绳索以束缚之。是绳索不能以种族为之，以中国种族复杂；不能以宗教为之，以中国宗教繁多；不能以社会为之，以中国社会上利益与

① 《大公报》，1913年4月22日。

责任多所分歧。窃意较合宜之束缚物，即为爱国心，是即为中国若干年成立要素之虔敬孝心所可以自然变成者。古时一切道德皆归宿于孝字，故曰战阵无勇，非孝也。近日吾侪必须广家族主义而至于国，则此虔敬孝心，即可成为国之忠心矣。而此爱国心，吾国之人无论南北东西，亦即可谓有一公共之绳索束之矣。吾校即教授以联合国民之能力，更进者，欲使中国青年不仅为中国之良民，且为世界之健全分子。以今日之国界甚狭，吾等应思教育青年，当以万国大同为志也。"[①] 在他看来，爱国之心，是联合全体国民的一条重要纽带，联结古今，更通达世界，是万国大同的有效途径和建设目标。

对此，张伯苓的后人对父辈的思想与实践也都极为认同。"国家要图强雪耻，百年重任，首在于培植新人，所以对于学生们，从他们幼年时，就给他们灌输着爱国主义思想，教他们终身不忘，以便将来毕业以后，出来做事时，凡事都能联系到国家民族的利益，用意是深远的。"而张伯苓"平日时刻念念不忘的图强雪耻，实际上就是他的反帝反封建思想的具体实践，经常地把它来灌输给年轻的学生们"，[②] 帮助他们养成爱国情怀。

普及科学教育的先行者

近代以来，中国科学技术和综合国力远远落后于西方列强，这是中国一直处于落后挨打的重要原因之一。张伯苓坚信科学可以救国、强国，希望通过发展教育，开启民智，唤起国人对于科学研究之兴趣，促进物质文明之发达。在创办私立中学堂的初期，张伯苓就特别注意完善实验设备，注重实用科学技术的发展。他一贯强调："唯是科学精神，不重玄想而重观察，不重讲解而重实验，观察与实验，又需有充分之设备。"[③] 在早年从日本购来仪器的

①张伯苓：《解决中国之问题为教育》，龚克主编：《张伯苓全集》第1卷，南开大学出版社2015年版，第96页。

②张锡祚：《先父张伯苓先生传略》，南开大学出版社2016年版，第30页。

③《南开四十年校庆纪念特刊》。

基础上，张伯苓每年都保证实验室中添置一些新的实验器具，并争取让每个学生都有动手做实验的机会。当时，这在国内的各所学校中都不多见，更不要说在私立学校了。国内外的学校管理者、教育家来南开参观，都对南开学校完备而先进的实验设备赞叹不已。

张伯苓提倡科学的最终目的，就是要打破科学知识长期以来为少数人所垄断的局面，努力将科学知识普及和推广到广大民众中间去。这是张伯苓教育思想中一个非常重要的方面。早在清光绪二十九年（1903 年）严、王家馆时期，张伯苓即利用晚上时间到官立小学堂放映幻灯来为民众讲解基本的电学知识。清光绪三十一年（1905 年），私立中学堂成立之后，他又借天津城隍庙小学堂陈列学校各种教学仪器，宣传普及科学知识。南开学校初创时期，张伯苓还让学校的教师或者高年级学生带着仪器到民众教育馆去表演“科学把戏”，以利于推广和普及科学知识。以此而论，称张伯苓是中国近代科学普及运动的先驱，毫不为过。1916 年，天津决定成立一个博物馆，以推广科学知识，南开学校在张伯苓的带动下成为积极的参与者和支持者。周恩来曾就此事做过报道：“吾津风气之开，自较他埠为先，唯各种疏通民智事业仍多缺如，殊未足树各省先声。兹（省署）教育有鉴于此，特联合诸学校，组织天津博物馆，其经常开办费由各校分任。我校应出之款，业已支纳，想执事汲汲为怀，不日当能成立，为吾津增利民之业矣。”[①] 该博物馆的建立对向社会各界人士宣传先进的文化思想、自然科学知识、破除传统风俗等方面均起到有益的作用，也和张伯苓一贯倡导的普及科学思想一致。南开大学创办不久，张伯苓便决定利用大学的师资和设备在社会中推广知识，普及应用科学。于是，在 1921 年 7 月中旬至 8 月底，南开大学举办暑期学校，由张伯苓总负责，下设委员会具体负责。暑期学校开设一些基础课程，趁暑假的机会帮助青年学生和一些中小学教员补习各种应用学科知识，提高科技知识水平，因而受到社会各界的一致好评。1923 年，张伯苓出任在北京成立的中华平民教

①《校风》第 28 期。

育促进会执行董事，为中国教育普及事业贡献出自己力量。

对于张伯苓提倡科学的观念和行为，张氏后人都交口称赞。张锡祚在《先父张伯苓先生传略》中毫不避讳地称赞张伯苓："力矫千百年来八股文对于中华民族思想的毒害，大力提倡科学知识，介绍西方科学文明，灌输新思想。在科学研究中，尤其注重科学实践"，实属难能可贵！"先生在南开中学创立的一开始，就从日本买来物理、化学实验仪器多种，教给学生们作为亲手实验之用。当时有西人到南开来参观，认为在他们国内的一般中学里，能有这样设备的也不多。"[①] 这样的分析和判断还是比较客观、公道的。

培育德才学识兼备的青少年

张伯苓坚持认为现代人才，应该具备德、才、学、识等多种品质。南开学校的学生除品德高尚，热爱祖国之外，还应该具有多方面的才能、学识、胆量和谋略。因此，所有的学生在学校里面都要接受严格而系统的教育、培养、训练。众所周知，南开学校一贯以教学严格、认真闻名，强调基础知识、基本技能的训练。不论是在南开中学、南开女中、南开小学，还是南开大学，都是由最优秀的教师教授基础课。重视实验操作，让学生们在实验中弄清原理，受到科学训练，掌握实际能力。为了保证教学、实验各个关节的顺畅、有序进行，南开学校采取了较为完备的管理制度和方法，如课堂规则、实验室规则、考试规则、宿舍规则等。更为关键的是，不仅仅要有明确的文字规定，更要在实际的教学、实验、考试、住宿等各个环节严格执行，让规则产生约束力。例如，南开学校的考试制度就十分严格，按照规定只要有两门功课不及格就必须留级，没有任何通融的余地。按照人们的一般情况，这样不讲情面地严格执行学校的规章制度，往往会结怨，遭到被处罚者的攻击，让学校名誉受损，令严格按照规则办事的人难堪。然而，南开学校为保证教学

①张锡祚：《先父张伯苓先生传略》，南开大学出版社 2016 年版，第 28—30 页。

质量而严格执行各项规则的举措，不仅没有引起人们的恶意攻击，反而赢得了社会各界人士的广泛拥护和赞成。

20世纪30年代，教育主管部门规定的“德育教材”让学生背诵教条和儒家格言，以考试检验成绩，不问学生现实生活中的品行。对此，张伯苓非常不满，一针见血地指出：用考分评定学生品德，等于培养言行不一的伪君子。教出来的学生，只能用死教条压抑生机，用死知识断绝智慧，用“高考分”僵化品行。这样教不出好学生！于是，张伯苓当即撤销了这套课本，而不是以“考”为人为本的传统考试模式，改为不要课本不抄笔记的“公民课”。他根据学生们的实际品行表现，有针对性地讲授大课，学生们听得津津有味，易于感悟。①

对于每一位南开的学生来说，成为德、才、学、识兼备的优秀毕业生是多年努力、奋斗的目标，因此，读好书是不二法门。可是，在张伯苓的教育世界中，读好书并不意味着死读书、读死书，更不能以死记硬背、接受书本教育为最大的满足。他的理念中，教育是要“教活孩子，不是教死孩子”。为了让学生们读活书，张伯苓克服了很多困难，从1926年开始在高中生中增开一门必修课，名为“社会视察”。这门课要求学生每周由指导老师引导去天津或外地工厂、机关、学校等参观，举办座谈、讨论，写出考察报告。许多学生通过社会考察，发现了一些现实问题，寻找到一些理解解答。多年实践证明，这些南开学生在教师们的指导和率领下走出校门，走向社会，开展社会考察，接触、了解和认识了社会生活实际，不同程度地锻炼和提高了自己的各方面能力，距离成为德、才、学、识兼备的优秀毕业生更进一步，为日后以自己的专业知识和能力，投身社会服务奠定了一定的基础。因此有学者说：“张伯苓办教育不只是向学生输送知识，而着眼于培养解决问题的本领，立足于把学生当成社会需要实干、能干的人才来办的。”②

---

①丛林：《素质教育铸英才——感念南开学校老校长张伯苓办学创举》，2014年6月版，第107页。《重庆南开校友通讯》第41期。

②潘强主编：《天津近现代著名教育家传略》，南开大学出版社1995年版，第75页。

柳无忌坦率地说："张伯苓事业的成功，在于他能就地取材，有引用与培养人才的创造力。这位天才的领导者，他以身作则，导引人们如他一样地为公能的理想服务。这一点我在进南开不久就看出来了。"[①] 他不无自豪地说："张校长创办南开的功绩，在中国教育史（也许在世界教育史）上史无前例"，并真情流露："从前在天津或重庆参加学校集会，现在美国的校友聚餐，当唱校歌时我往往神驰于'巍巍乎我南开精神'这一句。那种大公无私的南开精神，是张伯苓留给南开的一份珍贵的遗产。"[②] 南开女中的毕业生周仲铮等人也说："他不只是身材魁伟，他的精神、思想、事业、成就都是魁伟的。他创造了一种南开精神，就是不怕难，要互助，要团结，要爱国，我时时不忘南开精神啊！"

张氏后人也努力地提供了一份答案：

> 先生平日极其重视环境教育，他认为这对于学生可以收到潜移默化之功。清洁整齐，生活有规律，做事有条理，气魄宏大，这是培养一个好公民的第一步功夫。所以在他的指导之下，不论是在大学、中学、女中、小学，或在天津、重庆，学校里永远地、随时随刻地布置得清洁整齐，秩序井井有条，无论老师学生，以至校工们都总是精神勃勃的。
>
> 在当时，南开是私立学校，一切经费和建设都指着社会人士的捐款来补助维持，所以平时对于校舍的保护维修都是特别的注意。校舍年年油刷，哪怕是一块玻璃或是一块窗纱破了，都要立时补修好。地上永远看不见一块碎木和烂砖，即使是最初建校时修建的校舍，也是油漆粉刷得和新房子一样。一进了南开学校的大门，会使人有一股生气勃勃的感觉。而一般社会人士见到他们捐款兴建的学校是这么整洁有秩序，这么

①柳无忌：《巍巍乎吾南开大校长》，南开大学校长办公室：《张伯苓纪念文集》，南开大学出版社 1986 年版，第 190 页。

②柳无忌：《巍巍乎吾南开大校长》，南开大学校长办公室：《张伯苓纪念文集》，南开大学出版社 1986 年版，第 191 页。

有生气，他们也更乐于踊跃地来捐款。[①]

外部环境的美观确实十分重要，往往会给人留下深刻的印象，产生好感。然而，内部环境的整治有时显得更为重要，同样需要高度重视，精心维护。张伯苓的很多做法和说法，被他的后人看在眼里，记在心上。

先生平日最注意培植后进，选拔新人，只要某人有一点长处被他发现了，他必要尽力地鼓励他，给他以发展的机会。对于用人方面，他常说："人都有他的长处，也都有他的短处，世间没有十全的人，我们用人，要尽量发展他的长处，避免他的短处，在长处得到发展时，他的短处也会退缩不显，如果我们对人处处吹毛求疵，世间将无可用之人。"他的一生，无论对人对事，永远是看那明朗的一面，选择那明朗的一面，在这一点上，也可以说是代表他那教育家的风格，一个乐观主义者的特有性格。人们都叫他老校长，他的一生就是这么热情温暖，使人乐于受教。[②]

正是由于南开学校在实施教育的过程中比较成功地将提倡科学、道德、文明、爱国精神及团结意识，以及校园环境、人文环境建设等紧密地结合在一起，使每个进入南开校门的学生，不仅成为接受新教育的现代的人，还具有了南开气质、南开特色。用当时流行的一句话就是"南开味儿"。于是，南开校风也就在积沙成塔中形成了。梁启超说："贵校校风之佳，不仅国内周知，即外人来参观者，亦莫不称许。"蔡元培云："贵校为国中知名之学校。"他们对南开校风的称赞其实就是对张伯苓教育思想与实践的最大肯定。

---

①张锡祚：《先父张伯苓先生传略》，南开大学出版社 2016 年版，第 60—61 页。

②张锡祚：《先父张伯苓先生传略》，南开大学出版社 2016 年版，第 61 页。

允公允能　日新月异

总之，不管是合作精神的提倡，团队力量的培养，道德精神的塑造，爱国行动的弘扬还是科学教育知识的普及，张伯苓教育理想的最终目标就是为了克服中国的“愚、弱、贫、散、私”五病，培养学生们爱国爱群之公德与服务社会之能力，以振兴中华。因此，在以“公能”二字为最终依托的基础上，张伯苓于1934年在南开建校30周年校庆纪念会上正式宣布“公能”为校训，作为他通过发展教育来培养救国人才的基本方针。此后，在校园内又用冬青草组成了“允公允能，日新月异”两行醒目标语，作为南开校训。

在张伯苓后人的眼里，南开学校教育宗旨和方针的调整也是与社会发展的需要同步的。张锡祚说：在清末，鉴于当时社会风气的愚昧无知、颓靡不振，张伯苓针对“五病”，总结、制订教育方针。后来，他的教育思想也随着时代的进展和社会的需要而飞速向前发展。由早期的五项教育方针逐渐发展成熟，进而形成“公能教育”思想，这就是南开校训。[①]

在张伯苓大力宣扬的“公能”校训中，“能”指能力，涵盖智能、技能、体能及口才、判断力、办事能力、凝聚力等各个方面的才能。在他的观念里，知识浅薄是智能不如人，身体衰弱是体能不如人，拙嘴笨舌是口才不如人，遇事糊涂是判断是非的能力不如人，处理事务效果不彰是工作能力不如人，一盘散沙是凝聚力不如人。南开学校就要有针对性地培养和训练学生们具备国家、社会所需要的各种具体的能力，让学生们形成爱国的能力，通过实干、苦干、硬干，为国家做有用的事情；“允能”就是要做到最能，建设现代化国家，拥有现代化的科学才能。“公”，是大公无私，“允公”则是大公，不是小公，不是本位主义，而是高瞻远瞩，正己教人，发扬集体的爱国思想，消灭自私的本位主义。张伯苓很有感触地说，我看我们中国人最需要的就是一个“公”字。没有集体观念，没有国家观念，就是没有认识清楚这一

①张锡祚：《先父张伯苓先生传略》，南开大学出版社2016年版，第58页。

个“公”字。一个国家的人民只有都除掉自私自利之心，一致为国努力，这个国家一定会强大起来。因此，他呼吁南开的学生、校友做事“不自私”“肯为公”“持之以诚”“继之以勇”，让南开的火光炽照万里，为国家、为社会承担责任，凡事忘私克私，具有团结合作的精神，取得以公化私的效果。

对此，张氏后人也有自己的理解和解读。张锡祚就强调指出：

> 先生的所谓“允公”是指要求做到最公，“允公”和“去私”是相对着的，但是去私是消极的态度，而允公却是积极的态度。这里所谓的“公”字，先生尝着重指出是“大公”，不是“小公”，若是“小公”的话，那就成为本位主义，算不得什么公了。唯其公，所以才能高瞻远瞩，唯其公，所以才能正己教人，发扬集体的爱国思想，消灭自私的个人主义。这是他教育学生做人的第一功。
>
> 所谓“允能”是指着做到最能，要建设现代化的国家必须要有现代化的科学才能，而南开的教育目的，就是在培养具有现代化科学才能的新人。既具备理论知识，又具备实际工作的能力，主要在培养学生学会将来在社会服务时的工作能力和专门知识。为了赶上时代和跨过时代，先生又在大学部成立了经济研究所和各种理工研究所，号召学生向世界科学文化新高峰进军。

所谓“日新月异”就是天天要发展，日日要进步。张伯苓经常针对不同水平的学生们讲解其中含义。对于念过“四书”的学生，他则引述“康诰曰，作新民，苟日新，日日新”的原典，并讲述每个人不但能接受新事物，而且还要成为新事物的创始者，不但能赶上新时代，还要能走在时代的前列。对入学不久的学生，他不厌其烦地说，南开精神就是长进和创造精神，要“长”“顶”“干”。在“日新月异”的背后，还隐含着张伯苓对生活的理解，以及长期形成的生活态度和生活哲学。诚如他谆谆教诲学生们的那样：“保持着你们的生活，使它永新；保持着你们的精神，使它永新；本着这个永新的精神，来应付这人生一切的问题。”在他的精神世界里“世界上的一切是人创造的，我们的生活是创造的生活，我们应该本着奋斗的精神，创造一切，解决一切。能够如此，你才能对生活发生兴味。否则虽然你年龄幼稚，而你的精神却已衰老了。我们更不应该对现在感到满足，因为我们生活的目的是奋斗，不是一时的成功，是长进，不是满足，我们能说，我们只能长进到某一地位，奋斗到某一步骤就行吗……有人批评我是苦命的牛，要拖一辈子的车。不错，让我拖一辈子的车，这就是我的希望，这就是我生活的目的”[①]；“日新月异，就是每个人不但要能接受新事物，而且还要能成为新事物的创始者；不但要能赶上新时代，而且还要能走在时代的前列。”[②] 这些话，既是张伯苓的人生感悟，也是对“日新月异”的深入解读和进一步诠释，更是对南开乃至中国的学生们的殷切期待。

按照张氏后人的解读，日新月异就是要求学生天天在不停地变，时时在不停地长。

> 他给学生们创造了一种环境，叫学生们亲眼看到他们几年或十几年（在那时从南开小学到中学、大学一共要十六年）所在读书的学校，就是时时地在变，时时地在长，时时地在向前发展。环境的陶溶，潜移默化，给学生们养成了一种习性，认为不是这样就不是人生了，使得学生们自幼年就养成了“长！长！长！”的人生观。先生常教育学生们说：“所谓日新月异，不但是要能接受新事物，而且是要成为新事物的创始者，不但要赶上时代，而且是要走在时代的前面。”这些就是南开精神。[③]

1944年，当张伯苓回顾四十年来南开的发展时，曾总结说：

---

①龚克主编：《张伯苓全集》第1卷，南开大学出版社2015年版，第230页。

②晏升东：《我爱南开，更爱南开精神》，南开大学校长办公室：《张伯苓纪念文集》，南开大学出版社1986年版，第133页。

③张锡祚：《先父张伯苓先生传略》，南开大学出版社2016年版，第59页。

上述训练，一以“公能”二字为依归，目的在培养学生爱国爱群之公德，与夫服务社会之能力。故本校成立之初，即揭诸“公能”二义，作为校训。唯“公”故能化私，化散，爱护团体，有为公牺牲之精神；唯“能”故能去愚，去弱，团结合作，有为公服务之能力。此基本训练，以“公能”校训为指导原则，而“公能”校训，必赖此基本训练，方得实现。分之为五项训练，合之则公能二义，允公允能，足以治民族之大病，造建国之人才。四十年来，我南开学校之训练，目标一贯，方法一致，根据教育理想，制定训练方案，彻底实施，认真推行，深信必能实现预期之效果，收到良好之成绩也。[①]

张伯苓还多次向刚刚入学的同学解释南开校训：“这日新月异几个字，同学们不会不懂，入学考试还考过。那是希望我们南开的学生每天每月都在进步，要有不断进取的精神。允公允能几个字，我们的新生还有许多老生，就不一定明白了……公，韩子说‘背私为公’南开学生应该为国家尽责，为大众做事。能，就是要有能力、有本领。没有能力和本领，怎么去尽责……搭在一块儿，允公允能就是，当为公能，奋斗终生。”[②] 此外，张伯苓还常常鼓励学生们凡事都要努力去干，化无为有，化不能为可能。他对“巧妇难为无米之炊”这句话就不以为然，因为有米，人人都可以为炊，何用巧妇！没有米，能想办法弄来米做成炊，才是巧妇，所以，他要学生们做“能做无米之炊的巧妇”。[③] 据学生们回忆：伯苓先生无论是在全校师生聚会时（修身班）还是在和私人谈话中，莫不针对时弊痛切陈词，指明中国之病首在自私自利，一般人大半假公济私，因私而害公，不知公如有损，私亦遭殃。国与家唇齿相依，国破家亦不保，所以伯苓先生终生以身作则，倡导公德，自己更是公而忘私，校而忘家。凡属公款一文不浪费，凡属公物一丝不妄取，一切为公

①《南开四十年校庆纪念特刊》。

②刘鹤守：《沙坪岁月——南开校园回忆录》第 4 辑，第 21 页。

③潘强主编：《天津近现代著名教育家传略》，天津教育史研究会 1995 年版，第 86 页。

节省，从不为自己着想。南开学生毕业后，无论在任何岗位上都能表现得胜任愉快，其佼佼者，更有辉煌突出的贡献不待言矣，未曾闻及有所谓贪官污吏，汉奸走狗，身陷囹圄为国人所不齿者，言之令吾南开学校与同学至感光荣无比！然则能不饮水思源，感念严先生与张校长之遗德耶？[①]

可以说，这八字校训不仅是校长张伯苓的生命体悟、行动指南，也成为被南开师生奉为圭臬的行为标准。“允公允能，日新月异”作为南开的校训，是对南开关心社会、服务社会之追求的集中概括，更是充满活力之南开精神的核心。南开精神从南开学校的历史发展中凝结出来的。注重与社会的联系、讲求实际能力的培养、焕发爱国主义精神可以说是南开精神的主要特征和表现。

---

①祝瀛洲：《忆恩师南开学校校长张伯苓先生》，天津市南开区政协文史文化委员会编：《南开春秋：南开区政协文史资料汇编》第2卷，天津大学出版社2015年版，第242—243页。

七、不认识体育的人，不应该做校长

强国必先强种 强种必先强身

在刘公岛上，张伯苓目之所见，乃是英国士兵身体强健而中国士兵体质羸弱——一个有着泱泱五千年文明的古老民族被西方殖民主义者傲慢地耻笑为“东亚病夫”的严酷现实深深地刺激着他。早在北洋水师学堂学习时，张伯苓便已感到，强健的体魄对于个人、社会乃至整个民族的发展都有着极其重要的意义和作用。对于个人来说，不重视体育，造成体质衰弱，精神不振，工作效率低下，在竞争中处于不利地位。1929 年，张伯苓在欧美考察教育，看到以前南开大学矿科毕业生。原本在学校读书时，他的身体状况不错，比较强壮，可是现在美国福特汽车公司工作，身体和工作效率都不如美国人。同样的事例，还被张伯苓放大解读为：这不仅仅是一个人身体不健壮的问题，而是国民体弱一代一代相传下来的结果。在他看来，过去中国人一提国家强盛与否，就联想到军队的多寡，军火武器的优劣，实际上，国家的强弱，至关重要的是人的体质。[①] 据他观察，在“德、智、体三育之中，我国人最差的

①郑致光主编：《张伯苓传》，天津人民出版社 1989 年版，第 58 页。

是体育”，虽然在张伯苓的一生中，其思想认识也发生过很多起伏变化，但是“强国必先强种，强种必先强身”却始终是其思想中最为重要的组成部分之一。

在张伯苓的观念里，体育乃是强国强种的重要手段，其最早的实践则是始于让传统的中国人走得出去，动得起来，不再囿于室内。早在严、王家馆时期，张伯苓就尽可能创造条件让学生们进行一些基本的身体锻炼。当晚清知识分子还是一副长袍马褂、一步三摇的传统做派之时，张伯苓就要求家馆的学生撩起衣襟，挽起发辫，利用自制的简陋设施，练习跳高、跳远、踢球、赛跑等体育项目。

随着南开学校的创立和发展，张伯苓真正开始将自己的教育理念付诸实践，并不断推广开去，而体育教育于是也就成为其中不可分割的重要组成部分。“教育里没有了体育，教育就不完全。”[①] 张伯苓一直强调每个学生都应该德、智、体、群四育并进，明确提出将体育放在与智育、德育、群育同等重要的地位，“无论在学校与社会，必须德、智、体、群四育并重，不可偏于求知的智育”[②]。因此，他对南开的体育教学和体育活动的开展，倾注了大量的心血和汗水。

南开学校体育教学和活动的高水平，主要表现在两个方面：第一，南开体育普及程度非常高；第二，体育成绩优异。

张伯苓希望每个学生都有强壮的体魄、健全的精神。这一点可被视为南开与其他学校明显不同之处。因为，他在南开学校大力提倡的是一种普及体育的思想。张伯苓曾说：“苓提倡体育目的，不仅在学校而在社会，不仅在少数选手而在全体学生。学生在校，固应有良好运动习惯，学生出校，亦应能促进社会运动风气。少数学生之运动技术，固应提高，全体学生之身体锻炼，尤应注意。”[③] 在这种普及体育思想的作用与影响下，张伯苓对南开的体育设

①王文俊等编：《张伯苓教育言论集》，南开大学出版社 1984 年版，第 258 页。

②南开校友会：《八旬诞辰纪念册》，第 45 页。

③《南开四十年校庆纪念特刊》。

备、运动场地、师资力量，力求完善；而对于体育组织、运动比赛，则更是力求普遍。

作为一所刚刚建立和发展起来的私立学校，南开学校的经费常常处于入不敷出的状态，但在体育教学和设施建设等方面，张伯苓总是慷慨解囊，毫不吝惜。学校不仅修建了大操场，田径场、足球场、篮球场、排球场、棒球场和网球场也一应俱全，甚至连当时还不多见的冰球场也可以在南开看到。同学们完全有机会和可能利用这些场馆，参加各种体育活动，锻炼身体。20世纪20年代中期，南开在校学生不过1000余名，但整个学校就有15个篮球场，五个足球场，六个排球场，17个网球场，三处器械场以及两个拥有400米跑道的运动场。此外，还有单杠、双杠、木马、吊环、平梯、吊绳、跳箱等多种体育器械。就运动设施而言，南开在当时全国所有的学校中不说是首屈一指，也是名列前茅。

张伯苓深知，学校体育教学的质量和竞技运动的水平同体育教师素质的高低有着直接的关系。因此，他不惜重金，聘请很多专业体育教师来南开任教。这些体育教师大都具有高等院校体育专业的学位，有的还有在外国大学体育专业进修或者留学的经历。如总领南开大、中、女、小四部体育部的主任章辑五就毕业于直隶高等学校，后来留学美国，获得了哥伦比亚大学师范学院体育硕士学位。他自1915年开始在南开任教，一直到1937年，二十多年来一直是南开体育教学质量的保证。而带领南开篮球队四处征战、创造辉煌业绩的体育教员董守义，则毕业于协和书院大学部，也曾到美国春田学院体育系进修。女中体育教员张淑娣则毕业于北京师范大学体育系。此外，还有齐守愚、侯洛荀、陶少甫、刘冠军、赵文选、廖尉堂、文进之等人。这些优秀的教师献身于南开体育教学工作，不仅为南开学校培养了大批优秀运动员，而且提高了在校学生的体育运动水平，同时也开创了南开学校重视体育工作的优良传统。此外，为了提高学生的运动成绩，鼓励学生的体育热情，张伯苓还特意邀请一些外国著名运动员来南开学校进行体育指导和表演，如英国400米跑运动员李都和德国800米跑运动员步起等多次来到南开学校进行指导，同学们从中获益匪浅。

在不断完善体育设施和改善体育锻炼环境的情况下，张伯苓一贯积极鼓励同学们参加各种体育活动，以锻炼身体，增强体质。其方式主要有二：一是开设固定的体育课。南开学校建立之初，学校就明确提出体育教学的具体方案是“力求方法普及，使各个学生机会均等”，“令全体学生得就各个人性情之所近者尽量自由发展”。按此教学方案，体育课在南开学校一直受到高度重视，被列为和其他文化知识课程同样重要的必修课。课程内容按照季节适当调整，包括走步、柔软体操、轻重器械体操、技巧运动、健身舞蹈及各种球术、田径技巧。南开中学规定，体育测验不及格，或者高中三年级以前不习满规定体育课的学生不能毕业。南开大学也明文规定，“须习满三年规定正科体育课程者始能毕业”。体育课不仅仅是简单参加一下体育锻炼的事情，还有非常正规的考试，且分笔试与术科两种。笔试是考试各种运动规则，术科是考核实际运动成绩。全校学生按照年龄、身高、体重计分，每学期测验一次体力，一次技巧。测试项目包括引体向上、双臂屈伸、仰卧起坐、百米赛跑、跳远、跳高、投掷等，将所得分数计入成绩表。及格标准是：百米最低 14 秒跑完，篮球一分钟进篮筐七个，此外，跳高、跳远、标枪、伏地挺身等，也都有一定的具体数量标准。严格的要求不仅仅是要使南开的同学们走出教室，到运动场上活动起来，更是要通过长时间的锻炼，提高运动水平和健康水平。正是通过这种潜移默化的方式，南开学校逐渐培养出学生们积极参加体育锻炼的热情和能力。

二是张伯苓在南开实行体育与运动“双轨制”，即除了规定每周两个小时的体育课时间需要学生们参加锻炼之外，还鼓励同学们积极参与课外的体育活动。张伯苓将每天下午 4 点之后定为课余体育活动时间。到点之后，同学们自觉放下手中的书本，一身轻松地在运动场上一显身手，教室里面很少再有同学埋头苦读。因为参加体育活动的人数比较多，有些运动场所需要提前预订，否则就英雄无用武之地。像体育场、范孙楼后面的各处运动场所从星期一到星期五，总是早早就被人订下，来晚的同学只好望场兴叹。

有时，张伯苓那高大的身影也会出现在操场上，和同学们一起参加体育活动。很多南开学子都记得有一次学校举行教师和学生之间的足球比赛，张伯苓亲自上场担任教师一方的守门员，高扑低接，表现极佳，在赛场上掀起了阵阵高潮。张伯苓本人确实很喜爱足球运动，有时间时带领学生们踢足球，参加足球比赛。在学校教职工运动会上，他更是积极报名，带头参加。[①] 张伯苓的亲自参与和率先垂范，对于促进南开师生体育活动的发展，起到了十分积极的作用。

南征北战　享誉全国

在普及体育活动的基础上，张伯苓还经常组织班级和班级之间、年级和年级之间的比赛，以及各种单项竞技比赛。在这些比赛中，同学们真是“八仙过海，各显其能”，全都希望为本班级或本年级争光。在广泛开展校内竞赛的同时，张伯苓还通过竞争选拔的方式，组织各种运动队代表南开学校参加各种校际、地区间乃至全国性的体育比赛。南开学校不仅常常获得比赛的胜利，也赢得了尊重，与各方面建立起联系乃至友谊。体育成为南开学校与社会各阶层交流的重要方式之一。

南开学校体育最有特点的社团就是球类社团发达，其中又以足球、排球和篮球比较吸引人。在南开中学，几乎每个班级、每个年级都有自己的足球队，学校每年都举行班级和年级足球赛，优胜者给予奖励。在此基础上，学校从中学部和大学部中挑选出最优秀的足球队员组成南开大中联队，外出比赛，和天津其他学校甚至其他城市的足球队过招，切磋球技，因此在全国都小有名气。

最引人瞩目的是每年冬天与清华大学足球队之间的比赛。按照规定，比赛是一年在清华大学，一年在南开大学，两校轮流举办。由于双方都是京津

①梁吉生：《张伯苓与南开大学》，山西教育出版社 1995 年版，第 63 页。

一带久负盛名的学校，因此，两校足球队的对垒，总能引起学生们极大的关注和浓厚的兴趣。尤其是每当在南开大学进行比赛的时候，几乎所有的南开学生都要到场为南开大中联队呐喊助威。在比赛现场，拉拉队队长挥舞着小校旗跑来跑去，带领着南开同学为自己的队伍加油。只听得同学们在场边齐声高呼："斯、迸、吧，南开，南开，南开"，"阿拉个庆，阿拉个翘，阿拉个庆庆翘翘翘，南开南开 Rua Rua Rua" 等南开特有的加油口号，使运动场变成一个欢乐的海洋，掀起了一次次的高潮。观众甚至比参赛队员还要投入，还要卖力。1935 年冬，在张伯苓的推动下，南开足球队还同天津足球队联合组成中华足球队，参加了在天津举行"爱罗鼎"万国足球大赛（即国际足球赛，爱罗鼎是该赛的冠军杯），主力队员雷邦珺、陶光业、段昌义等都是南开学校的学生。比赛中，中华足球队大显身手，过关斩将，先后以 3：0 战胜英国队，4：0 战胜世界联队，决赛时又以 1：0 胜了俄侨队，最终以未失一球的优异成绩勇夺"爱罗鼎"万国足球大赛的冠军，在社会上引起了极大轰动，成为国人的骄傲，一时被传为美谈。张伯苓非常高兴，宴请全体队员。席间，他十分激动地说："西洋人嘲笑我们是'一盘散沙'，做事是'五分钟热度'，事实是最好的反证。足球比赛是一种团结合作性很强的运动，全队必须团结一致，顽强奋战，才能有取胜的希望。我们以此克服'一盘散沙'，不失一副良剂。足球比赛的时间长，紧张而激烈，必须具备坚韧不拔的精神，如以此作为服务于社会的准绳，就不会被人嘲笑为'五分钟热度'了。"①

说到南开学校的排球运动，也有过辉煌的过去，其中以南敏排球队最为出色。该排球队是南敏体育会的重要组成部分。1931 年，南开中学学生自发组织了南敏体育会。此后，该会逐渐发展，终于成为全校规模最大、人数最多、组织最健全的学生体育组织，建立起了自己的足、篮、排球队和田径队。因此，在各种比赛中，南敏体育会的成员常常是南开学校代表队的参赛骨干。南敏排球队成立伊始，就立下了"胜复旦，克燕京，为南开雪耻"的誓言，

①潘强主编：《天津近现代著名教育家传略》，天津教育史研究会 1995 年版，第 77 页。

旨在改写以前南开排球队曾经败给复旦和燕京大学的惨痛纪录。球队成员中包括在天津排球界都很有名气的刘志聪、卢开周、金阿督和王大纯等几员战将，实力不容小觑。1933 年春，南敏排球队士气高昂地出征北京，一举击败燕京排球队，又以破竹之势战胜了北京所有的一流排球队，取得了八战八捷的优异成绩，载誉回到了天津。是年冬，张伯苓聘请了天津的著名排球教练陶少甫出任南敏排球队指导。队员们在名师的严格训练下，取得了很大进步。1934 年 4 月，南敏排球队南下宁沪，先后在南京、杭州等城市战胜了南京体育专科学校队、金陵大学队、航空军官学校队等对手，随后辗转前往上海，挑战当时国内最负盛名的复旦大学队。经过艰苦奋战，南敏最终以一局的优势力克复旦，一跃成为全国大学排球队中执牛耳者，南开亦成为当时全国大学排球运动当之无愧的中心。

南开大学的篮球队可以说是体育界的“神话”。1924 年，南开篮球队在友谊赛中败给了清华篮球队，还被对手嘲笑为“篓子”队。在北方俗语中，“篓子”是“拙劣无可取”的意思，是以暗讽南开篮球队的水平极低。1925 年，南开中学一年级、二年级的王锡良、魏蓬云和李国琛等人发起组织了一支篮球队，为发奋图强，不忘清华的嘲讽，特意以“篓子队”为队名。后来新考入南开的刘建常以及学校少年队的唐宝堃也加盟进来。五人被确定为主力队员后，形成了一支以刘建常为中锋，唐宝堃为右锋，魏蓬云为左锋，王锡良为右卫，李国琛为左卫的很有实力的球队。经过体育教师齐守愚的悉心指导，南开篮球队在天津市篮球比赛中小试牛刀，勇夺冠军。1928 年，五个人在基督教青年会干事董守义的亲自指挥下，在华北区男篮比赛中接连战胜了北京师范大学、燕京大学、冯庸大学和山西山左大学、山右大学的篮球队，荣获华北区冠军。自从太原获胜载誉归来之后，南开篮球队就受到全校师生的热烈欢迎。张伯苓亲自接见并鼓励大家要戒骄戒躁，总结经验，继续前进，迎接新的考验。为了提高篮球队的水平，张伯苓正式将董守义聘请到南开，任球队专职教练，每周一、周三、周五下午对南开篮球队进行辅导，针对球队的弱点进行系统训练加以改进。不久，南开篮球队在技术上、作风上都有了很大的提高。

由于南开篮球队在北方经常过关斩将，大出风头，所以张伯苓接到上海体育协会的邀请函，请南开篮球队去上海和一些篮球队进行比赛。张伯苓、董守义、章辑五亲自率领篮球队远征上海，又一举击败被称为“三强”的沪江大学队、外国人组成的西青队（即“海贼”队）和美国在上海的海军陆战队篮球队。正当南开篮球队三战三捷准备凯旋返津时，适逢菲律宾篮球队从日本参加远东运动会获得冠军之后路经上海。菲律宾队自恃为多次远东运动会篮球赛冠军，便提出和南开篮球队在赛场上一争高下的要求。南开队自然不会示弱，迎敌而上，经过奋力拼搏，终于以六分的优势战胜了菲律宾队。从此以后，这五名主力队员被誉为“南开五虎”，扬名神州大地。同年冬天，“南开五虎”又去大连与日本球队进行了三场比赛，结果获得全胜。此后，又远征沈阳，和同泽中学、东北大学以及冯庸大学进行比赛，取得三战三捷的佳绩。1930 年，南开篮球队更是捷报频传，先是在天津七支球队中脱颖而出，获得万国篮球赛冠军，后在杭州第四届全国运动会上以全胜的成绩获得了冠军。此后，南开篮球队还代表中国参加了在日本举行的第九届远东运动会，并获得了较好的成绩，成为中国篮球发展水平的标志与象征。

南开大学、中学联合成立的棒球队，在社会上也广为人知。棒球这种运动在近代中国还很少见，但在南开学校却很早就被引入了，并且很快风靡一时。南开棒球队甚至还曾在天津租界与外国球队进行过比赛。南开的关福绍、关福纳、方才政、卢开周、罗宗兴等人都是个中好手。除此之外，南开的田径和其他球类也曾经在各种比赛中取得优异的成绩。在田径赛场上素有“大金刚”之称的强颖初和有“二金刚”之称的逯明，在京津一带都小有名气。1923 年华北地区的百米、半英里（8000 米）、一英里（16000 米）、铁饼、撑杆跳等纪录都是南开学生创造的。可以毫不夸张地说，在张伯苓的领导和带动下，南开学校已经成为华北乃至全国的体育重镇，以至于时人赞誉说，“我们要在国内普通学校里找出一个注重体育的学校，很不容易，看来看去，还要算天津南开学校了”[1]。著名学者蔡元培更以“已臻佳境”四个字对南开学校体育进行了高度评价。

南开的运动员，在学校一向被人高看一眼。他们每次载誉归来，全校师生都会给予热情的欢迎，张伯苓也经常出席欢迎会，并亲自致辞。像每年校庆这样的大日子更成为集中展示学校体育运动成绩的最佳时机。张伯苓总是自豪地让同学们把在各种体育比赛中获得的体育优胜锦标挂满学校礼堂楼上楼下，在礼堂南北进门的两根柱子旁边也摆上历年体育比赛所获得的各种奖杯。[2]但是，千万不要以为运动员们享受这样英雄般的待遇就可以罔顾学业了。恰恰相反，他们不仅要兼顾体育训练，同时也不能放松学业。每次体育训练都是在课外时间，每次参加比赛归来，运动员们还要和一般同学一样参加学校考试，如果考试成绩不合格，不管曾在运动场上取得过多么骄人的成绩，也照样要补考或者留级重读。因此，南开学校的运动员们承受了比其他同学更大的压力。

张伯苓还十分重视体育用品和器材的配套供给，动员和支持一些商家制造和生产体育用品。随着南开学校体育事业的不断发展，1920年天津出现了两家厂商——春和球类制造厂和利生体育器材厂。其中，利生的创办者就是早期南开中学教员孔润生。前者生产足球、篮球、排球、垒球、棒球等，后者生产各种运动器材，小如乒乓球、网球、铅球、铁饼、标枪、跳高杆架，大到篮球架、单双杠、平梯、鞍马等器械。这两家厂商都是背靠南开中学面向全国市场的，因此它们最初的门市部就开设在南开中学门口的大街上。

体育与道德

在张伯苓看来，南开的体育运动不仅仅应当是单纯的锻炼和竞技活动，

①《教育杂志》第13卷，第4期。

②梁吉生：《张伯苓与南开大学》，山西教育出版社1995年版，第64页。

更应当是塑造和培养学生优良道德品质的“利器”。

张伯苓认为中国人私念太重，缺乏公德，“欧美之道德多高尚，公德与私德并重。我同人素重私德而于公德则多疏忽，近则于公德亦渐知讲求矣”。而体育在培养同学之间的密切合作、以集体为重的精神等方面，具有非常大的功效，有助于消除中国人的偏私弱点。他经常教导同学们：体育运动能使“学生养成不偏、不私、不假，事事为团体着想，肯为团体负责，努力、奋斗，甚至牺牲”的精神。此外，张伯苓认为体育运动还能培养学生们“胜不骄，败不馁”的体育精神。他常向运动员强调指出，一个“运动员的品格，比较运动的胜利更为要紧；正当的失败，比不正当的胜利更有价值”。此外，他还具体说明了如何看待胜败等问题：“有新学生数人进步甚速，而旧学生反有失败者，此因其自满与不自满之故耳。凡人做事切忌自满，自满者做事不成功之兆也。汝等不可自满，生存一日，即应求一日之进步……本校开运动会时，各班皆力争第一，宜也。然二十余班，不能皆得第一，终必有失败者。失败之后，尤须加以练习，毋得因是沮丧也。西人有言：为赢易，为输难。输非难也，输而能不自馁，不尤人斯难耳。凡成事者，中途必受折磨，须胜过此种阻力，不因失败而灰心，而后始有成功之一日。此种精神，为中国少年人所最要者，汝等共勉之。”[①] 总之，真正的体育精神乃是一种以积极向上的精神创造最佳成绩以及以豁达乐观的情绪和心境来对待失败的态度。他常对学生们说：“体育的目的在求普及，愿人人健康，不只重选手。既有选手必有比赛，比赛时当然有胜有败，但应晓得胜败乃兵家常事。要‘胜不骄，败不馁’，胜要胜得光荣，胜若不守规而胜，虽胜不武，败也要败得光荣，败若能够尽力而不气馁，则虽败犹荣，否则既输球而又没面子，此乃一无是处。无论个人与团体运动比赛时，要养成这种体育道德及运动精神等”。不仅如此，他还强调比赛胜败的关键在最后五分钟，要力拼到底，以取得胜利。[②] 张

---

①《校风》第 30、31 期。

②祝瀛洲：《忆恩师南开学校校长张伯苓先生》，天津市南开区政协文史文化委员会编：《南开春秋：南开区政协文史资料汇编》第 2 卷，天津大学出版社 2015 年版，第 243—244 页。

伯苓的话在学生们的心中留下深刻印象，影响深远。

不仅如此，张伯苓还认为体育比赛能够培养同学们公平竞争、以技取胜的观念。在某次全校运动会结束之后，张伯苓针对运动会中一些同学弄虚取巧、贪图获胜的情况谆谆告诫道："竞争时，或因好胜之心过大，而不免有不正当之举动，此最宜切戒者也。即使用不正当之法，幸能胜人，而于道德已有碍矣。"而真正有才能的人，是不屑用这种方式来取胜的，更愿凭着真实能力在比赛中脱颖而出，这才是一种真正的热爱体育的精神和为人之品德。"大凡有真才能者，必不肯用不正当之法以求胜人，如郭毓彬赛跑，纯恃其双足之力制胜。"[①]

张伯苓认为，这种投机取巧的行为对于个人道德来说，无异于一种损害。因此，他还从体育比赛中引申到社会中日益激化的竞争，向同学提出一点自己的期盼：

> 有几班跃高，好择竿之弯者而用之，曰以前某班即如此也。噫！是何言欤？在校见他人用弯竿，己遂效之，而不问用弯竿之正当否也，则他日出学校入社会人皆用弯竿，尚能望其独用直竿也乎？曰人用弯竿，而我用直竿我岂非傻哉！曰：然。欲成事者，须带有三分傻气。人唯有所不为也，而后可以有为。不问事之当否，而人为亦为，滔滔者皆是也。汝等若亦知此得处之道，则可出校入今之社会矣。见他人用弯竿，而己遂效之，此种事所谓引诱也，当力绝之。[②]

对于张伯苓在提倡新式体育，倡导体育锻炼等方面的思想与实践活动，张家后人也有比较全面的认识和了解。"要想强国，必须先要有体格强健的人民，这样才能担当起建国的重任。西方列强和日本，它们国势所以强盛，主要是它们的人民具有强健的体格。那时西洋人都说我们是'东亚病夫'，这样

---

① 《校风》第30、31期。

② 《校风》第30、31期。

我们还如何能和它们争强。先生有见于此，所以平时训练学生，首先加强课内课外的体育锻炼，对于各种体育运动的设备方面，也是发展得不遗余力。在历年各届国内国外运动会上，南开的学生都有出色的成绩。在平日里尤其是注重体育道德的培养，以见对于德智体三育的要求，是齐头并进的。”他们甚至还记得：“早期中学部学生在千人以内时，每星期六下午，都要举行一次全校学生大会操，所为在体育锻炼中，还要训练学生的组织性、纪律性。”①这样的见解，不可谓不深刻。

振兴体育　推动奥林匹克运动

张伯苓不仅推动南开体育的发展，而且还以自己在社会上的影响力推进天津、华北乃至全国范围内的体育活动的开展，推广奥林匹克运动。清光绪三十三年九月十八日（1907 年 10 月 24 日），第五届天津校际运动会在基督教青年会举行，张伯苓出席并在颁奖大会上演讲。他首先介绍了古代奥运会的历史发展，其次阐述了现代奥林匹克运动会复兴的过程，提醒与会者注意：如今欧洲许多国家的皇室成员和美国一些高级官员也对奥运会感兴趣。奥林匹克“运动会的成功，使我对吾国选手在不久的将来参加奥运会充满了希望。去年雅典奥运会期间，虽然许多欧洲国家奥运选手技术水准很差，得奖希望渺茫，但他们仍然派许多选手参加。照此看来，我国应立即成立一奥林匹克运动代表队”。最后，张伯苓“也给中国运动员提了建议，从中国运动员的天资来看，有可能成为世界上最好的运动员，现在的任务是要有技术指导”。为此，他已有计划从美国聘请一位奥运会冠军来中国做指导，争取早日实现这一计划。②

①张锡祚：《先父张伯苓先生传略》，南开大学出版社 2016 年版，第 30 页。

②天津基督教青年会志学会社编：《星期报》之《竞技运动》，光绪三十四年四月十七日（1908 年 5 月 16 日）。

清宣统二年八月（1910 年 10 月），张伯苓与基督教青年会总干事格林等人为配合全国工业展开览会，在南京组织召开了第一次全国运动会，并出任总裁判。这次运动会被国民政府追认为首届全国运动会。第一次全国运动会刚结束，张伯苓就组织成立了“全国学校区分队第一次体育同盟会”，并亲任董事。这是我国第一个全国性的体育社团，也就是以后“中华全国体育协进会”的前身。不久，他又大力促成南开与天津府学堂、普通学堂等学校机构联合召开运动会等事宜，到 1912 年之前，像这样的联合运动会一共举办了四次，成为近代中国天津体育界的一大盛事。民国成立以后，张伯苓联络天津各界热心体育的人士，先后举办了天津各学校联合运动会、天津联合运动会、直隶第一区运动会等颇具规模的体育竞赛活动。张伯苓“以倡导运动的仁侠精神著称，以后地区性及全国性竞赛，一直均让其主持”。[①] 凡是中国举行的大小运动会，张伯苓都要担任裁判或者其他重要职务，直接参与推动了中国体育事业的发展。

近代中国，北方最大的体育赛事当属华北运动会。清宣统元年（1909 年），在张伯苓的倡议下，首届华北运动会在南开学校举行。清宣统三年三月十七日（1911 年 4 月 15 日）张伯苓代表基督教青年会与北洋学界联合举办的由北京、通州、顺德等地运动员参加的运动会。从 1912 年起，张伯苓又同北京青年会、清华体育部主任舒美科博士以及许多教育界热心体育者开始正式筹备华北运动会。次年，在北京天坛举行第一届运动会，以后在华北各省轮流举行，推动了中国北方大部分省区特别是学校的体育运动的发展。然而，中国早期体育竞赛活动长期受到外国势力的控制，各个体育团体的领导职务和运动会的主要裁判都由外国人担任，体育术语也要使用英文，而且参加者也多为西方人士，很少有中国人参与。针对这种情况，作为华北体育联合会负责人之一的张伯苓苦苦地思考着如何摆脱外国势力的干涉，独立自主地推进中国体育事业的发展等问题。1923 年，张伯苓负责筹办第十届华北运动

①张源：《张伯苓先生小传》，天津市南开区政协文史文化委员会编：《南开春秋：南开区政协文史资料汇编》第 2 卷，天津大学出版社 2015 年版，第 381 页。

会。在志同道合的友人们的协同倡导下，他克服了种种阻力和困难，毅然决定，从筹备到举行完全打破外国人的垄断，从裁判到一般人员均由中国人承担，比赛用语不准说英语。第十届华北运动会真正被办成了中国人的运动会，不仅使参加这次比赛的中国体育工作者和运动员们扬眉吐气，并且还开创了中国人自办运动会的先河。

此后，华北运动会的规模越办越大。到20世纪30年代，这一运动会的参加者已经由学校师生扩大到社会众多阶层，并在一定程度上促进了华北、西北以及东北地区早期体育运动的开展。到抗日战争爆发之前，华北运动会共开展了18届，其中多次是在南开中学体育场举行的。可以说，张伯苓在促进天津乃至华北地区的体育运动方面居功至伟。不仅如此，张伯苓还大力推动南开学校与天津基督教青年会合办天津第五届年度运动会，从而打破了长期以来由外国人控制天津市体育运动会的局面。在会上，张伯苓还特意为运动员和前来助威的观众放映了关于1908年在伦敦举行的第四届奥林匹克运动会的影片，对于在社会上普及体育知识和激发体育热情确实产生了积极的作用。

张伯苓不仅为推进天津和华北地区体育事业的发展做出了巨大的贡献，而且还有力地促进了近代中国体育事业的发展。1924年8月，为了“联合全国体育团体，以促进国民体育”，主持全国及国际的体育比赛，审订各项体育规定，张伯苓发起筹备组建了“中华全国体育协进会”，并全票当选为该会董事，成为全国体育组织的总负责人。张伯苓还成为该会第一任名誉会长。中华全国体育协进会是一个代表国家的民间体育团体，起初并无政府的支持，存在着无经费、无场地等困难。对于赤手空拳创办南开学校的张伯苓而言，这又算得了什么难事呢？在他的大力推动下，该会逐渐走出困境，并积极开展各种活动，参加国际体育组织，开展国际体育竞赛活动。中华全国体育协进会先后加入了远东体育协会、国际足球协会、国际游泳协会、国际草地网球协会、国际技巧协会等多种国际体育组织，成为中国体育走向国际的重要象征。1931年，国际奥委会正式承认该会为中国的奥林匹克委员会，为中国体育争得前所未有的国际地位。此外，中华全国体育协进会还促进了各地区及海外华人体育团体的建立，组织国内各项比赛和大型运动会，并考核及修改每年各项运动比赛规则，编印裁判员和运动员参考读物《体育季刊》等，以传播国内外体育信息，审订每年全国田径、游泳运动的最高纪录，推动体育科学研究，举办暑期体育讲习会或夏令训练营，聘请体育专家教授先进体育运动技术，以提高体育专业人员的水平。种种工作，都在张伯苓和诸位热心体育事业人士的大力合作下，有条不紊地进行着。

张伯苓还是以中国、日本、菲律宾为主的远东运动会的发起者之一，并多次率领中国体育代表团出席该项运动会。1915 年，第二届远东运动会在上海举行，张伯苓以中国体育代表会总领队的身份出席参加。在这次运动会上，中国运动员、南开学生郭毓彬在 880 码（804 米）和一英里（16000 米）赛跑中连得两块金牌，成为第一位在国际体育比赛上获得两枚金牌的中国人。此外，张伯苓还任第三届、第九届远东运动会的总领队和第三届、第五届远东运动会总裁判。在第三届远东运动会上，张伯苓代表中国体育组织会见了大会名誉会长大隈重信和会长嘉纳治五郎，并在开幕式上作了发言。可以说，在张伯苓的提倡下，南开学校成为从第一届到第九届远东运动会的积极参与者，几乎每届都有南开运动员参加，而丁熙春、陈文瑗、周兆元等南开学子都取得过不俗的成绩。

抗日战争爆发之后，全国运动会和中华全国体育协进会的工作一度中断，张伯苓便在重庆积极着手恢复中华全国体育协进会的工作。1941 年 2 月，他以主席的名义召开中华全国体育协进会会议，决议请董守义任该会副总干事，主持日常工作，组织体育活动。翌年，中华全国体育协进会改组，张伯苓被推为理事长。1945 年 6 月，抗日战争胜利在望，中华全国体育协进会召开会议，商讨今后五年计划，张伯苓和各位理事、监事对于中国体育事业的发展抱有极大的希望，决议申请第十五届奥运会于 1952 年在我国召开。虽然没有申办成功，但是张伯苓仍然当之无愧地成为中国奥林匹克第一人。在 1948 年召开的第七届全国运动会上，张伯苓尽管已经 72 岁高龄，还坚持出席会议，担任裁判主席，甚至要求参加运动会闭幕式上绕场一周的游行，为我国体育事业的发展做出了切实的努力。

张伯苓还积极呼吁增加女子体育比赛项目，开女子参加体育运动的风气之先。民国初年以来，虽然女子在社会上的地位逐渐提高，但是许多传统观念仍然阻碍着女子参与各种社会文化活动。自南开女子中学建立之后，张伯苓就特别重视并不遗余力地推动女子体育运动事业之发展，聘请章辑五的夫人张淑悌为女中专职体育教员。在章辑五的精心策划和张淑悌的精心指导下，南开女子中学培养出一批在全国和华北运动会上取得优异成绩的著名运动员和运动队。在张伯苓等人的倡导下，女子田径、篮球、排球和网球等被列为1930年4月举办的第四届全国运动会的正式比赛项目，这对女子体育的发展，无疑起到了极大的推动作用。在促进和支持其他女子学校体育运动开展方面，张伯苓也不遗余力。1926年11月，张伯苓为上海两江女子体育师范学校建校四周年题词："强我种族，体育为先，平均男女，促进健全。"[①] 1934年，张伯苓和章辑五还特意将北上挑战的两江女子体育学校篮球队请到南开的南操场亮相，并和南开女中篮球队进行了友谊赛，增进了两校之间的友谊。

张伯苓是近代中国体育事业的先驱者和奠基人之一。他对中国体育事业的普及和发展，对中国体育事业扩大与增强国际影响力都做出了不可磨灭的贡献。正如著名体育专家、曾任职于南开的郝更生所评价的那样："中国近五十年来的体育史，和张先生有不可分离的关系……数十年来，先生提倡体育的热忱，始终不懈，其精神感召和领导作用，对我国体育有不可磨灭的影响，我国体育能有今日的基础，先生之功甚大。"[②]

南开体育取得的成绩，也足以令张家后人感到骄傲和自豪，因为浸透父亲张伯苓的心血。"南开的体育也发展得最早，无论是田径赛或是各种球类，包括篮球、足球、排球、棒球、网球等等，还有武术会，都是很发达的。在每届华北运动会、全国运动会上，南开的学生们都有出色的成绩。田径赛里

---

①《天津文史资料选辑》第8辑，天津人民出版社1980年版，第194页。

②南开校友会编：《张伯苓先生逝世纪念专辑》，第18页。

出现过‘大金刚’‘二金刚’，这是同学们给运动员起的外号。还有篮球队，出现过南开‘五虎将’，有李国琛、刘建常、王锡良、唐宝堃、魏蓬云等五人，曾代表中国出席过远东运动会。在每次的国内运动会上，先生总是担任着总裁判，精神勃勃地看着这些年轻的学生在那里跑跑跳跳、各显身手。在他的心里暗暗地想着，这就好了，中国有了这么多生气勃勃的年轻的下一代，国家的前途出现了一片光明，从他脸上微微的笑容里，可以看出他内心的喜悦。”①

①张锡祚：《先父张伯苓先生传略》，南开大学出版社 2016 年版，第 37 页。

八、兄弟二人和南开新剧

中国新剧第一人

众所周知，新剧（又称话剧）并不是中国土生土长的艺术形式，而是舶来品。长期以来，很多人只知道是上海的春柳社最早将新剧从日本引进中国，却忽视了在天津还有一位著名的教育家为新剧的发展做了很多开拓性的工作和贡献——他就是张伯苓。周恩来总理曾不止一次地说过：要把天津和北方其他各地的早期戏剧活动写出来[①]，而在北方新剧发展史上，南开学校的新剧发展是绝对不能略过的一页。早在清宣统元年（1909 年），张伯苓就将自编自演的一出新剧搬上了南开中学的舞台，从而成功地另辟了一条从欧美直接将舞台新剧引入中国的蹊径。因此，称张伯苓是中国新剧第一人，绝不为过。

清宣统元年九月初四（1909 年 10 月 17 日），是南开学校五周年的庆祝日。这一天，在严范孙家的东院，张伯苓自编、自导、自演的新剧《用非所学》正式公演，成为南开新剧的起点，也是华北范围内新剧的发轫。该剧是在 1908 年张伯苓赴欧美考察归国之后编写的。在长达数月的考察中，他不仅

① 《文化史料丛刊》第 6 辑，文史资料出版社 1983 年版，第 161 页。

接触到了西方社会中丰富多彩的教育生活，而且还对这种以对话和动作为主要表现手段的艺术表演形式产生了极大的兴趣。回到天津之后，他立即着手编写剧本，取名为《用非所学》，通过排演新剧，旨在移风易俗，改造社会。

《用非所学》共分三幕，描写一位在欧美学习工程学的留学生贾有志（假有志），抱着工程救国之远大理想学成归国后，想在国内实现自己的报国大志，但是却空有幻想而缺乏脚踏实地的奋斗精神。因此，在几番高谈阔论之后，他便被传统功名利禄所诱惑，最终以主人公拜倒在封建官僚体制脚下、行三拜九叩之大礼而收场。张伯苓不仅编写剧本，而且还在剧中亲自扮演主角贾有志，刻画人物有声有色。南开学校的一些师生也纷纷登台，饰演剧中角色，时子周扮演贾有志的老师魏开化（未开化），严智怡、严智崇扮演日本留学生夫妇。该剧不仅反映了张伯苓一贯提倡的人能弘道勇于实践的奋斗精神，更重要的是，还以讽刺笔调揭露传统势力的保守与顽固，抨击当时的人才不能得到使用，留学生更多腐化，警醒广大知识分子，特别是青年学生，从戏中借鉴如何做人的经验，与传统社会完全决裂，因而在清末的时代大背景下具有很强的批判现实的意义。直到 20 世纪 30 年代末，还有南开同学对《用非所学》一剧津津乐道："三十年前，有此佳作，实属空前。而全剧寓意，至今价值仍不稍减，校长诚可谓我国话剧第一人矣。"[①]

在近代中国人的观念中，登台表演仍被认为是低人一等，而张伯苓居然以堂堂校长的身份和师生同台演出，一时间社会舆论哗然。有人认为南开校长此举有失体统，遂信口雌黄，横加非难。然而，张伯苓对这些流言蜚语从不介怀，顶住各种压力，坚持在南开师生中倡导并推动话剧演出活动的开展，从而赢得了人们的肯定。"张伯苓主张搞新剧很不容易。那时有人认为搞新剧是下流的，可张伯苓却认为新剧与教育有关。"[②] 此后数年间，每逢校庆或重大节日，张伯苓总要组织南开师生演出新剧，此后遂成惯例。如 1910 年演出了《箴膏起废》、1911 年演出了《影》、1912 年演出了《华娥传》、1913 年演

---

①《校风》第 4 卷第 3 期。

②《文化史料丛刊》第 6 辑，文史资料出版社 1983 年版，第 161 页。

出了《新少年》、1914 年演出了《恩怨缘》、1915 年演出了《一元钱》等。其中，《一元钱》还成为上海商务印书馆出版的一部最早活动电影片之剧本。

由于受传统性别观念的束缚，男女不能同台演出，加上南开学校很长一段时间没有招收女生，所以剧中的女主角都是男生扮演的。在《一元钱》中，周恩来成功地塑造了女主角孙慧娟主持正义、机智聪敏的人物形象，赢得满堂彩。随着大幕的徐徐落下，张伯苓一边鼓掌，一边上台祝贺演出成功，特意走到周恩来的面前，夸奖道："你的粉墨登场，真是倾倒全场！"

张伯苓曾说，他最初之所以对新剧产生兴趣，是因为"创办新教育，造就新人才"必须培养学生多方面的才能，而新剧表演则能够很好地锻炼学生的演说和表达能力，培养和塑造学生的道德品质，沟通学校生活与现实社会。随着这一理念的不断丰富和发展，张伯苓逐渐形成这样的观念："戏院不只是娱乐场，更是教堂、宣讲所、教室，能改革社会风气，提高国民道德"，这正好契合了他长期以来改良社会的理想，而在学校和社会上推广新剧表演，则正是实现这一理想的重要手段和工具之一。

在张伯苓看来，新剧不仅是戏剧演出，而且是对人生和社会的演绎，那些在舞台上表演的演员，不仅要演绎戏剧中的角色，同样也要承担对人生、对社会的一份责任。

> 昔英国文豪莎士比亚（Shakespeare）有言曰：The world likes stage（意即世界一舞台也）。余谓学校亦一舞台也……夫一校犹一剧场，师生即其角色。actor 其竭虑尽思，以求导人之道及自励之方。佳者，亦犹扮角之多为预备也。学生在校，不过数年，将来更至极大且久之舞台，则世界之剧是。世界者，舞台之大者也。其间之君子、小人，与夫庸愚、英杰，即其剧中之角色也。欲为其优者、良者，须有预备。学校者，其预备场也。以上三者，事殊而理一。其理甚浅，诸生想亦易辩。吾今不欲于此多费唇舌，唯愿诸生各自为谋，日求上进。则请生可为新剧中之

角色，且可为学校中、世界中之角色矣。[①]

由具体的新剧表演延展到学校、社会乃至世界更大的空间和舞台，正反映了张伯苓对新剧社会改良功能的期盼。在他看来，“欲新民，必自新戏剧始”。或许是出于这样的理解，张伯苓才投入这么多的精力，大力推行新剧。而新剧也逐渐发展成为南开校园文化的一大特色，南开也日益成为天津乃至全国新剧编排、演出的重镇。

1914 年，为了更好地推动南开新剧的发展，张伯苓组织师生成立了南开新剧团，成为南开学校新剧表演正规化和组织化的开端。南开新剧团的组织和分工都十分明确。剧团设正、副团长，下设四个部，每个部由教师任部长，学生任副部长，充分体现师生共同负责的原则。第一届组织成员是：团长时子周，编纂部尹劭询、陈刚，演作部马千里、黄春谷，布景部华午晴、周恩来。此外还有由各部部长组成的审定部。其中，时子周、伉乃如、尹劭询、华午晴等都是新剧团的扛鼎人物。

对于张伯苓搬演新剧的历史地位和作用，他的孩子们也有自己的分析和评判。“南开的新剧团成立的最早，远在清宣统元年，即 1909 年，所以也可说中国的话剧创始，是从那时起的。最初的目的，是在借着演剧来锻炼学生的演说能力，同时也借着剧情，来做对当时社会时弊的针砭宣传。最早上演的剧目是《用非所学》，由先生主编和导演，形容一个学而不化的人，到处碰壁，剧情是很富于幽默风格的。”

南开的新剧自创始后，先生只负责启蒙的第一步，以后即由师生们共同创作、共同演出。先由大家来共同组织一个剧情故事，按照个人的风格分配角色，谁演哪个角色由谁负责按照剧情的过程去编制自己的台词，然后大家再来对词，对好了，这个剧本也就出来了，这是真正的集

① 《校风》第 20 期。

体创作。布景有管学校庶务、心思细腻的华午晴先生。转告剧情有口齿清楚、娓娓动人的章辑五先生。其余的演员在早期有时子周、马千里、周绍西、王祜辰、尹劭询、伉乃如诸位先生。继后的杰出演员有今总理周恩来同志和马骏同志，再往后又出现有万家宝先生，即今日的名剧作家曹禺。

不仅如此，当时很年幼的张锡祚还能回忆起南开新剧的某些历史细节。“关于剧本方面，早期创作的有《仇大娘》《一念差》《一元钱》《新少年》《新村正》等。每次在校庆日公开演出，一连两日，真是万人空巷，轰动一时。布景、道具、服装和演员的化装以至灯光，样样都不下于今日的话剧。那时我尚在幼年，给我的印象最深。我记得马骏同志，常扮演一个老妇，或是一个老人，表情是激昂的，常常引得我们落泪。还有周恩来同志，常扮演一个新女性，感情丰富，表情细腻，像在《一元钱》《一念差》《新村正》里都有他的角色。在当时是一个最能吸引观众的演员。外来看戏的，都在台下互相询问，哪个是周恩来？这是距今四十多年前的事了，于今思来，如在目前。”[①]

新剧团的成立，标志着南开的新剧发展进入了一个新时期。毋庸讳言，“南开的新剧，经过逐年的发展，人才辈出”。[②]但是，新剧团自成立以来就面临着导演缺乏的问题。南开早期新剧一直都是由张伯苓一人执导，经过数年的实践，他深深体会到，导演是一部剧作的灵魂，必须选拔一位称职的人来担此重任。为了满足这种形势发展的需要，一位在南开新剧乃至全校发展历史上都发挥着重要作用的人物脱颖而出，此人便是张伯苓的胞弟张彭春。

①张锡祚：《先父张伯苓先生传略》，南开大学出版社 2016 年版，第 36 页。
②张锡祚：《先父张伯苓先生传略》，南开大学出版社 2016 年版，第 36 页。

九先生的童年时代

张彭春，又名蓬春，字仲述，取“孔子述而不作，窃比于我老彭”之意。清光绪十八年三月二十六日（1892 年 4 月 22 日）生于天津，比当时在北洋水师学堂读书的兄长张伯苓小 16 岁。此际，父亲张久庵已经年近花甲，老来得子自然欣喜万分。合家欢庆之际，这位闻名津门的“琵琶张”为了纪念在自己 59 岁时喜得麟儿，遂给幼子取了个乳名，叫作“五九”。“五九”整日承绕于父母的膝下，给一家人增添了许多欢乐。到后来，家里人叫着顺嘴了，“五九”就变成了“九儿”。于是，张彭春长大成人之后，亲朋好友都亲昵地称他为“张九”，认识他的老百姓叫他“张九爷”，学生则尊称他“九先生”。

小九儿天真活泼，刚刚能够握笔，就要爬到父亲的书桌上一显身手，结果是将笔墨纸砚弄得乱七八糟。刚刚学会迈步，他就蹒跚着绕行于父亲的乐器之间，时不时拨弄个三两下，虽然是“呕哑嘲哳难为听”，可在亲友们听来却丝毫不亚于“大珠小珠落玉盘”的美妙音乐之声。似乎幼时对乐器和音乐的特殊兴趣已经预示着张彭春可能继承了其父出色的艺术才华。

在父母怜爱的目光中，九儿轻盈的身影不时闪现在庭院之中。他怎会知道，此时此刻，兄长张伯苓正在为“国帜三易”的耻辱而悲愤不已；他怎会知道，这时的中国社会正经历着“三千年未有之大变局”。对九儿来说，惨痛的历史所带来的沉重负担尚蛰伏在未来的岁月里。清光绪二十六年（1900 年），年仅八岁的九儿遭遇了人生旅途中的第一个坎坷。在八国联军入侵天津城的炮火声中，九儿随父母来到张伯苓就职的严范孙家避难。由于战争的缘故，城中闹起了瘟疫，张家也未能幸免。在缺医少药的条件下，可怜的九儿只能靠喝父亲剩下的药渣熬成的药汤来勉强抗击病魔。顽强的生命力竟然使九儿奇迹般地康复了，但兄长张伯苓的两个孩子却不幸夭折。

随着九儿一天天长大，他已经开始享受到一些近代文明的成果。清光绪三十年（1904 年），他进入了其兄创办的私立中学堂，成为第一届学生，和梅贻琦、喻传鉴、金邦正等人结下了同窗之谊。清光绪三十四年（1908 年），从南开中学毕业后，他进入保定高等学堂学习。次年冬天，父亲张久庵因病辞世，而此时的张彭春还不满 17 岁。

张久庵生前对自己的两个儿子都非常满意。晚年时，他特意与两个儿子合影留念。在这张珍贵的照片上，张久庵的老友、天津地方社会名流于泽九曾题写一首诗：

功名蹭蹬老风尘，
寄傲弦歌乐此生。
置散投闲味自得，
读书有子不嫌贫。

从这首题诗中，人们不难看出，两个儿子刻苦攻读学业，给生活上并不太宽裕的老人带来了莫大的安慰，也使他看到了希望。在张氏后人看来，这首诗真能道及久庵公的生平。久庵公的生平特点，就是淡泊乐观。对于教育方法，是重实践，贵启发，循循善诱。张彭春和哥哥张伯苓的一生，受到久庵公德影响最多。①

初识西方戏剧

丧父之痛和时局之艰砥砺着年轻的张彭春，同时也成为他努力学习的推动力。清宣统二年（1910 年），张彭春以总名次第 10 名、平均成绩 67 分的成绩考取了“游美学务处”（即清华学堂前身）第二届“庚子赔款”留学生资格，同榜录取的还有后来名耀近代中国历史的胡适、竺可桢、赵元任、钱崇树、胡明复等人。怀着对未来的憧憬与对家国的眷恋，张彭春踏上了远赴美利坚的留学之路。

①张锡祚：《先父张伯苓先生传略》，南开大学出版社 2016 年版，第 18 页。

受兄长张伯苓的影响，张彭春一直坚信改变中国积贫积弱状况的根本之道在于教育。因而抵美之后，他首先于1910年在克拉克大学攻读教育学和哲学。学制是四年，可他只用了三年的时间就以优异的成绩获得了文学学士学位。繁重的学业负担对于才华横溢的张彭春来说根本不在话下，于是他有更多的时间广泛涉猎自己感兴趣的领域。

到克拉克大学之后不久，张彭春便加入了“世界大同会”（Cosmopolitan Club），并于同年年底作为克拉克大学分会的代表出席了在费城召开的世界总会年会。在大会演说中，张彭春慷慨陈词，引起了众人的瞩目。这对于一位刚到美国时间不太长的中国留学生来说，不啻是一个莫大的殊荣。次年，他又凭借着自己清晰的思维、善辩的口才、流利的语言当选为克拉克大学学生辩论队队长，并率队四处征战，屡次获得胜利。通过一段时间的锻炼，张彭春积累了丰富的语言表达和文字运用方面的经验，为日后的发展奠定了坚实的基础。

实际上，张彭春把大部分的闲暇时光都用在了学习和钻研西方戏剧上。他从小就耳濡目染父亲吹拉弹唱，对戏剧产生浓厚的兴趣也就不足为奇了。甚至可以说，他对西方戏剧的喜爱远胜过他所学的哲学专业。张彭春最为推崇者乃是挪威著名剧作家易卜生。他在广泛阅读和研究易卜生的作品的同时，也开始自学欧美戏剧理论和编导艺术。

1913年夏，张彭春进入哥伦比亚大学研究院继续深造，师承著名学者杜威。在此期间，他的社会活动和交往更加广泛。1914年9月，作为哥伦比亚大学中国留美学生代表，张彭春参加了波士顿全美留学生年会，当时还有胡适、宋子文等人一同参加。1916年7月5日，张彭春和胡适、陶行知等留美学生同游纽约的绮色佳镇（Ithaca）。当时张彭春和陶行知的一张合影，被胡适特意保存下来作为纪念。胡适还在当天的日记中记载了张彭春给他留下的印象，赞扬他是“今日留学界不可多得之人才也”。[①]

①南开校友会编：《张伯苓先生百年诞辰纪念册》，1975年版，第208页。

此时，张彭春除了一如既往地对西方戏剧理论进行学习和研究之外，还开始尝试着撰写戏剧剧本。1915年3月，张彭春的处女作《灰衣人》发表在“北美中国学生基督教协会”创办的《留美青年》杂志上。不久，从大洋彼岸传来袁世凯为了实现其复辟帝制的企图，竟然几乎全部接受了日本侵略者提出的旨在灭亡中国的“二十一条”的消息，留美爱国学生们群情激愤。在西方人的观念中，愤怒出诗人。在东方人看来，愤怒同样也可以出剧作家。袁世凯的倒行逆施激起了满怀爱国热忱的张彭春的创作欲望，他用英文连续创作出《外侮》和《醒》这两部具有极强现实意义的剧本。胡适对《外侮》一剧评价颇高：“仲述喜剧曲文学，已著短剧数篇。近复著一剧，名曰：*The Intruder*——《外侮》，影射时事，结构甚精，而用心亦可取，不可谓非佳作，吾读剧甚多，而未尝敢自为之，遂令仲述先我为之。”[①] 就连张彭春自己对他的这部早期作品也甚为得意。1955年，当他寓居绮色佳镇时，在原稿上写下：“四十年后重读此剧，发现它有如情节剧式的警世语言，每个人物都是一个样板。”[②]

由于张彭春在哥伦比亚大学留学期间始终醉心于学习和钻研西方戏剧，以至于在1967年哥伦比亚大学出版的中国名人传记辞典中，竟对他先后获得硕士、博士学位的情况略而不谈，而只是着重于阐扬他“在哥伦比亚大学研究文学与戏剧”的辉煌经历。

1915年，张彭春从哥伦比亚大学研究院毕业，获得教育学与文学硕士学位，此后便留在美国担任中国留美学生联合会的指导。不久，在经历了六年去国怀乡的留学生活之后，张彭春重返故乡天津，到母校南开任教。张彭春深厚的西方戏剧理论功底和难得的创作经验很快便得到了正在为新剧团物色导演的兄长张伯苓的赏识，而时子周也极力举荐他出任南开新剧团的第一任副团长。就这样，张彭春开始在中国近代新剧发展史上演绎出浓墨重彩的一笔；而张氏兄弟二人的携手，也不断地推动着南开的新剧事业走向辉煌。

---

①黄殿祺：《话剧在北方奠基人之一——张彭春》，中国戏剧出版社1995年版，第343页。
②黄殿祺：《话剧在北方奠基人之一——张彭春》，中国戏剧出版社1995年版，第9页。

南开新剧之辉煌

张彭春刚刚回到南开学校的时候，给师生们留下最深刻的印象便是：新剧专家。张伯苓允准推选胞弟为南开新剧团副团长时，南开校刊发表了如下评论："先生于此道久有研究，且极热心，从此吾校新剧前途，自必更放异彩矣。"[①] 张彭春走马上任之后，很快将自己对西方戏剧研究的心得和创编的经验引入南开，使编演形式更为严格完整，为新剧团注入了新的活力。

张彭春带给南开的第一件礼物就是导演了自己在美国创作的写实独幕剧《醒》。该剧讲述的是一个刚刚从海外归来的留学生陆，到自己昔日的好友、如今的"贪污审查员"冯家中拜访，充满理想的陆不满在现实中变得有些谨慎、世故的冯，却没想到他的朋友就在当天夜里被枪杀。残酷的现实使陆开始醒悟，并且越发坚定了他改造社会的决心。张彭春不仅担任该剧的导演，而且还在剧中亲自扮演男主角陆。《醒》剧演出之后，受到了南开师生的一致好评。首演之后的第二天，周恩来便在校刊《校风》上撰文，称赞该剧"颇多引人入胜之处，佳音佳景，两极妙矣"。[②] 1916年年底，《南开英文季报》刊发了《醒》的英文剧本。此后不久，该剧英文版又被毕业班的学生搬上舞台，在毕业典礼上演出。

《醒》剧虽然取得了一定的成功，但仍存在着某些不尽如人意的地方。一方面，由于新剧在中国尚属刚刚起步阶段，源于国外的写实剧一时还很难被观众广泛接受，就连力倡新剧的张伯苓对《醒》剧也并不完全满意。他在和剧团成员审核该剧是否合适上演时，就认为"本戏情旨较高，理想稍深，虽写实述景，历历在目，可以改弊维新，发人深省，无如事涉逍高，则稍失之枯寂，似与今日社会心理不合"，[③] 甚至做出暂不公演的决定。等到张彭春对剧本进行适当地修改之后，该剧才得以演出。另一方面，张彭春的创作、导

---

① 《校风》第36期。

② 《校风》特别增刊，1917年1月。

③ 《校风》第42期。

演生涯也还处于摸索阶段，而该剧又是他首次将自己创作的剧本转换成现实的戏剧表演，因而难免有些不够成熟的地方；而且《醒》剧的剧本又是从英文翻译成中文的，语言之间的差异也使得该剧的艺术感染力未能淋漓尽致地发挥出来。

但是，《醒》剧在中国新剧发展史上的重要价值与意义还是值得肯定的：该剧发表于1919年，比被称为中国现代文学史上的第一部话剧剧本《终身大事》要早三年；而张彭春的导演工作则比1922年回国，被话剧史专家称为“中国最早的导演”的洪深要早六年。历史，有时常常会遗忘一部分本应为人们所怀念和记忆的人物，而张彭春在中国现代话剧史上，就应验了历史健忘的这一特性。

1917年天津发生水灾，南开校舍被淹，张彭春除想方设法安顿师生照常上课外，还借天津基督教青年会礼堂排演了一出滑稽剧《天作之合》。1918年10月，张彭春又执导了酝酿近一年的新剧《新村正》。该剧从编写剧本到选派角色，从进行排演到约请校外名家前来指导，都凝聚了张彭春的大量心血和汗水。《新村正》一剧共分五幕，是一部颇富有时代感的写实剧。主要演员有张平群（饰李壮图）、尹劭询（饰周村正）、时子周（饰吴二爷）、伉乃如（饰周万年）等人。它以天津农村为背景，叙述了一个农民皆曰可杀的恶霸地主在辛亥革命之后竟然当上村正的故事，批评了辛亥革命的不彻底性。张彭春将欧美戏剧理论融入对剧本的改编之中，力求合于“西洋新剧理论”，使《新村正》一剧打破了团圆主义的传统结局方式，从而在艺术上给人以耳目一新之感。该剧一经公演，便在社会上引起了极大的轰动。一些全国性的报刊纷纷发表文章，不仅肯定了《新村正》在艺术上的巨大成就，甚至称赞该剧是“中国新剧中最合西洋新剧原理的杰作。全篇的精彩，就在这‘旁射侧影、含蓄不尽’八个字中”。[①]

仅就创作和表演而言，《新村正》已经跨越了早期新剧的发展阶段而跃

---

① 《国民公报》，1919年1月28日。

升到现代话剧的水平。然而，该剧的意义绝不仅仅局限于此。更为重要的是，创作于五四运动前夕的《新村正》一剧将批判矛头直指辛亥革命后残存下来的封建余孽，体现出深刻的社会内涵，其主题思想恰与后来的五四精神不谋而合。也正是因为如此，在新文化运动当中，该剧获得了高度的评价，被誉为激励民气，除旧布新之利器。作为五四运动发源地的北京大学，也在五四运动时期两度将《新村正》搬上舞台公演，由此也可以看到其社会影响之深之广。《新村正》的成功，标志着南开新剧团从此进入了一个蓬勃发展的新阶段，成为五四运动的先行军，并引领着 20 世纪二三十年代南开话剧演出高潮的到来。从此，南开新剧表演在社会上声名鹊起，而张彭春也已成为南开新剧团的灵魂人物。

张彭春从 1916 年开始执导南开新剧团，到 1936 年结束其导演生涯，期间陆续导演过几十个颇有影响的剧目。在这些剧目中，既有他自己编导的反映中国社会现实的剧目，也有翻译和改编自外国名家所创作的经典话剧剧目。张彭春或完全按照原著进行演出，或将原著情节和人物中国化之后再加以表演，由此将果戈理、王尔德、易卜生、莫里哀等世界著名剧作家及其作品引入中国，为中国观众打开了通向世界话剧艺术舞台的大门。

1921 年，张彭春首次将根据果戈理的《钦差大臣》改编而成的《巡按》搬上了南开的舞台。此后数十年间，他又陆续导演了易卜生的《娜拉》和《国民公敌》、莫里哀的《悭吝人》、王尔德的《少奶奶的扇子》、高尔斯华绥的《争强》等剧目。此外，南开新剧团成员还在张彭春的指导下，根据英文剧本编译了包括《获虎之夜》《谁先发的信》《十二镑钱的神情》《可怜的裴迦》《求婚》《打是喜欢骂是爱》《虚伪》《好事多磨》《月下》《最后一计》等在内的独幕话剧。

无论是反映中国社会现实的剧目，还是翻译和改编自外国话剧的剧目，张彭春都尝试着将西方戏剧这种外来艺术表现形式同中国本土文化和艺术相融合。而一身兼受中西两种文化的熏陶，使他所执导的剧作，颇能兼具中西戏剧之优势——既能融合西方各派各家演作之长，挖掘剧作的深层内容，又能潜心吸收中国传统戏曲中的表演精华，以举手投足来表现环境的特点。张彭春认为："我们根据生活的需要，对于文化成品感觉不错。有了这样的感觉，我们才用想象。由想象的构造，拟定活的需要的解决方案。在这时，一切文化成品，无论中外，都是新创造的资料，至于那文化成品的价值，却在创造上边来估定。"① 因此，他经常告诉南开剧团的成员，当站在舞台上的时候，应该让自己表演生活，而不是表演剧作。

每次确定了所要表演的剧目之后，张彭春不是先让学生们去死记剧本，而是先讲述该剧作家的社会背景、剧本主题、角色设计，让表演者更加贴近作品本身，捕捉人物的灵魂。譬如，在把易卜生的戏剧《国民公敌》搬上舞台之前，张彭春先是在黑板上挂出易卜生的著作年表，然后再由其早年作品《勃朗特》谈起，一直讲到他的晚年剧作，生动形象地介绍了这位大师及其时代和作品的变迁，而后再向演员们提出表演的具体要求。

在具体执导的过程中，张彭春也是非常严格认真的，可以说是一丝不苟。他要求演员应该从社会生活和人物性格出发，把握好表演的分寸，要做到不温不火。他特别反对自然主义的表演，从朗读台词的音调运用到面部表情的变化，都有具体的要求：对词，哪个词读得重，哪个词念得轻，哪个词后面要停顿，哪些词要一气呵成；走场，走动方位，步伐快慢，眼光转移，张彭春都一一做出规定并记在剧本上。为了仔细推敲某一句台词和某一个动作，张彭春经常在排演场上挥手喊暂停，然后习惯性地用手拍着自己的大脑门，闭上眼睛，一边"嗯、嗯"地出着声，一边反复地思索。演员们在一旁静静地等待，直到他下令"开始"，大家才又开始投入排练。

著名电影演员、曾为南开人的金焰就曾经颇有感触地说："彭春老师排戏严极了。我看过他排《压迫》《可怜的裴迦》《获虎之夜》，一进排演场，他什么都预先规定好了，无论是台词还是台步，甚至于台词的轻重音。这和我后来到上海参加田汉领导的南国社，排戏时可以即兴表演，演出时甚至也还允

①崔国良等编：《南开话剧运动史料（1923—1949）》，南开大学出版社1984年版，第55页。

许自由发挥，完全是两回事。”[①] 如此严格的要求，让学生演员实在太辛苦了，以致在他们中间流传着这样一句歇后语：“九先生排戏——受不了！”

但在排练结束之后，张彭春又恢复了常态，对学生演员极为关怀和体贴，总是细心地派人到学校附近买来刚出炉的烧饼，请参加演出的同学们吃个饱。大家总是既害怕张彭春的严格要求，又钦佩他的高超指导，同时也感激他的一片爱心。所以每次排练和演出的时候，剧团成员在张彭春的指挥下，总是干劲十足，密切配合。从这个侧面，也体现出了南开家庭学校的某些特点。当然，作为一个剧团的导演，张彭春绝不是一个专制的人，他会就一些问题，倾听不同的意见，并和团员们讨论各种可能性，以便从中选择最佳意见。当大家为了一个问题而发生争执时，张彭春也绝不利用自己的导演特权来压制其他声音。南开校友吴博有一次就看到张彭春和新剧团重要人物伉乃如、张平群等人为一个问题发生了争执，三人都十分激动地用手指指着对方，争执不下，互不服气，最后赌气说：“谁错了，谁请大家到全聚德吃烤鸭！”周围的团员立刻跟着起哄说：“对，那就今天晚上去！”这种为保证演出质量，严格而又民主的精神一直留在了他的脑海中，也给很多南开学生演员留下了比较深刻的印象。

张彭春执导的新剧，非常注重以小见大，从细微之处来反映、表达剧情主旨，即注重细节的处理。比如说在排演《国民公敌》（正式上演时改名为《刚愎的医生》）时，有一幕，按照剧情需要台上乱糟糟地站了很多群众演员，表面看起来杂乱无章，但是在张彭春的精心安排下，实际上每个群众演员都有一定的位置，每个人和其他人之间都不一样，视觉效果非常好。张彭春曾不无得意地说：“disorderly order。”（即“乱中有序”）20世纪30年代，张彭春执导的《财狂》公演，整个舞台布景的设计非常自然、典雅而又别致，充满艺术气息，但是张彭春却总觉得这些漂亮崭新的建筑和主人公吝啬的性格角色很不相称，于是就叫人把门窗和走廊都涂上了薄薄的一层污黑，恰如

①黄殿祺：《话剧在北方奠基人之一——张彭春》，中国戏剧出版社1995年版，第350页。

其分地表现出剧中主人公的性格，深化了剧情。而对于剧中扮演厨子和车夫的严仁颖，张彭春也做了一点特殊处理。由于严仁颖前额较窄，张彭春认为这个特点和剧中人物形象不太相符，就在他前额上贴了一块猪尿泡，经过这番化妆之后，一个活生生的人物呈现在观众面前。为了保证演出的现场效果，张彭春还根据需要大胆地对舞台进行了改革，将原先挂在舞台上的幕布拿掉，而以敲锣指挥灯光明暗来表示开场和收场，这种大胆的变革在当时是比较独特的。

由于从剧本创作到正式公演，张彭春都竭尽全力，追求完美，所以南开新剧团每公演一剧，都会出现“本埠与外埠观众相当拥挤”“入场券甫售即尽，而外间索购者纷至沓来，愧无以应”[①] 的盛况。1916 年，南开上演《一念差》，北京清华学校教员及学生十人，专门由北京乘车来南开学校观看，翌日才返回北京。著名国学大师胡适也在给友人的信中称赞南开新剧团：“天津的南开学校，有一个狠（注：即很）好的新剧团……他们那边有几位会员（教职员居多），做戏的功夫很高明，表情、说白都很好，布景也极讲究。他们有了七八年的设备，加上七八年的经验，故能有较满意的结果。以我个人所知，这个剧团要算中国顶好的了。”[②]

南开新剧团演出新剧也并非完全是为了表演而表演，有时也会以此援助其他学校或者赈济受灾民众。如 1916 年 9 月 23 日新剧团就举行了《一元钱》的一场特殊义演，为保定、顺德两中学解决日益拮据的办学经费问题向社会募捐。

独具特色的南开新剧

早期南开学校演出新剧的时候，并没有正式的剧本，都是“首由师生想

① 《校风》第 8 期。

② 《新青年》第 6 卷，第 3 号。

故事，故事想好再行分幕，然后找适当角色，角色找好则排演，剧词随排随编，迨剧一排好，词亦编完。编完之后，再请善于词章者加以润色”。[①] 因此，演员们上台之后可以随时发挥，剧本并不是演员表演必须遵循的。为了提高新剧演出质量，张伯苓决定对此进行改革，废除这种可以任意发挥的幕表制，大力推行剧本制。他做出明确的规定，每次新剧演出之前都要有完整的稿本，并要求新剧团编纂部的师生要以慎重、严肃的态度来对待剧本的创作。“凡此部[②] 会员均须编纂一剧……于上星期六以前交稿，即交审定部评定，遴选佳稿，再交演作部排演。”[③]

然而编写剧本也并不是一件容易的事情。为了集思广益，编出高水平的剧本，1916 年暑假，张伯苓还特意带领一部分新剧团成员到离天津市区不远的高家庄集体编纂剧本，“今岁暑假期中，校长因每岁稿本编纂非易，特集同新剧团团员数人，前往高家庄李氏小学，预先编纂，以冀毋匆忙于临时”[④]。在参加编纂剧本的人员中，除了张伯苓、时子周、尹劭询、王祜辰、华午晴、姜更生、伉乃如等教师外，还有于佩文、李纶襄、李福景、周恩来四位同学。在高家庄，师生们或“旅行数里之外，或泛舟河渠之中，或观学校，或观稻田，又或促膝谈心”，[⑤] 最后，每人都编写出了三四部稿本。但是经过张伯苓和审查部的仔细检阅，认为能够上演的只有两部。返校之后，张伯苓再次对这两个剧本进行修改和润色，请“尹（劭询）、时趾周[⑥] 二先生将意义编出，然后再加余人稍改，所费手续，计经四次”。[⑦] 后来，到了张彭春执导南开新剧团的时候，他也是和师生们一起创作剧本。1918 年，为纪念建校十四周年而演出的《新村正》，就是张彭春直接执笔创作的。至于那些可以在南开学校内部演出的剧本，能否进一步向社会公演，也需要经过再次审批。如果认为

①夏家善等编：《南开话剧运动史料（1909—1922）》，南开大学出版社 1984 年版，第 54 页。

②指编纂部。

③《星期报》第 27 期。

④《校风》第 38 期。

⑤《敬业》第 5 期。

⑥即时子周。

⑦《校风》第 38 期。

剧本不够理想，没有达到公演的程度，那么就要重新修改，反复推敲琢磨，直至通过审批。1916年，为纪念南开十二周年校庆而公演的《一念差》，最初就被评判为“事繁幕少，不足引起观者兴趣”，于是又重新召开讨论会，决定把原来的五幕剧扩充为六幕剧，又经过多次编演，才于校庆日对外公演。

在这样严苛的标准之下，新剧团一共编导上演了70多部中外话剧，由此奠定了南开学校在北方乃至全中国话剧艺术发展中的地位。这些剧本内容丰富，涉及近代中国社会各阶层的众多侧面，有的反映了中国广大农村的现实生活，表现出农民与地主阶级乃至帝国主义侵略势力的矛盾斗争，如《新村正》等；有的反映封建官僚制度的腐朽和官场的黑暗，如《一念差》等；有的反映旧思想、旧道德对人的毒害，宣扬移风易俗、改良社会的新风气，如《一元钱》等；有的反映个性解放、妇女解放的问题，如《理想中的女子》等；有的反映青少年勤奋学习、立志救国，如《新少年》等。可见，剧本题材之广泛，反映了现实生活中普遍存在的社会问题，构成南开新剧的鲜明特色，同时也是张伯苓和张彭春的兴趣所在。

除了撰写剧本之外，张伯苓和张彭春还非常注重新剧理论的研究和探讨，这也是南开新剧团的一大特点。他们二人，尤其是张彭春，经常以撰写文章或者发表讲话的方式，详细介绍和阐述话剧理论演变、话剧流派发展、话剧未来发展趋势等问题，使得热心新剧的同学不仅能够亲身感受话剧表演的魅力，还能对话剧发展之历史了然于心。张彭春曾在南开礼堂中面对数千学生侃侃而谈自己对艺术的看法，他认为：“不论多么热烈的情感，只要用某一种形式表现出来，成为艺术品的，它的律动总是静的、淡的。凡是伟大的作品，全是在非常热烈的情感中，含着非常静淡的有节奏的律动。把无限的热情，表现在有限的形式中，加以凝练、净化，然后成为艺术品。这就是艺术作者的牺牲。艺术之所以成为艺术者就在于此。”①

在张氏兄弟的大力推动下，南开师生也积极撰写有关话剧理论研究的文

①崔国良编：《张伯苓教育论著选》，人民教育出版社1997年版，第404页。

章发表在校刊上，为推动南开的话剧理论的发展贡献聪明才智。这些文章内容涉及戏剧改革、戏剧发展潮流、戏剧表演艺术、戏剧本质特征以及剧本创作方法、编写原则等重要问题，对话剧表演真正起到了指导和推动作用。其中，周恩来撰写的《吾校新剧观》一文[①]，可以说是代表南开戏剧理论研究水平的重要文章之一。这篇文章总结了南开多年以来的编演经验，指出南开新剧不仅可以感昏聩、化愚顽、开民智、进民德，而且“于种类上已占其悲剧感动剧位置，于潮流中已占写实剧中之写实主义”，由此进一步延伸到我国新剧运动的实践活动问题，认为新剧具有普遍意义的教育功能，“行之一夕，期之永久；纵之影响后世，横之感化今人”，因此，成为教化民众的重要工具，对普通民众进行“通俗教育最重要的主旨，又在舍极高之理论，施以有效之实事。若是者，其唯新剧乎”。同时指出写实主义乃当今新剧的主要发展潮流，“此种剧旨，更为锐进而成空前之发达”，将来写实主义也必然是“大势所趋，不得不资为观鉴”。由此，周恩来还概括了一些重要的有关话剧艺术发展的理论问题以及中外话剧艺术的历史经验。毫不夸张地说，这篇文章不仅奠定了南开新剧团发展的理论基础，也是中国现代话剧史上的理论开篇力作之一。

南开新剧表演的另外一个特点就是继承和发展了中国传统戏剧的艺术形式，这与张伯苓和张彭春的提倡是密不可分的。为了提高南开新剧表演水平和同学们的表演技巧，张伯苓特意将梅兰芳、郝寿臣等著名京剧表演艺术家请到学校来参观和访问，并请他们给同学们讲解如何表演。就张伯苓而言，虽然不会弹奏乐器，但是却传承了张久庵的家风，雅好戏曲音乐。他平生最喜欢的是京剧武生杨小楼和音韵大鼓刘宝全。他喜欢杨小楼的武戏文唱，也喜欢刘宝全的黄钟大吕。抗战前，每到北京，必定要抽空听听杨小楼的戏和刘宝全的大鼓，俨然成为一种习惯。张伯苓对梅兰芳、余叔岩、郝寿臣的戏剧艺术也很欣赏。杨小楼、梅兰芳、余叔岩、郝寿臣等京剧名家在北京经常

① 《校风》第 38 期。

联袂演出，这让张伯苓这个戏迷看后，大呼过瘾。郝寿臣也仰慕张伯苓，愿意交往。张伯苓到北京出差，都住在位于前门外施家胡同的北京旅馆里，而且有一个铺盖存在那里，为的是用着方便。这也给郝寿臣找他提供了某种便利条件，所以，只要张伯苓一到北京旅馆住下，旅馆的伙计就给郝寿臣打电话，报告他的行踪，郝寿臣得信后马上赶回来看望张伯苓[①]。这是因为在与这些杰出艺术家交往的过程中，张伯苓不顾世俗的眼光，和他们结下了深厚的友谊。

> 张伯苓喜欢听京剧，尤其欣赏梅兰芳和郝寿臣的艺术。有一次郝寿臣去天津演出时，张校长就邀请他们兄弟二人到南开参观，他还亲自陪着郝寿臣自小学、中学一直看到大学。郝寿臣听说张伯苓身兼南开各校之长，但只拿一份薪水，所以对他非常崇敬；张校长也很钦佩郝寿臣的为人与作风。于是他们就成为道义之交。张伯苓从来不在天津看戏，以防对南开学生造成不良影响。郝寿臣在北京演出时，张伯苓有暇即来京看戏，而每次总要与郝寿臣晤面，或到郝的家中拜访，或邀请郝去饭庄吃饭。[②]

20世纪30年代，梅兰芳要出访美国、苏联，将中国国粹推广到全世界范围的经历，对于梅兰芳出国演出，张伯苓也是鼎力支持，让张彭春暂时放下在南开的教学工作，全力以赴保障梅剧团在美国演出的成功。西洋观众看完梅剧团的演出，都觉得很惊奇。他们说梅兰芳是“雄美人，但我不能爱他”。按照西洋人的风俗，对一个美丽的女子，必须说我爱她才能表示对这位女子的赞美。因为梅兰芳的扮相虽然很美，但他毕竟是个男人，所以不能说爱他。然而这份成功离不开梅兰芳的出色表演，也离不开张彭春对中国京剧进行的改革，以适应西洋观众的欣赏习惯，更离不开张伯苓和南开大学在幕

①张锡祚：《先父张伯苓先生传略》，南开大学出版社2016年版，第96页。
②北京市戏曲学校：《郝寿臣传》，中国戏剧出版社1985年版，第100页。

后做出的努力和牺牲。后来，梅剧团归国到天津演出时，梅兰芳特意来看望张伯苓。[①]

张伯苓和这些中国京剧艺术家之间的感情是真挚的，并愿意为这些朋友的事业发展出谋划策。“一次酒席宴上，郝寿臣说要排《荆轲传》，张伯苓首先表示赞成。他说：‘就目前形势来说，这出戏在唤起群众、反抗侵略方面，很有现实意义。’”患难见真情，张伯苓在他们遇到困难的时候常常及时伸出援助之手。1944 年，郝寿臣的儿子郝德元遭到日本侵略者的追捕，不得不弃家辗转来到重庆，张伯苓特意聘请他担任重庆南开中学的英文教师。有人回忆说：“郝德元在重庆沙坪坝见到张伯苓老校长，汇报了弃家来重庆的情况。老校长说：‘畹华（梅兰芳字）的大少葆琛也到重庆了，他喜欢当工程师，你喜欢吗？’‘我喜欢教书。’这样张校长就把他留在南开中学教英文了。”[②] 因此，郝德元对于张伯苓的帮助铭记在心，后来当他到纽约辅德大学攻读统计学位时，秉承父命，潜心向学，从不上台演出。但是，当张伯苓在纽约过七十寿辰时，郝德元竟然破例连唱带做地表演了一整出《醉打山门》为恩师祝寿。这说明张伯苓、张彭春以及南开新剧团、整个南开学校都和传统戏剧表演有着多么密切的联系和深厚的友谊。

在张伯苓和张彭春的共同努力下，南开新剧确实起到了他们最初设想的教化功能，对学生能力的提升和品性的养成都发挥了很大的促进作用。1916 年，南开学生曾仲毅撰文《说吾校演剧之益》，以切身体会诚挚地述说了学生们所受到的新剧的影响。文中说到，为诸生所乐遇、校长所乐道的南开新剧，不仅有助于学业进步，而且可以增加阅历，学会自励奋进，可达爱校爱国之功效。

> 学生于书卷之外，不啻得一精细讲义也。于求学之外，又得此精深之阅历，其有助于将来处世，获益靡穷……扮演善者，不论其角色轻重，

①张锡祚：《先父张伯苓先生传略》，南开大学出版社 2016 年版，第 95—96 页。

②北京市戏曲学校：《郝寿臣传》，中国戏剧出版社 1985 年版，第 143 页。

皆足使朋友称之，亲戚悦之，名誉因之远振，精神愈觉发扬。则凡是入团者，莫不努力苦思，以求显露于小舞台之上，交赞于数百人之口，是则学生于功课之外，又知所以善处境遇，自励流芳矣。剧本之优劣，有关学校之声誉……是则学生于尊校长之外，又知所以爱校誉。推此而大之，则知所以爱团体，爱社会，爱国家，文明黄种，莫不基于周年纪念日本校演剧之一夕也。噫嘻！此因吾学生数百人期年所乐遇之大好机会，校长张伯苓先生所乐道之精神教育也。[①]

这番言论，集中表达了南开学子对新剧表演的普遍认同，也是对张伯苓和张彭春诸多努力的推崇和赞誉。张家后人对张彭春的艺术造诣极为赞赏，“其后先生之弟仲述先生自美归国，他对于西洋戏剧颇有些研究，于是又编导了西洋名剧《国民公敌》《娜拉》《少奶奶的扇子》《争强》等剧本，演技艺术又比以前大大地提高了”。[②]

由于张伯苓的热心提倡、支持以及张彭春的大力参与和指导，南开逐渐形成了良好的文化艺术氛围。当“南开五虎”在全国篮球界所向披靡之时，文艺界也将南开新剧团善于表演的伉乃如、张平群、曹禺、吴京、李国琛等五人合称为“南开五虎”。新剧表演不但熏陶了学生的性情，还直接或者间接地促使许多学生在毕业之后选择了文学、戏剧、导演等艺术创作道路，在不同领域中取得佳绩。如靳以（章方叔）、金焰（金德麟）、吴博（鲁韧）、周汝昌、端木蕻良（曹京平）、韦君宜（魏蓁一）、黄宗江、沈湘、楼乾贵、华资筠等著名演员、导演和戏剧家，就是他们中的突出代表。在他们日后的回忆中，处处可见对张伯苓、张彭春和南开新剧团的怀念之情。而其中最为著名的，莫过于被称为“中国之莎士比亚”的剧作家、表演艺术家曹禺。

---

①《敬业》第 1 期。

②张锡祚：《先父张伯苓先生传略》，南开大学出版社 2016 年版，第 36 页。

名师、高徒及其他

曹禺，本名万家宝，清宣统二年（1910 年）生于天津。由于小时候经常随父母去戏院看戏，因此对传统戏剧颇为偏好。1922 年，年仅 13 岁的曹禺进入南开中学求学，由于健康状况欠佳，不久便休学在家。两年之后，重返校园的曹禺加入了在华北乃至全国都已经小有名气的南开新剧团。曹禺的表演才华逐渐显露出来，并很快得到了张彭春的赏识。在张彭春的严格要求和悉心指导下，经过数年的磨炼，曹禺的表演技艺日臻成熟，并在《压迫》等剧作中崭露头角。时人在《南开周刊》上撰文，对曹禺在《压迫》一剧中的表演给予很高评价，认为他“一举一动，惟妙惟肖，滑稽拆白，尽现台上，可称得全场中之明星”。[①] 曹禺的表演不仅被南开师生所认同，其影响更是扩展到社会之中。在全国各地都颇有影响力的天津《大公报》也对此剧进行了评论：

> 最有意义，演得恰到好处的是第一个剧《压迫》，里面尽是些有趣而不狂放的演作，内中又含不少深的意思。我尤其是赞成那位做女客的先生（注：指曹禺）。我的朋友在我来看戏以前叫我注意现在受过教育的新女子是什么样。他说：“你就在那里看去吧！”我细细地看，我不会说什么极文雅的词句去描写一个“受过教育”的新女子的性格，但是我就觉得演的是我心中所想那类新女子……统观这一剧全好，有味；尤其是女客进门后，空气就紧张起来了……若以个人讲，在《压迫》中我以为做女客的先生是“了不得”。[②]

1927 年 10 月，张彭春导演的《国民公敌》在苦心排演了两三个月之后即将上演。可是正在这时，这出易卜生创作的名剧竟然因为直隶督办褚玉璞

① 《南开周刊》第 38 期。

② 《大公报》，1927 年 9 月 13 日。

怀疑是在暗讽自己而遭到他的勒令禁演。在剧中扮演一个女性角色的曹禺第一次感受到在那让人窒息的社会氛围中，“仿佛人要自由地呼吸一次，都需要用尽一生的气力”。[①] 所幸在1928年，张彭春巧妙地将《国民公敌》易名为《刚愎的医生》，于3月20日易卜生诞辰百年纪念日推出，连演三场，场场爆满。演员们在张彭春的指导下，最大限度地发挥出各自的水平，使观众仿佛置身于舞台之上，随剧情起伏而心绪波动，“一时咬牙痛恨《民钟报》主笔之奸猾，一时又点头叹息沐浴场医生之刚愎。感情随演员而时易，精神与剧情以俱变”。[②] 而张彭春也对曹禺在剧中所塑造的形象生动的女性角色大为满意，由此对曹禺更是大加栽培。

1928年10月，为了庆祝南开二十四周年校庆，张彭春又导演了易卜生的《傀儡家庭》（公演时定名为《娜拉》），并决定由曹禺来扮演剧中女主角娜拉。该剧在五四运动时期引入中国，形成一股“娜拉热”，和近代社会中女性要求婚姻自由、反对封建包办等要求不谋而合，因此，在某种程度上对中国社会变革特别是中国女权运动发展起到了推动和促进作用。而这也可以说是曹禺在南开新剧中第一次承担起挑大梁的重任，因此，他更加仔细地揣摩人物的心态，全身心地投入到对娜拉的演绎中去。就这样，一个“头戴假发，穿着短裙，颈佩白珠项链，足蹬高跟皮鞋”[③] 的不甘受家庭束缚、追求自由的西方女性形象被曹禺淋漓尽致地表现出来。该剧演出后，在天津尤其在教育界受到很大的关注。时人评价说：“此剧意义极深……最佳者是两位主角万家宝君及张平群先生，大得观众之好评。”[④] 而天津女界也认为该剧对于提倡女权、促进女性婚姻自由与解放大有裨益，为此还特邀曹禺和其他演员在女界再次公演。有鉴于曹禺出色的舞台表演，以至于他在从南开中学毕业之前就荣膺了“新剧家”之美称。同年，曹禺转入南开大学之后，在校庆晚会上再次演出了《娜拉》，又博得了观众的好评。从此，曹禺成为南开新剧团的主力。

①田本相：《曹禺传》，北京十月文艺出版社1988年版，第83页。

②《南开双周》第1卷，第2期。

③《北京日报》，1981年4月19日。

④《南开双周》第2卷，第3期。

1929年暑假，为了迎接即将到来的校庆，张彭春决定将英国现实主义作家高尔斯华绥的名剧《争强》搬上舞台。但是由于没有合适的剧本，张彭春就将改编剧本的任务交给了曹禺。剧本改编完之后，张彭春亲自执导，曹禺也参加了演出，担任剧中主角大成铁矿董事长。尤其值得指出的是，张彭春和曹禺师徒二人决定在此剧中正式改变南开剧团男女不能同台表演的惯例，首次由女演员来扮演女角。王守媛、张英元等女同学纷纷登台，出演剧中角色。这一名剧的演出成功，可谓张彭春和曹禺这对名师高徒一次天衣无缝的合作。剧本按照中国形式加以改译，幕幕表演精彩，台词含义深邃，布景华丽至极，舞台灯光配置也超越以往。该剧公演了三个晚上，曹禺和其他演员以精湛的表演艺术征服了前来观看的众多观众，此后还不得不进行加演。"此次计公演三晚（一）十七日晚，不到八时，座位即满，到场者共约千二百余人；（二）十九日上午票即售空，临时来而因无票不得不怅然返者甚多，场中座无隙地，每有四人之椅因拥挤故坐六人，观众之盛可谓甚矣；（三）廿六日加演一次，到场者亦逾千人。此种现象真历年所未有者也。"① 如此空前的盛况，可谓是南开新剧团的一次攀登顶峰之旅。"此次公演，不但打破本校新剧以往纪录，恐在今日之全国中，无能伯仲者。"② 而经过曹禺改编的剧本也被作为《南开新剧团丛书》之一，正式编成单行本出版。

这年年底，张彭春离开南开去美国讲学，并为南开学校发展谋划筹款事宜。临行前，他将自己珍藏的一套英文《易卜生全集》送给了自己的这位得意门生，曹禺更是将这套书视若珍宝。虽然当时曹禺的英文水平尚不足以全然理解这位剧作大师作品的所有内容，可他借用字典还是足以体会其中丰厚的内涵和深邃的思想的。作为对其艺术创作影响较多的西方剧作家之一，易卜生及其作品给曹禺以很大启发，让他感觉到"话剧艺术原来还有这许多表现方法，人物可以表现得那样真实，又可以表现得那样复杂"。③ 1929年冬，

①黄殿祺：《话剧在北方奠基人之一——张彭春》，中国戏剧出版社1995年版，第148页。

②《南开双周》第4卷，第4期。

③田本相：《曹禺传》，北京十月文艺出版社1988年版，第103页。

曹禺又尝试编译了两个英文剧本《冬夜》和《太太》。在改编改译的过程中，曹禺进行了一些创新，将剧中人物、服装、语言都加以中国化，在内容上也有所删减，以适应中国观众的欣赏习惯。经过改编的剧本，构思更加巧妙，剧情也更为紧凑，使得戏剧冲突更引人入胜，从表演技巧到内容主旨都有许多值得肯定的地方。通过这样的尝试，曹禺不仅对西方戏剧有了较为深入的理解，而且更重要的是，让他在表演之余，也学会了如何通过编写剧本来指导演员塑造舞台形象。这为他日后创作《雷雨》《日出》等著名剧作，奠定了良好的基础。

为了实现自己的理想，谋求在戏剧事业方面的发展，酷爱文学和戏剧的曹禺决定放弃自己在南开大学政治系的学业，转去清华大学念书。1934 年，曹禺大学毕业之后又回到了天津，在河北女子师范学校任教。作为南开学校杰出的校友，曹禺此时又积极地加入到南开学校的话剧演出活动中来。此时，张彭春也从美国游学回来，二人重又将以前的《新村正》剧本重新修改。在张彭春执导下，南开新剧团重新排练演出了该剧。1935 年，师徒二人再次合作，将 17 世纪法国著名喜剧大师莫里哀的五幕剧《悭吝人》改编为三幕剧，取名《财狂》，以讽刺现实社会。剧本的改编主要由曹禺执笔完成，张彭春多方给予指导。他们密切合作，本着严肃认真的创作态度，逐句逐段反复琢磨，将原著的故事情节和人物形象借助中国化的表现手法，形成了很高的艺术完整性。经张彭春审定后，剧本付诸刻印。该剧由张彭春执导，曹禺扮演剧中男主角韩伯康。为了取得更好的舞台效果，张彭春还特意请来了著名建筑设计师林徽因做舞台艺术设计。整台布景充满了立体感，右边是一座精致典雅的楼阁，白石栏杆环绕着凹凸的石墙；左边是一个小亭子，石阶连接着小亭子一直延伸到舞台旁边。再加上一条曲折的游廊，衬以蔚蓝的天空和深邃的树木作为舞台背景，显得真实而又优美。

1935 年 12 月 7 日、8 日和 15 日，《财狂》连续演出三场，在社会上引起了极大的轰动。观众拥簇一堂，连文艺界名人郑振铎、巴金、靳以等人也都专程从北平来天津看戏。曹禺的表演得到了社会各界的一致好评，萧乾特意撰文对他大为赞誉："全剧的成败大半由这主角支撑着。这里，我们不能遏止对万家宝先生表演才能的称许。许多人把演戏本事置诸口才、动作、神情上，但万君所显示的却不是任何局部的努力。他运用的是想象。他简直把整个自我投入了韩伯康的灵魂中。"同时，他对张彭春的导演才能也给予了充分的肯定："全剧虽在极复杂的场面，各个角色依着情绪的变化总有一定适恰的方位。虽然表演成绩不同，各角在声调动作上都有一种节制的努力，我们明白，后台一定有一位能透视戏剧效果的导演指挥着一切。"[①] 天津的《大公报》和《益世报》也都做了专版介绍和连续报道，文章认为："《财狂》在张彭春的导演下，演出大成功。舞台设计非常完美；演员表情均极认真，万家宝、鹿笃桐最受观众欢迎。"[②] 特别值得称道的是，南开新剧团的演出收入有一部分专门用于天津市冬赈和救济贫苦儿童等社会慈善事业。

曹禺一直认为是张彭春和南开新剧团开启了自己走向戏剧舞台的大门。他曾深有感触地说："南开新剧团对我影响很大……我得到图书馆的许可，可以进入书库，在那里浏览较广……更多的是读中外文学和戏剧书籍……我得到了一些知识。南开新剧团的活动，启发了我对戏剧的兴趣，使我慢慢离开学习科学的打算，终于走上从事戏剧的道路。"曹禺多次强调指出："南开新剧团是我的启蒙老师：不是为着玩，而是借戏讲道理。它告诉我，戏是很严肃的，是为教育人民，教育群众，同时自己也受教育。"[③] 他感到自己十分幸运，"在有学识、有才能的导演张彭春教授十分严格的指导下……我开始明白为什么演戏，怎样演戏，甚至于如何写戏的种种学问"。[④] 许多年之后，曹禺在他所创作的著名剧作《雷雨》的序言中深情地写道："我将这本戏献给我的导师张彭春先生，他是第一个启发我接近戏剧的人。"[⑤] 显然，这位现当代中

---

①《校友》第 1 卷，第 3 期。

②《大公报》，1935 年 12 月 10 日。

③曹禺：《回忆我在南开开始的戏剧生活》，南开大学校长办公室：《张伯苓纪念文集》，南开大学出版社 1986 年版，第 222—223 页。

④《人民日报》，1984 年 10 月 17 日。

⑤田本相编：《曹禺全集》第 1 卷，花山文艺出版社 1996 年版，第 15 页。

国的戏剧大师一直无限缅怀自己的导师，深情眷恋着南开的新剧生涯。

张家后人对张彭春培养曹禺以及曹禺对南开新剧的贡献也了如指掌，“这时万家宝先生正在中学读书，所受的影响不小，由此产生了这一位中国的大剧作家。他的创作《雷雨》和《日出》，又是后来南开话剧团所常常演出的节目”。然而，更令张锡祚不能忘怀的是：“南开的新剧不单是在校庆日才演出，在平时，一般的节日里，也有比较正式的演出。在抗战前，每个星期六晚上，学校里都组织小戏或是电影，同学们花一角钱买票，同时还有一大包水果、点心、糖食等，又吃，又看，又玩，师生同乐。其中还穿插有相声和魔术一类节目。说来南开的魔术，也是值得一提的，有一位山海关籍的同学姓杨，我忘记了他的名字，从上中学时就喜欢魔术，就是变戏法，常在一些会上表演。后来升入了大学，他是学化学的，他用物理、化学的科学原理，来丰富他的魔术内容，当时已超过了一般剧团的水平，可惜他后来早死了，不然定能有一番出色的贡献。至于京剧，在后来也有相当的发展，学校里一有节日，也常常彩排。”在孩子的眼里，父亲张伯苓“在每次演出时，都是坐在最前排，一直聚精会神地看完，不管台上演得好或是不好，他总是兴高采烈，给台上的演员打气。他说这是大家在一起玩，不能要求得太高，他最喜欢和他的青年学生们在一起玩，这是他的生平爱好”。①

正是由于南开中学每到校庆和欢送毕业同学时，都要演戏庆祝，成为一种传统，被赋予练习演说，改良社会等多种功能。张伯苓在全校师生面前就大声疾呼：“戏院不只是娱乐场，更是教堂、宣讲所、教室，能改革社会风气，提高国民道德。”② 因此，南开学校的师生要精诚合作，编写、导演、演出新剧。曹禺不仅强调演新剧起源于张伯苓，而且特别赞赏他的开拓精神。“张伯苓主张搞新剧很不容易。那时有人认为搞新剧是下流的，可张伯苓却认为新剧和教育有关。天津造就了很多人才，天津话剧运动的贡献是值得一提的。”③

①张锡祚：《先父张伯苓先生传略》，南开大学出版社 2016 年版，第 36 页。

②张德莱：《回忆南开新剧团》，《南开校友通讯》复刊第 3 期（1983 年 4 月），第 28 页。

③曹禺：《回忆我在南开开始的戏剧生活》，南开大学校长办公室：《张伯苓纪念文集》，南开大学出版社 1986 年版，第 225 页。

九、新剧之外的九先生

九先生和南开

张彭春既是中国近代话剧事业的开拓者和领军人物，又是近代教育和外交事业中的一位风云人物，在诸多领域都做出了不可磨灭的贡献。

1916年，张彭春学成归国，出任南开中学专门部主任，协助兄长张伯苓发展南开的教育事业。当年，仅有24岁的张彭春已在学校的教学和教务管理等方面表现出卓越和出众的才能。

刚回到南开不久，张彭春就代替张伯苓出席南京私立金陵大学校董会。为了加大对文科的投入力度，该校有意取消已开办了两年的农林科。对此，张彭春不以为然，据理力争。他在校董会上明确指出，中国以农立国，农林科乃是中国极为需要之科目，不仅要继续办下去，而且还要尽可能设法扩充规模。最终，金陵大学采纳了张彭春的意见，决定继续扩办农林科，并聘请外国专家芮思纳（J.H.Reisner）为科长。从此，金陵大学的农林科逐渐扩展，最终发展成为中国现代农学的教学和科研重镇。这其中就有张彭春的一份功劳。沈宗瀚评价张彭春此举为“彭春先生的争议，关系中国农业重大，诚所谓‘一言九鼎’矣”。[①]

鉴于张彭春的能力，张伯苓在1917年离开南开赴美进修之前，放心地将自己一手创办起来的南开中学交到张彭春手中。临行前，张伯苓鼓励他说："用不着顾虑，你尽力而为。假如学校垮了，等我回来以后，还可以另起炉灶。"[②] 于是，1917年夏天，年轻的张彭春便成了南开中学的代理校长。

然而，兄长走后不到两个月，张彭春就遇到了上任以来的首次严重挑战。1917年9月，华北地区发生了严重的洪灾，天津也未能幸免。由于南开校园所处的位置地势很低，以致全校都被淹没在很深的水中。面对天灾，张彭春临危不惧，当机立断，组织全体学生佩戴白底紫字的纸质校徽去东南角草厂庵、东马路基督教青年会、学界俱乐部以及天津望族卞宅等处上课和寄宿。尽管灾情十分严重，南开中学实际上却只停课三天，一切又都井然有序地运作起来。随后，张彭春又指挥全校教职员工将学校暂时迁入河北政法学校，并筑埝抽水以保护校舍安全。一直坚持到翌年年初，张彭春才带领师生迁回南开。

在代理校长的任期内，张彭春努力钻研教育学理论，发表了一系列涉及教育体制、教育形式和教学手段的文章，包括《学校教育之一责在练习组织之能力》[③]《教育的社会目的》[④]《体育运动在教育上的价值》[⑤]，等等。他对学校教育的性质、目的和组织形式都进行了颇有见解的探讨和论述，并且提出了许多有关南开学校发展的建设性意见。慧眼识英雄的张彭春还提拔了三个学生为"学生秘书"，即郑道儒、周恩来和段茂澜。

通过张彭春的不懈努力，南开学校在张伯苓离开期间，非但没有退步，反而更显出蓬勃发展之势。张伯苓从美国回来之后，对张彭春为学校所做出

①南开校友会编：《张伯苓先生百年诞辰纪念册》，1975年版，第209页。
②黄殿祺：《话剧在北方奠基人之一——张彭春》，中国戏剧出版社1995年版，第382页。
③张彭春：《学校教育之一责在练习组织之能力》，《校风》第72期。
④张彭春：《教育的社会目的》，《校风》第94期。
⑤张彭春：《体育运动在教育上的价值》，《校风》第97期。

的贡献大加赞赏："这两年你所作所为，正与我在美国所学到的一样。"[①] 在这一段时间，张彭春不仅是南开中学管理和发展工作的主要负责人，而且还是创办南开大学的倡议者。早在1916年他刚刚就任专门部主任时，就提议创办大学部。8月21日，张彭春在新学年开学典礼上发表演讲，认为南开若要持续发展，就要尽早将创办大学部提上议事日程："教育为救国之本，而教育所以能养成良美之国民者，要非使学生知识优美，道德高尚，身体强健不为功。是以大学之设，为吾校刻不容缓之图，而国魂之保守，毅力之增加，以期无负全国厚希教育救国之忱。"[②] 次日，他又召集专门部师生举行茶话会，陈述自己对未来大学的规划设想："今专门部将改为大学，即系期望诸生深造，后来庶免有心长力绌之弊，而得左右逢源之妙。大学科目有政治、社会、哲学、心理、经济、教育、中国文学、英国文学、历史等门。德文拟定为随意科之一。"同时，张彭春还确立希望南开大学能够和世界著名大学齐头并进的信念："将来悬想之标的，使南开大学生纵不能发明新理，为世界学问之先导，亦决不令瞠乎欧美开源之大后，必与之并驾齐驱。至年限上，则为预科年半，本科二年半。"[③] 张彭春多次利用演讲或撰写文章的机会，发表自己对于创办大学的具体建议，重点集中在办学目标、学制、办学方式、学科设置和课程安排等方面，震动全校师生。

张彭春创办大学的建议和兄长张伯苓的想法不谋而合，同时也引起了严范孙等人的注意。1918年年底，当张伯苓从美国返回之后，其创办大学的想法已酝酿成熟，并准备付诸实践。1919年年初，张伯苓偕张彭春、华午晴、马千里等人去北京观摩各所大学的建筑形式、教育方式和院系、课程设置。5月，张彭春被任命为南开大学筹备课主任，负责具体的筹备工作。他主持起草了一份详细而完备的《南开大学计划书》，包括大学课程之详细规定、校舍规划等，成为创办南开大学的设计大纲和蓝图。他还为在外辛苦奔波筹措办

①黄殿祺：《话剧在北方奠基人之一——张彭春》，中国戏剧出版社1995年版，第382页。

②《校风》第36期。

③《校风》第36期。

学款项的张伯苓和严范孙出谋划策，让他们将这份计划书附在捐契（类似于捐款凭证）后面，这样一来，便可以让那些有意出资的各界人士清楚地看到自己所要捐助的大学究竟是什么样子。事实证明，这个方法的确发挥了不小的作用。因此，兄长张伯苓称张彭春为“南开大学的计划人”。

同年，当南开大学筹备完毕即将开学之时，张彭春重返美国哥伦比亚大学研究院攻读博士学位，同时赴各地演讲，另外还担任中国教育委员会秘书并出任华盛顿会议天津代表。1922 年 4 月，刚过而立之年的张彭春在哥伦比亚大学修完博士课程，并通过了论文考试。但因为无钱付印论文，最后拖延一年多才以学位论文《从教育入手使中国现代化》获得博士学位。这篇论文主要围绕中国现代化和教育之关系展开论述，其中有关改善中国教育之观点迄今仍为国内外教育界所认同。

1922 年 7 月，在中华教育改进社的提议和支持下，张彭春先后访问了英国、法国、德国、波兰、丹麦和苏联等欧洲国家，并详细考察了各国的教育状况。1923 年 1 月，张彭春回到天津，受聘担任此时已颇具规模的南开大学教授，并将在西方国家所了解到的教育改革经验引入南开大学的教学和管理当中。同时，张彭春还被中华教育改进社聘为研究员，主要关注中等教育的发展情况。1923 年 8 月 22 日，在中华教育改进社第二届年会上，张彭春发表了题为《中学课程研究的手续》的讲演。1923 年 10 月，张彭春又接受中华教育改进社的委托，主持该社与北京师范大学联合举办的“中学课程研究班”。在研究班上，他连续做了《中学课程的改造》和《中学训育问题》等有关中学教育的专题演讲，为研究班的成员详细介绍了西方中学教育课程设置情况，以及中学训育理论。

1956 年 2 月 23 日，为纪念张伯苓逝世五周年，生活在美国的张彭春深情回顾南开的创建历史：

> 我还没有提到这所学校的名称。它创建于 1904 年。在 1907 年年底以前，它曾先后使用过三个名称。凡是伟大的生机勃勃的运动，在开始

之际，总要经过多次的反复实践。我们的学校也经历过这种遭遇，包括学校命名的问题。初建时，定名为“敬业中学堂”。“敬业”的意思就是“肃敬受业”。这本已十分妥帖庄严，但当时政府规定，校名必须表明它的经济来源。于是，1905年我们的校更名为“天津第一私立中学堂”。学校开始时仅招收了七十三名学生，设在一座私人住宅的后院里（严范孙先生家的后院），有三间大房间作教室，一间小房间充当教师办公室，还有一间大厅专供集会之用。你可能会怀疑，如此简陋的一所学校有何值得评述之处。然而，这所学校最初二十五年的发展过程，在任何地方的教育史上，都称得上是不同凡响。

好的开始，等于成功的一半。学校创办起来之后，引起社会各界人士的广泛关注，纷纷送子弟前来求学。

第二年开始，学生人数骤增。陈旧狭小的院落突然爆满。另觅新校址已刻不容缓。经过不懈的探察和申请，终于，一个地址被选定并捐赠给了我校。它位于天津城南的“南开”地段，意即城南开洼。新校舍迅速地修建起来，我们于1907年迁入新校园，改校名为“私立南开中学堂”。从那一天起，“南开”的名声日益响亮，远近闻名。

那么，这样一所新式学校又是怎样发展起来的呢？作为近代中国和南开学校的历史见证者，张彭春详细讲述了南开学校并不平凡的发展之路。

在本世纪初期的二十五年中，南开究竟是怎样成长的呢？1911年晚清王朝被废黜，建立了共和国。1912年校名又更改为“私立南开学校”。这是为从事中等以上的教育事业铺路。不久，两所公立和私立学校相继于1911年与1914年并入南开。学校日益扩大，吸引了更为广泛的支持和赞助。1915年开设了一个大学班。翌年又增添了一个大专水平的学习班，专门培养中学师资。

1918年制订了创办一所包括三个学科的大学的计划。此项计划可谓雄心勃勃。1919年这所大学正式开学，恰在那所仅有七十三名学生的简陋学校成立十五年以后。这所大学发展迅猛，不久以后就突破了原来以为是雄心勃勃的初始计划。

开始时，这所大学设在南开学校附近，不久，就不得不千方百计地另觅新校址，在南开南面大约两英里（3218米）之遥的地方找到了一块空地。通过南开人的苦心经营，它的面积也在逐步扩大。1922年年初，大学迁入新校园的新大楼（应为1923年秋迁入新校址）。该地俗称“八里台”。但这次大学并未因迁到新址而更名。这时，“南开”这个名称已经取得了如此特殊而深远的意义，无法再为人们所遗忘。

南开学校，这个大家庭也在不断发展、壮大，用自己的亲身实践，阐明了“日新月异”的真谛。

对南开来说，日新月异，发展壮大，似乎已成为一种势不可当的规律。到了1923年原系统中又增添了一所女子中学。原有的中学仍是男子中学。既然设立了女中，必然要为女生提供必要的设施。于是，再一次购置新校址，修建新校楼。这里补充一句：大学自开创伊始就兼收男女学生。为了使南开成为一个完整的体系，1928年又成立了南开实验小学。

1929年10月17日，当南开庆祝建校二十五周年时，四部体系业已完备：南开小学、南开中学（即男中）、南开女中、南开大学。学生来自全国各地，还有一些来自海外。经受过南开所提供的各种教育理论与实践后，学生们相继迈出校门为社会服务。其中不少人日后为祖国做出了卓越的贡献。与全校组织范围的不断扩展，新校园、大楼的不断修建，以及学生人数的不断增加相比较，更为重要的是南开人在教育事业中艰辛奋斗的精神，激励了师生们的信心，增强了师生们的希望。我们首先必须牢记那黑暗、悲惨的时代背景，那永无休止的内战，那到处泛滥的混乱。然后，才能正确地估价在那险恶的多难之秋，这所四部一体的学校所做出的无可比拟的贡献。

对于自己所从事的建校实践，以及对南开学校所做出的历史贡献，张彭春只字未提，相反，对于兄长张伯苓的辛勤付出给予充分理解，表达了崇高敬意。他在肯定所有参与者对南开学校的心血灌溉之后，特别提到张伯苓的名字，并做出客观、公正的评说：

形成这种奇迹的动力和干劲是哪里来？一所学校的创立，绝不是任何个人的功绩。它是许多同心同德的合作者集体的结晶。然而，我们却不禁要时刻回顾在创业过程中居于领导核心的那位具有远见卓识的缔造者。

在南开，确有这样一位众所周知的人物，他的名字叫张伯苓。

耐人寻味的是，张伯苓并不是作为一个教育工作者开始他的事业的。实际上，他早年所受的是海军军官的训练。在海军学校（指北洋水师学堂——译者注）学习时期，他对学业甚感兴趣。1894 年毕业时，他的成绩居全班之冠。这位踌躇满志的优秀海军军官，何以会成为四部学校的创建者，成为人类灵魂的工程师呢？他所发出的光和热，他所使用的种种教育工作方法，都值得深入理解，大书特书。①

张彭春对南开学校、张伯苓的论述，似乎并没有超出人们的认识和了解，但是，如果念及他与张伯苓的兄弟情谊，以及在美国纽约向不太了解南开学校历史的校友们不厌其烦地谆谆教诲，就会理解这份良苦用心了。

这是张彭春在 1956 年 2 月 23 日为纽约南开校友写的南开学校的由来。

---

①张彭春：《南开是怎样建立的》，黄燕生译，崔国良、崔红编：《张彭春论教育与戏剧艺术》，南开大学出版社 2004 年版，第 325—328 页。

作者附注说：

“张伯苓生于1876年4月5日。今年是他80周年诞辰。为了纪念这个日子，南开校友将于4月14日在纽约华美协会举行盛会。会议节目主要由年轻的校友们主持。以上短文，可使年轻的朋友们对创建南开的历程有所了解。南开所做出的贡献，对于中国的现代化起了很大作用。”[①]

清华大学的初创者

1923年，刚回到南开没有多长时间的张彭春便被清华学校借去参与改办大学的筹备工作。在清华转向正规大学的道路上，张彭春起到了十分重要的作用，成为清华大学历史上一位非常关键的人物。

五四运动以后，全国的中等学校和学生的数量不断增加，开办更多的高等院校以满足社会发展的需要显得尤为突出。但是有着充裕经费支持的清华学校却仍然停留在中等学校的程度；与此同时，全国范围内掀起了收回教育主权、争取教育自主和学术独立的运动，作为留美预备学校的清华学校自然成了众矢之的，遭到了有识之士的批评甚至抨击。为了摆脱这种尴尬的局面，增设大学部成为清华学校迫在眉睫的任务。

1922年，曹云祥出任清华校长，开始推行创办大学的改革。鉴于张伯苓在教育界的声望及他创办南开大学的成功经验，又因为他以前也曾担任过清华学校的教务长，和清华也算渊源颇深，曹云祥便请他举荐合适的人才，协助筹备清华大学部。张伯苓考虑到胞弟张彭春曾经接受过清华学校“庚子赔款”之助，又亲身体验和考察过美国和欧洲各国高等教育之状况，还在南开大学的创办过程中积累了一定的经验，肯定能为清华的改革提供一定的帮助，

①张彭春：《南开是怎样建立的》，黄燕生译，《重庆南开校友通讯》第32期，2009年12月版，第25—28页。

遂将张彭春推荐给曹云祥。曹云祥慨然应允，将张彭春聘为清华大学教务长。张彭春不负众望，对清华改办大学做出很多贡献，为其教育目的与教育方针的确立、课程学制的设定等各方面出谋划策，极大地推进了清华改革的顺利进行。

1923年9月，清华成立了新课程委员会，张彭春任委员长，除了要审定课程外，还要负责筹划学校新教育方针的制订以及改办大学的计划。张彭春在代表新课程委员会向全校教职员提交的报告中，明确提出创办清华大学的总纲领，希望清华能够成为“一造就中国领袖人才之试验学校”①。在此纲领指导下，清华大学若要扭转以前作为出国留学之预备基地之地位，就应该建立其独特的学风，“特别鼓励创造学力，个人研究及应付中国实际状况及需要之能力”，具体方法就是要“在利用教室内外实际生活之动作，使经验近世文化之要领”。② 这一纲领提纲挈领地描绘出清华大学的发展前景，表达了张彭春对清华大学美好未来的期盼，即希望清华一改往日单一发展之路向，成为一所为国家培养高等人才的独立高等学校。

1924年2月，曹云祥聘请中国几所著名高等学府的创办人和负责人担任清华大学的筹备顾问，张伯苓厕身其间，并和胞弟张彭春一起为清华的发展贡献智慧和力量。同年，张彭春还对清华的课程设置进行了一系列的改革，如减少讲课时间、选课自由、中西文化知识并重等。为了消除清华长期以来一直偏重西方知识、忽视中国传统文化的弊病，张彭春多次主持召开教职工座谈会，专门研究改善国文教学等问题。为此，他重新制订了学校的中文课程，并聘请了一批精通国学的教师，增强国学师资力量。

1924年10月，张彭春主持制订了《清华大学之工作及组织纲要》，提出清华大学的教育体制格局，包括普通科、专门科及研究院各部。该纲要成为1925年4月23日外交部批准的《清华学校大学部暂行章程》的蓝本。同时，清华学校还组织了大学临时校务会议，张彭春被推选为副主席。不久，清华

---

①《清华周刊》第293期。

②黄殿祺：《话剧在北方奠基人之一——张彭春》，中国戏剧出版社1995年版，第5页。

正式组成新校务会议，张彭春当选为旧制部主任兼大学普通部主任。同年招收了清华第一届大学部学生，清华大学开始进入发展轨道。张彭春认为学校里机械式课本的教育，是使教授者学问人格缩小的制度，遂提出了创办大学研究院的意见，专聘中外造诣颇深的名师来清华大学授课，推动了清华研究院国学门的成立。

张彭春还将南开学校尤为重视校风建设的优良传统带到了清华，并为此做出了极大的努力。1924 年 5 月，张彭春在清华发表题为《校风的养成》的讲演，力陈树立良好校风的重要性和迫切性，极大地教育了清华的广大师生。在此基础上，他又亲自组织制订了《清华学校学生缺课新章（草案）》等章程，以严格的纪律来督促和规范学生的行为，对于培养和树立清华良好的校风起到了十分积极的作用。此外，在戏剧的理论研究和表演等方面颇有建树的张彭春还为清华美术社做了《中国戏剧漫谈》的专题演讲，并积极促成了 20 世纪 20 年代中后期清华戏剧活动的发展。

1926 年春，清华大学内部发生了“少壮派”和“保守派”之争。当时，清华大学有一批年轻的留学归来人士，他们多在美国著名院校如哈佛大学、耶鲁大学获得学位，回国之后到清华任教。这些人思想开明，反对官僚政客控制清华，主张仿照西方国家大学的体制，实行教授治校，并且迅速形成了所谓“少壮派”。“少壮派”在学校内颇有影响力，同以校长曹云祥为首的“保守派”水火不容，针锋相对，因而遭到了后者的排斥。具有留美背景的张彭春，作为清华改革的倡导者和推行者，自然也成为保守势力排挤的对象。张彭春迫于无奈，只得辞职。张彭春在清华师生中素来享有很高的威望，他的去职在学校中引起了轩然大波。不仅“少壮派”与“保守派”老师之间的矛盾进一步激化，学生们甚至自发组织游行请愿，高呼“打倒清华恶势力”“挽留张彭春”等口号，出现了一场“挽张去恶”的风潮。然而，张彭春去意已定，遂谢绝了挽留，毅然返回天津。

重返南开之后，张彭春作为助手协助张伯苓领导和管理学校各项工作，可以说是独当一面。他出任过南开中学主任和南开女中代理主任，在张伯苓赴美国筹款期间，还曾一度代理中学部主任。这一时期，张彭春将主要精力放在发展中国现代教育，尤其是中等教育的研究和实践上。

1927年夏，张彭春主持召开了南开中学学校工作改革讨论会，并邀请部分同学一起参加。在会上，张彭春做了题为《“开辟的经验”的教育》和《“教”“学”间的空气与“教”“学”的组织》等报告，认为“方今之世，浊浪滔滔，时衰国危，有志之士莫不各抒其所见，谋所以补救之方……欲求其先着眼于深微之处，续致其最迂缓之力，终乃谋国家百年之大计，如教育者殆不多见也！教育救国之说，容或近于迂阔，然其所期望于未来者则至大……故无论众议如何，吾人为根本上之解决计，固舍此道莫由也”，[①] 十分明确地提出了发展现代教育乃是挽救国家危机、实现民族复兴的最基础、最实在的一项工作的重要观点。此后数月间，张彭春又在各种场合连续做了《如何使学校工作得较高的效率》《先生究竟要教什么呢？》和《学校工作改革的意义及改革的新组织》《南开教育的一个新方向》《本学期所要提倡的三种生活》等演讲。

在这些讲演中，张彭春一针见血地指出近代中国中等教育中所存在的种种问题，或是只知培养一味“死读书，读死书”的书呆子，或是脱离中国国情而照搬照抄西方教学模式。他提出，应当让学生摒弃死记硬背的学习方式，通过认真掌握学理基础上的实地观察、动手实验等方式来获取和掌握知识，以达到现代教育培养具有全面能力的现代人才的目的。张彭春将这种“求能力”进一步解释为“我们所最需要的是西方所以能战胜世界的那种力，用我的话来说，便是现代的能力；我们要探讨他的所以创造那种东西的精神，我们要求得其方法，不只求得其结晶物，这是第一个最重要的大观念。我们大中华便可占一席地于世界，如果不这么办，教育便破产，中国前途便无法问了”。[②] 因此，现代教育就是要把“教学科、教全班、教考试的成绩数”的教育观念改变为“教育感觉有变化的活人”，从而确定“以动作为主，学科为

---

①崔国良编：《张伯苓教育论著选》，人民教育出版社1997年版，第383页。

②崔国良编：《张伯苓教育论著选》，人民教育出版社1997年版，第402页。

辅”的教学原则。

张彭春还将上述思想加以总结，创造性地提出了“开辟的经验”的概念。所谓“开辟的经验”包括三部分：

其一，个人能力的锻炼。在思想方面必须养成创造之思想及主动收集资料加以整理之能力；在身体方面，要养成敢于冒险和忍耐辛劳之精神；在情感方面，要培养一种与大自然融合一体之美趣。

其二，团体生活能力的锻炼。要掌握共同奋斗的目标，对传统的“领导”和“随从”的观念加以改变，将少数人处处当领袖改变为多数人凭借一技之长成为社会中的领导者。

其三，生产技能的锻炼。要学会用思想来支配物质与文字，同时也应该注重实习。①

作为张伯苓教育思想的补充和完善，张彭春所阐述的很多重要教育观念和教育方法，对以中学为主的南开各学部的教学工作的开展产生了很大的影响。譬如，南开很早就将社会调查课程列为学校的正式课程，对于促进学生能力的全面发展起到了不可低估的作用。

张彭春从清华回到南开之后，除了协助兄长张伯苓主持中学方面的领导和管理工作外，还坚持为南开大学的学生们授课。他不仅在哲学教育系任教，还在英文系开设自己所擅长的有关西洋戏剧的课程。在西洋戏剧课上，张彭春主要讲授西方著名戏剧家所创作的经典作品，其中大部分的剧作他都曾亲自改编和导演过，因此在向同学们描绘一场戏或描述一个人物时，总是栩栩如生，绘声绘色，以至于同学们听得入了迷，直到下课铃响起仍不愿离去。除此之外，张彭春还参与南开的对外交流和考察工作。1926 年 11 月，美国名校斯坦福大学校长韦尔伯来访，张伯苓、张彭春等一起陪同参观，并共同探讨中国科学教育问题。1927 年，张彭春随南开大学教授考察团到东北进行了长达一个多月的实地考察，并在回津之后加入了东北研究会。1928 年 4 月 26

①崔国良编：《张伯苓教育论著选》，人民教育出版社 1997 年版，第 388—389 页。

日，他还邀请赵元任来南开，不仅演讲，而且还弹钢琴，歌唱数曲，末曲是无锡语的《卖布谣》，[①] 给学生们留下了深刻的印象。在课堂上，张彭春也极富魅力，“讲课时声调铿锵有力，令人神往”，在话剧编导“实践中更表现了过人的才华”。[②]

出访美苏　弘扬国粹

作为一位醉心于戏剧艺术的教育家和社会活动家，张彭春不仅对西方话剧艺术有着深入的了解和研究，而且对传统的中国京剧艺术也十分喜爱。长期以来，张彭春就怀有一个向世界各国介绍中国传统国粹艺术——京剧的梦想。20 世纪 30 年代，他陪同京剧艺术大师梅兰芳及其剧团出访美国和苏联，为把京剧艺术搬上这两个超级大国的舞台做出了很大的贡献，也终于实现了自己的夙愿。

早在 1920 年，张彭春就已在美国公演了经过改编的中国戏剧。当时，他正在美国哥伦比亚大学研究院攻读博士学位，为了给国内受灾民众筹款而组织留美学生表演戏剧，选定的故事是著名的《花木兰从军》，张彭春负责其中 11 幕剧的写作。为了吸引美国观众，张彭春在编写剧本时，适当地做了一些修改，删除了抒情性的诗句，取而代之的则是简单明了的台词。1921 年 2 月 24 日和 25 日，由洪深导演，留学生们用英文将这出中国古装戏剧搬上了纽约百老汇克尔特戏院的舞台，受到了美国观众和媒体的高度赞誉。当时，《纽约时报》发表的戏剧评论对演出的情况进行了十分详尽的介绍：“昨天的演出受到了高度的赞扬……他们都是业余演员，与职业演员相比较，大有技高一

①卞僧慧：《赵元任南开演讲》，天津市南开区政协文史文化委员会编：《南开春秋：南开区政协文史资料汇编》第 8 卷，天津大学出版社 2015 年版，第 102 页。

②黄燕生：《回忆在南开的学习生活》，南开大学校长办公室：《张伯苓纪念文集》，南开大学出版社 1986 年版，第 121 页。

筹之概。”[①] 由此可见，张彭春的这次尝试无疑是成功的。

“中国的戏剧，如何才能得到世界地位，绝不是闭户自诩可成的，必须注意到世界的需要。”[②]——这是张彭春长期以来对中国传统戏剧艺术走向世界的期盼与祝愿，而梅兰芳及其剧团出访美国、苏联则为中国京剧艺术登上国际舞台提供了绝佳的机会。“张彭春自动出任梅剧团总管及发言人，向完全不懂中国戏剧传统及技巧之美国观众解释梅剧之意义。”[③]

1930 年，梅兰芳受华美协进社（China Institute in America）孟治博士邀请，率团前往美国进行访问和交流。梅兰芳一行刚到美国不久，便应驻美公使伍朝枢之邀，出席了中国使馆为他举办的欢迎宴会。应邀梅兰芳为到场的美国国务院官员、各国使节和社会各界知名人士等 600 多人表演了取材于中国古典文学名著《红楼梦》的京剧《千金一笑》。早在一年前，张彭春开始在美国讲学，亦应邀观看。表演结束之后，张彭春到化妆室问候梅兰芳，梅兰芳便向他征询观看演出的意见。张彭春很坦率地指出，美国人并没有真正看懂这次演出的节目，比如说剧中的《晴雯撕扇》一出，美国人没有像中国的端午节这样的节日，他们怎么能理解得了这些细节呢？其实，这也正是梅兰芳所担心的问题。因此，梅大师当即提出要与受到中西文化熏陶且对戏剧艺术颇有研究的张彭春合作，共同将中国的传统艺术介绍给西方人士。而张彭春也希望借助梅兰芳精湛的表演技艺，对中国的传统京剧做必要的改革，使其能够在中外文化交流，特别是戏剧艺术交流中担当更加重要的角色。因此，在征得兄长张伯苓的同意之后，张彭春便慨然应允出任梅兰芳剧团的导演。这是梅剧团首次建立导演制。梅兰芳听取了张彭春的建议，先是聘请了一位熟悉美国演艺界的希腊裔美国人喀帕卡斯（F.E.Kapaks）负责联系和安排剧团的全部演出事宜，而后又在赴纽约百老汇正式演出之前借助当地报刊进行宣传报道，以期扩大影响。果然，梅兰芳的演出还未正式开始，便已经

---

①黄殿祺：《话剧在北方奠基人之一——张彭春》，中国戏剧出版社 1995 年版，第 180 页。

②《公能报》，1946 年 11 月。

③张源：《张伯苓先生小传》，天津市南开区政协文史文化委员会编：《南开春秋：南开区政协文史资料汇编》第 2 卷，天津大学出版社 2015 年版，第 385 页。

引起了美国社会各界人士的广泛关注。

与此同时，张彭春还根据美国观众的欣赏习惯，大胆整合剧目。他说："外国人对中国戏的要求，希望看到传统的东西，因此必须选择他们能够理解的故事。中国戏的表演手法唱、做、念、打，但这些都为剧情服务，外国人虽不懂中国语言，如表情动作做得好，可以使他们了解剧情，每次演出剧目要多样化，如同一桌菜肴具备不同的色、香、味，才能引人入胜。我主张以传统戏为主，武打古装戏作为片断，服装、化装要搭配。帔、褶、蟒、靠、厚底鞋、长胡子、大头、贴片、彩鞋、花脸、净脸等，要注意色彩图案的调和。"因此，张彭春主张一定要演《刺虎》这出戏。该戏不仅可以看出朝代的兴亡更替，而且主人公费贞娥脸上的表情变化极多，就是不懂京剧艺术的人也可以看出个究竟。按照这样的原则，张彭春和梅兰芳、齐如山以及梅剧团成员经过共同商议，决定对预先准备的剧目大加改动，上演《刺虎》《贵妃醉酒》《青石山》《芦花荡》《汾河湾》《打渔杀家》《霸王别姬》《春香闹学》等优秀剧目以及剑舞、羽舞、杯盘舞等观赏性很强的舞蹈。此外，张彭春提出应当使表演更加精炼，每晚安排四场不同的剧目以适应不同观众的欣赏品位和要求；同时，他还请梅兰芳把各种舞戏抽出来单演一场，以吸引更多的观众。同样重要的是，张彭春还对京剧的演出程式提出了很多具有开创性的改革建议，如将剧本精练集中，减少纯交代性场次，废除检场，净化舞台等。[①]如在《贵妃醉酒》一剧中，张彭春就提出减少进酒、调情等表演的次数，把演出由45分钟缩短到25分钟。排练时，他还亲自拿着表来计时。

十分可贵的是，对张彭春所提出的意见，梅兰芳在回国之后的演出中仍照章采纳。这说明梅大师之所以采纳张彭春的意见，并非是在美国应付表演的权宜之计，而确实是考虑到这些见解的合理性。因此，这些改动实际上意味着对传统京剧的某些改革。先是张彭春影响了梅兰芳，再由梅兰芳带动了整个京剧界，又由京剧界扩展到整个中国戏曲界。

---

①《大公报》，1930年8月30日。

为了扩大梅兰芳和京剧在美国的知名度，同时也为演出造势，张彭春还主动和对中国戏剧非常感兴趣的美国戏剧界权威、著名的文艺评论家斯塔克·杨（Stark Young）联系，详细地介绍了中国的京剧艺术和梅兰芳的表演造诣，并向他赠送了《梅兰芳》《中国戏的组织》《梅兰芳艺术一斑》等宣传品，还邀请他参观梅剧团的彩排。在演出前，斯塔克·杨就发表评论，介绍梅兰芳及其艺术成就，并给予了很高的评价。1930 年 2 月 16 日，梅剧团在纽约百老汇第四十街剧院开始了首场正式演出，同时也是中国艺术家在美国舞台上的第一次正式亮相，其意义自然非同小可。演出之前，两个星期的预售门票仅三天就销售一空。当时最高的票价是五美元，但在黑市中已被炒到 18 美元。这在当时经济十分萧条的纽约是很少见的。演出进行时，张彭春要求梅兰芳等登台表演者严格按照平时排练的时间来表演，因此，该场演出按时完成，没有超时，令美国人惊讶不已。当时，远在上海的《申报》对此表演规范大加赞赏："……此次登台，戏目均由张彭春先生排定，张君对于剧学确有深切研究，尤能了解观众心理。每晚准九点钟开演，至十一点钟止。张彭春先生司幕，时刻之准，为美国剧院所少见。"①

继纽约演出大获成功之后，梅兰芳率领梅剧团又到了芝加哥、旧金山、洛杉矶、檀香山等地继续演出，张彭春也一直随同，尽力提供辅助和指导。在每场演出前，张彭春总是要穿上正式的礼服上台，用英语向美国观众介绍所要表演的戏剧的背景和情节；平时还要为梅兰芳起草在当地举行的座谈会和欢迎会上的发言稿。对此，当时的南开校友总会留美分会做了报道："张仲述先生现正为梅兰芳先生帮忙演剧，终日疲劳。梅先生在纽约蒙各界人士之热烈欢迎，大半皆张先生之力也。"② 途经好莱坞时，张彭春还在南开校友张廷勋的陪同下到几家规模较大的电影制片厂参观，研究他们的化装、布景及各种道具，并观看了一些新拍出的有声影片，对这一艺术形式也产生了浓厚的兴趣。

---

①《申报》，1930 年 3 月 29 日。

②《南开双周》第 5 卷，第 4 期。

通过这次美国之行，梅兰芳以精湛的演技充分展示了中国京剧艺术的魅力，征服了美国观众。他的表演得到美国艺术家、评论家们的好评，斯塔克·杨陆续发表了《梅兰芳和他的剧团的节目》《艺术使节》等文章，介绍中国京剧艺术渊源及梅兰芳的艺术成就。著名舞蹈家玛丽·伏·瓦特金斯（Mary F.Watkins）女士也于1930年5月在美国《舞蹈》杂志上发表文章，对《霸王别姬》给予了很高的评价，评论家乔治·西·瓦伦（Gorge C.Warren）对《春香闹学》做了专题评论。此外，梅兰芳还荣膺加州普蒙纳大学和南加州大学所授予的两个荣誉博士学位。

不应被历史忘记的是，中国京剧艺术在美国所获得的巨大成功，与张彭春所付出的种种努力是密不可分的。当然这段异国交往也直接促成了五年之后他和梅兰芳的再次合作。

1935年，梅兰芳接受苏联的正式邀请，准备赴苏联演出。鉴于在美国所获得的巨大成功以及张彭春多次游历苏联的经验，梅兰芳希望再次邀请他担任访苏演出的总导演。张彭春虽然也表示同意，但由于正担任南开中学主任、南开大学兼任教授等职，工作繁忙，实在是分身乏术。后经梅兰芳多次催促，再加上教育部、外交部商请借调，张伯苓同意给张彭春两个月的假期，协助梅兰芳赴苏联演出。赴苏联之前，张彭春对梅兰芳的演出计划多方指导，共同商定了表演剧目。考虑到苏联是社会主义国家，张彭春还特意邀请无产阶级戏剧家田汉在上海新新旅馆一起研究敲定剧目。最后决定上演的剧目是《刺虎》《贵妃醉酒》《汾河湾》《打渔杀家》《宇宙锋》《虹霓关》等正剧以及剑舞《红线盗盒》、羽舞《西施》、袖舞《麻姑献寿》等曲目。

1935年3月12日，梅兰芳、张彭春一行乘坐苏联提供的专轮“北方”号到达莫斯科，受到了各界人士的热烈欢迎，苏联对外文化协会、外交人民委员会、戏剧家协会等组织和团体纷纷前来迎接。苏联对外文化协会还特意在剧团演出之前出版了《梅兰芳和中国戏剧》一书，广为宣传。书中收录了张彭春的《京剧艺术概观》一文，充分表明张彭春在梅剧团中的地位以及苏联文艺界对他的推崇。

当时去苏联的梅剧团，和去美国的人员差不多，只是多了一位团员杨盛春。他是杨隆寿的孙子，也是一个长靠、短打无所不精的武生。在排练的时候，他觉得张彭春是搞新剧出身的，哪有资格来指导排练传统京剧，就想掂掂张彭春的分量。在排演时，杨盛春故意不好好练习，可是张彭春就是不让他过关，请他一遍又一遍地翻来覆去地做，最后，杨盛春按照标准的样子表演出来，张彭春才说："好！台上就照这样做。"事后，杨盛春十分服气地说："敢情张先生还真有两下子。"大家都笑着说："你才知道他能吃几碗饭，连梅大爷都得听他的，人家是外国博士，懂得洋人的脾胃。"梅兰芳也极为钦佩张彭春，逢人就讲："干话剧的朋友很少真正懂得京剧，可是P.C.张（注：指张彭春）却是京剧的大行家。"[①]

梅剧团在莫斯科演出六场，在列宁格勒（现圣彼得堡）演出八场。每场演出完毕，观众们都会热情地一再要求梅兰芳谢幕，盛况感人至深。最后，苏联对外文化协会又邀请他们在莫斯科大剧院加演一场，作为临别纪念。莫斯科大剧院是苏联戏剧界的最高殿堂，也是众多戏剧表演艺术家梦寐以求的表演场所。梅兰芳能在此演出，足见苏联剧坛对其表演艺术的推崇。这次公演，梅兰芳被掌声请出谢幕多达18次。当时《工人与戏剧》杂志发表评论文章，认为"梅兰芳在莫斯科和列宁格勒（现圣彼得堡）的演出，应被视为苏中两国人民文化交流的新里程碑"。[②]

此外，张彭春还陪同梅兰芳拜访了苏联著名戏剧大师斯坦尼斯拉夫斯基和丹钦科、爱森斯坦、梅耶荷德等人，并多次和他们进行座谈，交流经验。这些戏剧界著名人士也对梅兰芳的表演大加赞誉，认为梅兰芳的表演技艺已经具有极高的艺术水平。张彭春后来曾说过，"苏联的戏剧造诣很高，他们对梅剧团做出的评价，震动了整个欧洲剧坛"[③]。梅兰芳、张彭春等人还在苏联参观了戏剧学院、电影学院和在莫斯科历史博物馆举行的苏联十七年戏剧艺

①黄殿祺：《话剧在北方奠基人之一——张彭春》，中国戏剧出版社1995年版，第365页。
②黄殿祺：《话剧在北方奠基人之一——张彭春》，中国戏剧出版社1995年版，第283页。
③黄殿祺：《话剧在北方奠基人之一——张彭春》，中国戏剧出版社1995年版，第285页。

术展览会，并观摩了许多苏联戏剧、歌剧和芭蕾舞表演，从中受益良多。

回国之后，张彭春撰写了10000多字的论文《苏俄戏剧的趋势》，概括此次访苏“一方面是想把中国的戏曲介绍到国外，另一方面也是借此观摩吸收外国戏剧艺术丰富我们的民族艺术”。在南开的课堂上，张彭春还经常兴致勃勃地向同学们讲述自己在美国、苏联的经历和体验。美国、苏联之行，也证明了张彭春的艺术理论，即中国传统戏剧与西方戏剧虽然是在不同的文化环境之中孕育产生的，但是凭借着艺术的直感，异文化圈的欧美观众完全可以理解和欣赏中国的京剧艺术，两者的关系不是互为冲突，而是相得益彰。

各地讲学访问　传扬中华文化

除了两次陪同梅兰芳在美国和苏联访问、演出外，张彭春在20世纪30年代还经常到世界各国演说、讲学和参观，积极吸收借鉴外国的先进教育经验，同时也将中国文化的精粹介绍给西方，在一定程度上扮演了中西文化交流使者的角色。1931年1月，圆满完成梅兰芳在美国演出的顾问任务之后，张彭春便赴芝加哥大学讲学，主要讲授中国哲学和中国文艺，同时也在芝加哥艺术学院开设有关中国文艺的课程。3月，他又到哥伦比亚大学任教。暑假时，张彭春赴英拜访了萧伯纳及艾斯坦夫人，共同探讨文学艺术等问题。此后，又相继访问了荷兰、芬兰、德国、苏联、波兰、奥地利、瑞士及法国等国家，收获颇丰。

1932年1月，张彭春结束了在国外长达一年多的讲学和访问，回到天津，继续在南开任教。通过这次游历，苏联给张彭春留下了深刻的印象。他在南开多次发表了有关苏联社会的演讲，包括《在苏俄所看见、听见跟想到的》《共产主义的哲学背景》《苏俄教育状况》等，详细介绍了苏联各方面的发展变化。不仅如此，张彭春还受到苏联半工半读教育的启发，向张伯苓申请在南开秋季开学之后的高一班仿行创办一个“新教育试验班”，学生一周读书，一周做工，以实现他所提倡的“从消费的转向生产的，从动小筋肉的转向动大筋肉的，从舞弄笔墨的转向改造物质的，从靠人生活转向自食其力，从个人竞争转向团体合作”的“力心同劳”教育工作新方向。在张伯苓的支持和投资下，木工厂、铁工厂、印刷厂三个工厂相继建立起来，作为张彭春进行教育试验的基地。其中木工厂负责木器加工，铁工厂负责机械制造，印刷厂负责南开学校各部教材资料的印刷事宜。这样，工厂既是培养学生实际动手能力的场所，又成为学校坚实的产业基础。为了深化这一教学改革，张彭春还特意聘请在日本留学时也是在半工半读式学院完成学业的葛畔珍为厂长，郭沈初为工程师，李金寿为财务总管。这些工厂除了供教授学生们学习工艺外，还对外承接各种业务，如制造医院用品、学校家具等。一年之后，由于产品订货越来越多，市场需求也大为增加，生产任务日益繁重，学生们的生产能力又十分有限，再加上张彭春又要出国，工厂只好脱离教学成为独立的企业，迁至南开马场道，另设新厂。

1933 年 6 月，张彭春代表中国赴加拿大班夫市参加太平洋国际会议，归途经过檀香山时，又应邀在夏威夷大学讲学一年，开设中国戏剧课程。五年之后，该校邀请著名学者赵元任教授同样的课程，竟然被他婉言回绝。赵元任在写给胡适的信中坦言：去夏威夷大学“教的课程不多，但每周讲一次通俗讲演。上半年中国音乐，下半年中国戏剧。音乐还可以对付，戏剧我已去函敬谢不敏了。披·西（指 P.C，即张彭春）去过之后，我还去班门弄斧吗？”[①] 在夏威夷大学讲学期间，张彭春开始撰写英文著作《中国：何来，何去？》一书。到次年夏天，他才返回南开。

1936 年，张彭春受教育部借聘，以交换学者的身份前往英国，在牛津、剑桥等 10 余所著名学府作学术讲演，向英国教育界介绍中国文化的变迁。同时，他还在黄佐临的介绍下，到伦敦戏剧学院和老维克剧院做题为《京剧艺术与技巧》的学术报告。他的报告既有生动的导演实践，又富有理论创新意

①黄殿祺：《话剧在北方奠基人之一——张彭春》，中国戏剧出版社 1995 年版，第 367 页。

义，同时还将中国的国粹艺术和西方戏剧进行了恰当的对比和分析，在戏剧学院师生中及英国戏剧界引起了强烈反响，获得罗伦斯、奥利维尔、约翰·吉尔葛雷等知名人士的肯定。梅兰芳对张彭春给予很高评价："干话剧的朋友很少真正懂京剧，可是张彭春却也是京剧的大行家。"[①] 是年 8 月 7 日至 14 日，世界新教育会议第七届会议在英国伦敦召开，50 余个国家的代表前来参加。张彭春、陶行知代表中国出席了这次会议。这一年，张彭春在剑桥大学修订完成专著《中国：何来，何去？》，后改名为《中国在十字路口》，交由伦敦伊文思公司出版发行。

然而，张彭春在南开大学发展的几个关键时期都发挥过重要的作用。在 1929 年和 1933 年，他两度访问美国，为学校积极募集经费。1937 年，他赴香港、澳门，募集经费三万余元。1945 年，抗战胜利后，在学校经费、校舍、师资严重匮乏的情况下，他在美国为学校聘请教授，回国到南开大学任教。

①黄殿祺：《张彭春 1892—1957》，天津市南开区政协文史文化委员会编：《南开春秋：南开区政协文史资料汇编》第 2 卷，天津大学出版社 2015 年版，第 344 页。

十、爱的旋律

张祝春、马千里：新式婚姻的倡行者

婚姻和家庭，对于每一个青年人来说，都是正在完成或即将给出答案的人生课题。对男女双方而言，家都应该是爱的港湾，是生活的动力源泉。经历了社会转型的张伯苓、张祝春、张彭春的婚姻被打上了时代的烙印，难得的是，都奏响了爱的旋律，谱写出爱的华章。

张伯苓兄弟姐妹五人，除弟弟张彭春外，还有一个姐姐、两个妹妹。姐姐小名四柱，后嫁给许梓政，婚后早卒。大妹嫁给黄姓人家后不久也病故了。另外一位小妹就是张祝春。张祝春字冠时，生于清光绪十年（1884年），卒于1966年。张伯苓长张祝春八岁，是一位非常好的兄长。他对小妹呵护备至，不因为她是女性而忽视其受教育的问题。幼年时期，张祝春深受父亲宠爱，授以经书礼仪，略知诗书。清光绪三十一年（1905年），严范孙在自家创办了严氏保姆讲习所。这所天津最早的幼儿师范学校以培养幼儿教育师资为目的，在近代社会为数不多的女子学校中颇有一些名气。张祝春也希望能够去那里就读，进一步提高修养学识，但是却遭到母亲杨氏的强烈反对。在那个年代，女子必须谨守“三从四德”，要大门不出、二门不迈，哪里有可能被允许到外面抛头露面去上学呢？作为长子的张伯苓遂耐心地给母亲讲解让女孩子也接受教育的道理。经过他苦口婆心的劝说，杨氏才同意让小女儿出去上学。随后，张伯苓就介绍张祝春去严家上学。当时，班里的学生多是严家的媳妇、女儿及亲朋好友的眷属。在学校期间，张祝春随日本女教师学习风琴。因为得到父亲的遗传基因，张祝春也喜爱音乐[①]，迷上弹琴，勤学苦练，技艺高超。几年后，她从严氏保姆讲习所毕业，受聘于天津宜兴埠温家创办的普育女学堂蒙养院任教，同时还在小学教授音乐课，成为近代天津地区最早的一批蒙养院女教师。

眼看着张祝春到了婚嫁的年龄，张伯苓开始为小妹的终身大事操心。接受近代文明洗礼的兄长非常希望小妹能够通过自由恋爱，找到称心如意的郎君，同时他也在暗中为妹妹物色合适人选。南开中学有一位才华横溢、好学上进的教员马千里，引起了张伯苓的注意。

马千里，名仁声，字千里，祖籍浙江绍兴，清光绪十年十二月二十七（1885 年 1 月 24 日）生于天津城里丁家胡同后。其父马祝平先后在广西义宁、养利、崇善、龙州等地任知州达七年之久，民国前夕返津赋闲。其母生养三男六女，包括大哥同声，小弟遹声。童年时，他爱读诗书，曾进入私塾读书。清末新政时期，曾计划留学俄罗斯，所以学习俄文，先于清光绪二十八年（1902 年）入俄文学馆，半年后该馆倒闭，居家自学。清光绪三十年（1904 年）考入北洋大学俄文专科班，清光绪三十二年（1906 年）毕业。因俄国在日俄战争中战败而放弃留学俄国的打算，到上海入私立振华学校学习英文、数学、物理、化学等新知，后到广西龙州师范学堂学习英文，因父亲马祝平正在广西龙州知府任上。孙中山主张推翻清朝政权，建立民国，马祝平弃官返乡，马千里遂于清光绪三十四年（1908 年）考入张伯苓创办的私立中学堂，插入甲班学习。他天资聪颖、勤奋刻苦、成绩优良，踊跃参加社

①马珠官：《我的五舅张伯苓》，沈卫星：《重读张伯苓》，光明日报出版社 2006 年版，第 396 页。

团活动，被选为自治励学会会长。同年11月中旬，光绪皇帝和慈禧太后先后死去，当时要求所有的学生都必须穿孝服前往学会处吊孝，唯独他躲在厕所里拒不参加，并把自己的这段经历写入日记。清宣统二年十月（1910年12月），天津学生请愿同志会会长温世霖组织、发动速开国会，立行宪政的国会请愿运动，不幸被捕。马千里等人撰写的《天津大冤狱》等文章在《国民会报》上发表，为温世霖伸张正义。他还率先剪去辫子，表达革命的决心。在这些活动中，马千里逐渐显露出卓越的才华，受到张伯苓的赏识，觉得这是一位不可多得的人才，也是妹妹可以托付终身的男子汉。于是，张伯苓有意将小妹张祝春介绍给马千里。

马千里一向反对传统包办婚姻，因为在他19岁时，就由家里做主和高氏结婚。但是一年多之后，高氏便撒手人寰了，留下一个女儿，名叫孝良，可惜不幸夭折。这在马千里心中留下了无尽的悲伤和愁苦。为了改变这种命运，马千里明确提出自己续娶的择偶条件：一、在校求学五年以上；二、必放天足；三、订婚时换帖男女家互换，由本人收藏；四、订婚后男女可时常见面交流思想；五、婚礼皆去旧习。张伯苓觉得，张祝春非常符合马千里提出的条件，而这些要求也与张祝春接受的新式思想相一致。因此，他就将张祝春介绍给马千里认识。两人相见之后，都非常满意，可谓情投意合，不久就举行了简单的订婚仪式。订婚之后，两人互通书信30余封，进一步加深了彼此之间的了解，很快就到了谈婚论嫁的地步。清宣统二年九月（1910年9月），由张伯苓做见证人，在张祝春任教的普育女校礼堂举行了新式婚礼。张伯苓送给小妹一架风琴，作为对新婚夫妇的祝贺及对婚后生活的祝福。当时，天津《醒俗画报》以《改良婚礼画》为题对这桩新式婚礼予以报道：

> 昨日下午，为私立中学学生马仁声君与普育女学教员张祝春氏，假普育女学堂内，举行结婚礼之期。是日往贺者，除两家之眷属及该堂之男女员司十余人，该堂之学生一百六十余人外，计男宾到者百余人，女宾及各堂女生到者三百余人。新郎首先到堂伫候，至二钟余，新妇始乘

> 马车到堂，少息行礼，礼毕同归。一时雍雍济济，诚创举亦盛举也。社会上果慕而效之，未始非改良风俗之一端也，兹将行礼秩序列后：（一）振铃入礼堂；（二）冰人致喜词；（三）行同拜礼：一跪三叩；（四）行交拜礼：三揖；（五）谒见男家尊长；（六）谒见女家尊长：均一跪三叩；（七）行见两家平辈礼；（八）两家晚辈谒见礼；（九）谢冰人礼：均三揖；（十）两家互贺礼；（十一）来宾贺礼；（十二）谢来宾礼；（十三）仆人贺礼并谢赏；（十四）茶点。[①]

此后，他们结婚行礼的照片还被张贴在报馆门前。新人着装朴素，仪式简单，双方家人和老师、学生共同见证，然后合影留念的新式婚礼在当时的天津可谓开风气之先，对繁文缛节的旧式婚姻形式造成了一定的冲击，引起了较大的社会反响。

公而忘家的夫君

马千里在青年时期就是一位探索救国真理的爱国者，早在辛亥革命前就参加了同盟会，与张继等人建立联系[②]，投身革命活动。清宣统三年十月（1911 年 12 月），马千里得知滦州新军准备起义，遂决定待起义军到达天津时进行策应。此时，他和张祝春结婚仅一年多，长子马秋官也才几个月大，尚在襁褓之中。但是，胸怀大志的马千里决意为建立民主国家尽自己的绵薄之力，于是就对妻子说："今晚我有事，如不能回来，明早你带孩子到七太太家去避一避。"张祝春闻听此言，隐约知道丈夫要做的事有几分冒险，不免有几分嗔怪，又有几分恋恋不舍地说："你要革命就不该成家，你走了，家怎么办？"马千里非常舍不得撇下娇妻爱子，但他更明白，倘若国已不存，何来

①侯杰等：《清末民初社会风情——〈醒俗画报〉精选》，天津人民出版社 2005 年版，第 48 页。
②南开大学校史编写组编：《南开大学校史 1919—1949》，南开大学出版社 1989 年版，第 73 页。

有家，于是便安慰妻子说：“清廷腐败，不推翻它国家将亡，若国家亡了，哪还有什么家？”张祝春毕竟是受过新式教育的知识女性，很快就理解了丈夫为国家民族大业而献身的志向。尽管万分担心，依依不舍，但她最终还是非常坚强地目送着丈夫离开了家。[①] 此次策应因为援军没有赶到而未能实现。对此，马千里非常懊丧：“今日之机会可惜，又为之错过。天津果不能起事乎？果无起事之资格乎？”

清宣统三年（1911年）年底，马千里毕业。因成绩优异，又年长，他在1912年即被张伯苓挽留在校工作，任补习班教员，每周教授算术、代数、几何、法制、经济、修身等课程20节课。此外，他还协助做些教学管理工作。马千里和学生们的关系十分融洽，从来没有架子，热心参与学生们组织的各项活动。凡是南开中学学生组织的课外活动，如讲演会、运动会和出版杂志、报刊及演出话剧等，马千里都会全力支持并积极参加。他和学生同台演出的经历更被传为美谈。早在清宣统三年（1911年），马千里即在南开学校周年纪念会上表演新剧。当时马千里在剧中扮演一女角，这是他第一次粉墨登场，颇有几分不自在。后来他还在日记中写道：“第一次扮女角，脸红耳热，话说不出，勉强为之。”[②]

这一时期，马千里参加了孙中山组织的同盟会，参加了辛亥革命。孙中山和革命党人来北方、天津从事革命活动，马千里必赴车站迎送。1912年，中华民国成立，9月23日孙中山来津，当晚下榻利顺德大饭店。“召见我父询问津党务情形，二人成为知心同志。”马千里的性格比较外向，热心社会公益事业，对于爱国运动从不落人后。“于是为我五舅所器重，认为是不可多得之青年。”[③] 同年，马千里投身反帝反袁斗争，并在南开中学上演的话剧《一元钱》中扮演赵氏，借剧中“训子”一幕，大骂袁世凯。此后，他又在校庆演出时扮演了《华娥传》的女主角华娥，宣传女子爱国。学生们对他们的算术

---

①《近代天津十二大教育家》，天津人民出版社1999年版，第58页。

②天津市历史研究所编：《天津历史资料》第10期，第17页。

③马珠官：《我的五舅张伯苓》，沈卫星：《重读张伯苓》，光明日报出版社2006年版，第396页。

教员“不因为他演女角而减少对马先生的尊敬。从那以后，每逢校庆日，都演绎出新剧，这成了南开中学的传统”。[①]

1915年6月6日，复辟帝制的袁世凯死了，马千里特别高兴，在日记中写道：“袁逆世凯伏天诛。”同年，张伯苓代理设在天津的直隶第一女子师范学校校长，本来在南开中学兼理庶务工作的马千里也随同前往任教，并应邀担任该校监学，负责具体校务工作，因为张伯苓校长兼职很多，所以马千里全面负责直隶第一女子师范学校工作，以实际行动进一步扩大了张氏这一教育家族的社会影响力。不仅如此，马千里还有“维新思想，原本主张男女教育平等，如此正好实行其愿望，教导学生爱国思想”。[②]于是，他提出“我国今日，危险已达极点，今人而知之。推其致弱之原实，由于教育不发达之故”[③]。他的这种分析和判断，与内兄张伯苓十分相似。因此，马千里以校为家，工作上任劳任怨、全力以赴，和直隶第一女子师范学校的学生们建立了良好的师生关系。他经常不厌其烦地给学生们讲这样的道理：“世界是进化的，人是进化的要素，但是人有三类：进化的、停滞的、退化的”[④]，而我们应该争做进化者。对于人生和社会，乃至人类世界的态度要端正，是要“提高人生的理想，减少人民的痛苦”。在不同的时代，有不同的作为：“君主国时代要讲忠君，民主革命时代要服务于社会，有益于人群，必须代替一群人做事。虽受很大辛苦，很多埋怨，亦绝不推辞，这才能做出一点事业来。”[⑤]1916年，校长齐国梁到任，张伯苓卸职，马千里则继续留在直隶第一女子师范学校兼职。他在直隶第一女子师范学校先后担任教育股主任，兼任三年级算术、代数、几何，还有四年级法制课。修身科教员、经济科主任及庶务课长。马千里以为“直隶女子师范关系于将来全省女子小学，此校根本

①黄钰生：《早期的南开中学——1912—1916年间的一些片断的回忆》，申泮文主编：《黄钰生文集》，百花文艺出版社2009年版，第129页。

②马珠官：《我的五舅张伯苓》，沈卫星：《重读张伯苓》，光明日报出版社2006年版，第396页。

③金庆畴：《马千里先生之修身谈》，《直隶第一女子师范学校校友会会报》第2期，1916年12月。

④马翠官等：《马千里先生年谱》，《天津历史资料》第10期，第38页。

⑤马翠官等：《马千里先生年谱》，《天津历史资料》第10期，第42页。

也”，容不得半点马虎。因此，他在考察朝鲜、日本办学情况时，每到一校均详加记录，编制学校的课程、教室、教师和分科等表格，以便直观地掌握各种信息，“采彼邦教法，截长补短”；对中国南方各省的新式学校也详细考察，以便提升直隶第一女子师范学校的办学水平。为此，马千里在直隶第一女子师范学校建立起招生、考试、体检、住校、实习、参观、成绩展览、成绩储存、请人报告、教师聘任、留级等一系列规章制度。设立成绩陈列室，引入竞争机制，加强管理，“无论何种成绩，均连续陈列每科之内，再分年级，俾观者，易于了解其进步之阶级”。定期检查学生身体，及时掌握学生发育情况；让学生们通过参观博物馆，开“扩眼界，而增知识”。[①] 由于马千里在南开学校每周还要教授10多节课，所以两校来回跑。南开学校在南开地面，直隶第一女子师范学校在河北，中间有一段距离，因此他非常忙碌，直到1918年才不在南开学校兼课。

1916年4月，直隶第一女子师范学校决定举行十周年校庆活动，由马千里全面负责筹备工作。为此，他连续几个星期都未能回家，住在学校。当时马千里和张祝春与公婆、大伯共同居住在城里丁家胡同后的一所四合院内。该院进门有过道，南房三间为客厅，北房三间为父辈居住，西房三间是大伯一家居住，东房三间是马千里一家的居室[②]。一天，张祝春打来电话，告诉他家里三个孩子都得了猩红热症。因为孩子年龄太小，只有一至五岁，病情十分严重。他急忙赶回家中，只见“秋官欲死，嘴唇尽黑，声音不能吐字，珠官亦昏迷不醒，琪官疹子尚未出来，大概皆不得了”。三个孩子都病得相当严重，非常需要护理和照顾。作为父亲的马千里十分疼爱每个孩子，可又放不下学校里的工作，只好安慰了妻子一番，便匆匆赶回学校。张祝春也很理解丈夫，独自担起了照顾家庭的责任，无微不至地呵护着病重的孩子，让丈夫毫无后顾之忧地投入到工作当中。待直隶第一女子师范学校校庆活动结束之

---

①马千里：《民国六年赴日参观记》，《直隶第一女子师范学校校友会会报》第3期，1917年12月。

②白洋：《马千里故居》，天津市南开区政协文史文化委员会：《南开春秋：南开区政协文史资料汇编》第1卷，天津大学出版社2015年版，第67页。

后，马千里马上赶回家，看到“珠儿更难看，秋官亦未好，琪官已抽风，恐不能过今日”，[①] 心如刀割一般。在母亲的精心看护下，秋官和珠官终于摆脱病魔，恢复了健康，但年纪幼小的琪官却因抵抗力较差而不幸夭折。张祝春因为没日没夜地照顾几个重病的孩子，再加上难以承受的丧子之痛，身心憔悴，终于病倒了……

1917 年 4 月，马千里接受张伯苓的派遣，和时子周一起赴日本考察教育，丰富对现代教育的认识和理解。6 月，张勋复辟，马千里在日记中写道：“滑稽短命政治剧，看你横行到几时！”1918 年，他还与朋友温世霖一起到上海拜访孙中山，向孙中山汇报了北方的情况。回到住所之后，马千里依然沉浸在与孙中山见面的兴奋中，并撰写了一篇揭露段祺瑞的文章——《真是非》，并请人给孙中山送去。

和而不同的张伯苓、马千里

1919 年，五四运动在北京爆发。消息传来，天津学界迅速掀起了波澜壮阔的反帝爱国运动浪潮。一向满怀爱国激情的马千里坚定地和学生们站在一起，全身心地投入了这场轰轰烈烈的运动之中。他不仅推动天津学生联合会、女界同志会等爱国团体以及工商界爱国人士在 6 月 18 日联合成立了“天津各界联合会”，先任副会长，后任代理会长。在该会的成立大会上，马千里发表演讲，慷慨激昂地指出：“今日成立斯会，原赖各界热心国事，惧中土之沦亡，然必须同心协力，相辅前进，无论何种党派或官僚派如何设法从中破坏，我等必竭力抵御之。”[②] 8 月下旬，天津警察厅要强行解散天津各界联合会，并不准市民集会结社。天津各界联合会在马千里的领导下，一切会务照常进行。

①天津市历史研究所编：《天津历史资料》第 10 期，第 19 页。

②天津历史博物馆、南开大学历史系《五四运动在天津》编辑组：《五四运动在天津》，天津人民出版社 1979 年版，第 138 页。

9月22日，在悼念唐山死难代表郭友三的集会上，他明确指出郭友三是为全国人民而死。同月，推动全国各界联合会的建立，并担任交际科理事。10月10日，天津各界联合会组织国庆庆祝会，马千里担任主席，并参加会后举行的示威游行，与阻挠的军警展开英勇的搏斗，还作为代表与地方当局交涉。

12月，天津各界联合会通过抵制日货办法，深入开展抵制日货运动。作为“抵制日货委员会”的主席，马千里在抵制日货、提倡国货等运动中也发挥了重要的作用。1920年1月24日，在因调查日货而引起的魁发成事件中，马千里等10余人被逮捕，后关押在天津警察厅。次日，天津各界联合会遭到查封。29日，天津警察厅逮捕了周恩来、于方舟、郭隆真、张若名等人。马千里等人在警厅拘留期间，坚持绝食斗争，积极争取改善狱中条件。4月7日，他们由警察厅移送地方检察厅。马千里等人获得了学习的权利，南开工友给他送去了《新青年》等报刊。他不仅自己千方百计地学习，而且还组织狱中难友学习、交流。他除指导大家进行经济研究，还多次听周恩来讲马克思主义，并记在自己的日记中。在狱中，他还与大家一道开纪念会，演新剧，过生日，接受亲友和南开学校、直隶第一女子师范学校师生的探望，始终保持乐观主义精神。①

张祝春带着马珠官去探望马千里，发现这里并不是监狱，而是一栋民房。当时中国的传统建筑是四合院，东、南、西、北各三间，中间为庭院。马千里等人住的是东西房，三间打通成为一大间，呈长型。张祝春带着孩子去的时候，正值中国传统春节，只见房子中间放了一张桌子，桌上摆满了新鲜水果、年糕等过节食物，以此表示优待。警察厅厅长杨以德“本知这些青年均为优秀之爱国之士，故特别优待之。如此被关，只是限制自由行动而已”。②

经过不断抗争，马千里等人于7月17日出狱。他们戴上“为国牺牲”的纪念章，受到社会各界人士的欢迎。当马千里得知张伯苓被迫勒退了20多名参加爱国运动的南开学生后，极为不满，遂决定辞去南开大学庶务主任之职。

---

①潘强主编：《天津近现代著名教育家传略》，天津教育史研究会1995年版，第107页。

②马珠官：《我的五舅张伯苓》，沈卫星：《重读张伯苓》，光明日报出版社2006年版，第397页。

张伯苓为挽留人才，亲自请他回校，希望他能回心转意。但马千里仍以“性情不适于教育界”为由，离开了南开学校。不过，离开南开学校并不意味着彻底断绝了和南开的联系。1929 年，南开校友总会成立，马千里被推选为主席。

从南开学校辞职后，马千里于 1920 年 9 月 15 日与人联合创办了《新民意报》，宣传爱国思想，并自任总编辑。该报以“讨论社会问题，提倡平民政治”为宗旨，报馆门前的牌匾为周恩来所书写。马千里除具体负责每周二、四、六刊登的演说、要闻等栏目和第三版杂件外，还撰写了大量的时评，如《拙笨的日本当局》《武官怕死》《唐山矿工惨死》《洪宪帝制余孽——直隶的小贼》《告诫军人政客命令》《争总统全靠膀臂粗》《皇会之弊》等，充分表现出他的爱国思想。[①] 在《新民意报》上，马千里还直接宣传世界革命潮流。在 1924 年 1 月 21 日列宁逝世后不久，他就在 25 日刊登悼念文章——《列宁》，并以附页形式出版过《明日》《觉邮》《女星》《星火》等副刊，传播马克思主义，介绍苏联的实际情况。值得一提的是，狱友“周恩来将其囚禁时之日记交与我父，以便每日刊登于报纸上，以告知全国人民”[②]。于是，该报连续刊载周恩来所著《警厅拘留记》《检厅日录》，介绍五四运动时期天津爱国师生的狱中斗争。特别要强调指出的是，马千里在兼任编辑主任的《星火》上，转载李大钊的演讲《社会主义下的组织》《马克思经济学说》；刊发《马克思经济史观》《马克思传》等。他还以“天健”的笔名发表《社会主义的派别和批评》等文章，认定共产主义是现代社会主义中最完善的一派。他们崇奉马克思和恩格斯著的《共产党宣言》和马克思的《资本论》的思想，本着科学的方法来改造社会，本着阶级斗争的原理来革命，组织苏维埃政府，实行无产阶级专政。此外，他还刊登反映“二七”大罢工和收回旅大运动的文章，支持和声援反帝爱国运动。这一时期，马千里不仅精心挑选、安排发表了反映新女性生活和观念的文章，还身体力行唤醒青年男女的觉悟，促进妇女运

①董振修：《爱国教育家马千里和〈新民意报〉》，中国近代现代出版史编纂组：《新民主主义革命时期出版史学术讨论会文集》，中国书籍出版社 1993 年版，第 538 页。

②马珠官：《我的五舅张伯苓》，沈卫星：《重读张伯苓》，光明日报出版社 2006 年版，第 397 页。

动的蓬勃发展。周仲铮“自从偷看到天津《新民意报》，就觉得外边有一条新生之路，有一线曙光，有男女平等、贫富无差别的社会。这条路要我自己经历，要我有决心，能牺牲一切，去奔向这条路。自从我在《新民意报》上读到张若名和郭隆真脱离家庭的消息，就下了决心：第三个脱离家庭的就是我。自从我暗地同马千里、李峙山通了信，就决心牺牲一切，奔向光明”。[①] 该报在当时的天津可谓一枝独秀，产生了重要的社会影响。更为重要的是，马千里支持并参与妇女解放运动，不仅仅停留在舆论宣传上，更采取了很多实际行动。如周仲铮作为天津的娜拉，走出传统家庭，争得求学的机会，得益于马千里等人的实际帮助。马千里特别注重推动女性参与社会公共事务，尽国民责任。他曾鼓励妻子发起天津女子禁烟会，组织天津天足会和妇女改良会，并且经常到宣讲所等公共场所发表演讲，号召女性摆脱传统礼教的束缚，争取与男性平等的权利。[②] 而马千里本人还出版了《选举》一书，表达人民的意愿。

夫唱妇随　共育良才

1921 年 4 月 30 日，天津著名药商乐达仁来到《新民意报》馆，拜访马千里，表达了要出资兴办一所女子小学的愿望，并恳请马千里担任这所学校的校长。对此，马千里自然十分赞同，遂一口答应，当即表示，支持乐达仁的办学想法，会尽自己的最大努力负责处理校内一切事情。唯一的条件是校务要自主，校董不要参与，他可以出任校长，但是不拿工资（每月只拿车马费 10 元，一说 15 元[③]），完全是义务。双方于是开始商办选择校址、聘请老师、置办桌椅以及各种设备等事宜。

①周仲铮：《我与女星社》，周仲铮：《海外心声》，北岳文艺出版社 1988 年版，第 26 页。

②马翠官：《先父马千里先生事略》，中国人民政治协商会议天津委员会文史资料研究会编：《天津文史资料选辑》第 17 辑，天津人民出版社 1981 年版，第 161 页。

③马珠官：《我的五舅张伯苓》，沈卫星：《重读张伯苓》，光明日报出版社 2006 年版，第 397 页。

经过紧张的筹备，在乐达仁的资助下，马千里创办的达仁女校于1921年8月20日举行开学典礼。时任省教育厅厅长的孙子文、天津县视学邓澄波、劝学员李襄生等嘉宾和达仁女校的师生齐集河北大马路达仁里，共襄盛举。乐达仁还宴请了女校的校长和教员。起初，达仁女校的规模不大，只有一两个年级的70多名学生，教师均系直隶第一女子师范学校的毕业生，如李峙山等人，还有就是夫人张祝春任音乐教员。次年，他还利用课余和周日举办妇女补习学校，吸纳部分直隶第一女子师范学校的毕业生来做义务教员。这年夏天，马千里请来自己精心培养的学生邓颖超、许广平、王贞儒等六人来达仁女校任教。邓颖超在教授唱歌、写字等课程的同时，还担任一年级班主任。马千里的女儿马翠官已届求学年龄，遂进入达仁女校就读，与邓颖超又有师生关系。邓颖超身体健康状况欠佳，每当下课就叫马翠官去她的寝室为她捶背，二人关系日深。1926年8月6日，已经成为共产党员的郭隆真由北京秘密来到天津，就住在达仁女校。8月9日，她还以来宾身份在毕业典礼上做演讲。

马千里特别善于学习，办学有方，成绩显著，各地师范学校、女子学校不断派人来学校参观学习，省视学也曾亲临达仁女学视察，并听课。为了规范新式学校的教学、管理，他还结合自己的亲身实践，以及当时各校存在的一些问题，提出了长达20条的《改进各校之意见》，实际上就是小学教育的规范管理及改革方案：

一、各校各学期始末及寒假开学放学日期须遵照本局新规定，不得稍有出入。

二、各校各学期学年之学业成绩榜示限不得逾放假后5日。

三、各校各学期学年之学生家庭通知书发放时不得逾放假后10日。

四、各校各初高级学生毕业考试卷、分数册及文凭送局日期不得逾放假后20日。

五、各校应组织校务会、各科研究会，各种集会均须有记录。

六、各校有高级新班，开学10日内即须报局。

七、各校于4月、10月两月内，将高级毕业生一览表及各科程度表报局。

八、各校于每年2月内，将上年之学校一览表送局。

九、各校于每年11月内将校中职教员应得慰劳金数目开单送局审核。

十、教员改过作文发交学生之前1日，送交校长阅后，于每篇题下加盖校长图章，再由教师领回发给学生。

十一、每届暑假期内，各校每周须温课3日（均载上午）。

十二、暑假、寒假均须留假期内家庭作业，以免荒嬉。

十三、各种平时之补习班，暑假内之暑假学校，凡另收学生学费之组织，一律不准。

十四、各校每月1日至5日为事务员造表上月支出计算书底日期，6日至10日将底册悬挂于教员预备室，供同人阅览，11日至15日事务员缮写，16日送局。

十五、各校至少预备下列章程表簿：

（一）学校章程

（二）学生保证书

（三）学生学籍簿

（四）日课表

（五）各级用书一览表

（六）学生家庭调查表

（七）学生学业成绩考查簿

（八）学生考勤簿

（九）学生操作成绩考查簿

（十）各科教学预定表

（十一）职员缺课迟到簿

（十二）学校日志

（十三）学级日志

（十四）职员会议记录

（十五）学校一览表

（十六）毕业生状况调查表

（十七）教授批评会议记录

（十八）各校至少预备下列账簿：

甲、逐日流水账

乙、校具账

丙、仪器标本账

丁、书籍账

十六、校长及事务员应时常住校，虽放假日至少亦须有1人在校随时接洽事务。

十七、各校不得令校役管理小账。

十八、各校应组织商业练习部，所有书籍纸本笔墨等物均归该部售卖，不得由事务员或校役售卖。

十九、每届体育观摩会前各校如需多加练习，须在校外练习，不得占教学时间。

二十、各校应订购《教育杂志》（商务）、《中华教育界》（中华）、《新教育》（商务）3种杂志，置于教员预备室。又新出之教育著作随时购买，每月以两元为购书费之最低数，以便引起教员研究教育之兴味。[①]

马千里还兼任修身、常识等课程。在达仁女校的讲台上，马千里一边讲解国内政治形势、青少年修养和妇女解放问题，一边宣传爱国主义，使该校以开明、活泼而见称，爱国主义情绪高涨。课余时间，他组织学生们参观，开阔眼界，增长见识。1922年8月20日，即建校周年校庆时，马千里带着老师、学生到达仁堂药铺观看老虎标本等。马千里的办学辛劳和付出，乐达仁看在眼里，所以每逢中国传统节日，就派人给义务校长送去礼物，表示感谢和敬意。同时，乐达仁也会宴请老师，给学生们送去礼物。1923年8月20

①《马千里日记》1925年10月14日，《天津历史资料》第10期。

日，即建校两周年时，乐达仁送给每个学生四个寿桃，设家宴招待全体教师和义务校长。正是在大家的共同努力下，达仁女校取得了长足的进步。1924年，该校不仅健全了初级小学，还有了高级小学，成为一所完全小学。义务校长和老师们既对学生们进行文化知识的传授，也利用“五一”“五四”、“五七”等各种纪念日向学生们进行反帝爱国教育。

在这位浑身充满活力和爱国情怀的义务校长管理下，达仁女校师生的爱国热情被点燃，自由地参加社会上出现的各项爱国活动。1924年3月28日，马千里向天津县教育局提议发起“五七”国耻纪念活动。5月7日，包括达仁女校在内的天津各中小学都召开了纪念会。马千里的女儿马翠官清楚地记得邓颖超老师在“五七”国耻纪念日的精彩演讲，“深深地感动了我们幼小的心灵，立志要快快长大，誓雪国耻”。[①] 对有些学校不敢上街游行的情况，马千里不以为然。他觉得“必须通过活动教育学生，宣传市民，永志不忘”这一国耻，因此除在达仁女校隆重举办纪念会外，还由教师邓颖超等人带领高年级学生奔赴南开学校操场，参加纪念大会及会后游行。不仅如此，马千里还亲自率领药王庙小学的学生参加上述活动，承担起自己还是该校校长的职责，让小学生们从小就受到生动的爱国主义教育。

在军阀混战的年代里，达仁女校的生存与发展遇到了重重困难，经受了很多考验。1925年11月12日，由于局势变化，天津11所女子学校全部停课，乐达仁及其家属也都迁到租界居住，躲避人祸，而达仁女校在义务校长和张祝春等教师的努力下，继续坚持上课。1926年3月，奉系军阀占领天津，强占达仁女校的校舍，致使正常的教学活动无法进行，马千里只好把部分学校办公用品运到乐达仁家中暂存。两个月之后，奉系军阀的军队撤离学校，这才发现，各种教具、图书、仪器、标本等全被劫掠走了。为了补上被耽误的课程，马千里和张祝春等教师就利用暑期给学生们上课。可是谁也没有料到，8月26日，奉系军阀又蛮不讲理地占领学校校舍，顽强的马千里和张祝

①马翠官：《达仁女校与天津妇女解放运动》，天津市委党史资料征集委员会、天津市妇联：《邓颖超与天津早期妇女运动》，中国妇女出版社1987年版，第604页。

春等教师就借用直隶第一女子师范学校附属小学的教室，坚持上课。在如此恶劣的环境下，办学成为奢望。为了避免更大的危险，乐达仁无奈地做出了停办达仁女校的决定。1926 年 10 月 23 日，义务校长马千里接到乐达仁的一封信：“年来的时局多故，校务倍感困难，即或勉强迁回，难免再行占据，故截至本年年终即行停办……容候时局稍平，再拟借用鸿材，以偿夙愿。”12 月 21 日，达仁女校的老师、同学在学校操场展开结业会，师生代表先后发言，表达对学校，对义务校长的不舍。最后，全体学生放声高唱国歌、校歌、先生再见歌，传递着对这所存活了五年之久的天津著名女校的眷恋之情，以及顽强不屈的精神。

在五年多的义务校长任期，马千里奉献了 3185 元的工作，受到教育部的奖励——金色二等奖章。另外，还和捐资 47242.1 元的乐达仁等人一起获得中华民国总统奖给的“敬教劝学”匾额一方。由于达仁女校的教育成绩斐然，享誉全国，北京师范大学、奉天师范学校、山东师范学校、太原师范学校、河南师范学校、吉林女子师范学校、保定直隶第二女子师范学校等 30 余所院校先后到该校观摩取经。然而，最好的奖赏还是人们留下的口碑。邓颖超在 20 世纪 80 年代曾这样回顾达仁女校和义务校长马千里：“20 年代初，天津的一位大药商乐达仁，愿意出资办教育事业。他对马千里先生非常敬仰和信赖，就特邀马千里先生主持筹建达仁女校的事宜，并请马先生任该校校长。马先生表示，我可以当校长不拿工资（每月只拿车马费 10 元），完全尽义务，在处理校内一切事情上由我负责，请你不要干涉。故而私立达仁女校在马千里先生主持和领导下，是一个开明、民主的学校，教员无拘无束地参加社会上各方面的进步活动，甚至入团入党都没有受到校方的压力和干涉，他所聘请的教员，绝大部分是五四运动中女师的积极分子，大家都很团结，认真工作。我能被邀请在这样的学校任教，再次同马先生共事，感到非常欣幸，受益良多。”在邓颖超的眼里，“马千里先生是一个爱国主义者、教育家、社会活动家”。[1] 而她本人就是在五四运动中成长起来的直隶第一女子师范学校的青年学生，由于得到马千里的帮助，在达仁女校任教，继续从事天津妇女运动，并入团、入党，成为共产主义者。此外，周恩来、马骏、李福景等南开学校学生，刘清扬、郭隆真、张若名、李峙山、王贞儒、许广平等直隶第一女子师范学校学生，都直接或间得到过马千里的教诲或帮助，有些还有共同领导天津革命运动的奋斗经历，如于方舟等人可谓志同道合，彼此感情都很深。1928 年 1 月，他得知战友于方舟在去年年底于玉田被害，心中特别难过。1 个月之后，他又接到两个月之前还见过面的马骏在北京遇难的消息，万分悲伤，遂在日记中写道：马骏“对于主义心热”，“本是一个领导群众的人才，予不禁为之愧惜”。[2]

哀而不伤　情真意切

这一时期，马千里还热情支持天津女女界的活动。1923 年，他担任药王庙小学校长，并帮助邓颖超等人组织女星社，协助刘清扬等人创办了当时全国唯一专门讨论妇女问题的日报——《妇女日报》。在马千里为国为民不辞辛劳，取得突出成就的背后，有一位独自承担着家庭、工作双重压力的新女性——张祝春，她以自己的贤惠和善良，全身心地默默支持着丈夫的事业。

1924 年以后，马千里积极参与筹备和欢迎孙中山北上，发起并领导天津的国民会议运动。在“五卅运动”中，努力营救天津社会各界被捕代表。1927 年 3 月，马千里加入了当时在天津尚未公开活动的国民党，后任国民党天津党务指导委员会委员，河北省教育厅视学、天津县议会参事、天津红十字会干事和副会长等职。1928 年 8 月，他被任命为河北省第一中学校长。马

---

①邓颖超：《缅怀师友马千里先生——为纪念马千里先生诞辰百周年》，《人民日报》1984 年 12 月 29 日。

②《马千里日记》，转引自潘强主编：《天津近现代著名教育家传略》，天津教育史研究会 1995 年版，第 112 页。

千里看到校中存在的一些不良情况，为改变学校的面貌，下定决心进行整顿。当时他虽积劳成疾，血压增高，时感头痛，但是仍然坚持工作，很少休息，更不用说去医院就医了。有时他干脆把行李搬到学校，以校为家，整顿校务，开创新局面。他号召全校师生统一制作灰布中山装，改建旧礼堂为中山纪念堂，每周举行一次总理纪念周。按照当时天津学校的一般规定，周一全校师生在学校大礼堂集合，面对国父孙中山遗像宣誓。宣誓前，全体肃立，并脱帽向孙中山遗像三鞠躬。行礼完毕，再由校长领颂“总理遗教”，领会其精神实质。此外，他还呈请上级批准扩建图书馆。为发扬民主，实行财务公开，请教师代表参加校务会议，在校内设置建议箱，鼓励老师对学校工作提出建议，切实解决学校大事，撤掉不称职的教师，举办青年画展，积极开展文体活动。他还帮助学生组织自治会，培养学生的自治能力，在初中班建立童子军。在每次周会和晨会上，马千里亲自对同学进行爱国教育，爱学生胜过自己的孩子。由于他大刀阔斧地进行整顿，改变了松懈懒散的风气。这种惊人的魄力和顺应时代的精神，受到社会各界人士普遍赞扬。无论在校同学、毕业同学、地方绅耆以及教育当局，无不感到满意，认为可以真正成为“第一中学”了。可是，学校里也有些人感受到压力，并伺机反攻。1929 年暑假开学后不久，少数受人煽惑的同学，借口国民党天津市党部推荐来的女训育主任李淑敏处理问题不当，掀起罢课驱马风潮。他不得不离开学校，返家休息。事后，学生家长任述原等 160 人，以学校发生风潮，恐误子弟学业，由快邮代电，呈请教育厅派员调查一中学潮[1]，也有学生举行请愿活动，向国民党天津市党部及有关部门表达请马千里回校主持校务的诉求。[2]10 月 16 日上午 10 时，马千里重新回到学校。到校后，全体师生在礼堂开欢迎会。马氏即报告学潮解决之经过，表示对欢迎之谢意，将来对学生忠实之建议当充分采取。[3]

马校长为铲除学校积弊，费尽心血，经过这次风波，身心疲惫，病情加

---

① 《益世报》，1929 年 10 月 5 日。

② 《益世报》，1929 年 10 月 15 日。

③ 《益世报》，1929 年 10 月 17 日。

剧，于1930年2月19日突发脑溢血症陷入昏迷，摔倒在河北省第一中学校的厕所里。后经医院抢救无效，于3月1日不幸逝世，年仅45岁，可谓英年早逝。《大公报》对马千里的病情及死因介绍得比较详尽：河北省立第一中学校长马千里，自掌校以来，摩顶方踵，不遗余力。去夏因劳致疾，复原后身体逐渐衰弱，又常患头痛之症，而马氏毫不介意，工作如常。每日七时前即到校办公，下午五时余始归，暇时又服务于党务组织及社会团体内。二月十九日晨七时二十分，到校少顷，即言语颠倒，未几如厕，途中即行晕去。迨及复苏，已不能言语，后家属闻讯到校，急延医诊治。据医士言，系脑溢血症，暂时不克移动。故马氏即在校中诊治。至二十七日下午，马氏精神甚为清楚。马氏家属认为危期已度，遂抬回南开同仁里私宅，精神尚佳。忽于前夜疾态突变，不省人事，医士无法救治，延至昨日下午十二时三十分故去。噩耗传出，马氏亲友无不痛惜。故昨日下午到宅吊唁者甚伙，尤以教育界中人为最多。马氏遗骸已于昨日下午九时大殓，殓期约在三月十六日举行。闻省一中学校长职暂时由该校秘书李蕃侯代理。马氏生平以清廉、革新为己志，刻苦耐劳，秉公尚义，其教学以自动正直为规，常以朝气勉励学生。五四以来，誓身于革命，往来南北，牺牲一切。北伐时代，献身于秘密工作。平时喜服短衣，自俸俭约，每月所入，自身仅用四分之一，其余皆辅助他人。故马氏故去，各方亲友无不惋惜。[①]

值得注意的是，《益世报》在3月2日刊登马千里病故的消息时，除介绍其生平外，还特别强调："马氏为南开中学张伯苓之妹倩，遗有老母及妻，女三人，男二人，年最长者二十上下，卒后家境颇为萧条云。"[②] 而《大公报》对马千里的家人描述得更加详细："马氏生前因献身教育，故无若何积蓄，遗下老母发妻二子三女。老母已七十有四。妻张冠时女士，为张伯苓之妹。长子秋官，年已二十，现在南开中学高级三年肄业，本年暑假卒毕。长女珠官，现肄业于南开女中高级一年。次子及二三两女皆尚年幼。闻南开校友会，拟

---

① 《大公报》，1930年3月3日。

② 《益世报》，1930年3月3日。

发起大规模之追悼会云。”[①]

次日，《益世报》刊载南开校友会为马千里举行追悼会的消息。“兹文本埠各团体及马氏旧好，特发起一追悼会，定于本星期六（八日）在南开中学礼堂举行。”南开校友会方面，发出通知，略谓“本会总主席马千里氏，因病于本月一日逝世。凡我会友，务请参加追悼会，如有挽联唁词等，千祈于□□□□。”[②] 河北省第一中学校学生自治会也不甘人后，已开会讨论，做出决议：一、全校停止一切娱乐事项一星期，以表哀悼。二、全校同学于追悼会时分班至马宅致祭。三、发行追悼专刊，征求各方一切追悼文字。四、立碑纪念校长。五、发引时执绋由各班三人代表，余则全体送殡。六、为校长家庭善后问题。七、定于本星期六上午九时在本校礼堂举行追悼，下午派代表参加南开举行之大规模之追悼会。[③]

马千里病故后，天津社会各界人士无不深感痛惜。刘孟扬夙与马千里私交甚笃，特为制白话挽联，字里行间充满悲哀：“希望终落个一场空，索性离开这烦闷世界也倒好，死活都不过那回事，但是抛下的老幼亲属将如何？”[④]

在南开中学礼堂收到各位社会名流及马氏故旧致送的挽联甚多，并完全悬挂出来。其中包括崔廷献的挽联：“十载育英才万事风云空过眼，平生真革命一瞑江海赋招魂。”李征五的挽联：“救国溯同盟革命未成君不瞑，漏舟资共济知昔遽逝我何堪？”陈宝泉的挽联：“为津市革命有数人才万险千艰如此精神付流水，受国家环境无穷链锁两斧孤树终教忧魂丧余生。”南开校友会的挽联：“嗟大雅之云亡碌吾侪生气应求谁做主，返灵魂兮无术悠悠别恨烟云凄惨共伤神。”邓庆澜的挽联：“兴学良才又弱一个叹老亲尚在稚子靡依身后太萧条魂魄有知应亦哭，同舟济水讵祇十年念谊属友朋情如骨肉生前真契合应求难再复何言。”马千里妹马淑声的挽联：“伯兄已去逝仲兄今又亡，那堪衰迈慈亲白发萧萧心倍痛，当务抱忠心校务负重责可惜澄清壮志黄泉渺渺

① 《大公报》，1930 年 3 月 3 日。
② 《益世报》，1930 年 3 月 3 日。
③ 《大公报》，1930 年 3 月 4 日。
④ 《益世报》，1930 年 3 月 5 日。

恨长留。”①

8日下午2时，在南开中学大礼堂为马千里举行追悼大会，到会来宾约800余人。河北省第一中学师生为表达对校长的缅怀之情，除在下午放学后，合校前往马宅致祭外，复于8日上午9时开追悼大会，由孙彤阶担任司仪，音乐教员陈君领导唱悼歌；主席李蕃侯致辞；宣读祭文；陈述事略；来宾演说；教职员代表演说；学生代表演说；唱悼歌……会场内满悬挽联，内有刘仲誉撰写的一副挽联格外引人注目："持公兢兢自好，做事着着先驱，综以往奋斗精神，生生累死；上弃白发慈亲，下抛青年子女，看身后萧条景况，处处伤心"，概括了马千里一生事迹及身后情形。祭文也很好地颂扬其精彩人生：

> 中华民国十九年三月八日，河北省立第一中学全体教职员率诸生，仅以请酌庶馐祭于已故校长马千里之灵曰：吊公多才，得天独厚，学贯中西，包罗万有，可经可权，可大可久，吊公大志，卓越群伦，羞称管晏，耻道仪秦，守真抱璞，涵和永仁。吊公正气，上彻苍穹，攻曹一役，敢于抗梁，津门奇杰，民国荣光。吊公品节，莫与匹口，布衣布履，远傲巢由，亮节清风，不口不求。吊公胆量，其大如斗，五四运动，呼号奔走，口血作书，千秋不朽。吊公惠泽，普及学界，手执教鞭，讲说超迈，多士莘莘，望风下拜。吊公勋绩，民党效忠，领导后进，庶类从风，迭遭祸变，不改初衷。吊公命运，天不假年，偶感风寒，馆舍忽捐，同声一哭，泪下潸然。吊公英灵，有感斯通，鉴观有赫，清爽式凭，如闻声咳，神降在宫。呜呼哀哉，尚飨！

台上挂一横额"追悼"，台内置马千里先生遗像，旁置鲜花四盆，全场景象凄然。至10时半，全场摄影。11时，追悼会结束。②

---

①《大公报》，1930年3月8日。

②《益世报》，1930年3月9日。

9日上午10时，按照之前所商议的殡仪，为马千里发引，以引浮厝于八里台南开大学公茔。殡仪如下：一、铭旌，上书“马千里先生之柩”。二、雪柳。三、提盘炉。四、灵车，借自维斯理堂。五、老子及亲友执绋。至发路线，现已规定由南开同仁里出发，经杨家花园至海光寺谢客。[①]

5月23日，河北省第一中学在该校校园内树立起一座最新式的纪念碑，以永久纪念已故校长马千里，全体师生出席典礼。[②]

丈夫去世时，张祝春膝下已有两男三女，长子马秋官才20岁，年纪最小的女儿马宝官还不到六岁。孤儿寡母，家无存款，顿时陷入困境。在马珠官看来，“我家经此变故，突告崩溃，我父一生清廉，家中负担又重，如此几乎到断炊状态。所幸我五舅以兄妹手足之情，予以资助生活费。”[③] 张伯苓得知妹夫的死讯后，立刻面告众亲友，表示愿意承担起照顾妹妹一家人的责任。“我家由于舅父之资助，生活费已无虞。但我兄弟姐妹之教育费尚无着落。”据马秋官回忆，九舅张彭春和五舅张伯苓一样都是每月补助部分家用，使我兄妹五人得以继续就读。[④] 虽然张祝春的五个孩子基本上都在南开学校读书，但仍需支付学费。为此，张祝春出外担任家庭教师，以支付孩子们的学费。长子马秋官大学求学的费用，幸好有马千里的好友王赞臣予以资助。此时秋官正值高中毕业，即将进入大学之际，他早有志于学习工程，所以四年下来，学费很多。马珠官当时正在读高中一年级下学期，兄弟、妹妹也在南开上学。可是，他们都没有获得免学费的待遇，“我兄弟妹等都是自费，可见我舅之公私分明”。[⑤] 张伯苓和张彭春则更是尽可能地给予周济，使马秋官兄妹五人得以健康成长。张伯苓对小妹的孩子视若己出，非常疼爱，总是鼓励他们好好学习，报效国家。

---

①《大公报》，1930年3月8日。

②《益世报》，1930年5月23日。

③马珠官：《我的五舅张伯苓》，沈卫星：《重读张伯苓》，光明日报出版社2006年版，第397页。

④马秋官：《怀念五舅张伯苓先生》，南开大学校长办公室：《张伯苓纪念文集》，南开大学出版社1986年版，第202页。

⑤马珠官：《我的五舅张伯苓》，沈卫星：《重读张伯苓》，光明日报出版社2006年版，第398页。

1985年，马千里百年诞辰，邓颖超撰写文章缅怀他的一生，国民党革命委员会天津市委员会举行座谈会，天津市政协文史资料研究委员会出版纪念文集。他任校长的河北省第一中学校（今市三中）在校园内竖立纪念碑，建立“千里园”，纪念先贤前辈。1993年5月18日，在“千里园”纪念碑前举行马千里暨夫人张祝春骨灰撒放仪式。[①]

九先生的婚姻

和姐姐张祝春相比，张彭春的婚姻、家庭生活多有不同，他是从大洋彼岸的美国开始和结束的。1920年，对于正在哥伦比亚大学研究院攻读博士学位的张彭春而言，是重要而幸运的一年。这年在美国，他遇到了一位与自己情投意合的中国女子蔡秀珠。此后，二人自由恋爱，并缔结美满婚姻，白头偕老。

这桩美满婚姻是这样开始的：这年春天，张彭春受中国政府的委托，担任中国教育界人士赴美教育考察团的翻译和顾问。他们一行人在周游美国各地大学的旅程中来到了美国东部一所很有名气的女子学校——纽约私立瓦萨女子大学。当张彭春等人来校参观时，该校校长见张彭春年轻有为，风度翩翩，非常欣赏他，就把一位品学兼优的中国女留学生蔡秀珠请出来，介绍他们认识。

1898年1月14日出生的蔡秀珠是一个美丽的苏州姑娘，端庄大方，容貌清秀，尤其是那双闪烁着智慧之光的双眼更显现出其高雅的气质。蔡秀珠自幼天资聪慧、爱好读书，在家中九个兄弟姊妹中排行第三，却最得父亲的宠爱。蔡秀珠父亲名式之，是一位基督教美以美教会的牧师，主管苏州地区的教会事务。由于父亲的开明，加上身份特殊，所以蔡秀珠并不像一般传统女性那样恪守“女子无才便是德”的所谓“祖训”，而是进入教会学校接受新

① 《天津日报》，1993年5月19日。

式女子教育。1904年，还不到六岁的蔡秀珠便背上书包，来到苏州教会景海女子小学及中学（Haygood School）住读。长期的住读生活，使蔡秀珠养成了独立生活的能力及吃苦耐劳的品德。1916年，18岁的蔡秀珠从景海女子中学毕业，直接考取了清华学堂“庚子赔款”第二届女留学生资格，由此踏上了留学美国之路。到美国之后，蔡秀珠先入达拉华州立大学（University of Dalaware），次年又转入美国东部有名的七大女子大学之一——纽约私立瓦萨女子大学（Vasar College），攻读化学专业。她天赋聪颖，勤奋好学，学习成绩总是名列前茅。

张彭春、蔡秀珠二人因校长介绍而认识，一位是胸怀天下、志向远大的有为青年，一位是个性独立却又不乏玲珑心窍的温柔女性，仿佛是上天注定了这桩美满姻缘。双方一见面便对彼此产生好感，皆给对方留下了非常美好的印象。此后，两人鸿雁传情，进一步加深了相互之间的了解。1920年，蔡秀珠顺利毕业，同时还获得了毕业生优异学业成绩奖状（Hagna cum Laude）以及美国全国性费白卡（Phi Beta Kappa）大学最优生荣誉联谊会奖状。这对于一位中国女留学生而言，真是难得的殊荣。考虑到张彭春正在攻读博士学位，蔡秀珠也决定追随其后，于1920年进入哥伦比亚大学研究院继续深造。1921年，勤奋好学的蔡秀珠仅用一年的时间就获得了硕士学位。同年5月24日，二人在纽约结为伉俪，可谓“有情人终成眷属”。从他们保存至今的结婚照上，我们可以看到，新娘身着白色婚纱，而新郎则身穿黑色礼服，这对年轻的夫妻脸上洋溢着对未来美好生活的憧憬和向往。

在漫长的婚姻、家庭生活中，夫妻之间总难免会出现一些问题，甚至是磕磕碰碰。张彭春有时也会因为某些事情同妻子发生争执，但是蔡秀珠总能以女性特有的温柔加以包容、化解。蔡秀珠虽然在中国的教会学校和美国学习、生活了很多年，但是仍然坚持以家庭为自己的生活重心。特别是张彭春从事外交工作之后，经常东奔西跑，有时甚至经年都不在家，而蔡秀珠则毫不犹豫地承担起照顾整个家庭的责任。他们夫妇二人养育了四个孩子，其中大女儿还是一个生活不能自理的残疾儿。这样，她既要在南开学校任职来补贴家用，回到家之后还要无微不至地照顾幼小的孩子，尤其是大女儿的生活。民国时期，时局动荡，社会秩序混乱，战事频仍，但蔡秀珠硬是以柔弱的身躯带着几个孩子熬过了艰难的岁月，免除了丈夫的后顾之忧。1937 年 7 月底，当南开学校被日本侵略军炸毁之后，张彭春忙于到欧美国家争取国际援助，而蔡秀珠则独自带着孩子住在天津的英租界躲避战乱。1938 年夏，她更以一己之力带着四个尚未成年的子女，从天津到上海，经中国香港、越南，辗转到了昆明，投奔国立西南联合大学。路途遥远，别无他援，其中的辛苦，又岂能寥寥数言以蔽之？蔡秀珠以自己的行为充分诠释出近代中国女性的坚强、妻子的包容和母爱的无私。张彭春很少像兄长那样直言妻子是自己事业的支柱，但是夫妻二人鹣鲽情深、不离不弃就是最好的证明。

张伯苓和王夫人爱的甜蜜

张彭春的生命历史生动地诠释了很早便受到西方思想濡染的青年人，自然而然地选择了以自由恋爱的方式来决定自己的婚姻大事，而兄长张伯苓则是遵循“父母之命，媒妁之言”，按照传统方式和王夫人缔结了婚姻。不容否认的是，他们兄弟二人虽然是以不同的方式开始了婚姻和家庭生活，但却都充分享受到了其中的幸福和快乐。

1934 年，张伯苓和夫人结婚 40 周年。与善于经营学校一样，张伯苓也十分擅长经营婚姻、家庭生活。为此，他早早地就准备要向王夫人表示一下心意，在 2 月 24 日就是他们结婚整整四十年那天，在南开女中礼堂要举办一个茶会，向夫人表示一下道谢四十年来扶助之意。为筹办此次茶话会，“南大的教授黄子坚先生，女中主任黄梅美德夫人，南开庶务主任孟琴襄先生，女中体育教员张淑娣女士，女中护士张王漪秋夫人，还有内子和我，一共七个人”。在 14 日就被“张伯苓先生和他的夫人约到他们家去吃她所做的炸盒子，这真是荣幸得很！吃盒子是小事，使我详细地知道这个美满家庭所以造成的原因和这一对典型的老夫妇的真爱，真足以使我们矜式”。

透过记者的描述，对张伯苓的家，尤其是家庭生活的其乐融融可以略知一二。

张伯苓的家，距离南开中学不远：

> 在电车公司之北，一个小胡同口里有一个小门，小门里是一个整洁的四合房的小院，那便是张先生的住宅。张先生那么一个伟大的人——不管是精神方面或是躯干方面——那么一个三十年来努力教育的大师，就住在这样一个小四合院里，你肯信吗？

院落虽小，但极为整洁，充满生活情调：

> 在北房的门口，是又按［安］了一个玻璃亭子式的风门。从那洁净无尘的门外，早看见里间屋里挂了好几个红红绿绿的荷花灯、金鱼灯之类。我已经想像［象］到了张先生和夫人的含饴之乐了。
>
> 他们并没有什么辉煌的客厅，只有一间光亮的堂屋。这光亮，不是指日光而言，是说的一切的陈设，没有一件不光亮！张王漪秋夫人告诉我们："你可以用手指头去摸摸校长房间中任何一个角落，绝对保你摸不出一点灰来！"这不是别人的功劳，这是张夫人四十年来如一日工作的效果。在张先生家里，并不是一个"堂上一呼，堂下百诺"的局面。张王漪秋夫人盛称张先生家里的干净，有秩序，为一切人家所不及。我却以为这还不足以尽之，其最可贵处，是张先生永远不失书生的本色，而张夫人永远也以书生的太太自居。她能在这小小的庐舍中，佐丈夫立大业。丈夫既立大业，她还安于这小小的庐舍，这才是最不可及处。

更难得的是，主人待客热情，家庭成员之间感情融洽，互相尊重，彼此爱护，充满爱的语言：

我们坐了有二十分钟的样子，张夫人和她的二儿媳张锡羊夫人叶琛女士才从西屋里走了进来。张夫人穿了一件宝蓝的短袄，梳着头，头发还黑漆漆的，不像是六十三岁的人，至多看五十二三岁。那一片和蔼、慈善、忠实，只是形容不出。叶琛女士，二十几岁，很精干，一望而知是一个受过教育、富有时代思想的太太。她的装束，并不欧化。她穿了一件藏青的布长袍，脸上没有粉，头发不曾烫，袍子是棉的，并不像一般女人的专和棉衣服作对，觉得穿棉衣服就损失了女人的尊严一样。她们都是从厨房里来，那时候都刚包完了盒子，厨下的工作完了，就又来招待宾客。这真使我们感觉到有什么样的婆婆，便有什么样的媳妇！但是张校长的引导和教育儿媳，只是凭了他的一团和气，而不是别的什么！

小圆桌的周围，人都坐满了，只有张锡羊夫人的一把椅子，是在桌圈以外的角落里。张校长夫人却把自己和一位客人的椅子往后挪一挪，让她的媳妇也来参加。

“别的儿子对于母亲是怎样，我不知道。锡羊，我却知道他是真爱母亲，尊敬母亲。我娘的脾气，真是好极了！”叶琛女士在娓娓地告诉我们。

她们俩，婆婆真不像是婆婆，而像是一个“娘家娘”。媳妇也不像媳妇，简直是一个女儿。就是张校长和叶琛女士，也是像父女俩！

这怎么能不让人羡慕呢？家长对孩子的关心、照顾，不仅体现在生活上，更多地集中在家教中：

张先生有三个孙儿、孙女在天津，都围绕着他们，都聪明，都懂规矩，都好玩。这没有什么出奇，因为张先生和夫人都是教育家，他们的子、媳也都能把好的教育的方法传下去，小孩子当然会和别家的小孩子不同了。但是这些小孩的打扮，却又正和一般的小孩子没有什么两样。

他们都穿了大红底黑花的棉袄裤，材料恐怕是一块钱买十六尺的。有个小姑娘，喜欢带[戴]耳环，还是一副绿石头的坠子，用线做了个套，套在整个的耳朵上呢！那和她的祖母、母亲的装束，并没有什么不相称之处！

俗话说，不是一家人，不进一家门。张伯苓和王夫人的儿媳妇也都特别热情好客，通情达理，让客人有到家了的感觉：

张锡羊夫人为我们端出了果盒，把一种核桃粘介绍给我们："这是我娘做的。"接着校长跑到里间屋去，又拿了一个盛茶叶的扁瓶出来："这里还有特别好的呢！可惜不多了！"他又把他夫人专做给他吃的半瓶琥珀桃仁拿了出来，分给我们。那真够香，够甜，够脆！桃仁还没吃完，张锡羊夫人又端出了两碟，一碟是蜜饯红果，一碟是蜜饯海棠，红黄相映，就那点鲜明的色彩，就够美的了。"这也都是我娘做的！"我们只在忙着吃，连话都来不及说了。

"我就是会整天忙着吃！"张夫人看见大家不住口地在吃她亲手做的东西，笑了，张锡羊夫人笑了。校长先生抬起头来看看张夫人，也微微地笑了。小孩们看见爷爷、奶奶、妈妈都笑了，他们也笑了，——我们呢？自从看见一样样好吃的东西拿出来之后，早就笑了！这屋里是满了慈爱、温和、甜蜜、愉快！每个人的家庭，实在都应该时时刻刻如此的！

到了吃饭的时候，张伯苓和王夫人把客人们迎请到饭厅共同品尝美食：

大家便到饭厅去吃饭。正中圆桌上早摆好了十几个冷碟，除了一碟松花之外，其余都是张夫人婆媳两位作[做]的。张夫人非常喜欢她的媳妇，好像唯恐人不知道张锡羊夫人也能作[做]菜，所以当我们十分称赞一碟珊瑚白菜之后，张夫人便说了："这是二少奶奶作[做]的。"

二少奶奶就用微笑去答谢他［她］的婆母。

客人们注意到这样一个细节：

吃饭的时候，小孩子都不上大桌，另在一个小桌上吃。不吵，不闹，也不拿着小碟到大桌上来要菜，那么纪律化的小孩子，我们真不曾见过。

饭后，周到的主人又把客人请回到堂屋里，大家再围桌一坐，又吃起了水果，边吃边谈。

谈话的范围，还没有出了婚姻和家庭问题。我认为这机会很不容易，因为张先生是不大常谈起这问题的，所以我们从下午五点直谈到晚上八点还不曾有一些疲倦。当我们离开了张家，回到了自己家里时，真感觉到有多少多少的地方，是应该取法于张先生及夫人，虽然我们未必能作［做］得到他们那样子。同时，更想到这样一个足资模范的家庭，是应该介绍给读者，使读者们对于自己的家庭，能治理得它更幸福一些。

在张伯苓的爱的哲学中，让记者感到有不少足以警觉或启发的。例如：

"不自由的婚姻——就是旧式的婚姻——未必不自由，不快乐。所谓自由的婚姻——由恋爱而成功的——未必就能真自由。自由的是先恋爱，后结婚；不自由的是先结婚，后恋爱。我觉得后者的味也许比前者还好。"

"选择配偶，的确是要小心。如果嫁一个不好的丈夫，不如不嫁；娶一个不好的太太，不如不娶。所以独身主义在这一点上，是不无理由的。"

"在订婚以前，时间越长越好，因为可以彼此考察；订婚以后，结婚以前，时间越短越好，因为可以省得夜长梦多。结婚以后，最好一年之内，就生小孩，有了小孩，夫妇间便有了一层保障。”

“夫妇要两好合一好，感情不是一方面发生的。你觉着她好，她当然会觉着你好，越好越好，越不好越不好！”

“无论什么都怕絮烦，太太也是如此。无论她怎么美，也会觉得看腻了。这不要紧，你可以为你的夫人多做几件新花袄，换上一件新袄，就不会感觉到絮烦了！朋友们谁夫妇不和，我就劝他们用花袄政策。”（编者按：张先生之所谓花袄，系象征的名词，不见得就是一件真花袄，使环境变易，或更改爱的方式之谓了。）

“我内人从年轻就不算俊，但有一点，就是禁得住老！有许多妇女是美而禁不得老，我觉得还是不太美而禁得住老的好些！”

“我内人对于我，有三点足以使我纪念。一是应付旧式家庭之得当；二是教子之有方；三是对于我一切的安慰。我有四子，长在厦门大学任理学院长，次在绥远省政府任秘书，四初入航空界，他们都受了母亲的教育不少。三现养病西山，他的命，那更简直是他母亲给予的。”

“我第四个儿子在杭州航校读书时，某次举行恳亲会，我曾以家长资格致训词说：‘杭州有一名人之墓，那便是岳武穆将军。岳氏年少的时候，他的母亲曾以“精忠报国”四字，刺之背上。我们做家长的，也应当以此四字，刺诸诸生之心。如将来为国御侮，万一失败，简直就不必再回到家去……’我们教育儿子，的确是这样的！”

“南开有位同事，娶了一位旧式太太，夫妻原是不大和睦的。某次听了我的讲演，我主张夫妇和美是最大的幸福，他竟因此而情如胶漆。真是一件出人意料的事。”

“这一次要举行结婚四十年纪念的茶会，意思只是向我内人表示一下谢意。只能说是表示，绝不敢说表扬，或是表彰，更不敢说足以为人的榜样。不过希望到那天来参加的朋友，夫妇原来好的，因此而更好一层；夫妻原来不大好的，能够好了；夫妇原来像是仇人的呢，顶好也就马上化敌为友。”

“茶会被约请的人，只打算限于南开同事和南开一部分校友，其余就都不敢惊动。大家只是很有趣的、很有意义的一聚而已。那天来参加的朋友，当然希望是一对一对的。”

“茶会由我们俩具名来请，这也可以说是一种创格。因为这既不是金婚，也不是银婚，这只可以说是‘包金婚’。一切都不要铺张，尤其希望你们（指我和凌影而言。我们是负了记载开会情形的责任的）记载要实在，千万不要过分，不要过分的揄扬。对于一个人或是一件事适当的叙述，是很重要的。许多人写这样文字总觉得不能恰如其分，把一个人恭维成一个事实上不会有的人，那太滑稽了！”①

2月24日，张伯苓郑重其事地邀请了许多亲朋好友、学校同仁参加结婚四十周年纪念茶话会。在会上，张伯苓深情地说：“我的一生事业，得助于夫人处很多。每当我遇到困难时节，夫人必定要劝我，不要气馁，学校的事是为公的，顶着干，到时自会有办法，每当遇到一番挫折，过后学校必定又要多一番发展，对我的鼓励实在很大。”因此特为在结婚纪念日那一天，约集故旧友好和学校同仁的夫妇们，举行茶会庆贺纪念。②

在这期间，张伯苓还向《益世报》的记者和亲朋好友回顾了自己的婚姻、家庭生活。据《益世报》记者描述：“在很温暖而放射着水仙花香的屋子里，主人、主妇和四五位宾客都围着一个小圆桌，坐在很舒服的椅子上。那位躯干魁梧，须发斑白，而声音又洪亮，又沉着的老主人，在开始谈着他四十年前的往事了。这往事都是关于他们一对老夫妇的，那真是蜜一般的回忆，蜜一般的述说啊！他的话，是这般的娓娓动听。”

张伯苓首先介绍了自己的家世：

①《张伯苓先生伉俪将举行结婚四十年纪念》，《益世报》，1935年2月14日。

②张锡祚：《先父张伯苓先生传略》，南开大学出版社2016年版，第43页。

我本是出身于寒士家庭中的一个子弟。父亲是一个教书的先生，教书的和穷字向来不分家。所以同时我的母亲，还要用十指来帮助她的丈夫，去接收一点外活来做做。我有两个妹妹，一位嫁了马千里，一位嫁了一个姓黄的，一个弟弟，那便是仲述。当然完全是一个旧家庭。

其次，他还在痛说自己的婚姻史：

我十九岁的时候，我就结婚了。也就在那年冬天，我第一个太太就死去了，从结婚到断弦，中间不过十八天的工夫。那十八天，就从糊里糊涂中过去。我常想假若我是一个女人而又是在旧环境中，过了糊里糊涂的十八天，便要一辈子糊里糊涂地守节守了下去，岂不是一件笑话。但我们可以想到这种笑话中的主人，是随时随地，不难找到的。

直到遇到比自己大三岁的王夫人，他的生活才发生转机：

我到二十一岁的阴历正月二十一日，又和现在的太太结了婚。向来续弦，一定丈夫比妻子要大。但我们却是例外。她却比我大了三岁。他的父亲，和我的父亲的职业是一样的，也是教书的，这正称得起是门当户对。

对于孕育、生育、哺育、养育、教育孩子，王夫人承当起母亲的全部责任，形成一套完整的行为规范，并取得良好的效果，用丈夫的话来说：

我对于孩子们，没有工夫去看管他们，都是由她看管大的。她不识字，不能教育，但是常识却十分丰富，而且理解非常清晰。孩子们对于他们的母亲，都是十分的敬爱。

在张伯苓的眼里，王夫人就是一位教育孩子的大专家。

她教育小孩子有三种规定：一、宁肯饭食做得好些，但绝不许买零嘴吃。二、绝对不许说诳话。三、用钱只要有理由，准给；没理由，准不给。

孩子们都穿布衣服，就是现在他们做了事，这种良好的习惯还存在着。向例老大的衣服，再留给老二穿，老二的衣服留给老三穿。但是后来长成了人，我的三儿子却比二儿子高，四儿子又比三儿子高，这却成了一个有趣的问题。记得有一次老四同他的母亲要求："来件新棉袍罢！我穿完了再给三哥，再给二哥，大哥，倒着穿回去不一样吗？"我想起来就要笑。从这里，也可以看出她教子，持家之一斑。

孩子们小的时候，当然爱闹。所以当我在家时，他们的母亲怕惊扰了我，便领了他们到别处去。她对于孩子们是不常说的，她觉得总说并不好，那样会减去了孩子们的羞愧心和改过。我对他们偶尔打过，但次数极少，也可以说因为他有了好母亲，也就用不着我去管教了。

我的四个儿子，在她的管教之下，如今都成了人。大的是又做了教书的先生；二的本来经商，现在是从政了；四的在中央航校现在也毕了业，总算都有了相当的成就。三的现在是正在养病时间。他生的是肺病，多少名医都不治了，而且几乎认定了命运已无可挽回，而他的母亲却自信母爱一定可以使他起死回生。果然，她那伟大的母爱，就使他日渐壮健起来。这四十年中，她为了四个儿子，真不知费了多少心血！

对于丈夫的生活、工作和事业，王夫人更是细心照顾，全力支持。这让张伯苓十分感动，感激之情溢于言表：

她最使我满意的，就是四十年来对我时时事事的安慰。我最近这几年，命运的确不错。但前几年，有许多时候是遭着失败，也不知碰了多少钉子。我每次到钉子来的时候，总抱着不说话的态度。在我沉默的期间，她每次是如何地安慰我！劝我！她总爱说：“不要紧，什么事情过去就好了！”这话的确对，的确有真理。在我每次碰了钉子被她劝解以后，接着便是另一个新的开展，回回都如了她的预料：“过去就好了。”她增加了我的勇气和自信心！

在社会上遭受种种不愉快的丈夫，只要一回到家里，就在与王夫人共同营造的爱的港湾里，尽情地沉浸在爱的滋润与甜蜜里。那种感觉无与伦比，大有超过新式太太之处。

家庭本是一个人工作后回来休息的地方，当然应该有一个愉快的环境才对，如果家庭是一个蹩扭的家庭，那就一定不能增加他工作的效率。我在家里，四十年来向来不曾生过一点气，这便是她最大的功绩，我最大的安慰。因为这样，我做事的心，才不被分化。才永远是个整个的，她的确帮助我增加了不少效率；但她不像一切新式太太一样，只会安慰丈夫而并不负其他的一切家庭责任。

徜徉在爱河中的张伯苓像是一个涉世未深的孩子，被王夫人宠爱得有些娇惯：

我对于自己的衣服，向来是不曾想的，什么都是她替我预备，现在钱稍微松动了，还好办，从前量入为出的时候，她也都预备得很周全、熨帖。我向来却不曾注意过她的一切事。她又不合（和）新式的太太们意见一样，对于丈夫，并没有：“你应当伺候我！”的观念。

四十年来，我们未曾打过一次架，就是偶尔有见解不同的地方，一会儿也就过去了。

从对王夫人的感激中，张伯苓不断强化着这位旧时婚姻的太太，远胜于新式太太的认知。

> 就她的常识论，我觉得比读过书的妇女还要高一点。我真幸运有这么一位太太！如果不是这样一个人，恐怕这一生，我什么也做不成了。四十年里，我每天回到家中，是完全休息着，十分舒服，十分安慰。因为有了她，不知省了我多少事。父母，她替我侍奉了。子女，她替我抚养了。我真应该对她表示十二分的谢意。我尊敬她，我佩服她，佩服她的算盘打得的确不错！[①]

在张伯苓的言谈话语间，这位有些老派的王夫人似乎并没有什么不好，传统婚姻也并不完全是什么坏事。他甚至认为："旧时婚姻有好有坏，我们虽是经父母之命媒妁之言，但终生和好。新式婚姻也有好有坏，有些自由恋爱的，结婚以后自由吵嘴！"这种有关传统和新式婚姻的观念，尽管有大量的事实作为依据，也包含个人的生活体验，仍可视为仁者见仁、智者见智的见解和判断。

① 《张伯苓先生及夫人举行结婚四十年纪念》，《益世报》，1935 年 2 月 24 日。

十一、为国捐躯之南开

情同师生的忘年交

张伯苓桃李满天下，他的很多学生都成为国家不可多得的人才。其中就有这样一位学生，虽然没有正式在南开读过书，但却一直以张伯苓的学生自居，并将张伯苓视为对自己一生影响最大的人。他就是中国现代史上赫赫有名的少帅张学良。

张学良的青年时代，正值中国内忧外患日渐加深之时。当时，俄国和日本都虎视眈眈地盯着东北这块“肥肉”，伺机谋图扩张。张学良虽然满怀爱国热情，但却无力回天，因此对前途和未来难免有些灰心失望。加之张学良曾患上当时被视为不治之症的肺结核，因吐血而卧床不起数月之久。其父张作霖急忙派军医处处长王少源给儿子治病。这位王处长不仅是一位医生，还是虔诚的基督徒，并担任奉天基督教青年会会长。因此，他一方面医治了张学良的病患，另一方面还想方设法救治他的心灵。1916 年 10 月 9 日，王少源邀请天津基督教青年会的领袖人物张伯苓在奉天发表了题为《中国之希望》的演讲，也请张学良去听讲。张伯苓在演讲开始就提出一个问题：“中国之希望是什么？”接着他就讲述了“中国之希望不在任何党派，亦不在任何官吏，而在每一个中国人之奋发图强，努力救国”[①] 等道理。张伯苓明确指出：“中国是很有希望的，中国之希望就是我！”张学良一听，情绪十分激动，心潮澎湃起来，几乎要站起来质问演讲者，“你是什么东西，放出如此狂言。”随着张伯苓深入浅出的讲解，张学良逐渐安静下来，听得有滋有味。张伯苓说：“大家对国家悲观失望，自暴自弃，你认为国家没有办法，我也认为国家没有办法，那么，中国岂不是真的没有办法了吗？如果大家都奋发图强，自我勉励，牺牲一切，为国家为大众服务，把国家兴亡的责任担当起来，自己坚定信念，中国的前途就是我。中国就不会亡——因为有千万个我，无数的我。你也如此，我也如此，万众一心，还怕中国不强大吗？！假如大家你怨我，我怨你，可是谁也不想去奋斗牺牲，认为我是一个无关紧要的人，如果大家都是如此的想法，只希望坐享国家的光荣，国家它自己会强大起来吗？若是我们多数人，自暴自弃，都等着坐享其成，那才真是会招来亡国之祸，这也是今日国家不强大之原因也，愿大家从今日起，决心立志，说中国不会亡，有我！”[②] 这番言论，让张学良恍然大悟，为国家尽力，人人有责，不仅要有爱国热情，更应当脚踏实地地做些什么。

事后，张学良要求见张伯苓，并在奉天基督教青年会总干事普赖得（J.E.Platt）的陪同下实现了这一愿望。一见面，张伯苓就问他对自己的演讲有何感想？张学良遂一五一十地说明了自己的心态变化。张伯苓很高兴地鼓励他，说他是一个有为的青年，不要自暴自弃，要奋发努力，可以改变中国的前途。张伯苓还语重心长地说：中国人只是顾面子而不要脸。只是要虚伪的金字牌匾，就自鸣得意，卖伪药欺人害人，则不自知羞耻，我们必须自勉把它倒过来，要脸而不要面子。中国的社会习惯是：好人坐在屋子里叹气，坏人在台上唱戏。如果我们扪心自问是好人之列，切不可消极地坐在屋子里

①［美］唐德刚等：《张学良世纪传奇（口述实录）》，山东友谊出版社 2002 年版，第 44 页。

②万光珉：《张伯苓启发张学良——张学良与张伯苓的一桩往事》，《重庆南开校友通讯》第 37 期，2012 年 6 月版，第 143—144 页。

叹气，任凭那坏人在台上唱戏。[①]

可以说，正是听了张伯苓的演讲和随后的拜访，张学良一扫从前的萎靡颓废，振奋起精神，立志为挽救国家危亡尽自己的力量，从而改变了他的人生道路。张学良后来曾多次回忆说："我对这句话非常感动，受到极大的震撼，下了决心。我现在只不过是一个在我父亲庇护下的有钱的纨绔子弟，但是，我不能总是扮演这种角色。我必须为国家为社会做点什么。"于是，他的生命发生了巨大的改变："鄙人自听此讲演之后，以为行将亡之国家，尚有可挽救之希望，乃愤志读书，痛改前非，将素日之悲观，忽一变而乐观。"[②] 从此，张学良与大他二十四五岁的张伯苓成了忘年交。每次见面，张学良总是对张伯苓以师礼待之。1990 年，当有人采访经历了很多人生风雨的张学良，问起"先生年轻时受谁的影响最大"时，张学良还是不假思索地说："张伯苓先生。"[③]

作为前辈，张伯苓以自己的奋斗精神深深影响着张学良，而他教育救国的理念也激起了张学良对教育的关注和支持。20 世纪 20 年代末期，张学良个人出资兴办了东北大学，亲任校长，并专聘张伯苓为校董。为了帮助张学良加强对东北大学的建设和整顿，张伯苓还推荐了南开的东北籍学生宁恩承在毕业之后担任东北大学的秘书长，又先后派出孟琴襄、黄钰生、章辑五等具有丰富教学、管理经验的南开人到东北大学帮助张学良进行校务整顿工作，成效十分显著。南开大学良好的校风校纪也由此被移植到这所矗立于东北大地上的高等学府。1931 年，张伯苓接受张学良的邀请，两度到沈阳对东北大学进行视察，对该校的工作提出了一些建设性指导意见。此外，张学良也深受张伯苓注重体育教育思想的影响，在东北大学积极提倡开展体育运动。因此，在很多大型体育运动会上，都可以看到来自东北大学的学生们矫健的身影。"九一八事变"之后，南开大学无条件地接收了从东北大学流亡到内地的

①张之宇：《张学良探微：晚年记事》，江苏人民出版社 2004 年版，第 61 页。
②龚克主编：《张伯苓全集》第 10 卷，南开大学出版社 2015 年版，第 75 页。
③梁吉生：《张伯苓教育思想研究》，辽宁教育出版社 1994 年版，第 261—262 页。

78名学生。这对一个私立大学来说，也是一件非常不容易的事情，由此可以看出张伯苓对学生前途命运的关怀，以及对张学良的无私支持。1930年12月10日，尽管东北局势日益紧张，张学良还是偕夫人来到南开大学。面对数千名充满激情的南开学生，张学良发表了演讲。他十分激动地表示，“予之有今日，张先生一言之力也”，“之所以有今日，亦实南开之赐”。[①]

实际上，张伯苓和南开得益于张学良的地方也很多。1927年，张伯苓自东北考察回来之后，立即在南开学校组建了东北研究会。这个学会的成立虽然遭到日本人的嫉恨，但是却得到张学良的大力支持。他不仅亲自担任该会名誉董事，而且还捐款500银圆作为该会的活动经费。1928年，张伯苓赴美国、英国、法国、意大利、瑞士等国家考察教育，经过沈阳时，和张学良晤面。张学良非常钦佩张伯苓“以半百之身远涉重洋，努力于教育之发展”，并决定再次向南开提供20万银圆的巨额发展基金，分10年交付，此外，张学良当场还以个人名义捐出5万银圆。张学良的捐赠对于在办学经费不够充足的南开学校来说，真可谓雪中送炭。张伯苓的家人评价他们之间的友谊说“奉军统帅张作霖的长子张学良，人们都称他为少帅，敬礼社会贤达，和先生交往最厚”。[②]

张伯苓和张学良的深厚情谊，不仅体现在双方的相互支持上，而且还表现在对时局的立场和看法的及时沟通上，从而对时局的发展也产生一定的影响。1936年4月9日，张学良抵达延安与中共代表周恩来会面，商谈团结抗日大计。刚一见面，张学良就热情地握着周恩来的手说：“我和你同师，咱们可以说都是南开的人。”紧接着，张学良就动情地讲述了自己与张伯苓的忘年情谊，相同的话题和情感认同使得两人一下子就亲近起来。会谈结束之后，张学良以还个人名义捐助2万银圆，后来又赠送红军20万元法币。

1936年12月12日，张学良发动“兵谏”，要求蒋介石停止内战，团结抗日，史称“西安事变”。事变发生之后，周恩来立即飞赴西安，谋求事件和

①《南开大学周刊》第100期。

②张锡祚：《先父张伯苓先生传略》，南开大学出版社2016年版，第25页。

平解决。当时国民政府部分高层官员考虑到张伯苓与张学良私交甚笃，又与周恩来有师生之谊，因此希望借助他对双方的影响力，妥善解决此次事变，遂请当时行政院代院长孔祥熙发电报给正在重庆的张伯苓，请他去西安调解此事。电报全文如下：

> 重庆中央银行，乾密，即到译送南渝中学张校长伯苓兄道鉴：
>
> 西安事变，举世震骇，国家命脉所系至巨。吾兄与汉卿相知甚久，此时一言九鼎，当有旋转之效。可否即请尊驾径飞西安，力为劝导，抑先飞京，面商进行之处，敬乞迅赐电复，无任祷荷！弟孔祥熙叩。铣秘。京。印。①

接到电报之后，张伯苓迅即飞往南京，和政府官员共商对策。后来，事变得到妥善解决，无须张伯苓前往西安。但从这件事中也可以看出当时张伯苓与张学良的关系的确非同一般。

时光流逝，半个世纪之后的1996年4月5日，是张伯苓诞辰一百二十周年的纪念日。时年96岁的张学良不顾年老体迈，在万里之外的美国夏威夷居所挥毫写下“桃李满天下”五个大字，寄回南开，表达了这位对他产生过重要影响的恩师的无限感念。1997年，南开校友决定捐建一所名为“伯苓堂”的建筑，以示对老校长的纪念，这一提议得到了海内外校友的广泛赞同和响应。当时，在美国的南开校友宁恩承借为张学良庆祝九十七岁大寿之机，特意请张学良为“伯苓堂”题名。当写到“张学良题”的“题”字时，因笔画太多，张学良就问宁恩承写“书”字是否可以，宁恩承说，“只‘张学良’三个字就可以”。但是，张学良还仍然坚持在他的名字下郑重地写下一“书”字。宁恩承见此，不禁感慨万千：“汉公耳聋眼花，九七高龄，久已不能执笔。只因他对于伯苓先师终身敬仰崇拜，每自称为南开学生，故勉为其难写

①《南开校友通讯》，1992年，第163页。

此三字。”[①]

“九一八事变”之前的南开

20 世纪 20 年代末至 30 年代初期，日本军国主义者对东北乃至整个中国的侵略野心已昭然若揭，四处制造矛盾，挑起事端，图谋扩大侵略。张伯苓对此早有察觉，遂于 1927 年 8 月，在主持第八届远东运动会之后，从上海乘轮船亲赴东北考察。他花费了大约三个星期的时间，从奉天至长春、吉林，再返长春至哈尔滨，回奉天至安东，过鸭绿江至朝鲜之宜川，复由新义州至安东、奉天、本溪湖，再由奉天回天津。在游历各地的过程中，张伯苓还在奉天、吉林、哈尔滨、宜川、新义州、安东、本溪湖等 10 多个地方演说了 39 场。其中，吉林各界，特别是教育界，听闻有名的教育家来访问，轰动一时。教育厅长刘芳圃负责接待，邀请张伯苓对中学以上千余名学生训话。因为缺乏礼堂，只好借用大戏院。他除了论述国人所犯贫、弱、愚、私、散五种弊端外，还提醒大家务要设法增产，以求自给自足，强身强种，担负艰巨，普及教育，提高民智，崇尚公德，牺牲奉献。在讲到国人要团结起来，一致对外时，他用筷子做道具，阐明“团结就是力量”的道理，号召大家“我们国人要团结，要发奋图强啊！”在场的学生为之激动，掌声不绝。事后人们都说：“伯苓先生此番演讲对于青年以及社会一般人影响极大，且深且远，可谓不虚此行矣。”[②]

这次东北之行，使张伯苓对日本、俄国、朝鲜等国人的精神面貌有所接触和了解。“在奉天有一车站甚为壮丽，为日人所造，其精神极佳，诚非虚誉，即司茶者做事亦出以至诚。至俄路则不如日远甚，然犹胜于中人。总之，

① 《南开校友通讯》，1997 年，第 29 页。

② 祝瀛洲：《忆恩师南开学校校长张伯苓先生》，天津市南开区政协文史文化委员会编：《南开春秋：南开区政协文史资料汇编》第 2 卷，天津大学出版社 2015 年版，第 245—246 页。

日人办事最为灵敏，组织便利，遇事争先；俄人身体长大，动作粗笨；朝鲜愤不平，卧薪尝胆”，但是留给他印象最深的就是中国人颓靡的精神状态。对此，他深感忧虑：“吾中国人既日俄之不如，而其松懈懒惰之状，即较之韩人亦略有差。思想非不密也，脑筋非不灵也，唯遇事推诿，不善组织。私事尚肯为力，一遇公事，则非营私即舞弊，唯尔诈我虞，故冰消瓦解。此中国最可危险之事也。”

更为重要的是，这次东北之行让张伯苓亲身感受到了日本侵略者的狼子野心：“至若日本，人多地狭，故不得不变法以扩张其势力，而求生活，其生长之法，全体一致，联合以敌外人。”张伯苓认为，此等危局绝非以东北三省之力就可以挽救，只有借助全国民众的奋起抵抗，才能拒日本侵略者于国门之外，“吾在吉、奉二省演说时，彼皆恐将来为日人所并，其痛切之语，有令人不忍闻者。吾语以此非一二省之问题，乃全国之问题。盖二省不同朝鲜，即不幸为日人所夺，然与中国同文同种，绝无截而为二之理。苟其人心不死，则中国地大人多，日人必不能安然得之”。而一向提倡教育救国主张的张伯苓，此时也毫不例外地将兴办教育视为解决问题的关键所在。因此，他大力主张培养杰出领袖，以挽救国家危亡，“然则国家前途抑谁是赖乎？唯应从自己做起，虽中国灭亡，亦必能复兴。一日奉省教育会长约吾演说，到场者约五六百人，吾告以今日中国第一要策，即在教育培养有干才之领袖，以养成一强有力公正无私之政府，方可以御外；不然仍如从前之松惰，则非人之亡我，实我自亡矣！”[①] 此行，让张伯苓发出无限感慨。回津后，他先后在大学部与中学部做题为《东北归来对旅途情形及东北现状的感想》的演讲，深有感触地说“不到东北，不知中国之博大；不到东北，不知中国之危机”。稍后，张伯苓在校庆日讲话中说道：“近来更要有‘满蒙研究会’之组织……我们的救国之目的才不至于妄谈。”

1927年11月14日，“先生鉴于东北资源蕴藏丰富，有待开发，而东邻

---

①《校风》第48期。

日本，又存心图谋我东北甚急，须要急谋对策”。[①] 于是，张伯苓在南开中学礼堂召开会议，组织成立了“满蒙研究会”，专门收集关于“满蒙”问题的资料，用科学的方法解决中国之问题。[②] 1928 年 10 月，“满蒙研究会”更名为“东北研究会”。该会在成立宣言中明确指出：“既以东北内地情形而论，吾人对东北之山川道路、物产风俗、政治经济、社会情形之调查，研究者又有几人？反观外人公私研究机关之林立，设备之完善，经费之雄厚，调查之周详，能不汗颜乎？”道出了研究东北问题的重要性和迫切性，并自我赋权，勇于承担。此会得到张学良的大力支持，不仅亲自担任该会名誉董事，而且还捐款 500 银圆作为该会的活动经费。

1928 年夏，张伯苓请南开大学的历史学教授蒋廷黻及萧蘧、张彭春、何廉、李继侗等教授组团到东北进行实地调查。考察团回校之后，编印了《日本问题专号》，对日本军国主义者侵略东北的野心加以揭露。东北研究会的研究内容非常丰富，包括东北铁路系统组织及海港自建问题、东北金融问题、东北移民问题、东北资源、农业、交通和金州境内华人教育问题等。研究会根据调查所得到的资料先后撰写出《东北经济资源与发展》的研究报告和《满洲》（*Manchuria*）一书，提交给太平洋国际学会等组织。有鉴于南开大学东北研究会的研究工作取得了非常出色的成绩，太平洋国际学会研究组主任约翰·B. 孔狄亚克（John B.Condilac）还特意捐助了 2000 美元购书款，以支持研究会的调查研究工作。1929 年 10 月，张伯苓与何廉出席在日本召开的太平洋国际学术会议。会上，他们二人和日本代表数次就中国东北问题展开激烈交锋，表明中国学者的严正立场。后来，大连、哈尔滨等地的学术团体也经常就东北问题同南开大学学者进行相关资料和信息的交流。

在张伯苓看来，仅仅由几个教授利用东北研究会的调查成果来进行学术研究和交流是远远不够的，他更希望让包括南开学子在内的越来越多的中国人能够了解东北的历史和现状，进而对日本军国主义者侵略东北的狂妄野心

---

①张锡祚：《先父张伯苓先生传略》，南开大学出版社 2016 年版，第 24 页。

②张元龙：《重印序》，《八十四年前的东北地理教本》上册，南开大学出版社 2015 年版，第 2 页。

有所警惕。在张伯苓的支持和鼓励下，东北研究会主任、日文教员傅恩龄把日本南满铁路株式会社研究部出版的有关东北地区自然资源、经济环境、人文地理等情况的资料汇集起来，编成了约20万字的比较全面展示东北地区风貌的《东北地理教本》一书，并以此书作为教材为南开中学高年级学生开设必修课程。在近代中国，开设有关东北的专门课程是张伯苓和南开学校的独创。为了使国人关注东北，该书提出具体可行的办法：先做科学的运动，而后方去实行。其方法有三：（甲）教育的方法，自小学而中学而大学，添置学科，专门讲述东北问题之内容。（乙）社会的方法，随时随地举行东北演讲展览等会，此外利用报章杂志，鼓吹奖励，务使全国人民注意东北，多往东北视察。（丙）学术的方法，多设学术研究机关，根据学术上研究的结果，阐明争论，而使世界各国人士，主持公道，以便驱除不正及牵强附会之学说及主张。[①] 南开学校的教师傅恩龄和校长张伯苓不仅是这样说的，也是这样做的，成为中国文化抗战、教育抗战的先驱和模范。秉持着威武不屈的大丈夫精神，该书还指出“东北之权益，既由吾人失之，故东北所失权益之规复，其责任亦应由吾人负之。简言之，东北问题之解决，在于吾人者多，而在于他人者寡。中国建设成功之日，恐即东北问题完全解决之时也”。[②] 正是凭着这种铁肩担道义的精神，在空前的困难降临后短短三个月，包括日寇和汉奸数次的武装干扰，张伯苓校长和南开学校不畏强敌，勇于戳穿日本军国主义者侵略中国东北、华北……的阴谋。“如此爱国，编印出专门教材，开一专门新课——这个创举，可以向近代世界各国左右的中学挑战。”因此，时人对《东北地理教本》一书评价很高，认为该书“系统地介绍了东三省的自然和人文地理，特别是各种自然资源。这本教材无疑是当时国内有关东北地理有限著作之中最好的一部。举国上下悲愤之际都知道东北地旷人稀，资源丰富，对祖国将来的建设极为重要。但只有南开中学才能以扼要的科学知识和大量的

---

①傅恩龄：《八十四年前的东北地理教本》下册，南开大学出版社2015年版，第289页。

②傅恩龄：《八十四年前的东北地理教本》下册，南开大学出版社2015年版，第293页。

统计数字教导学生加深了解何以东北对祖国是那样重要、神圣”。[①]

1931 年，为了让身处课堂的青年学子更加直接了解中国面临外敌入侵的危机，激发他们挽救民族危亡的爱国之心，张伯苓与东北海军司令沈鸿烈商定，趁“海圻”号军舰暑期巡航港口的机会，让南开和其他学校的学生乘坐该舰到北方沿海一带旅行，考察各地社会风情和各港湾军事形势。“海圻”号是当时中国海军装备最大的巡洋舰，排水量达 4300 吨。当学生们听说可以登上舰艇到各港口游历时，都异常兴奋。临行之前，张伯苓郑重地告诫即将登舰远行的学生们：“一、此次旅行，当可视青年之求知欲；二、受此番刺激而决定诸君之志向；三、此次为初次试办，注意纪律；四、在日本势力范围内，务须特别注意。”7 月，由 50 多人组成的南开“华北海口旅行团”，在郭屏藩、傅恩龄老师的率领下，从天津出发，开始了历时一个多月的乘舰航程。期间，学生们游历了大连、旅顺、葫芦岛、秦皇岛、山海关、北戴河、长山列岛、黑山岛、庙岛、蓬莱、烟台、刘公岛、威海卫、石岛、青岛、烟台、塘沽等 22 个口岸，还登上了中、日、英、美、法等国军舰，亲身体验各国士兵在军舰上的生活和训练。“海圻”号还特意为学生们表演了实弹演习。这次乘舰旅行取得了良好的效果，同学们都觉得受益匪浅，游览了祖国大好的山海城镇，认识到中国与列强海军的差距，更清楚了列强特别是日本在中国东北武力雄厚，颇感山雨欲来风满楼之势[②]。譬如，有学生回来之后撰写了《试述乘舰旅行之希望和感想》一文：“未赴旅大之前，闻日人如何力取，如何经营；但未知到如此程度，今身临其境，有切身感受，故有实地之认识；一言以示斯地日化之深：‘余深信任何人未读史地，真不知其为我土也’喧宾夺主，鸠占鹊巢，再数年，我同胞之呻吟声，恐亦不得闻也……若无武力为后盾，公理信义，岂可山靠！”[③] 可见，张伯苓为了培养学生的爱国心，真是下了不少功

①何炳棣：《一个可以向全世界挑战的纪录》，南开大学校长办公室编：《张伯苓纪念文集》，南开大学出版社 1986 年版，第 196 页。

②张介源：《十年负笈南开　终身眷念母校》，南开大学校长办公室：《张伯苓纪念文集》，南开大学出版社 1986 年版，第 104—105 页。

③《南开校友通讯》，1996 年，第 289 页。

夫，费尽了心思。

在张伯苓的后人看来，正是由于父亲又是在校内建立东北研究会的组织，又是亲自去东北考察，一直北到黑龙江。回来后，还组织南开师生东北视察团，去东北做深入实地调查，收集资料，编成教材，作为中学的地理课本，教育学生认识祖国的资源所在，因此遂遭到日本军国主义者的深切嫉恨。而“七二八”天津事变，南开学校惨遭日军炮火破坏，实是肇因于此。[①]

“九一八事变”之后的南开

1931 年 9 月 18 日，日本帝国主义发动了震惊中外的“九一八事变”，将侵略的魔爪伸向我东北三省。事变发生后的第三天，张伯苓就召集全校师生集会，发表了题为《东北事件与吾人应持之态度》的演讲，立场坚定地表明了自己和南开誓死反抗外来侵略的爱国态度。不到半年，东北全境沦于日本侵略军之手，很多在南开就读的东北籍学生失去了和家人的联系，也就失去了经济来源。这些孤苦无依的学生们眼含热泪，跑到张伯苓校长面前，寻求理解和支持。张伯苓当即做出决定：凡是家在东北的南开学生，其生活费全部由学校暂垫，学费也可以缓交。而对于那些因为战乱而流亡关内的东北大学学生，张伯苓也尽可能想办法让他们到南开来继续完成学业。此外，张伯苓还借上修身课的机会，向南开学生大力宣扬爱国精神，提出凡有志青年都应该心存和国家共进退、共荣辱的意志。张伯苓的教诲感动了南开学子，大家在为报效祖国而发愤学习的同时，还不约而同地停止了听戏、看电影、聚会等娱乐活动，并自觉地抵制日货。

张伯苓不仅将爱国热情倾注于南开校园，而且还到社会上去积极宣传抗日救亡的思想。“九一八事变”发生不久，他就出任了天津抗日救国会、天津中等以上学校抗日联合会等民间抗日团体的领导人，多次公开发表反对日本

①张锡祚：《先父张伯苓先生传略》，南开大学出版社 2016 年版，第 24 页。

侵略的演说，大力动员社会各界人士支持东北的抗日活动。在南开大学、中学举行的演讲会现场，张伯苓每次都会让同学在演讲之前将一副对联悬挂在主席台两侧，以激励大家的爱国热情：

> 莫自馁、莫因循，多难可以兴邦；
>
> 要沉着、要强毅，立志必复失土。

1932年年初，日本军国主义者又在上海发动了“一·二八事变”，继续扩大对中国的侵略。面对民族危亡的进一步加剧，张伯苓也更加积极地投身到宣传全国上下共同抗日的进步主张的活动中，甚至还打算亲赴江西苏区，促成国共合作。当时，南开同学组织了支持十九路军抗日的募捐队，张伯苓带头捐款。据说，在“九一八事变”周年即将到来之际，南开中学的爱国学生把一幅“收复失地”的大标语挂在了学校的大门上，被驻守在海光寺的日本侵略军发现，竟派出一队士兵虚张声势地跑到南开来把标语取下，然后气焰嚣张地扬长而去。

1932年10月，“全国废战同盟会”在天津成立分会，张伯苓由于坚决反对日本侵略，在社会中享有很高声望，因此被推选为同盟会委员。在成立大会上，张伯苓任大会主持，并慷慨陈词：

> 今天开废战成立大会，到各界代表很多，实在是本会前途进行顺利的预兆……本人受总会之命令，赴鲁谒韩，劝止军事行动。适韩正在前方，即由该地各界，约至旅馆谈话。询及胶东以往情形……本人离济赴青，晤沈市长，对废战会表示，极度赞成，并邀各界交换意见，想青市废战分会，刻已筹备，此足见国民爱国心之一斑矣，这个会组织的意义，可以高声说“我们没有色彩”，不干就不干，此次鲁省一行，更较有决

心，尚望舆论界作前锋，特别赞助。[①]

1933年1月8日，《大公报》为榆关受伤官兵募集抚恤金，次日登出张校长率先捐款100元，位列捐款者名单之首。不仅如此，当榆关即山海关等地的很多黎民百姓沦为难民，大量涌入天津时，张伯苓出面发起组织"天津自卫治安会"，负责维护天津城市的安全以及安顿难民的工作。在天津出版的《益世报》对张伯苓等人的善举进行了宣传报道："自暴日陷榆后，津市关系甚重，且日来前方难民，因受弹火威迫，不堪凌虐，纷纷逃津，尤待救济，兹悉本市名流张伯苓……等，为救济是项难民暨津市安计，特发起组织天津市八区商民自卫治安会，暨难民救济会。"[②]同年，长城抗战开始，张伯苓又多次亲笔致函在前线抗击日本侵略军的爱国将领，慰勉他们"努力杀敌，为国争光"。此外，他还派遣南开学校的师生携带1000条毛巾、1000块肥皂、300市斤糖果等奔赴前线劳军慰问。为此，二十九军军长宋哲元特意在《大公报》上刊登"鸣谢"："敬启者：敝军奉命抗日，侥幸破敌，本为军人之天职，谬蒙各界之赞许，或以军实捐助，或以食品慰劳，拜嘉惠而滋惭，感云情而知奋。哲元忝总师干，愧无酬报，唯有拼命杀敌，用副厚望。谨率全体官兵登报鸣谢，尚希鉴察。陆军第二十九军军长宋哲元率全体官兵鞠躬。计收到天津南开学校捐助背心一百三十件，旧棉袍、旧皮袄、棉裤、旧毛衣、手套、毛绒手套共八十三件，绷带布五百十六斤，饼干八百磅，药棉花一百五十磅，肥皂三百块，担架床一百架，手术台十架，留音机二具，唱片三十二块，钢针六合，慰劳纪念章五枚，望远镜二只，画报十九本，咸菜五十斤，以上各品已由该校师生张锋伯君、丁辅仁君等四十五人携带赴前方慰劳救护。"[③]同时，厦门大学救国会也委托张伯苓代购日常衣物裤褂400套一并送往前线。[④]在4月5日，宋哲元再次鸣谢，特别提及此事。

---

① 《益世报》，1932年10月11日。

② 《益世报》，1933年1月8日。

③ 《大公报》，1933年3月25日。

④ 《大公报》，1933年4月5日。

难能可贵的是，张伯苓和南开学子敢在日本侵略军气焰正炽之际，以极大的勇气正面表示抗议。1934年，第十八届华北运动会在天津召开。在这次运动会上，不仅有来自察哈尔、陕西、山东、北平、山西、辽宁、吉林、黑龙江、热河、绥远、河南、河北12个省市和地区的运动员齐聚一场，还有河北省省长于学忠、绥远省主席傅作义等中国官员以及美国、英国、意大利、日本、德国等国家驻天津的领事出席。由于张伯苓在体育界享有崇高的威望，所以被推举为这次运动会的副会长兼总裁判长。入场式开始之后，随着运动员们的陆续进场，正对主席台的四百多名南开学校的啦啦队队员，在素有“海怪”之称的队长严仁颖的指挥下，突然用黑白色手旗打出“勿忘国耻”四个大字，前来观看比赛的三万多名观众顿时被南开学生大胆的爱国行为震惊了，立刻报以一阵紧似一阵狂风骤雨般的掌声。掌声未息，南开学校啦啦队队员们又一变手势，打出了“收复失地”四个大字，同时发出震耳欲聋的呼喊，观众们的情绪立刻高涨起来，纷纷起立为南开学生鼓掌。天津《益世报》对此事做了专门报道：

在“海怪”严仁颖领导之下，南开啦啦队有男女队员400人，今晨清早，占据大看台正东面，正对司令台，大占地利，不失天时。天气是炎热，呐喊摇旗之余，莫不汗流浃背。男队员服白上衣，女队员灰上衣，男队员每人手执黑白两面之布幔一只，受严之指挥，临时缀为各种文字。“勿忘东北，勿忘国耻”，“欢迎十八届大会”，“中华民国万岁，万岁，万万岁！”大博观众鼓掌……唱歌词句中如《努力奋斗之歌》“众青年，精神焕发，时时不忘山河碎，北方健儿齐努力，收复失地靠自己”，尤能发人猛省，其意义非只为运动会助兴也。

此外，还有一些南开学生拿出事先准备好的抗日传单，避开军警的视线，从看台的不同位置散发开去。观众们顿时争先恐后地站起来捡阅传单。

这一连串突如其来的事件，激怒了在主席台就座的日本驻天津最高长官梅津美治郎。他当即向张伯苓提出抗议，而张伯苓则非常冷静地应对说："中国人在自己的国土上进行爱国活动，这是学生们的自由，外国人无权干涉。"[①] 梅津美治郎见状，干着急也没有办法，只好愤愤地退席并向天津地方当局抗议南开学生们的爱国行动。日本驻华使馆也向国民政府提出了所谓的抗议。结果，国民政府饬令南开对学生严加约束，严禁以后再发生类似的事情。张伯苓表面应允，但是当他把严仁颖、张锡祜等学生领袖们找来时，第一句话说的就是"你们讨厌"，第二句却说"你们讨厌得好"，第三句话竟然是"下回还这么讨厌""要更巧妙地讨厌"。说完，张伯苓会心微笑地看着眼前的这些可爱的学生。张伯苓的微笑如迎面春风，极大地鼓舞了南开学生的爱国热情。

就是在日本侵略者的眼皮底下，张伯苓和自己的学生、孩子以不同的方式挺直脊梁，昂起头颅，表达着宁死不屈的爱国情怀。在 1935 年 9 月 17 日的开学典礼（时称始业式）上，张伯苓发表了《认识环境，努力干去》的演讲，让新生们充分了解到日本侵略军的指挥部就设在海光寺，与南开大学、南开中学近在咫尺。他表情严肃、语调深沉地问学生们："你是中国人吗？""你爱中国吗？""你愿意中国好吗？"看似很寻常的三句话，当时却激起爱国学生的强烈共鸣，异口同声地喊出了"是！""爱！""愿意！"声音绕梁三日，久久回响。随后，张校长又语重心长地讲要爱国就要"努力干去"，而且要"苦干""死干"，要"咬定牙根，紧张而又紧张向前努力"，要"公""诚"，要"团结"。张伯苓校长讲话，语言朴实无华，但打动了青年的心，这是一堂很好的爱国主义教育课。这次讲话体现了他一贯的团结抗日、发奋自强、挽救祖国的思想。[②]

为了表达抗日救国心愿，1936 年，张伯苓和学生代表冷冰等人专程前往南京，向国民政府提出救国方针和抗日主张。张伯苓的爱国行动和对学生运

---

①《体育史料》第 10 辑，人民体育出版社 1984 年版，第 5 页。

②刘兆吉：《我心目中的张伯苓校长》，南开大学校长办公室：《张伯苓纪念文集》，南开大学出版社 1986 年版，第 96—97 页。

动的支持，极大地调动了南开学生参加抗日爱国活动的积极性。在平津沦陷以前，华北地区的爱国学生运动多是由南开学生领导和组织的。如南开中学的同学在“九一八事变”前后组织了名为“十人团”的爱国团体，以演讲的方式向广大民众宣传爱国思想。这些学生们在台上讲演时都脱光上衣，袒露胸膛，讲到激动之处往往情不自禁地放声大哭，感情真挚，言语动人，台下广大的听众们也常被感动得啜泣，场面十分悲壮。有时“十人团”还应邀到外校举行演讲大会，激发更多的青年学生的爱国热情。甚至连南开小学的学生们也组织了10个抗日募捐小分队，走上街头，向家长和爱国人士募捐，以支持浴血奋战在抗日前线的将士。1937年天津沦陷之后，一些青年学生自发而秘密地组织了一个抗日团体——抗日杀奸团。团员们经常利用各种机会，以暗杀为主要手段，为国家铲除那些投靠日本侵略者的卖国贼和汉奸。这种刺杀活动需要冒着极大的危险，甚至要以牺牲性命为代价。在抗日杀奸团牺牲的20多位烈士中，就有好几位曾在南开学校学习过。

在张伯苓的领导和支持下，南开学校师生成为天津抗日的中坚力量。在抵制日货、反对华北自治、宣传十九路军抗日事迹等一系列活动中都可以看到南开师生的身影。特别是在游行示威的队伍中，南开学校总是非常引人瞩目。也正因为如此，日本侵略者把南开视为眼中钉、肉中刺，必欲除之而后快。日本在天津的驻屯军总是借机向南开学校的师生挑衅，进行骚扰。“九一八事变”发生一个多月之后，即1931年11月8日，驻津日本侵略军就纠集土匪、兵痞、流氓、汉奸、恶霸等组成“便衣队”在天津发动暴乱。他们在日本租界里勾结一些地痞流氓，收买一些吸毒客。这都是一些抽白面的，扎吗啡针的，死了大半截的人。一到晚上，每人给打上一针吗啡，发给一支枪，什么枪都有。从日本租界里赶出来，骚扰一夜，一到天亮，这些人的吗啡药劲已过，四肢无力，浑身瘫软，赶紧各自逃回窝去。日本兵对着教学楼，架设机关枪，如临大敌，他们的用意很明显是挑衅。南开的师生们深知日兵的伎俩，置之不理，照常上课，日兵恨之入骨，变着花样挑起事端。[①] 几乎每天都有一些奇奇怪怪的日本来宾，如官吏、和尚，甚至是尼姑、娼妓等跑到南开学校来，以“参观”为名，在课堂、实验室、学生宿舍、图书馆大肆干扰学生们正常的学习和生活。这些身份不明的人尤其注意放在图书馆里的东北研究会的研究资料。南开大学的黄钰生、傅恩龄等人每天都要花费大量的时间和精力来应付这些不速之客，以免滋生事端。在张伯苓后人的记忆中，南开学校虽然日日处在如此疾风骤雨之中，仍然是不遗余力发展，在大学部增设工科，设化学工程和电机工程两系。为了更进一步提高学术研究，又设立应用化学研究所等。[②]

更令人发指的是，由于日本军营就位于靠近南开中学到南开大学的海光寺地区，这些日本侵略军经常以军事演习为名，把南开的校园当作目标，练习射击打靶等。张伯苓代表学校向地方当局提出干涉日本侵略军演习的合理要求，以保证学生们的生命安全和维持正常的教学秩序。但是地方当局却以“不得妨碍其行动”为命令，压制张伯苓的爱国举动。于是，张伯苓勇敢地顶住了当局压力，直接出面与日本侵略军进行交涉，向日本驻天津领事梅津美治郎提出严正抗议。然而日方却无赖地倒打一耙说：“你们取缔抗日，我们的军队就不会来了。”但是，张伯苓和南开学校面对日本侵略者的挑衅，坚决抗日，誓不低头。

巍巍南开精神

日本侵略者对于始终坚持抗日爱国立场的张伯苓和南开学校极端仇视，以至于当日本发动全面侵华战争之后，便迫不及待地向南开学校下了毒手。7 月 27 日上午 10 点多钟的时候，忽然一阵天昏地暗，日色无光，仿佛是在

①张锡祚：《先父张伯苓先生传略》，南开大学出版社 2016 年版，第 43 页。
②张锡祚：《先父张伯苓先生传略》，南开大学出版社 2016 年版，第 43 页。

黑夜，狂风骤起，传说有一架日本飞机在天津近郊黑牛城地方坠落，少顷天色复明，记得那天是日全食。因为北平近郊的战事，天津人心惶惶，街上行人慌乱，人们纷纷往当日的英法租界地逃避。日本侵略军就在天津发动了“七二八事变”，而南开学校更是首先受到冲击，成为第一个牺牲者。在当天下午，有一辆日本军用卡车，满坐着一车日本兵，自南来，路经八里台南开大学校门，日军停车下来，几个日本兵上前把校门前悬挂的爱国标语用刀砍下来拿走，临上车时大声呼喊，一个日本兵从车上向校内桥头扔下来一支枪，然后上车开走。那时张伯苓因在庐山开会，正在南京。校内各部负责人鉴于情势紧张，来者不善，七月间正值学校放暑假，学生在校的不多，遂紧急通知住在校内的学生和同仁眷属，一律在当晚前搬出学校，迁往安全地带。学校事先准备尚未迁完的图书仪器也在加紧向外迁移。

实际上，日本侵略军早就把炮口对准了南开学校。在即将开始对南开学校发起进攻前，日军侵略军还煞有介事地召集外国记者举行新闻发布会。在会上，在英国受过训练、衣冠楚楚的日本上尉说：“今天，我们要轰炸南开大学。”

“为什么要轰炸大学？”外国记者异口同声地问。

“先生们，这是因为暴乱的中国人在那里保持着军队。”这位新闻发言人所说的“暴乱的中国人”，实际上就是指中国军队。

“不，”一名记者说：“今天早上我曾在那里，并没有看到有任何中国军队。”

“但那里的建筑很坚固，非常适于防守，中国人将利用他们。”

“你怎么知道？”记者们追问道。

“如果我是中国的司令官，我会利用它们。”日本上尉满不在乎地说。

“但是，有什么理由轰炸一所举世闻名的高等学府？”

“先生们，南开大学是一个抗日基地。凡是抗日基地，我们就要一律摧毁。”

“你这是什么意思？”

“南开学生抗日拥共，他们老是给我们制造麻烦。”

“但是，上尉，现在校园内没有学生，目前正放暑假，空无一人。”

上尉真的发怒了。他说：“先生们，我是一个军人。我告诉各位，今天我们正要炸毁南开大学。因为它是一个抗日基地。所有的中国大学都是抗日基地。”

“那么，日本军队要轰炸中国所有的大学？”

“请原谅我。”

于是，日本侵略军的飞机一队队飞到南开学校的上空，飞得很低，简直是把炸弹放在校园。[①] 西方记者这样细致的描述，充分说明日本侵略军炸毁南开学校早有预谋。

在7月28日午夜到29日凌晨，日本侵略军用炮火密集轰击八里台南开大学，轰了一夜。他们在海光寺的“北支驻屯军司令部”和日本人在六里台开办的同文书院架起大炮，将炮口直接对准南开大学，狂轰滥炸。木斋图书馆内因为设有东北研究会，所以成为日本侵略者的眼中钉、肉中刺，必欲除之而后快。因此，它首先成为日本侵略者的目标，承受了最密集的炮火的攻击。整个建筑物坍塌，只剩下支架矗立在那里。从白天到夜晚，日本侵略军的炮声不断，南开校园惨遭一次次袭击。事后日本侵略军的参谋还大言不惭地向外界透露，为了摧毁南开大学，日本飞机特意从1200米的低空投掷炸弹[②]，可谓凶残险恶至极。30日，日本侵略军又派出飞机向南开中学、女中和小学进行大规模的轰炸，投掷了无数炸弹。“烟头十余处，红黑相接，烟云蔽天”[③]，市民目睹这一惨状全都嗟叹不已。当晚，大约100名日本侵略军士兵携带汽油乘车闯进南开校园，大肆抢劫图书典籍、资料和实验仪器，然后向未炸平的楼房泼汽油，丧心病狂地纵火焚烧。就这样，美丽的南开校园被摧毁殆尽，损失惨重。南开大学部的秀山堂、木斋图书馆、芝琴楼女生宿舍、

①伊斯雷尔·爱泼斯坦：《人民之战》，贾宗谊译，新星出版社2015年版，第40—41页。

②山本实彦：《天津通信录》，万鲁建编译：《津沽漫记：日本人笔下的天津》，天津古籍出版社2015年版，第205页。

③《日军放火焚毁南开大学》，《长沙周报》1937年第245期。

单身教师宿舍楼和其他一部分平房宿舍被夷为平地。中学部的西楼、南楼和小学部的教室楼也变成一片废墟。张伯苓苦心经营几十年、一手创办起来的南开私立学校，就在短短两天之内，变成了一片烟火弥漫的瓦砾堆。留守南开的师生们望着浓烟滚滚的校园，真是肝肠寸断，悲痛万分。

然而，噩梦并未结束。日本侵略军在摧毁校园后，即四处搜捕南开师生，甚至还跑到张伯苓家中抓人。“过后又有日本特务，带着几个朝鲜人，乘着日本军车，到先生家里来捉人。因为家里的人事先都已逃走了，只得把家里未搬走的衣物，掠抢了些，扬长而去。”[①] 王夫人和三子锡祚、长孙元敬（写作竟、兢）辗转逃亡南京，其住所还是被丧尽天良的日本侵略军士兵翻得乱七八糟。当时正值暑假，所以并没有太多学生留在南开校园里，这也算是不幸中之大幸了。而黄钰生等留校教师，则义无反顾地担负起转移师生的艰巨任务，幸得黎元洪及其他南开校友的帮助，总算使南开大部分师生安全地离开了天津。

南开学校是抗日战争全面爆发以来第一所遭到日本侵略军丧心病狂大肆摧毁的中国高等学府。据事后统计，南开大学被毁损的教学楼、图书馆、师生住宅、工厂、实验室等共 37 栋，中文图书 10 万册，西文图书 45000 册或毁于一旦，或被日本侵略军劫掠而去。此外，化学系、物理系、算学系、电工系、生物系、化工系和矿科的各种仪器、标本及其他固定财产几乎损失殆尽。这些损失加在一起，按照当时的货币价值统计，有 663 万余元（法币）。南开中学、南开女中和南开小学共有 30 栋楼房被炸坏，中西文图书 5 万册被毁，总计 121 万余元。[②] 值得关注的是，原来在思源堂西侧濒临河畔的地方，悬挂着海光寺赠送给南开的一口重达一万八千市斤的铜质大钟，钟面刻有佛教《金刚经》全文，是一件非常珍贵的文物。每当学校举行毕业典礼时，都要按毕业生人数敲响大钟，以示庆贺。就是这样一件宝物，也难逃日本侵略者的魔爪，被他们抢走熔化后做成了枪炮子弹，反过来用于屠杀手无寸铁的

①张锡祚：《先父张伯苓先生传略》，南开大学出版社 2016 年版，第 47 页。

②梁吉生：《张伯苓教育思想研究》，辽宁教育出版社 1994 年版，第 284—285 页。

无辜平民和爱国学生。当时，由于日本侵略军突然发动袭击，很多教师弥足珍贵的手稿、研究成果和书籍、资料等都未能随身带出。这对于中国文化和社会的发展造成了无法估量的损失。

日本侵略军在野蛮轰炸南开大学后，还立即对校园实施军事占领。其中第二十七师团搜索队、第二十七师团病马厂（包括病马血清研究所）、第二十七师团通信队及第二中队（装甲车编制）等曾长期窃据南开大学。据日本防卫研究所战史部史料班班长原刚披露，当时第二十七师团搜索队 400 人，队长宫胁侃藏中佐；病马厂 60 人，厂长杉尾石松少佐；通信队 200 人，队长朝井宪章少佐、中岛平吉大尉等占领了南开大学。[①]

曾有日本人观看并记录了劫后南开大学的惨状：

> 南开大学具有大学的庄重和豪华，但是随着抗日的噩梦而烟消雾散。钢铁构架被折弯，钢筋和混凝土地面犹如旧军阀一样崩塌，连个下脚的地方都没有。悬挂着“思善堂”[②]匾额的礼堂还在，但也只剩下红色砖柱。如名所示，里面自然也已经塌了。在思源堂对面，我们进入到左边一个大建筑物里去参观。玻璃上散落着木片、瓦碎片。任人踩踏的笔记本和教科书类的东西（坠落的文化）露出痛苦之态。在被硝烟熏得漆黑的墙壁黑板上面，攻入这里的士兵们刻上了充满感慨的日记以及部队的名字，洁白地浮现在眼前。每一个房间和楼梯，都好像在诉说着所经历的惨烈战斗，此情此景，令人叹息不已。[③]

值得注意的是，这段文字书写者的立场完全是站在日本侵略军的一边，幸灾乐祸。

①梁吉生：《日军为何炸毁南开大学》，《重庆南开校友通讯》第 41 期，2014 年 6 月版，第 175 页。

②笔者笔误，应为“思源堂”。

③岸田国士：《津门纪行录》，万鲁建编译：《津沽漫记：日本人笔下的天津》，天津古籍出版社 2015 年版，第 154 页。

> 先前抗日学生据守在这里，不断制造骚乱，如今这里一片狼藉，让人心情痛快。还未烧毁的房屋，很快成了警备部队的宿舍。这里飘散着强烈的马粪臭味。[①]

东史郎在日记中也如实记述了他所在的日本侵略军于9月中旬的一天“晚上十点，我们终于到达南海中学”[②]。而该校“是一所很大的设备完善的学校。在内地的中学中，还不曾见过如此豪华完备的中学”；“这所中学的礼堂很豪华，设备就像电影院一样。礼堂的地下室充满了水。听说是无路可逃的抗日分子逃进了地下室，所以就采用了水攻。想去看看尸体，但地下室台阶很深，所以没法找到尸体。从屋顶往市区瞭望，到处都能看到轰炸后的痕迹，那些轰炸的痕迹表明了日本飞机轰炸得多么准确，房屋周围的墙壁保留了下来，只有房屋内部完全炸毁，轰炸目标以外的房屋几乎没有遭到损失”。足见，日本侵略者的计划多么周密，就是要将南开学校彻底毁坏。“9月18日上午九点，我们出发离开了那所抗日分子遭到水攻后把尸体留在地下室里的学校——赤化学生的学校”。[③]

此后，在长达八年的时间里，日本侵略军把神圣的学府变成了侵略中国的军营，继续犯着不可饶恕的罪行。第二次世界大战结束后，战败投降的日本不得不归还了从南开抢掠的少量外文书，但大量珍贵的中文图书至今仍未归还。南开学校所蒙受的战争损失也一直没有得到任何赔偿。

日本侵略军疯狂炸毁南开学校的惨剧发生之时，张伯苓恰巧没在学校，正在南京。因为刚刚出席完庐山会议，准备经过南京，返回天津。南京的朋友一再挽留他，并说：“日本人对南开及余个人均甚不高兴，其实吾人能得日本人之嫉视，已自足荣幸。友人更谓至必要时，日本必将于南开以破坏，并将余以不利。余遂即暂留南京。”因此，当他得知南开学校被炸的报告后，

---

①岸田国士：《津门纪行录》，万鲁建编译：《津沽漫记：日本人笔下的天津》，天津古籍出版社2015年版，第154页。

②即南开中学。

③东史郎：《东史郎日记》，本书翻译组译，江苏教育出版社1999年版，第23、24、27页。

“余并不惊讶，因此事已在意料之中”，[①] 尽管有些心理准备，但是一想到南开大、中、女、小四部校舍被日本侵略者毁坏，不禁一惊一痛，悲从中来。40年惨淡经营，一草一木，皆是亲手建起，今日一旦被毁，化为乌有，3000名学生弟子经受毁校之难，悲痛交加，一时几难自持。他受到极大的打击，仿佛万箭穿心，五雷轰顶。在几十年的时间里，张伯苓早已经将自己的生命和南开学校融为一体，南开由私塾至中学、大学、女中、小学而建成全国首屈一指的私立学校体系，倾注了他大量的心血。张伯苓就像抚养孩子一样，眼看着南开学校的出生、成长和壮大，经受着她长大的艰辛，分享着她成长的快乐，享受着她成功的喜悦。然而就在数日之间，日本侵略者犯下的滔天罪行使他所有的努力全都化为泡影，所有的基业全部付诸东流。

张伯苓是坚强的、乐观的，当时就态度坚毅地表示：“我深信中华民族是不会灭亡的，南开学校是为了救中国而产生，因为救中国而遭到强敌所嫉，因此被炸、被烧、被毁，这都是意料中的事。只要中华民族存在一日，南开也必存在一日，我们继续地努力干吧！”[②] 这位铁骨铮铮的硬汉没有被日本侵略者的罪恶行径所吓倒。在这危急关头，他强忍悲愤，在南京向记者们发表了一番慷慨激昂的演说：

> 敌人此次轰炸南开，被毁者为南开之物质，而南开之精神，将因此挫折而愈益奋励。故本人对于此次南开物质上所遭受之损失，绝不挂怀，更当本创校一贯精神，而重为南开树立一新生命。本人唯有凭此种精神，绝不稍馁，深信于短期内不难建立一新的规模，现已在京成立南开办事处。对于下期开校一切事宜，正赶时筹划中。[③]

这是怎样的一份坚持、一种信念在支撑着他呀！正像天津《大公报》日

① 《大公报》，1937年9月27日。

②张锡祚：《先父张伯苓先生传略》，南开大学出版社2016年版，第47页。

③ 《中央日报》，1937年7月31日。

后发表的社评《从南开复兴说到一般教育》中所指出的那样：

> 张伯苓校长是中国教育界伟大人格之一，而其所以伟大处，经此劫火更得证明。他承继严范孙先生四十年辛苦扶植的教育实业，一旦无端为日本炮火故意摧毁，而丝毫不能消灭他的勇气，反而更增长激发他的信仰。他本是一位热诚的爱国者，现在更灼热化了，并且极端乐观。他的爱子殉了国，也毫不动心。这种伟大精神，确足以代表中国民族的新觉悟，而为我们所万分钦佩的。[①]

7月31日，蒋介石专门约见了张伯苓、梅贻琦、胡适等人。张伯苓即席慨然表示坚持抗战的决心，掷地有声地说："此刻南开的校舍被毁的烟火未熄，只要委员长决策抗战，南开的牺牲有无限的代价，无上的光荣。我拥护委员长决策抗战……南开已被日军烧掉了。我几十年的努力都完了。但是只要国家有办法，能打下去，我头一个举手赞成。"蒋介石当场表示："南开为国而牺牲，有中国即有南开。"[②] 当晚，胡适将日本侵略军毁坏学术机构的野蛮行径电告国际教育组织负责人孟禄博士，希望该组织主持正义。

南开被毁之后，全国各大报刊杂志和社会各界人士纷纷发表文章或声明，声讨日本侵略军的残暴行径，对张伯苓和南开师生表示了深切的同情和全力的支持。7月30日晨，教育部部长王世杰亲自到旅馆去慰问张伯苓，"张向王表示，决以余生续为南开努力，决不中懈"。[③] 同日，中央通讯社从南京发出报道：

> 天津南开大学经已故创办人严范孙先生及现任校长张伯苓博士四十年来惨淡经营，至今计成立大学、男女中学、小学四部，学生合计达

① 《大公报》，1937年10月18日。
② 南开校友会编：《张伯苓先生百年诞辰纪念》，1975年版，第213页。
③ 《申报》，1937年7月31日。

三千余人。其大学、中学两部竟于昨、今两天被日军仇视，以飞机、大炮炸毁，中外人士莫不震愤。本京教育学术界人士，除教育部王部长三十日晨曾亲访张氏，致深切之慰问外，该校留京各校友，亦均纷纷前往，向张氏表示对母校极关切之意……张谈时，态度极严肃，而意志之坚强不屈，可于其目光与谈话、姿势中充分表现……张氏主张严格训练、读书救国努力精神，始终如一，对一般之冲动的爱国主张向抱沉着、持重之态度，今且不为强暴所顾念，是敌人之坚欲根本摧残我国文化，不难于此可证。中外人士对该校之无辜受摧残，均深表惋惜痛愤。盖该校不但为我国之一著名文化机关，且为四十年来无数知识分子血汗之产物也。[①]

7月31日的《中央日报》发表题为《南开精神》的社评，对于张伯苓所树立起来的南开精神给予了极高的评价：

昨天南开大学校长张伯苓先生的谈话："敌人此次轰炸南开，被毁者为南开之物质，而南开之精神，将因此挫折而愈益奋励。"六十二岁的老人，三十四年苦心经营的学府，一朝毁灭，而所表现的态度，乃"重为南开树立一新生命"，这就是南开精神。

全世界的文明国家，应该注视东亚最新发生的毁灭文化的行为。全国同胞应郑重记着张伯苓先生的言论。全国同胞要发挥张先生讲的南开精神，这是对张先生最大的安慰，也是南开物质毁灭的唯一收获。[②]

同日，爱国民主人士黄炎培在天津《大公报》专论一栏发表《吊南开大学并急告教育当局》一文，义正词严地声讨日本军国主义者的这一令人发指的侵略、野蛮行径，并声援张伯苓：

---

①三十日中央社电，《抗战烽火中的南开大学》，河南大学出版社2015年版，第147页。

②《中央日报》，1937年7月31日。

我敢正告敌人，尽管你们的凶狠，能毁灭我有形的南开大学校舍，而不能毁灭我无形的南开大学所造成的万千青年的抗敌精神，更不能毁灭爱护南开大学的中华全国亿万民众的爱国心理。我南开大学现在和未来的师生，只有因此而激进了他们的抗敌救国的情绪……

我更正告敌人，你们既然有计划地毁灭文化机关，我愿在人类文化历史上，大书特书，曰：日本帝国为企图灭亡中华民国，于某年某月某日，用预定计划，毁灭华北著名文化机关南开大学。这是"一·二八"焚毁上海东方图书馆后第二次毁灭文化机关的暴行的铁证。

依我们所认识，文化的生命同它的价值，是超出政治之上的。今敌人发于政治上的凶欲，有意毁灭南开大学，适足以证明被毁灭者不但在文化上有伟大贡献，致惹起敌人的嫉恨，并且它所养成的青年，他们的思想和能力，足给民族前途以重大保障，使敌人发生不容并立的感觉，致出于最残酷的一种手段。在这种意义之下，不惟（唯）我南开大学全部师生以及辛苦经营四十年之张伯苓校长，不应有丝毫悲丧，只有加倍奋激，并且足以大大安慰创办人严范孙先生在天之灵。

我南开大学全部师生，我全国爱护南开大学的民众，唯有跃起来合力重创，使南开大学不唯精神不死，并躯壳亦不灭，我中华民国有一寸土存在，我南开大学就存在。[①]

8月1日，蔡元培、蒋梦麟、胡适、梅贻琦、罗家伦、竺可桢、王星拱等七位教育界知名人士致电国际联盟知识合作委员会，抗议日军侵略华北以及轰炸南开之暴行，请求对于此种野蛮屠杀及肆意破坏教育机构的行为，公开加以谴责，并请转达各国政府，对此采取有效制裁方法，使类似残酷行为今后不致再出现。

① 《大公报》，1937年7月31日。

日本在华北之军事侵略，现已在蹂躏北平附近，并沦天津为废墟，日军除残杀数千非武装的市民外，并以炸弹、燃烧弹蓄意毁灭南开大、中学之图书馆、实验室及宿舍之全部。南开为张伯苓博士三十三年来，辛苦经营二学府。为文化及人道计，鄙人等请求贵会，对于此种野蛮屠杀及肆意摧毁教育机关之行为，公开加以谴责，并请转达各国政府，对侵略者采有效制裁方法，庶公道复彰，而此项残酷行为，不致再现云云。[①]

此外，中国文化界领袖及著名人士冯雪峰、夏衍、茅盾、郭沫若、巴金等56人及上海社会局局长潘公展、中国文化建设协会、上海各大学领导、寓沪南开校友、美国哥伦比亚大学著名教授克伯屈和英国牛津大学的格尔伯麦威、伦敦大学的唐退、拉斯克等18所大学的170名教授也纷纷联名致电，表示对南开学校被日本侵略军炸毁的愤慨和对张伯苓的慰问与支持。其中，美国哥伦比亚大学克伯屈教授很有远见地说：

日本在华之行为，实属无耻而愚蠢。天津南开大学被毁，不足使该校归于消灭，良以日军炸弹残酷手段之结果，适足使该有名之学府万古不朽。日本军人此种恐怖政策，不特不能使日本获些微利益，且日本以武力所获得之土地，其结果仍将物归原主，终为中国所有也。再则日本以创造战争为扩充贸易之见解，彼以炸弹轰炸南开大学学生，夫学生为将来之统治阶级，此其行为实属荒谬，而不合逻辑。总之，按照余意，日本目前之行动，适足使中国抗日意志益趋一致，日本不久必将对此次暴行表示惋惜，吾人拭目待之可也。[②]

尽管南开学校为国蒙难，被日本侵略者破坏殆尽，但是南开精神不死。

---

① 《申报》，1937年8月2日。

② 《东方杂志》第34卷，第16、17号。

1937 年 11 月 17 日，张伯苓通电全体南开校友："教育救国，苓之夙志，此身未死，此志未泯。敌人所能毁者，南开之物质，敌人所不能毁者，南开之精神。极望全国南开纪念学校，本南开若干之精神，为国家民族努力。深信津校复兴，必能于最短期内实现也。"[①] 可见，他一直怀抱着在最短的时间里就复兴南开的愿望和期盼。果然，在重庆，一所名为南渝的中学，在张伯苓的主持下逐渐发展起来，成为南开学校生命力和奋斗精神的延续。张伯苓的后人不无自豪地写道："他的精诚，感动了当时的一般社会人士，大家都在争先恐后地为重庆南渝中学捐款，所以在一个很短的时期内，就添建校舍，发展到一千五百多学生。为了保存南开学校的传统精神，符合社会各方人士和南开校友们的愿望，把重庆南渝中学更名为重庆南开中学。一时这个中学成了战时中国的典范，它象征着新中国的复兴，所有国外人士到中国来，都要先参观一下重庆南开中学，会一会张伯苓校长这个人物。"[②]

①宋璞主编：《张伯苓在重庆》，重庆出版社 2004 年版，第 46 页。

②张锡祚：《先父张伯苓先生传略》，南开大学出版社 2016 年版，第 47 页。

十二、全面抗战的峥嵘岁月

谋划南开分校

20 世纪 30 年代初期，日本侵略者在占据东北的同时也向华北地区步步进逼，局势日益恶化。对此，张伯苓忧心忡忡。他非常清楚地知道，一旦时局恶化，南开学校的发展必然会受到严重的影响。“华北局势，危急万状。一旦有变，学校必不保。”[①] 因此，为应对瞬息万变的局势，寻找抗战的新路径，他也多方为南开学校的发展寻找出路。诚如他所言：“目击时艰，愤暴敌侵我日急，深恐南开学校不能继续维持，乃在重庆沙坪坝，购地四百亩，起建校舍，设立南渝中学。”[②] 在与胞弟张彭春商议之后，他初步确定去重庆看看能否找到合适的地方建立南开分校，以备不时之需。正巧在 1935 年冬，张伯苓应邀出席在重庆举行的全国禁烟会议。就这样带着在异地开创南开新辉煌的希冀，张伯苓南下重庆。“大江东去我西来，北地愁云何日开？盼到蜀中寻乐

① 《南开四十年校庆纪念特刊》。

② 《致中华教育文化基金委员会》，宋璞主编：《张伯苓在重庆》，重庆出版社 2004 年版，第 30 页。

土，为酬素志育英才。”[①] 这是张伯苓乘坐民生轮船公司的航船抵往重庆市，在甲板上观赏风景时，诗兴大发，即兴所作的一首绝句，抒发其在重庆寻地建校的情怀。

抵达重庆之后，张伯苓的计划之所以能够实现，应该说是与南开校友胡光杰、胡仲实兄弟的大力支持和帮忙分不开的。胡氏兄弟在重庆社会关系广泛，张伯苓就将觅地建校的重任托付给他们。当时，民生公司创办人卢作孚向张伯苓表示，愿意将自己在北碚的土地拨给张伯苓作为建校的基础；唐式遵师长也愿意将他在南温泉的几千亩地捐充校址。经过慎重考虑之后，张伯苓认为这些地点都不太合适办学校，便婉言谢绝了。恰巧此时，刘湘的妻弟周成虎同样因为仰慕张伯苓的为人，决定捐出他在市郊沙坪坝的130亩土地建校。张伯苓觉得这个地点颇为合适，就接受下来。不久，经过胡氏兄弟等人的努力筹划，沙坪坝附近地区的土地也逐渐被购进，最后扩充到700余亩。1936年春，张伯苓又从天津派来得力助手喻传鉴等人，协助胡氏兄弟建造校舍。南开素以办事效率高而著称，没过几个月，便提前完成了张伯苓先前制订的建校一期计划。在一片原本比较荒凉的土地上，建造起了二层楼房一座、讲室22间、礼堂兼风雨操场一座、宿舍楼房一座、食堂一所、盥洗室、浴室、厕所各一座、教师住宅七所。张伯苓将这所学校定名为南渝中学，取南开在重庆设校之意。当学校规模日渐成形之后，南开于是年开始在重庆招生。南开久负盛名，因此当人们听说南渝为南开在重庆之分校的时候，很多人慕名而来，第一批就招收来了220多名学生，分设初中四个班，高中两个班。

秋天，张伯苓又一次来到重庆，一方面是为了学校发展筹募经费，另一方面也是为了制订学校的第二期校舍修建计划。当重庆社会各界知名人士得知张伯苓此行的意图后，纷纷慷慨解囊以支持他的教育事业。蒋介石首捐5万元，刘甫澄、吴受彤、康心如、陈芝琴、范旭东等人也都分别捐助校舍建筑费，或者是捐赠大量的实验仪器和图书资料等。张伯苓对这些热心支持南

①孙彦民：《张伯苓先生传》，台湾中华书局1971年版，第16页。

渝发展的人士心存感激之情。他感到："这回四川人看见南渝中学从建筑至开学，时间很短，而钱很省。这种'快''能'予他们以很好的印象，又是给他们本地办学，大家很愿帮忙，且极信我。"[①]

张伯苓按照南开学校的管理模式，聘请南京的张群、吴达诠，重庆银行公会主席吴寿彤，成都财政厅厅长刘航琛，成都建设厅厅长卢作孚，公安局局长何兆衡，华西实业公司胡仲实和胡子昂兄弟，美丰银行行长康心如等九人为董事，成立了学校董事会，由财政厅秘书何九渊任董事会秘书。看着朝气蓬勃、日渐壮大的南渝，张伯苓仿佛又回到了南开学校初建时的岁月，浑身充满了干劲。待一切都走上正轨之后，张伯苓才离渝回津。返校之后，张伯苓对校友们发表了演说："我在南渝住着很高兴，天天在院子里转，那儿的花匠跑到山里去拾花种子，把它分成畦，把南开的菊花单放一畦，插上签条叫'南开菊'。任叔永到那去看见说：'南开菊都到南渝去了！'"兴奋之情，溢于言表。在讲演结束时，张伯苓特别强调说："我们要想新的路、新的法子、新的计划，用新的精神，往前猛进。"[②]

张伯苓的这一未雨绸缪之举的确为日后南开在重庆的重建起到了相当大的作用。当1937年7月日本侵略军将天津南开学校摧毁殆尽之时，重庆的南渝中学早已做好了接纳南下师生的充分准备。张伯苓坐镇重庆，安排部分原南开学校的教师和学生相继南下，辗转来川，一方面保证他们照常工作，继续求学，另一方面也使南开的基本规模维持不变，巍巍南开的精神也因此得以绵延不绝。1938年，南开校友总会建议将南渝中学更名为重庆南开中学。这样，天津的学校虽然被毁，但是南开却依然屹立于中国的西南大后方，弦诵弗辍，工作未曾间断。重庆南开中学为莘莘学子提供了一个战乱之中能够继续读书的圣地，由此可见张伯苓的高瞻远瞩。他作为教育家的敏锐预见力，也不能不为时人、后人所佩服。柳无忌特别赞叹张伯苓在重庆筹备南渝中学（后改名南开中学）的高瞻远瞩，并发自内心地说，"当时国难严重，八里台

① 《南开校友》第2卷，第5期。

② 《南开校友》第2卷，第5期。

南开大学邻近海光寺日本兵营，在忧患中我们听到了校长要在大后方开设南开分校的消息，有如一线光明闪耀在乌云中间，使我们的视线随着扩大，我们的情绪也就此稳定下来了。在设计、筹款、建筑的过程中……这些校长积有三十余年经验——他的魄力与毅力是值得赞扬的，但最使我敬佩的，是他那远大的眼光，正确的判断力，与为百年树人所做的百折不挠的奋斗精神，是当时任何教育家或政治家所不及的”。①

对此，就连张伯苓自己也有几分得意：

> 佥以南开学校于战前早有准备，树立基础，深为称羡，一致誉苓眼光远大，有先见之名。其实华北之岌岌可危，暴日之必然蠢动，举国皆知。不过苓认识日本较切，而南开校址又接近日本兵营，倘有变，津校之必不能保，自在意中，故乃早事准备，及时行动耳！？②

此时，在重庆本地招收的学生再加上从天津以及其他遭受战乱地区辗转过来的青年学生，在校总人数已经多达1600多人。1940年，南开大学经济研究所在重庆恢复，何廉任所长，方显廷是代理所长，陈序经为研究主任，招收研究生10人，正式开始工作。同年，重庆南开临时小学成立，又招收学生100余名。

正是由于张伯苓未雨绸缪，早在“七七事变”发生前两年就捷足先登，以精明的预见性、自觉性和主动性使重庆南开崛起于歌乐山下。而国民政府一直拖到1937年11月20日才被迫迁都重庆。所以时任行政院副院长的孔祥熙在见到张伯苓的时候，不禁感叹道：“不是南开跟着国民政府搬到重庆，而是国民政府跟着南开搬到重庆来的。”他的这番话说出了一些人的心声，因此重庆的报刊纷纷发表评论，盛赞张伯苓敢为天下先的爱国、救国胆识

①柳无忌：《巍巍乎吾南开大校长》，南开大学校长办公室：《张伯苓纪念文集》，南开大学出版社1986年版，第190页。

②《南开四十年校庆纪念特刊》。

与行为。[1]

蜚声中外的重庆南开

抗日战争时期，张伯苓专心致志地建设重庆南开中学。仅几年的时间，他把沙坪坝800亩荒地建成为一座花园式的教育重镇。其中，包括两座教室楼、一座图书馆、三座男生宿舍、一座女生宿舍，饭厅、医院、浴室等，一应俱全。此外，还有教职员工住宅宿舍，接了电灯，安了自来水。他还就着地形开辟了一座雄伟壮大的运动场，两旁石头看台，坡下又凿起养鱼池。在图书馆前，种植了一片梅树林，冬日开花，一阵阵香甜，熏人欲醉。环绕着池子，遍植着蜡梅和白色的栀子花。外边来参观的人，都惊奇道："张校长是个魔术师，几个月不到沙坪坝来，再来一进门，学校又变了一个新样子。"每逢此时，张伯苓都不无自豪地说："我是个不倒翁，日本人把我打倒了，但是我随手又起来了，而且我今天又在建设着更雄伟更壮大的教育救国基地。"在孩子们的眼里，父亲是一个乐观主义者。"他不是什么魔术师，他是一个开荒者，他用双手把一片荒僻之地开辟成了良田，把（在）一片乱世沙滩建起了楼阁，把一堆顽石炼成了精金，他还要把一个老大衰颓的民族改造成为一个年轻的生机勃勃的民族，他的一生永远是向前看的。"[2] 常言道："知子莫如父"，实际上，"知父莫如子"也很有几分道理。

作为全国知名的学校，南开学校不仅吸引了越来越多的莘莘学子从四面八方赶来探求新知，而且依然保持了天津南开学校的优良校风。虽然报考的学生远远超过学校的容纳量，但校长张伯苓仍然一如既往地严把入学这一关。他只录取考试成绩合格的学生，真正做到了一视同仁，有教无类。贫寒人家

①丛林：《春秋广记：重庆南开史话》，《重庆南开校友通讯》第41期，2014年6月版，第152—153页。
②张锡祚：《先父张伯苓先生传略》，南开大学出版社2016年版，第52页。

的子女，只要品学兼优，不仅可以申请缓交学费，还能够借费[①]，甚至减免学费。成绩特别优秀的同学，有机会获得奖学金。与此形成鲜明对比的是，即便是达官显贵的子女，考试成绩不合乎录取标准，照样不予录取。只有在一种情况下可以稍加变通，即家庭经济条件很好，但入学考试成绩不够理想者，可申请没有学籍的旁听生。旁听生试读一个学期，成绩合格，改成有学籍的正式生，成绩仍不合格，就要退学。没有学籍的旁听生的学费略高于有学籍的正式生。

学生在学期间，一律严格按照学校的考试、升学、留级、退学等相关规定执行。有的高官富商子女，学习不够努力，考试成绩不及格，可以参加补考。如果补考仍然不及格，就要执行学校的相关制度和规定，该留级就留级，该退学就退学，绝对不会因为其家长的权势、富有而受到特殊待遇。对此，连张伯苓校长的亲属也毫不例外。在学期间，更分不出谁是贫寒子弟，谁是贵族出身。有的人在家里可能是公子、少爷、小姐，但是在南开就是清一色的学生形象。富者不能显其奢华，贫者也没有寒酸之感。同学们都是在校食宿，吃在一起，睡在一起，基本上融为一体。虽然很难做到每个人的被面统一，但起床后，被面都折叠在里面，被里露在外面，都是白色。学生们的服装、发饰的要求更是严格，也极为朴素。男生都是剃成光头，女生的头发不能长过耳垂，而且不准涂胭脂，抹口红。高中男生均着灰色麻布制服，女生则穿蓝色旗袍，不准穿高跟鞋。于是，南开学生形成一种好风气，富不骄，穷不馁，贫富学生都能友好相处。[②]

除此之外，不管是内容丰富的课外体育活动，还是多姿多彩的社团活动，抑或是日渐扬名的新剧表演，都在这所新建的中学里面开展起来。因此，重庆南开中学也成为大后方众人瞩目的一个闪光的亮点。

依照惯例，学校规定每天下午两节课后学生们都要离开教室到操场上进

---

①详谷源田：《深切怀念尊敬的张校长》，南开大学校长办公室：《张伯苓纪念文集》，南开大学出版社1986年版，第123—124页。

②刘兆吉：《在南开学习工作12年的感受》，《重庆南开校友通讯》第32期，2009年12月版，第119—120页。

行体育活动。这时也就是下午三点半的光景。由此，重庆南开有了一个专有名词叫作“三点半”。“三点半”一到，学生们便三三两两地走进运动场，或踢足球，或打篮球，或打垒球，或跑跳投掷，实在不太懂得这些体育项目的比赛、活动规则的或者体育运动水平不济的学生，就去给伙伴们加油助威。为了鼓励学生们积极参加体育运动，学校还兴建了面积很大的运动场，有400米跑道，两侧还有依地势建造的石看台。这在战时的重庆可以说是首屈一指的。重庆南开中学的学生们承继了天津南开在开展社团活动时所表现出来的热情，尤其是体育方面的社团如雨后春笋般纷纷涌现。各种球队在班级或年级之间经常组织、举行各种比赛，操场上也因此而出现“打翻了天”“闹翻了天”的景象。当时在重庆南开中学最有名气的体育会叫“七二八”体育会，显然，这个名字是有来历的。它是为了让同学们时刻铭记1937年7月28日日本侵略军在天津南开学校制造的校难而组织起来并命名的。为了不忘这一天，重庆南开中学的许多学生课外团体都取名“七二八”，体育会取名七二八体育会，篮球队就叫七二八篮球队[①]。此外，还有一些球队是全国都少有的，如女子篮球、排球队。这些球员的运动水平应该算是较高的，有时也会代表南开去校外进行比赛。其他在校内活跃的社团，诸如居庸篮球队、黑雁垒球队、纠纠垒球队、闪电足球队等也颇受学生欢迎，为南开带来了丰富多彩的课外生活。和天津南开不同的是，重庆南开中学的学生们多了一项新的健身活动，那就是游泳。但是这种游泳活动可不是在修建好的游泳池中进行的，而是要到嘉陵江去。重庆本地的学生大都善水性，每到夏天就三五成群地跑到嘉陵江泛游，惹得那些从外地来的“旱鸭子”们羡慕不已。

张氏后人对张伯苓在重庆南开中学发展体育运动的所作所为也是赞赏不已：“他不惜出大力，修建了一座雄伟壮大的运动场，叫学生们在里面跑跑跳跳。他常说：‘小孩子们像野马，哪能关在笼子里养活，叫他们跑去、跳去。’又说：‘有了好的身体，才能有坚强的意志，将来才能担当起建设祖国的重任

---

①喻娴文：《巍巍我南开精神》，南开大学校长办公室：《张伯苓纪念文集》，南开大学出版社1986年版，第137页。

来。若是身体不好，就是没了做事的本钱，什么也谈不到了。’他不只重视男学生的体育，同时他也重视女学生的体育。一切的运动项目，一般也有女学生的，他不但要求男学生是文武全才，而且要求女学生也是能文能武，这就是他的体育方针。”①

重庆南开的话剧活动也一如既往，非常活跃，在社会上产生很大的影响。尽管此时的张伯苓因忙于政务，分身无术，几乎无暇顾及学校的社团活动；原来新剧团的灵魂人物张彭春也由于涉足外交事务，亦不能倾注全部精力于剧团的发展。但值得庆幸的是，他们所培养的一批优秀演员此时已成为新剧编导与表演的栋梁人物，可以独当一面了。依照惯例，每逢学校校庆重大节日或毕业班同学离校之际，都要举行新剧表演活动。实事求是地说，这时才是一年之中南开新剧表演的巅峰期，无论是规模、场次、水平都要达到相当的程度。更值得一提的是，不仅学生和教师参加表演，就连校友们也积极参加演出。演员们不仅在本校和外校的舞台上表演，还走向社会，到街头、农村去表演。于是，学校配置了专门领导学生演戏的教师，如华静珊等人。有时还会请来南开校友、著名剧作家曹禺亲临指导。经过艰苦的排练和悉心的指导，演员的表演水平有了明显的提高。同时，学校总务处对新剧表演也给予了大力支持，并逐步完善舞台的灯光和布景等，追求生动逼真的艺术效果。

为了满足观众的需要，重庆南开中学也在社会上演出话剧，而且是收费的。当然，这些话剧剧目是已经编排得十分成熟的了，演出的水平也相当高。每逢进行公演，剧场里面的观众总是挤得满满的，水泄不通。这一方面说明演员们认真到位的表演确实十分吸引人，另一方面也能用这笔丰盈的票房收入来支持南开新剧的持续发展。细细算来，重庆南开中学曾经上演过的话剧有：《最后一计》（1937 年）、《旧关之战》（1939 年）、《日出》（1939 年）、《战斗》（1940 年）、《财狂》（1940 年）、《母归》（1940 年）、《北京人》（1941 年）、《婚后》（1942 年）、《大地回春》（1943 年）、《桃李春风》（1944

①张锡祚：《先父张伯苓先生传略》，南开大学出版社 2016 年版，第 37—39 页。

年）等。其中，尤以1939年演出的《日出》在当时的社会上影响较大。在公演之前，《南开校友》就印发专刊广泛宣传，演出时，著名演员孙坚白和吴雪前来观看，周恩来也在百忙之中抽空来观看同学们的精彩表演。他和校长张伯苓一起观看了这部戏，谢幕之后周恩来还到后台和每一位演员握手以示鼓励。这台戏不仅是重庆南开第一部师生合作的剧目，而且还是第一部男女同台的多幕剧，从剧情到表演形式都体现着全新的思想观念，虽不能说这小小的多幕剧就起到了警醒人们突破封建礼教束缚的作用，但它至少会在某种程度上引起人们对新旧观念的思考。有的同学在观后感中写道："看了《日出》，看到社会上的重重压迫、重重黑暗，心情久久不能平静。"[①]

1944年，张伯苓对正在导演《桃李春风》的沈刿深有感触地畅谈了他自己的亲身感受："我赴欧美考察教育，接触到话剧艺术，觉得这是一种'创办新教育、造就新人才'的好武器。回国之后，我就自编、自导、自演了一出新话剧《用非所学》"，阐明新剧与新式教育的内在联系。在学生剧团《怒潮剧社》公演之后，他鼓励同学们说："大家到学校来念书，不但要从书本上学，而且还要有课外活动，从这里得来的知识，比书本上的好得多……从话剧里可以得到做人的经验，会演戏的人，将来在社会上也能做事。"[②] 可以看得出来，正像张伯苓、张彭春所期望的那样，南开新剧依然发挥着教育学生，增长见识，改变观念、学会做人做事等作用。南开的同学在总结新剧的功能时说："学校开展话剧活动至少可产生三个'有利于'：其一曰有利于帮助学生认识社会；其二曰有利于提高学生的组织与办事能力；其三曰有利于学生在自觉自愿的活动中活用知识，加深对知识的理解，以及掌握对知识的实用。"[③]

此外，还有许多形形色色的社团活跃在校园内。当时创建的歌咏团，有各年级的、全初中范围的、全高中范围的，还有一个要经过选拔才能参加的

①崔国良编：《南开话剧运动史料（1923—1949）》，南开大学出版社1984年版，第115页。

②王铨：《寓教育于话剧活动——南开学校特色之一》，《重庆南开校友通讯》第32期，2009年12月版，第98—199页。

③刘鹤守编：《沙坪岁月——南开校园回忆录》第2辑，第84页。

跨年级的歌咏团。这些歌咏团活动非常频繁，演唱的歌曲也很多，既有西方歌曲，也有国内流行的抗日歌曲，如《抗敌歌》《游击队歌》等。1937年10月17日，在重庆举行的第一个校庆那天，风和日丽，是重庆少有的好天气，来宾不少，校友返校的也很多。女教工和从天津来的女学生特意用紫、白两色相间的布料制成旗袍，以示不忘南开之意。庆祝会后，照例有游艺节目。其中最令人难忘的是“七二八歌咏团”合唱《松花江上》，当唱到“爹娘啊！爹娘啊！哪年，哪月才能够回到我那可爱的故乡？”时，台上的泪如雨下，台下的涕不成声。忽然不知是谁，振臂高呼：“打倒日本帝国主义！”全场呼应，久久不息[①]。后来，某教师从延安抗大进修回来之后，便带领歌咏团排练表演了“陕北秧歌舞”和“陕北道情”。举行公演时，张伯苓和周恩来都前来观看。为了保证歌咏团的质量，张伯苓十分注重对音乐教师的遴选，并鼓励他们发挥自己的才华，创造佳绩。如阮北英、李抱忱等音乐教师，在当时都享有盛誉。

重庆南开规模较大的社团是野猿社。社内设有剧团，演出独幕剧、活报剧，同时还拥有自己的剧场、布景、灯光、道具等场地和设备。其他影响较大的社团还有无线电学社、师生京剧团、正声乐社、日用化工社等。此外，还有各种讲演比赛、辩论赛。午晴堂是一个非常重要的社团活动场所，每逢有京剧在午晴堂演出，就会吸引很多戏迷前来捧场，师生齐集一堂。为开阔学生们的视野，张伯苓校长想了各种各样的办法。他不仅经常出席时事辩论会，听学生们畅所欲言，而且还亲自确定或修订辩论议题，使学生们心胸更加开阔，思想更加深邃。一次，张校长在散步的时候，看到全校男生、女生将举办一场时事辩论赛的海报，发现辩题仅仅是一件生活琐事，遂脱口而出：没出息，什么时候了，净辩论这些小事。当晚就把题目改成了《美国是否应该参战？》，此时珍珠港事件尚未爆发，美国也没有参战的表示，但张伯

①喻娴文：《巍巍我南开精神》，南开大学校长办公室：《张伯苓纪念文集》，南开大学出版社1986年版，第137—138页。

苓是在努力培养南开师生具有世界的眼光和国际思维。[①]

为了激励学生们独立思考，充分发挥主观能动性，张伯苓校长还经常和学生们开玩笑说："有脑子不用，还不如拿来炒炒吃了！"[②] 话虽粗，但是理不粗，同时也浸透校长对学生的满腔热爱。因此，当时的壁报也堪称一绝。不仅内容丰富，有报道校内新闻的，有评论国家大事的，有讨论学习生活的，有探讨人生态度的，而且题材广泛，既有小说、散文、诗歌，也有评论、通讯等；加上形式多样，有的以画为主，有的以文为主，更多的是图文并茂。出版周期根据稿件数量的多少而有所不同，有双周刊、月刊，也有不定期刊。各类壁报出版之后，都张贴在校门对面的梧桐树下。于是，梧桐树下经常簇拥着很多驻足观看的学生。当时全校比较著名的壁报有《公能》《万象》《心声》《学习》《雷电》《巨人》等。这些壁报书写工整，版面设计巧妙，内容丰富，形式新颖，充分展示出南开学生的智慧和才干。

重庆南开中学不仅仅是将天津南开学校的体育活动、话剧表演抑或社团组织成功地继承、移植过去，更重要的是将"允公允能，日新月异"的南开精神延续了下来，使"南开"二字在重庆也表现出旺盛的生命力，使爱国体现在日常生活中。

1939 年 11 月 8 日是星期三，张伯苓照例将师生们召集在一起，发表自己参加苏联大使馆庆祝酒会后的感想：

> 昨日为俄国十月革命 22 周年纪念。余被邀往苏联大使馆参加庆祝酒会，遂起无限感慨。盖余在场中魁梧推第一，而吾国地广人众立国且已 28 年，但一切尚难言有何成就可与人较量，此非国人能力不如，实不为而已。自私、贪婪、懒惰，使我民族长久停滞不进。抗战虽发挥吾人潜在能力，然则战后如无外力驱策，是否因此停顿？甚或倒退？抑或加速迈进？仍极成问题。盼吾南开学生均知秉"公能"之训，奋发前进，以

①傅国涌：《呼唤人的教育》，《重庆南开校友通讯》第 41 期，2014 年 6 月版，第 129 页。

②丛林：《春秋广记：重庆南开史话》，《重庆南开校友通讯》第 41 期，2014 年 6 月版，第 155 页。

创新中国。中山先生教学生立志做大事。然余认为不必人人做大事，但须做善事而使之精良耳。[①]

张伯苓还特意请人在体育场看台后面的坡地上，用草植成校训“允公允能，日新月异”八个大字，非常醒目。这不仅是为了让学生们轻而易举地看到，而且还要用这八个字警醒自己。

张伯苓的爱国精神深深地影响着许许多多的南开人，从学校每日的降旗仪式中就可见一斑。那时，学校每天都会在黄昏时吹响降旗号，一般这时学生们都在三三两两地漫步校园或者闲谈，但只要一听到号声，不管正在干什么，都会不约而同地止步立正，面向国旗行注目礼。

张伯苓那种不屈不挠、奋斗不息的精神也成为战时南开的精神支柱。国难当头，偌大的中国竟摆不下一张平稳的课桌，即便是偏安西南一隅的重庆南开中学也无法完全躲避日本侵略军的骚扰。在战时非常状态下，张伯苓不得不对整个南开实行军事化管理。有诗为证：

学生一律要住读，平时无事勿外出。
男生发式最简单，入校一律光葫芦。
女生齐耳剪短发，不烫不卷向下梳。
初中男女童军装，紫白领巾土黄布。
高中女生蓝旗袍，男生灰麻军训服。
皮带绑腿军训帽，教官带着学步走。[②]

由当时学生所创作的这首诗中，我们不难看出学校的军事化程度有多深，对学生的要求是多么的严格。但正是基于这种近乎严苛的管理，才确保了学生们能够有一个相对安全的学习环境，尽可能地减少了战争所带来的影响

①刘鹤守编：《沙坪岁月——南开校园回忆录》第2辑，第15页。
②刘鹤守编：《沙坪岁月——南开校园回忆录》第3辑，第32页。

和损失。

自1939年起，日本侵略军展开了更为疯狂的入侵。重庆作为战时陪都遭到了日本侵略军更为频繁的飞机轰炸，重庆南开中学也未能幸免。在短短数年之间，南开校园就曾经三次遭到敌机轰炸，其中以1940年8月那次最为惨烈。日本侵略军将南开校园锁定为目标，几十架日本轰炸机围绕着这个没有任何军事防御设施的文化区大肆轰炸，投了30多枚巨型炸弹。一些校舍或直接中弹起火，或被震毁。为了将损失降到最低限度，重庆南开中学在开始设计时，张伯苓就做了日本侵略者进犯和破坏的准备。所以各栋楼之间，距离比较远，都是分散的，楼房围绕着大运动场分布，也便于人员躲避战火。即使是住宅宿舍之间也都预留了比较宽阔的火巷。所以日本侵略军虽然是集中飞机来轰炸，但是依旧不能把重庆的南开中学荡平。日本飞机离去后，张伯苓随即命人修理复原，学生课业照常进行。有人忧虑道："日机再来轰炸，怎么办呢？"张伯苓态度坚决地回答道："再炸！再修！"他成为名副其实的不倒翁。作为张伯苓的后人，张锡祚深有感触地说："日军只看到轰炸对于物质的破坏，但是他们没有看到南开精神，没有看到南开学校后面，还有巨大的民族力量在支持着它。"[①]

在这样极度危险和艰苦的环境下，学生们深深地懂得不仅要掌握书本知识，更要珍惜生命，不向强敌屈服。学生们既学会了听到警报后立即准备逃到室外躲避轰炸的求生技能，又会在紧急逃亡之后安心学习。这些特殊经历不仅在他们的生命中留下那个时代的烙印，更激励着南开学子们为国家的强大和和平奋斗一生。而张伯苓这位意志顽强的大家长，面对困境绝不妥协、绝不气馁的精神和毅力也在一定程度上影响了学生们。每次等敌机轰炸完之后，他都会再三嘱咐学生们，要随时提高警觉，不要麻痹大意；同时他也会语重心长地安抚他们，给学生们一些信心，警报发生之后一定要沉着应对，到防空洞后一定要注意安全；然后就立刻找人修复被毁的建筑，保证学生们

①张锡祚：《先父张伯苓先生传略》，南开大学出版社2016年版，第52—53页。

不会因为日本侵略军的疯狂轰炸而停课。在坚强的大家长的领导下，重庆南开中学的学生们真正做到了“读书不忘抗战，抗战不忘读书”，在如此恶劣的战争环境下没有停过一天课。

1944 年12月，日本侵略军的魔爪已经伸向贵州，有些学生要跟着家长一起撤离，于是就到学校来请假。对此，张伯苓旗帜鲜明地予以反对。在一天早晨升旗后，他向师生讲述时局的变化。当说到有些学生要请假、离开重庆时，张伯苓非常严肃地说：你们退学可以，请假不准，我们南开中学要与大重庆共存亡[①]。他的话掷地有声，不仅讲得在场的学生无不热血沸腾，而且也打消了个别学生的请假念头。

在张伯苓和诸位南开同人，尤其是园艺师王九龄的共同努力之下，重庆南开中学所在的沙坪坝地区俨然成了抗战时期的一块“世外桃源”。张校长多次和王九龄说：咱们教的是“活孩子”，不是“死孩子”，为了教好“活孩子”，校园里不许死气沉沉，不应是没有绿色生命的荒滩、沙漠，必须有花草、树木，必须有鸟语花香，让同学们在四季如春的学习环境里心情愉快，头脑清爽，乐于接受老师们循循善诱的教育，也乐于参加体育锻炼和各种课外活动，获得全面发展。为了建设好南开师生共有的家园，王九龄不仅从天津带来《菊谱》和各种花木种子，还充分运用自己的园艺经验，施展美化环境的才能。运动场的四角栽上了四棵黄桷树，四畦松林，产生“登山则情满于山，观海则意溢于海”的古代文人诗意，让同学们在观赏中获得感悟，使心中的巍巍南开精神也高大起来，升华到一种新境界。主席台后面的坡地上，种满了白杜鹃花。在大操场背面看台后，黄土斜坡上用绿草从右到左培植的“允公允能，日新月异”八个大字，用的是麦冬青草，一年四季都碧绿。校内共有包括“莫愁湖”在内的七口池塘，池中放养了很多金鱼。池塘旁边种植了排排桃树、柳树，姹紫嫣红，分外妩媚；树下有石凳，学生们经常流连于此捧书阅读，张伯苓在闲暇之余也常坐在那里喂鱼。池塘南面是一片樟树

① 《百年南开》摄制组：《难忘的南开爱国教育——访马平》，《重庆南开校友通讯》第 39 期，2013 年 6 月版，第 133 页。

林，林中曲径幽深；池塘北面坡地上，栽有四时花卉，诸如蜡梅、桂树、栀子、石榴、茉莉、月季等；坡上面是津南村——南开的教职员工宿舍之一。村前有葡萄架，村后有桃林和橘林，村旁有公能亭，学生们常到那里去休息、读书。村口大路旁是一片梅林，梅林旁还有两畦松树，林端还有一丛竹子，恰好是梅、松、竹岁寒三友相聚一堂，因此位于梅林中间的那条小径被称作“三友路”。为什么要取这样的名字呢？张伯苓曾对南开师生说：世人一向称赞梅、松、竹不畏冰霜，敢斗严寒，风采优美，品格高雅，有志之士无不崇敬，视为做人治学的典范，鞭策自己。取名“三友路”是因为是梅、松、竹“岁寒三友”品格美，有助于激励师生形成德高志坚，饱经风霜，不屈不挠，不畏艰难，奋勇上进的精神。因此，教职员工经常在茶余饭后来此散步谈天的时候，也自觉或不自觉地谈起这段故事，体会校长的心思，把“三友路”看成是一位教育我们学做人、学成才的老师[①]。学生宿舍前是一排芙蓉树，每逢花开，好似红云朵朵。图书馆前则是一片青翠的柏树。外来参观的客人，无不惊奇地感叹道：“沙坪坝变了，南开学校焕然新貌。”就这样，张伯苓用他的魅力将重庆南开中学变成了抗日战争时期中国中等学校的典范和中国奋斗复兴的象征。

再造自贡曙光中学

创建于1924年的自贡曙光中学，是一所私立初级中学，校舍简陋，设备贫乏，学生少，质量低。为了改变这种状况，该校的20多位校董在1937年7月联名恳请张伯苓接办，并让四川盐务管理局局长缪秋杰转达此信。盛情难却，张伯苓和喻传鉴等人于同年秋来到自贡，受到曙光中学校董和广大老师、学生的热烈欢迎。张伯苓一行参观了自贡盐业及中学、小学，表示“鉴于自贡为盐产重心，前途发展，无可限量，曙光学子又皆聪颖可爱，极愿对

①丛怀经：《感念母校园艺师王九龄》，《重庆南开校友通讯》第32期，2009年12月版，第193页。

于自贡教育有所效劳”[①]。曙光中学校董闻听此言，大喜过望，决定增聘张伯苓、缪秋杰、喻传鉴为校董，公推张伯苓为董事长。

为了不辜负曙光中学校董、师生的殷切期待，张伯苓董事长提出选定新址，建设新校园，增设高中部，选聘校长、教师，增加办学经费等一系列意见和建议。得到校董和广大老师、学生拥护和赞成，制订了办好曙光中学的《三年改进计划》。在张伯苓接手之后，曙光中学确定了“尽心为公，努力增能”的校训，倡行全新的办学理念，使自贡曙光中学重现希望的曙光。

要想办好一所中学，校长十分关键，校园必不可少。张伯苓董事长举荐自己办学的台柱子——南开中学主任喻传鉴为接办曙光中学后的第一位校长，此后，又先后推荐南开中学副主任兼教导主任韩叔信、南开中学教师陈著常为曙光中学的校长等，将张伯苓的南开办学理念和曙光中学的具体实际相结合，形成颇有特色的曙光中学模式。在选定新校址的过程中，绝不含糊和迁就，最终选定四处空旷、依山傍水的荒凉之地——伍家坝。为保证工程质量，特意从天津请来宋挚民工程师，以及一批领工者和技术人员，克服缺乏施工机械等困难，争分夺秒。从 1938 年 10 月起，仅用三个多月的时间，就在占地 350 亩的校园内建起教学楼、男女生宿舍楼、大礼堂等四座新校舍。紧接着，又建起家属宿舍区及食堂、盥洗室、教工食堂、医务室、病房、美术劳作教室、音乐教室、田径场等，道路整洁，花团锦簇。校内建筑一律采用重庆南开中学的图纸，风格、式样一致。竣工之后，张伯苓董事长特意请国民党元老、著名书法家于右任题写了校名——“私立自贡曙光中学”。

学校是否有灵魂，还在于校风建设。1939 年 6 月中旬，张伯苓和喻传鉴、徐谟、韩文信等人再次来到自贡，并视察蜀光中学，分别于 16 日、17 日两次发表讲话。他在师生大会上特别强调：“校风为学校之灵魂，亦即命脉。学校无优良之校风，如人身之无灵魂”[②]，具体来说，就是以下几点：

---

①李英华：《张伯苓先生与曙光中学》，《重庆南开校友通讯》第 28 期，2007 年 12 月版，第 10 页。

②李英华：《张伯苓先生与曙光中学》，《重庆南开校友通讯》第 28 期，2007 年 12 月版，第 10 页。

创办南开宗旨——“教育救国”，即欲使国家民族独立存在，须由教育入手，创办新的学校，培养新的精神，造就新的人才。

南开精神，即南开训练目标，第一是“公”，第二是“能”。

蜀光应培养新的精神，新的校风，即造成“公”“能”的精神。

更希望蜀光之风蔚为贡风、川风而国风。①

由此可见，张伯苓董事长不仅希望曙光中学能够拥有南开的优良学风，更盼望曙光中学可以弘扬“公”“能”精神，以新的精神和新的校风化为自贡市的市风，四川省的省风，乃至全国的国风。

为树立良好的校风，曙光中学要求学生在教学楼、图书馆等处照“容止格言”大立镜，唱校歌，戴校徽，穿校服，使学生们的精神为之一振。尤其是曙光中学的校歌和南开学校的校歌一脉相承。天津南开校歌的歌词是“渤海之滨，白河之津，巍巍我南开精神。汲汲骎骎，月异日新，发煌我前途无垠。美哉大仁，智勇真纯。以铸以陶，文质彬彬。渤海之滨，白河之津，巍巍我南开精神”。重庆南开中学校歌的歌词是“渤海之滨，白河之津，巍巍我南开精神。汲汲骎骎，月异日新，发煌我前途无垠。美哉大仁，智勇真纯。以铸以陶，文质彬彬。大江之滨，嘉陵之津，巍巍我南开精神”。自贡曙光中学校歌的歌词是“沱江之滨，釜溪之津，巍巍我蜀光精神。汲汲骎骎，月异日新，发煌我前途无垠。美哉大仁，智勇真纯。以铸以陶，文质彬彬。沱江之滨，釜溪之津，巍巍我蜀光精神”。因为曙光中学是接办，所以张伯苓董事长尊重自贡人对乡土及曙光中学自身传统的深厚情感，除冠以学校所在地的河名外，还将“巍巍我南开精神”改成“巍巍我曙光精神”。②

在张伯苓董事长的关怀下，一批高水平的教师来到曙光中学任教，并成为各学科的带头人、把关人，对曙光中学教学质量的提高起到重要的作用。

①张伯苓：《蜀光中学应培养“公”“能”的精神》（1939 年 6 月 17 日），龚克主编：《张伯苓全集》第 3 卷，南开大学出版社 2015 年版，第 78 页。

②王举孙：《圣诞话南开、曙光校歌》，《重庆南开校友通讯》第 39 期，2013 年 6 月版，第 93—94 页。

尤其是，有些教师长期留在曙光中学，成为曙光中学崛起的功臣。学校“每年度均拨设备费专款，用于设备购置”，种类之多，数量之大，令人赞叹。[①]

此外，曙光中学也效仿南开把体育列为重要科目之一，对学生的体育锻炼提出严格要求。于是，学生的体质稳步提高，运动成绩突飞猛进。在张伯苓接办曙光中学之后，这所中学焕然一新，取得的成绩有目共睹。在1940年的自贡市运动会上，曙光中学夺得高中男女团体第一名，初中男女总分第一、四名；男女排球、篮球，初中男子足球冠军；1941年，第一届高中生毕业，共有68名学生，其中55人报考大学，录取39人，占报考人数的70.9%。[②]第二届、第四届竟高达92%，20世纪40年代中期参加高考的学生入学率连续几届均高达90%以上，不少人同时被几所大学录取，一大批毕业生分别进入北京大学、清华大学、南开大学、燕京大学、中山大学、交通大学等国内名牌大学，其中日后成为有突出贡献的学者、专家、教授灿若繁星。[③]曙光中学声名鹊起，成为巴蜀名校，四面八方的莘莘学子纷纷前来求学。

难得的是，张伯苓在经费极度紧张的情况下，坚持不开“学店”。当别的学校竞相以收取各种学生额外费用为乐之时，他依然通过校董会从正常渠道多方募集资金认真办学，只办培养国家栋梁之才的学校，而不是赚钱敛财的“学店”。仅就曙光中学而言，从1938年至1949年这12年间的私立阶段，即招收高初中男女学生5813名，其中日后成为各个时期、各个领域德才兼备、学有专长、为社会做出突出贡献的学者、专家比比皆是，一些人更成为国家、民族栋梁之才。因此有些现代教育的管理者说：中国私人办学绵延2000多年以来，最有成效莫过于两个人：一是孔夫子，一是张伯苓。而张伯苓实为“万世师表，丘后一人”。[④]此说也不无道理。

---

①宋璞：《传承公能思想 发扬南开精神——在“张伯苓教育思想在曙光”研讨会上的发言》，《重庆南开校友通讯》第28期，2007年12月版，第20页。

②李英华：《张伯苓先生与曙光中学》，《重庆南开校友通讯》第28期，2007年12月版，第11页。

③谢韬：《曙光中学是素质教育的先导》，《重庆南开校友通讯》第28期，2007年12月版，第56页。

④谢韬：《曙光中学是素质教育的先导》，《重庆南开校友通讯》第28期，2007年12月版，第51页。

与北京大学、清华大学结盟

在重庆南开中学稳步发展之时，张伯苓也还在为南开大学的发展积极谋求出路。南开大学被日本侵略军炸毁之后，很多学生无法继续接受高等教育。与此同时，其他一些教育机构也不同程度地受到日本侵略军入侵华北的影响，不得不南迁。因此，经国民政府教育部筹划，决定将北京大学、南开大学和清华大学三校联合，以解决战时中国的高等教育问题。作为一所私立学校，南开大学能够和中国的顶尖学府北京大学、清华大学合并，这一事实本身就足以证明南开大学的实力和水平。

南开大学虽然并没有庞大的规模，但在国内外却享有很高的声誉，与北京大学和清华大学各有千秋。除了优良的校风、高素质的师资外，也与教学管理严格、教学质量较高有关。南开大学之所以能够赢得良好的社会声誉，更和张伯苓具有很强的个人魅力有关。作为南开大学的创办人，张伯苓治校有方。他内举不避亲，不仅请胞弟张彭春担任学校的重要职务，还请自己的学生服务于母校，从而使南开学校师生之间形成了很强的团队精神和合作意识，也使南开学校能够经受各种考验稳步发展。另外，他外举不避贤，广纳天下英才，从海内外延聘教授，潜心从事教学与研究工作，不断提升学校的学术品质和学术地位。此外，他交往广泛，经常与社会各阶层的人士打交道，是一位特别活跃的社会活动家，不遗余力地推动社会的文明进步。尤为可贵的是，张伯苓具有高尚的民族气节，在日本侵略者的嚣张气焰面前，毫不退让，一贯支持学生们的抗日爱国行动。国人看到作为被日本侵略者摧毁殆尽的唯一的一所中国大学——南开大学为了抗日的神圣事业而被日本侵略军毁坏，可从校长到师生员工仍然保持着抗战的热情，因此给予了无限的同情和崇敬。全国乃至全世界范围内的舆论对于南开为国蒙难纷纷予以声援。蒋介石也曾承诺“有中国即有南开”。在这种情况下，南开大学与北京大学、清华大学三校联合成为历史的必然。

1937 年 8 月 28 日，国民政府教育部高等教育司给清华大学负责人梅贻琦等人寄去一封公函。函称："奉部长密谕：指定张委员伯苓、梅委员贻琦、蒋委员梦麟为长沙临时大学筹备委员会常务委员。杨委员振声为长沙临时大学筹备委员会秘书主任。"9 月，长沙临时大学筹备委员会成立，南开大学与北京大学、清华大学三校校长任常务委员，全权负责临时大学校址勘定、经费支配、院系设置、师资招聘、学生收受以及建筑配置等具体事宜。两个月后，长沙临时大学就开学授课了。

抗战时期，资源本来就十分匮乏，再加上局势不明朗，谁也不知道这场世界战争会如何发展下去、将持续多长时间，因此，在修建长沙临时大学时，仅仅是把当地原有的建筑物略加修整，就用来当宿舍或者教室了。可想而知，条件是比较简陋的。像男生宿舍就是在原四十九标营房的两层木结构建筑的基础上改建而成的。这个建筑物本已破旧不堪，虽然做了一番修葺，但是，这样的居住条件和北京大学、清华与南开三校原来的宿舍根本无法相比，多有不尽如人意的地方。特别是由于建筑底层比较潮湿，所以校方只好给一楼的宿舍安装双层木板床，以避免潮湿的地气损害学生的身体健康。为了安排更多的学生，宿舍内还要多安置一些木床，于是房间内部的光线就变得更加暗淡了。二楼的室内光线稍微好一些，但学生却没有木床可以睡，一律要睡在地板上，条件同样相当艰苦。这种木质建筑，晴天还好，一旦下起雨来，便到处漏水，学生们只好在被子上蒙一块油布，枕头旁边支一把雨伞。尽管如此，从三校迁来的学生们总算是有了一处落脚之地，暂时安顿下来，可以在战争环境中继续自己的学业了。

男生搬进由部队营房改成的宿舍之后不久，在杨振声的陪同下，张伯苓、梅贻琦、蒋梦麟到各宿舍查看学生们的居住环境。蒋梦麟看到宿舍如此简陋，连一些最起码的住宿条件都无法保证，就强调这种环境对学生的身心健康非常不利，实在不宜居住。北京大学一向是中国高等教育中的"天之骄子"，资金充沛，环境优雅，何时让学生们住过这样的地方？因此，蒋梦麟感叹弗如，心里很不是滋味。但张伯苓却不这么想。南开大学本来就是一所私立学校，发展至今，靠的就是在艰苦条件下的努力奋斗。在他的观念中，环境艰苦反而更能磨炼学生们顽强奋斗、不屈不挠的精神。1917 年，天津发大水的时候，南开中学全部被淹没在一片汪洋之中，假如换成别的学校，早就放长假让学生回家了，但是南开却不这么做，而是到处寻觅合适的房舍，三天之后，学生们就全部坐在借来的教室中继续上课了。南开对付天灾尚且如此，面对人祸更是绝不退缩。张伯苓认为国难当头，政府在这样的困境中仍能顾及青年学生的学业，殊属不易。“天下兴亡，匹夫有责”，作为国家未来的栋梁之材，青年学生更应该接受历练，克服眼前的困难，认真学习，有这样的宿舍已经应该满足了。两位校长想法不一，在这个问题上出现了分歧。清华大学校长梅贻琦是张伯苓所教的最早的学生之一，因此很了解老师的性格和想法，未做表态。听了张伯苓的意见之后，蒋梦麟立刻很带感情地说：“倘若是我的孩子，我就不要他住在这宿舍里！”张伯苓则针锋相对地表示：“倘若是我的孩子，我一定要他住在这宿舍里！”把学生的前途和命运看得比自己孩子还重的张伯苓说这番话时确实流露出最真实的感情。

当然，限于当时的条件，这件事也并非两位校长争论一番就可以解决的。但是很显然，张伯苓想把南开大学奋斗不息的精神带进长沙临时大学。为了适应战时的特殊环境，长沙临时大学于 1937 年 11 月 15 日成立了以张伯苓为队长、黄钰生和毛鸿为副队长的大学军训队，对学生进行军事管理和训练，将学生编成若干大队、中队、小队。按照这种编制，可以加强对学生的组织和管理，规范行为，强化纪律，杜绝自由散漫现象。此外，还按这种编制设立了学生战时后方服务队。事实证明，这些组织、管理措施对于适应战时状态、提高学生的组织纪律性、保证教学顺利进行确实起到了很重要的作用。12 月上旬，长沙临时大学成立了国防工作介绍委员会，为学生们直接参加抗日工作提供实际帮助。为此，张伯苓向学生们宣布：“凡服务国防有关机关者，得请求保留学籍。其有志服务者，并得由学校介绍。”不到两个月，根据教务处登记簿的记录，在长沙临时大学提出申请保留学籍、领取肄业证明和参加抗战工作介绍信的就有近 300 名同学。应该说，张伯苓在其中起到十分重要的作用。

在抗战初期，有一些南开的同学校友向往延安革命基地，托张伯苓代为介绍。他都一一写信给他们介绍，“这在当时，确是大胆的行为”[①]。因此，张锡祚发出由衷的感慨。他经常通过周恩来把优秀的学生推荐到抗战前线去工作。重庆南开中学保存的张伯苓写给周恩来的几封亲笔信，可资佐证：

翔宇贤弟大鉴：

兹有南开校友杨作舟原任所得税事务处湖北办事处收发主任，近以国家危急，拟投笔杀敌，赴陕北工作。用特专函介绍，即请酌为委用为荷。专此即请

刻安！

张伯苓

廿六年十二月十六日

翔宇贤弟：

鉴兹有南开校友罗君沛霖愿到贵军做无线电设计制造及修理工作。查罗君于一九三一年由南开中学卒业之后考入上海交大电机工程科。一九三五年在交大毕业之后即服务第四集团军无线电工厂，旋入上海中国无线电业公司工程部工作。为人聪颖干练，学力极佳。爰驰书介绍，希酌予任用是幸，专此即颂

时绥

张伯苓

廿七年一月十六日

翔宇贤弟鉴承：

赠玉照业经何先生转交收到，谢谢。兹有南开大学毕业生傅大龄君，

---

①张锡祚：《先父张伯苓先生传略》，南开大学出版社2016年版，第53页。

曾担任母校物理助教数年。人极诚笃，做事努力，现拟赴陕投效，俾积极参加救国工作，苓特为介绍，即望赐予接洽，并酌量委派工作，是所至盼。专此

顺颂

近祺

张伯苓

廿七年四月廿二日[①]

翔宇贤弟大鉴：

前在汉畅叙，甚快。兹有刘君念悌，为上海实业界闻人刘君鸿生之公子，曾在日本留学，又在四川水泥厂供职，现有志赴陕北工作，故特为介绍，乞抽暇接见为盼。专此，顺颂

公安！

颖超女士祈致意，不另。

附刘念悌君履历书一纸。

张伯苓

廿七年六月九日[②]

经张伯苓的推荐，还有很多南开学生在抗日战争中奔赴战火纷飞的疆场，奋勇杀敌，直至献出自己的宝贵生命。他对奋战在抗战前线的南开校友的情况也十分惦念，挂念周恩来的伤情：

翔宇贤弟惠鉴：

顷接覆电，悉尊伤未能即愈，不胜惋惜，唯远祝吉人天相，早日获痊。并祈好自摄护，为国珍重。颖超闻已前往，谅早到达。伤势日来如

①宋璞主编：《张伯苓在重庆》，重庆出版社2004年版，第31页。

②宋璞主编：《张伯苓在重庆》，重庆出版社2004年版，第31页。

何，请随时示知，以免悬注。兹有李梦九君，曾在南中任教，不日将有陕北之行。李君对于贤弟，心仪已久，届时拟踵寓晋谒，藉聆謦欬，特为绍介，希即进而教之是幸。

专此。顺祝

健康！

张伯苓

廿八年八月十八日[①]

就在长沙临时大学开学不久，即被迫转迁。12月13日，日本侵略军侵占南京之后，气势汹汹，溯江而上，武汉、长沙等地的局势立刻紧张起来。因此，长沙临时大学的师生们不得不再次转移，迁往昆明。1938年2月，历时数月的长沙临时大学完成了自己的历史使命，全校师生在第一学期结束之后即转赴昆明。由于战时交通困难，除了女同学和体弱的男同学经粤汉铁路到广州，由香港、越南进入昆明外，三校师生200多人组织了湘黔滇步行团，徒步前往昆明。这个具有特殊意义的湘黔滇步行团由南开大学教务长黄钰生任指导委员会主席，曾昭抡、闻一多、袁复礼、李继侗等人共任辅导员，并请来张治中麾下的师长黄师岳中将担任团长，负责师生们的安全。从长沙到昆明，距离1500多公里，路途遥远，道路艰难。一路上，师生们或跋涉于风雨泥泞之中，或踯躅于高山深谷之上，或暂栖于荒郊野外之地，或投宿于古庙稻棚之中，可谓备尝艰辛。但是，师生们仍以十分乐观的态度来面对这次艰难行程的历练和考验。沿途，师生们经常发表演讲，宣传抗战，鼓舞士气；同时还不失时机地采集标本，勘探地层，领略西南地区人文自然风光，可谓苦中作乐。

由于步行团人数众多，又是来自不同的著名学府，彼此之间发生点小摩擦在所难免。负责领队的黄钰生始终强调三校一家，应当患难与共，亲如

①宋璞主编：《张伯苓在重庆》，重庆出版社2004年版，第32页。

兄弟，同时对南开学生的要求更为严格。有一次分配住宿时，一些同学向黄钰生反映说北京大学、清华大学人多势众，我们南开吃亏了。黄钰生严肃地批评道："我不爱听这校那校的，我不是经常说'三校一家'么？要好好团结，大家相处久了、熟了就好了。"之后，他又半开玩笑地说："如果南开同学与南开同学吵架，各打五十大板；如果与外校同学吵架，对南开学生加倍打。"[①] 此话一经传出，清华大学、北京大学的同学都非常感动，从此在行进的路上大家相互帮助，相互扶持，齐心协力，共同面对困难。此外，南开教师以身作则的一贯作风在黄钰生的身上也得到了充分体现。他和学生同吃同住，从不搞特殊化。天还未亮，他就第一个从地铺上爬起来；晚上，当别人都已进入梦乡，他还在煤油灯下计划明天的行程。两个月的漫长行程，真是任重而道远，黄钰生所要承担的责任和解决的困难是我们今天难以想象的。他们途经湘西、贵州时，不巧赶上当地疟疾肆虐，黄钰生督促学生们每天服两粒疟疾丸，时刻注意他们的生活和身体状况，以免染病。这段同甘共苦的经历培养了师生们亲密无间的感情。胡适任中国驻美大使时，还曾将湘黔滇步行团的照片放大后在美国广为宣传。在中国教育史上，将永远感念着长沙临时大学的师生们风雨同舟、千里跋涉的这段光辉岁月。

教育史上的奇迹

根据国民政府国防最高会议通过的决议，国立西南联合大学于 1938 年 4 月 2 日正式成立。国立西南联合大学仍然由蒋梦麟、梅贻琦和张伯苓任最高行政领导——常务委员会委员。张伯苓深知在这种情况下如果三位校长都去负责学校管理工作，那么极有可能出现矛盾和问题，最终导致管理混乱。因此，张伯苓就将管理职权全部交给蒋梦麟、梅贻琦两人，自己前往重庆南开中学。他有些调侃地告诉老朋友蒋梦麟说："我的表你戴着"，意即"你代表

①王文俊编：《南开人物志》第 1 辑，南开大学出版社 1994 年版，第 193 页。

我”。后来，蒋梦麟也另兼他职，于是国立西南联合大学的许多具体事务统由梅贻琦来掌管。梅贻琦是南开中学第一班毕业生，深得张伯苓的器重和喜爱。张伯苓力主三校合作到底，所以一直到抗战胜利，三校复校，始终是凡事和衷共济。他在重庆，并不意味着彻底放弃对国立西南联合大学的责任，而是不辞辛苦地两地奔波，经常乘坐飞机来到昆明，处理包括南开在内的国立西南联合大学的重要校务，并经常为学校的发展四处奔波。无论如何，北京大学、清华大学、南开大学三校联合时期的稳固和发展，是和这三校师生的共同努力分不开的。张伯苓以大局为重，甘愿退而求其次，这是非常不简单的，证明他是一位胸襟宽广的教育家。同时，他一贯的教育思想和主张，在国立西南联合大学也得到了继续贯彻实行。

当时，不论是清华大学还是北京大学的校长及一些知名教授，多多少少都和南开大学有着千丝万缕的关系。蒋梦麟曾长期担任南开大学校董，参与南开大学的策划与发展。梅贻琦是私立中学堂的第一届毕业生，他之所以会走上教育道路，更是和张伯苓的教诲和引导有着直接的关系。清华学校校长聘请梅贻琦为清华物理系主任，并担任物理和数学的课程教学工作时，他只有 26 岁，涉世未深。半年之后，梅贻琦利用暑期的机会去天津拜访张伯苓，言谈话语间表示出来对教书好像没有什么兴趣，想要换个工作。张伯苓没有表示要帮学生这个忙，相反却批评说，“你才教了半年书就不愿意干了，怎么知道没有兴趣？青年人要能忍耐，回去教书！”梅贻琦见张伯苓态度这样坚决，就听从了老师的教导，继续留在清华大学教书。结果这一“忍耐”，不仅决定了他几十年的教书生涯，而且成为著名学府的一代掌门人。此外，北京大学教授丁文江、陶孟和、胡适都曾担任过南开大学的校董，汤用彤、罗常培等人也曾在南开大学任教，陶孟和、江泽涵、吴大猷、钱思亮等都是从南开学校毕业的。清华的李济、蒋廷黼、李继侗、萧遽教授等都来自南开大学。共同的南开奋斗经历和南开情结使得三校联合顺利地通过了磨合期，克服了最初的困难。国立西南联合大学也因融合了北京大学、清华大学、南开大学三校的精华，成为战时中国最著名的高等学府之一。

就具体的资产而言，国立西南联合大学的情况稍显复杂，既有公共校产，也有分属各校的校产。在院系设置方面，则打破原来各校的院系设置，重新进行组合，首先设立了文学院、理学院、法商学院、工商学院，下设20个系，后来又成立了师范学院，下设八个系科。在教师聘任方面，在国立西南联合大学任课的教师先是由北京大学、清华大学和南开大学三校分别聘任，然后再由国立西南联合大学加聘。这样，一位教师往往会同时持有两份聘书。也有一些教授因为教学工作的具体需要，只由国立西南联合大学专门聘任，和其他教授享有同样的待遇。在学生学籍管理方面，在国立西南联合大学成立前既已入学的原三校学生，仍然保留北京大学、清华大学和南开大学各自的学籍，以后由国立西南联合大学统一招生的学生则为国立西南联合大学的学籍。在资料流通管理方面，国立西南联合大学有自己的图书馆，三校也有各自的图书馆，几个图书馆之间的资料可以互借。三校联合，绝不是简单相加，而是强强联合，产生更大的效益。本来北京大学、清华大学和南开大学三校都有各自的传统与风格，“北大官气，清华洋气，南开土气”，在联合之后，三校学生相互学习，相互影响，既保持原有的优良传统，又在联合的基础上形成了独特而较为完善的校风——民主自由、严谨求实、活泼创新、团结实干，广为传颂的国立西南联合大学精神由此而诞生。

受战时条件的限制，国立西南联合大学存在着资金不足、设备缺乏等诸多难题。学习条件艰苦、生活环境较差是学生们必然要面对的事情。此外，还有其他各种各样的困难与问题也是他们必须克服和解决的。学生来自全国各地，有的人因战争爆发的原因和家里失去了联系，有的人因为家境贫寒而无法继续学习。虽然有些学生可以靠贷金来维持生活和学习，但是贷金并不能保证发放给每个需要的同学，而且贷金的数额也很小，根本不够基本的花销。像工学院的教科书都是美国的英文原版，一般学生根本买不起，就连上海龙门书店出版的影印本，许多学生也还是买不起，因此，只有靠在上课时留心听讲做好笔记来学习。等到后来通货膨胀、物价猛涨，学生们的生活就更难维持了。但是发给学生的贷金却没有随之相应增加，到了1942年和

1943 年的时候，贷金就只够吃两顿饭了，再后来连吃两顿饭的钱都不够了，因此绝大部分同学不得不出外找活干，挣钱维持生活和学习。他们有的当家庭教师，做小学、中学的兼课教师，有的在商店当售货员、记账员，有的在电影院做翻译台词、画宣传画等工作。不仅学生如此，教授们的生活也十分清苦，按当时的物价水平，每月发的工资很难维持一家人的基本生活。因此，这些受人尊敬的学者和教授也不得不“八仙过海，各显其能”，拿出看家的本领，想办法赚钱维持家用。譬如，工学院的教授到外面兼职，设计大楼、监督工程质量，做这些工作还算不离本行，闻一多教授则要刻图章去卖。有的教授夫人也做一些手工织活，拿去贩卖赚一点零用钱。梅贻琦的夫人不会做针织活，就做些点心卖给“冠生园”，或是在文林街摆地摊。

南开大学面临的考验更为严峻。国立西南联合大学不再像长沙临时大学那样，拥有整个学校可以自行支配的经费，而南开大学和北京大学、清华大学的财政情况也有所不同，政府给南开大学的资金是算在给私立专科以上学校的小部分补贴款之内的。1938 年 1 月至 6 月，教育部发给南开大学教职员救济金和校产保管费 8500 元，仅相当于平津六校 120000 万元救济费的 7%。不仅数额少，而且发放单位教育部还多有刁难，不仅要南开大学列出生员救济费、保管费的概算，还要求有救济教职员的详细名单，并且先要送到教育部审定，然后要南开大学派人亲自携带单据到重庆去洽领，稍有迟延，就拒不发放。张伯苓此时虽然坐镇重庆南开中学，但是依然要为南开大学的资金问题四处奔波求助。1941 年 6 月，张伯苓致函时任教育部高教司司长的吴俊升，请求拨放已拖延半年之久的补助费。他在信中说道：“敝校经费素称支绌，除兹物价高涨，更感维持为艰。拟恳鼎力向部方催询，即为续发，籍资维持。”[①] 抗战八年，张伯苓等人为了南开大学的发展，解决严重不足的经费问题而绞尽脑汁。但是，也应该看到，对于包括南开大学在内的私立学校而言，能否在战争状态中生存下去是首先的、至关重要的问题。而南开大学得

①南开大学校史编写组：《南开大学校史（1919—1949）》，南开大学出版社 1989 年版，第 251 页。

到了政府的资助，与北京大学、清华大学联合，并得以在战争中继续发展，这本身就是很难得的机会。

国立西南联合大学的教师阵容十分强大，可以说是汇集了中国现代各种学术流派的代表人物。他们的治学方法多种多样、学术观点新颖独到、讲课方式各具特色，认真而严肃是他们每个人治学的共性。教授们丝毫不因战争的原因而放松对学生们的要求，但自由的选课制和宽松的学分制则让学生们可以按照各自的兴趣和爱好从各位名师处获得广博的知识和思想的启示，从而打下坚实的学术根基，养成良好的学术素养。因此，国立西南联合大学成立不久之后就以教育质量的高水平而闻名全国，甚至有不少沦陷区的青年也冒着各种各样的危险穿越火线来国立西南联合大学读书。

国际著名物理学家、诺贝尔奖获得者、国立西南联合大学校友杨振宁教授的一番话似乎可以代表他本人以及其他国立西南联合大学学生们的共同感受：

> 我 1938 年到 1942 年在昆明西南联合大学念了四年书，1942 年到 1944 年又在西南联合大学研究院念了两年书，得了硕士学位，1945 年到美国念博士学位。回想起西南联合大学的情形，我有非常亲切的感觉，而且是非常感谢那时我在学校受到的良好教育……从我自己来讲，我一生最幸运的是在西南联合大学读书，因为西南联合大学的教育传统是非常好的，这个教育传统，在我身上发挥了最好的作用。

当时南开大学在国立西南联合大学的一个创举就是成立了“边疆人文研究室”。由于昆明地处西南，黄钰生和冯文潜便充分利用这里的环境，选择了一批颇有潜力的青年人，每人承担几个项目，到西南边疆去做调研工作。这个边疆人文研究室全体成员的平均年龄不到 30 岁，年轻力壮、干劲十足。他们做事情很有热情，因此科研工作很快就开展起来，并且获得了一些可喜的成果。张伯苓在重庆闻听此讯，特意致函黄、冯两位带头人，对边疆人文研究室的工作予以嘉许。后来，边疆人文研究室还出版了《边疆人文》，刊登本研究室科研人员的专著、论文和调查报告。这本刊物以油印的方式仅出版了3集16期，但却引起了这一学术领域内很多著名专家学者的关注。他们纷纷向这个刊物投稿，比如该刊物就曾登载了闻一多的《说鱼》、罗常培的《论藏缅族的父子连名制》等文章，足见《边疆人文》刊发的文章具有较高的水平。

在津南村的时光

抗日战争时期，张伯苓大部分的时间是住在重庆南开中学的教职员宿舍——津南村3号。这是一所四开间的灰砖小平房，和他的三子锡祚同住，房间里面的陈设也极其普通。张伯苓夫妇的卧室摆放着两张大木床、一个床头柜和几个大木箱。中间的大屋用来会客和吃饭，一张写字台是张伯苓办公用的，另有一张大圆桌做餐桌，两张形似沙发的木制大椅子是请来访客人坐的。张伯苓一如既往地过着非常简朴的生活。在穿着打扮上，这位驰名中外的教育家总是习惯留着平头，在家穿着对襟中式衣裤，外出时罩上长衫，天气冷时再加件马褂。

津南村的生活不仅是简朴的，而且也是有规律的。每天清晨，张伯苓总是起得很早，在校园里散步。8点左右，张伯苓在用过夫人亲自准备的早餐之后，就去办公室开始上班。上午时间几乎全部用在处理校务上，中午小憩片刻，到了下午3点或4点之后，他的陋室就开始热闹起来了。教授、学生、校友，陆续不断地来到他家里，向这位大家长请教或讨论各种问题。从国际形势到国内政情，从社会事件到个人问题，都可能成为探讨的话题。而张伯苓也从来没有厌烦过，总是精神饱满地倾听着、谈论着、欢笑着，他不断地给后辈们以鼓励和安慰，并经常以“我们下一代大有希望”来鞭策他们。晚饭以后，他的家里就更热闹了。教授、校友们带着太太或先生、孩子们陆陆续续地来到张家，就像一家人到长辈家里来聚会一样。他们吃着王夫人为客人们精心准备的椒盐花生、柑橘，喝着清茶，天南海北地谈着家事、国事、天下事。而张伯苓则和夫人一面玩着扑克牌“顶牛”，一面收听新闻，一面听着校友们的谈话，时不时地还插上几句。真是其乐融融，哪里还分得清孰师孰生？此种情形，天天如是，到了星期天则更是不知热闹多少倍。那些不住在校内的校友或是张伯苓的老朋友，也趁着休息时间，来到他家感受一下大家庭的温暖。

那时，毛泽东、周恩来、邓颖超、蒋介石、蒋经国、吴国桢、杜建时、张平群、段茂澜、翁文灏、马寅初、傅作义、范旭东、侯德榜、谭熙鸿、郭沫若、曹禺、舒绣文、钱千里、陶金等人经常来访，或居住在津南村。蒋介石等国民党军政要人，以及时任重庆市长的南开校友吴国桢等也经常成为张伯苓的座上客。

作为中共中央驻渝代表和南方局书记，周恩来也常住重庆。几乎每个周末，他都要登门造访昔日恩师，也是为了开展统一战线工作，联络各界爱国人士。他经常和张彭春、谭熙鸿、韩文信、何廉、张平群等人纵谈国际形势、国家前景，并向他们宣传中国共产党建立抗日民族统一战线的政策，宣扬八路军将士英勇抗日的事迹。而张伯苓总是坐在一旁仔细地倾听。有时周恩来和吴国桢等人还会从国共两党不同的政治立场出发进行激烈的辩论，而张伯苓就会站出来调解一番，表面看上去像是一个和事佬，实际上却不无深意地对他们说：“我看什么时候你们两个人不吵了，中国就好了。”周恩来则坚持说，“这不是我们个人之间的问题”。此外，周恩来还经常去同住在津南村的伉乃如家，向一些进步教师、校友分析抗战形势及其发展趋势。有一段时间，周恩来和邓颖超频繁造访重庆南开中学，有时是到一些校友家串门，有时就是在校园散步，有时还和张伯苓一起观看学生的各种表演活动。

看着自己的弟子们在国家民族危亡的紧急时刻能够成为栋梁之才，替国家、民族出力，张伯苓感到非常欣慰。1939 年 1 月初，周恩来刚从抗战前线回来，张伯苓就邀请他到重庆南开中学做报告，并亲自主持。在这次报告会上，周恩来做了题为《抗日必胜的十大论点》的报告，并巧妙地将南开校训

"允公允能，日新月异"和抗战形势结合起来，向南开师生宣传爱国抗日的思想。他说："在当前，公，就是国家大事，就是抗战到底，取得最后胜利，把日本侵略者赶出我们的神圣领土；能，就是学习，学好抗日的本领、建国的本领，打倒日本帝国主义，建设一个强大国家。"①周恩来的报告对于引导南开师生踊跃参与抗战事业起到非常积极的作用。因此，毫不夸张地说，张伯苓的这间陋室和重庆南开中学一样，是抗日战争时期中外各界人士社交活动之地、鸿儒谈笑之所。

1945年重庆谈判期间，毛泽东、周恩来等人百忙之中于9月的一天下午，到重庆南开中学来看望张伯苓，受到张伯苓和学生们的热烈欢迎。见面后，双方相谈甚欢。转天，张伯苓还带着张锡祚等人到上清寺张治中的家里回拜毛泽东。因为毛泽东外出，不遇而返。②

据张伯苓的后人回忆：从一开始，张伯苓就预作抗战胜利、南开复校的打算，对于各地来到重庆的校友都尽情地接待，并且特辟招待室，专为外地校友到沙坪坝来临时住宿之用。对于社会各界人士，也是就近招待不遗余力。张伯苓和家人在津南村3号住了14年，柳亚子也因为儿子柳无忌的太太任教南开中学的关系，长期居于此。1945年，毛泽东、周恩来、王若飞等人于9月6日到津南村看望过爱国民主人士柳亚子，毛泽东还把自己在20世纪30年代创作但从未发表的《沁园春·雪》一词拿出来与柳亚子切磋，之后发表在《新华日报》上③，成为千古美谈。可谁能想到，南开学生卢国琦自作主张，一个人跑去见来津南村做客的三位中国共产党的领袖，请他们在自己的小小纪念册上题词，竟然获得成功。毛泽东的题词是"为和平、民主、团结而奋斗"。周恩来的题词是"民主团结，和平建国"。王若飞的题词是"在和平民主团结的基础上，实现独立统一富强的新中国"。④张伯苓夫妇对人永远是热情的，家里经常预备着吃的东西，因为沙坪坝距离市内有40多里地，他常

①梁吉生：《张伯苓与南开大学》，山西教育出版社1995年版，第258—259页。

②张锡祚：《先父张伯苓先生传略》，南开大学出版社2016年版，第53—54页。

③胡宗颐：《津南村，重庆南开80年沧桑见证》，《重庆南开校友通讯》第41期，2014年6月版，第114页。

④丛林：《春秋广记：重庆南开史话》，《重庆南开校友通讯》第41期，2014年6月版，第155页。

说："人家来一趟不易。"一定要留住客人在家里吃一顿便饭才让走。他是天生好客，这一点和先祖母杨太夫人很相像，所以人们也都喜欢他。[①]

值得一提的是，张伯苓还在宽厚待人中团结和凝聚了抗日力量，让汉奸的亲戚都能和自己一样坚决走抗战之路。他有一位老友叫谭仲逵，是蚕丝专家，在民国初年曾任过北京大学教务长。从那时起，张谭两家就经常通家往来。可是谭仲逵的夫人陈淑君和汪精卫的妻子陈璧君乃姊妹关系，情同手足。抗战前，谭仲逵担任国民政府的经济部技术监督，抗战期间随着迁都重庆的人流，携家带眷西来，借寓在重庆沙坪坝南开中学里。他白日进城办公，晚间回来就来看望张伯苓。这一时期，张伯苓每晚都是听无线电广播，和夫人斗纸牌。于是，谭仲逵就坐在旁边看报纸喝茶闲谈，天天如此。抗战时期，买的上海出产的这架收音机，"质量不太好，经常有杂音沙沙，吵声震耳"。王夫人有时嫌吵，说道："关上一会儿吧！多吵得慌！"张伯苓却笑着说道："我的耳朵会选择，我只听里边的音乐戏曲，不听它的杂音。"后来，汪精卫叛国，自重庆飞逃越南，因为亲戚关系，要拉着谭仲逵同走"曲线救国"的道路。谭仲逵耻于当卖国贼，断然拒绝了他，并把这事告诉给张伯苓。张伯苓闻听此讯，大加赞许，说道："好的！好的！你自管在这里住着吧！有什么事我和你同当。"[②]

不仅如此，张伯苓还在力所不能及的情况下，向受到日本军国主义者严重损害的民族企业伸出援手。当时北方的永利碱厂、久大精盐厂和黄海化学研究社原来都在塘沽，还有一部分硫酸铔厂在南京，因为抗战遭到日本侵略者的摧毁，但相关人员毅然决然地做出了与张伯苓相同的选择。他们的总经理范旭东是中国民族工业巨子，永利碱厂的总工程师侯德榜是世界上的制碱权威，对制碱工业有新的创造发明，有很多国外的制碱企业请他去给设计建厂，是近代中国的大科学家。范旭东还是张伯苓的老朋友，黄海化学研究社的社长孙颖川是南开大学的老教授，其他永利、久大各部负责人很多是南

①张锡祚：《先父张伯苓先生传略》，南开大学出版社 2016 年版，第 54 页。

②张锡祚：《先父张伯苓先生传略》，南开大学出版社 2016 年版，第 54 页。

开的毕业生。因此，彼此的关系极为密切。当范旭东带着这些工厂和研究社的人员艰难跋涉来到重庆之后，张伯苓为了给国家保留这些民族工业的力量和这一民族工业和学术研究团体的实力，特拨出重庆沙坪坝南开中学芝琴楼的部分教室和一部分住宅宿舍，借给他们作为后撤的集散之地，使这一民族工业和学术研究团得以聚集人才，免致星散，继续从事民族生产事业，支援祖国抗战。虽然当时战区后撤来重庆的学生日增，渝校学生人数也在日渐增多，教室宿舍不敷应用，感觉困难，可张伯苓只是对学校的同仁们一再地劝勉说："凡事要从大处看，从全国抗战来看，困难终会克服的。"这也是他公能观念的又一次集中体现，张伯苓常说："我们要大公无私，不要小公无私，那样是不好的。"[①]足见，张伯苓是一位实践家，所有的理论永远结合着实际。这也是张氏后人对他的一种褒扬。

在津南村，张伯苓一如既往地关心、爱护着自己的学生，常常约请一些学生到他家里去开座谈会，了解学生们的志向和兴趣爱好，征求改进教学的意见，商量办好墙报等事宜。唐贤可在南开学习了六年，就到张伯苓校长的家里开过两次座谈会，而且都是在蒋介石亲自到校长家去后不久召开的。虽然学生们当时还都是十分幼稚的青少年，但是老校长亲切的话语，不仅使他们深深地感受到那颗爱国爱民的赤子之心，而且也清楚地看到老校长对蒋介石的认识发生了深刻的变化。[②]

由于中国人民数年来坚持对日抗战，引起了世界各国政府对于中国人民力量的重视，加上张伯苓等有识之士注重抗战外交宣传，所以才会有国际人士，如美国副总统华莱士、美国总统特使威尔基、英国议员华德女士、澳大利亚军事代表团、印度大学副校长、英国海军司令蒙巴顿夫人、越南参观团以及由吴努率领的缅甸访华团等都要参观南开中学，拜访校长张伯苓。"他们闻名都到重庆南开中学来参观，会见了先生。"[③]美国总统特使威尔基来访的

①张锡祚：《先父张伯苓先生传略》，南开大学出版社 2016 年版，第 49—50 页。

②唐贤可：《怀念张伯苓校长》，南开大学校长办公室：《张伯苓纪念文集》，南开大学出版社 1986 年版，第 142—143 页。

③ 张锡祚：《先父张伯苓先生传略》，南开大学出版社 2016 年版，第 56 页。

时候，也受到张伯苓校长和学生们的热烈欢迎，并用英语高呼口号以示欢迎。当同学们喊道“Long Live China”时，威尔基也一边挥手致意，一边高呼“中国万岁”。张伯苓用熟练的英语向威尔基介绍情况，回答问题。威尔基听得很认真，参观得也很仔细。临别时，威尔基坦率地说：“像南开这么好的学校，中国很少，我们美国也不多……”[①] 在结束中国访问之后，威尔基撰写了一部书，名为《天下一家》。在书中，他对张伯苓给予极高的评价：“张伯苓先生气宇轩昂，有严肃沉思的学者风度，但又具有爽朗的幽默感……无论我们谈到印度、战争或美国的大学，他的知识和判断，美国人都是难以望其项背的。”[②] 张锡祚觉得这代表了美国一般社会人士对张伯苓的看法。[③]

老骥伏枥　志在千里

对张伯苓来说，1944 年是很重要的一年——既是南开建校四十周年，也是他的 68 岁寿辰。看着自己一手创办的南开学校经历了 40 年的风风雨雨，张伯苓不禁感慨万千，遂写下了《四十年南开学校之回顾》一文。述而不作，这是张伯苓的一贯作风。该文便是他为数不多的阐释自己教育理念和实践活动的文章之一。张伯苓在文章中详细阐述了自己抱定教育救国理念的心路历程和奋斗经过，记述了南开学校从早期家馆创业到中学、大学、女中和小学以及研究院的发展历史，总结了南开学校在这 40 年中逐渐形成的特点和风格，并对热心教育事业、积极扶持南开发展的社会各界人士表示了由衷的感激之情，此外，这位年近七旬的老人还满怀豪情壮志地规划了南开的美好发展前景，提出要进入牛津、剑桥、哈佛等世界一流名校行列的奋斗目标：

①丛林：《春秋广记：重庆南开史话》，《重庆南开校友通讯》第 41 期，2014 年 6 月版，第 153 页。
②《天津文史资料选辑》第 8 辑，天津人民出版社 1980 年版，第 96 页。
③张锡祚：《先父张伯苓先生传略》，南开大学出版社 2016 年版，第 56 页。

> 南开之事业无止境，南开已发展无穷期，所望我同人同学，今后更当精诚团结，淬厉奋发，抱百折不回之精神，怀勇往直前之气概，齐心协力，携手并进，务使我南开学校能与英国之牛津，剑桥，美国之哈佛，雅礼并驾齐驱，东西称盛。是岂我南开一校一人之荣幸，实亦我华夏国家之无疆之光辉也。[①]

分散在中国大江南北的南开校友，为了表达对南开学校特别是张伯苓校长的敬意，发起了“伯苓四七奖助金”运动，取庆祝南开学校创立四十周年和校长七十寿诞之意。最初只打算从社会上募得110万元的捐款（40万元加70万元），谁知，一发而不可收。“伯苓四七奖助金”发起之后，受到各界人士的广泛支持与响应，在社会上产生了极为广泛的影响，收到预想不到的效果，很快就收到280万元捐款。南开校友会见状，于是就将这场活动的募捐数额改为470万元。可待整个活动结束时，捐款总数竟然超过了600万元。这一结果也极大地超出了张伯苓的预料。他说，“此实完全出乎吾人之意料，创造了国内教育捐款之最高新纪录”。[②] 由此，我们不难体会出社会各界人士和南开校友们对南开学校历经风雨却巍然挺立的爱戴之心，以及他们对这位投身中国近代教育事业四十年的教育家的尊崇之情。南开师生将学校高速发展的原因除归结于吾人救国目标之正确，“公能”训练之适当而学生来源之优秀，校风纯良朴实，同人负责合作，社会提携与赞助之外，“更重要与最基本原因，那就是伯苓先生完美的人格与领导的天才”。所谓完美的人格包括诚信、无私、勤俭整洁习惯、改过从善、自强不息、重视体育，所谓领导天才，则包括知人善任，充实科学实验等设备，克难创新，高瞻远瞩，预则立，不预则废，笃实践履，实事求是，不尚空谈。“这才是南开发展如此之大且速的最根本原因”，[③] 成为南开师生的共识。

---

①《南开四十年校庆纪念特刊》。

②《南开四十年校庆纪念特刊》。

③祝瀛洲：《忆恩师南开学校校长张伯苓先生》，天津市南开区政协文史文化委员会编：《南开春秋：南开区政协文史资料汇编》第2卷，天津大学出版社2015年版，第249页。

10月17日那天，校友们从四面八方赶来，汇集到重庆南开中学参加校庆和为张伯苓祝寿的各项活动。大家齐集一堂，满心喜悦。周恩来也在百忙之中赶来参加庆典，表示对南开和张伯苓校长的祝贺。当他看到张伯苓的住所内有一乘重庆特有的滑竿时，就请老校长坐上去，和站在一旁的张励生一起抬着张伯苓走了一圈。张伯苓坐在上面，笑得合不拢嘴。因为当时周恩来和张励生二人分别在共产党和国民党中担任要职，而且又都是军委会政治部副部长，还同是从南开学校毕业的校友。周恩来此举不仅表达了自己对张伯苓和南开学校的尊重，而且也巧妙地表达了国共两党合作的意思。作为一所私立学校的校长，张伯苓能够培养出在国共双方担任高级官员的弟子，且能走到一起，劲往一处使，怎能不开心。多年前的学生能够如此尊重老校长，足见其教育的成功，以及人格魅力的巨大。第二天，南开校园的壁报上就出现了这样一段谈论此事的顺口溜：

国共两部长，合作抬校长，
师生情谊厚，佳话山城扬。

同年，国民政府颁布嘉奖令，授予张伯苓一等景星勋章，以表彰其为中国教育事业所做出的突出贡献。蒋介石还亲自书写“南极辉光”四个大字，赠给他祝寿。

抗战后期，侵华日军自知穷途末路，为做垂死挣扎，发动了更加穷凶极恶的疯狂进攻。1944年4月，日本侵略军为了打通大陆交通线，先后攻占了河南、湖南、广西、广东等省的大部分地区和贵州省的部分地区。国民党则提出了“一寸河山一寸血，十万青年十万军”的口号，号召青年学生前来参军，以扩充兵源，补充战斗力。在这种情况下，周恩来又来到了南开，向张伯苓等人戳穿了蒋介石借抗战之名来借机拼凑武装力量的计划。张伯苓对此也有所领悟，所以坚持让南开学生安心学习，不要放弃学业而去参军，从而对国民党组织发动的这次“从军”运动进行了抵制。事后，张伯苓曾说：“一寸河山一寸血，十万青年十万军”不是一件好事。

实际上，张伯苓在抗战外交中也有一席之地，曾发挥过重要的作用。1940年1月间，具有国际视野的张伯苓就敏锐地发现：自中国独立抗战以来，曾得到过苏联空军的支持，可是美国却卖给强敌日本大量的军火和废钢铁，使日本军国主义者更加肆无忌惮地侵略中国。对此，张伯苓深感忧虑，于是发表了对美国人士的广播演讲，申述了以下四项主张：“(一)中国为自由生存而战，准备一切牺牲，抗战到底；(二)日本如无国外的军火供给，它对中国的侵略力量，必将大为减小；(三)美国对于停止供给日本军火的任何行动，都将大有助于远东局势的安定和世界和平；(四)美国人民对于中国有传统的友谊，并且是爱好自由和主持正义的，深信中国必能得到美国的积极援助。”[①] 张伯苓的演讲播出后，深得美国社会有识之士和世界反法西斯战争、热爱和平人士的深切同情，对于中国的抗战胜利起着一定的推动作用。

不仅如此，张伯苓对中国抗战历史地位的分析、判断也闪耀出政治家的思想火花。随着国际形势的风云变幻，中国在世界反法西斯阵营中首战、独战的历史价值得到更多有识之士的认可。在欧洲大战爆发以后，日本军国主义者又发动了太平洋战争，进攻东南亚，虽然中国抗战的任务更加艰巨了，但是全民抗战的决心和信心也更坚决了。对此，张伯苓也有清醒的认知。他充分认识到国际形势的未来走向和世界上热爱和平的国家之联合、努力、抗战密不可分。透过错综复杂的国际形势变化，他做出正确的预判：“虽然暂时困难，但是对于中国来说是有利的，这时我们已不再是孤立作战了。”因此，张伯苓在校友会上对校友和同学们说：“当前国势好转，使我的精神加倍地觉得兴奋，我要为国家、为南开教育，再干上十二年，到八十岁再退休。”他还谆谆教导一些在南开工作的老学生：“我没有老，你们也不许说老。”说这番话时，张伯苓已经68岁，但是，他的精神是十分旺盛的，他的乐观主义永远贯穿着南开精神。[②] 在他的观念中，看事物要用望远镜，而不要用显微镜，就

①张锡祚：《先父张伯苓先生传略》，南开大学出版社2016年版，第53页。

②张锡祚：《先父张伯苓先生传略》，南开大学出版社2016年版，第57页。

是要高瞻远瞩，向前看，不要斤斤计较，钻到牛角尖中出不来。张伯苓常常把“逢凶化吉，逢大凶化大吉”挂在嘴边，激励自己，也鞭策年轻人。

奔走政坛的教育家

避居重庆时期，张伯苓开始步入政坛。这是他一生中的一次重要转变。其实，张伯苓一向不太热心政治，尽管在他创办南开小有成就之后，有很多次机会跻身仕途，但是都被他拒绝了。1926 年，北京政府由颜惠庆组阁，就曾邀请张伯苓担任教育总长一职。他“以和严范孙先生有约，终身办教育，不做官，婉却”。后来，身为“良威上将军”的张学良主持华北政局，也曾邀请张伯苓出任天津市市长，也予辞谢。① 虽然这些官职是很多人梦寐以求的，但张伯苓却不为所动，并以影响他专心经营南开为由而一概婉辞了。然而，张伯苓一直关心时事，并力所能及地参与社会事务。他曾先后担任国难会会员、东北政务会会员、行政院驻北平政务整理委员会委员、华北战区救济会常委兼农赈主任、华北水利委员会委员、故宫博物院理事、全国及华北运动会总裁判、体联常委、体协副主席等职务。

进入 20 世纪 30 年代，随着日本军国主义的不断入侵，国内政局动荡，战火四处蔓延，南开学校筹募资金的难度也越来越大，就连以往一些比较稳定的社会捐助此时也不得不宣告停止供给，以备战争的不时之需。因此，自 1932 年始，南开也渐渐开始接受政府的补助。到 1937 年日本发动全面侵华战争之前，南开资金的三分之一都是得之于政府补贴。张伯苓创办私立南开的初衷，就是希望以私立的形式保持一定的独立性。但是由于在经济上不得不倚仗于政府的资助，也使得他在政治上无可奈何地要向国民政府靠拢。张伯苓经常无奈地说：“你不管政治，政治会来管你。”

在 1937 年南开学校被日本侵略军炸毁之后，蒋介石曾许诺“有中国就有

①张锡祚：《先父张伯苓先生传略》，南开大学出版社 2016 年版，第 77 页。

南开”。面对这样一位信誓旦旦要拯南开于危难之际的领袖，张伯苓思想中的传统“忠信”观念逐渐占据了上风。他对蒋介石和国民政府抱有一定的幻想和期盼。不久之后，他就开始投身政治，加入了国民政府在抗战时期设立的全国最高咨询机构——国民参政会，被推为副议长，力主国难当头，应同舟共济、消弭内争，合则力强、分则力散，号召国人团结抗敌。在其后的七八年间，他一直身居高位。虽然张伯苓对国民政府并非十分满意，但在此国难当头之时，他更希望国民政府能够将民族存亡置于国家利益的最高位置，暂时搁置国共矛盾和冲突，搞好两党团结，同舟共济，抵御外侮。因此，这一时期张伯苓在政治上一直主张国共合作，共同抗击日本军国主义的侵略。他常说，“我既然不想做官，自然不会偏袒哪一方面。我只知道国家民族的利益。在民族利益第一的前提下，我既然负了这个责任，当然有义务促进各党派更进一步之合作”。[①]

1938 年 7 月 6 日，第一届国民参政会第一次大会在汉口两仪路的上海大戏院举行，张伯苓以其崇高的社会声望被推举为副议长。开幕之日，张伯苓致辞：

> 当本人在渝见报载政府发表参政员名单，其中包含各党各派以及各界知名之士：亦有过去与政府政策及意见不无异同之点以致发生误会者。深恐各方意见仍多，未必悉能融洽。及到汉口以后，见诸先生态度之诚挚，精神之热烈，深信本会前途，必能达到光明兴国圆满之目的，此则伯苓所引为忻慰者也。此次参政会之召集，足以表现我国历史上空前统一。诸先生来自各地，希望代表民众公意，尽量向政府贡献意见，为今后树立民主政治之开端。

7 月 15 日，历时九天的国民参政会一届一次会议落下了帷幕。在闭幕式

①《南开校友》第 3 卷，第 9 期。

上，张伯苓再次致辞：

> 我总觉得中国地大人众，而且到现在所以柔弱的缘故，由于各个人的私心太重，人虽多，不能团结一致，就无法抵御外侮。这次会议所表现的精神，把我从前的悲观的观念，完全打破。这次会议场上，曾发生了一些小小纠纷，各人对自己意见稍有争辩，这也是中国人小气的地方，往往个人的言论，不喜欢人家批评，同时自己一开口就容易得罪别人。中国人做事自己不认错的毛病，是最不好的，希望参政会同人以后加以注意。今天大会宣言付表决时候，全体一致起立通过，这种精神，不是中国人以前所有的，而是一种新的精神，我真想不到中国人会有这样长足的进步。休会以后，我们要把这种新精神扩展到全国国民。

自此以后，以大局为重，积极倡导爱国、和平、民主，成为张伯苓的重要政治观点，也使他广受好评。1938 年 10 月 28 日，第一届国民参政会第二次大会转至重庆举行。张伯苓在致辞时一再强调“和衷共济”的重要性：

> 现在武汉我们自动放弃，广州已陷，中外观感不免动摇，但是我们政府固定的国策，是绝不动摇。我们第一次大会已经有了一个宣言，我们仍旧要照着这个宣言，鼓励全国全民族一致奋发，向一定的方向走，在最近的将来，要把我们最要而最紧的事情做到……但是我们一定以国家民族为前提，不固执个人的成见，致引起感情的误会。因为这时候，不是大家闹意见的时候，还是要和上次会议 样，和衷共济。

此后，在 1939 年 9 月 9 日召开的第一届国民参政会第四次大会和 1940 年 4 月 1 日召开的第五次大会等历次会议中，张伯苓多次在发言中倡言“以大局为重”，表达个人对国共团结合作的殷殷期盼。1941 年 3 月 1 日，第二届国民参政会第一次大会在重庆举行，由于参政员人数的增加，因此决定取消正、副议长负责制，改为主席团制。张伯苓被选为主席团成员，并担任第一次会议的临时主席。在其后召集的第三、第四届国民参政会中，张伯苓均连任主席团主席。

张伯苓在政治舞台上的精彩亮相，主要是因为他艰辛办学半个世纪，桃李满天下，在国内外享有很高的声望。特别是在强敌面前，毫不畏惧，做出巨大牺牲之后，仍不改初衷，巍然屹立。所以蒋介石非常看重张伯苓的社会影响力和号召力，每逢南开校庆，常常要亲自到学校来祝贺一番。1944 年 10 月，他和蒋介石见面后，对学生们讲："抗日战争很快就要胜利了。胜利之后，不仅天津南开要复校，重庆南开要保留，我们还要到其他城市办南开大学、南开中学、南开小学。要让'允公允能，日新月异'的南开校训到处发扬光大。"已经 68 岁的张伯苓描绘起南开的未来，是那样的慷慨激昂，神采飞扬。[①]

深谙近代教育的张伯苓，对于错综复杂的政治局势之态度有时未免过于理想化和简单化。民国政局的诡谲变幻，重重矛盾，又岂是国民参政会所能识别和化解的。就此而言，张伯苓对民国政治民主化所做出的种种努力，在现实面前，显得是那样的苍白无力，而他那和平、发展的政治蓝图，也随着蒋介石日益扩展的军事、政治集权而化为泡影。张伯苓逐渐深陷政治泥淖，无力脱身。特别是在 1945 年 5 月，孔祥熙奉蒋介石之命，给张伯苓送来国民党特别党证，请他做国民党党员。次年，一位年仅 15 岁的南开中学高一学生马平竟写了一篇《走错了一步棋的张伯苓》的文章，批评了张校长，也批评了蒋介石。该文在上海《新闻天地》上发表后，在全国引起极其强烈的反响，一些南开老师也有些恼火，可张校长却一直默默不语。1947 年，张伯苓从南京飞回天津，马平虽然已经转学南京，但仍然和校友们一起来都机场送行。结果被张伯苓校长发现，向他打招呼，并介绍他给代表蒋介石前来送行的国民政府文官长吴鼎昌等人说：他叫马平，就是去年说我走错一步棋的那个学

①唐贤可：《怀念张伯苓校长》，南开大学校长办公室：《张伯苓纪念文集》，南开大学出版社 1986 年版，第 143 页。

生。他才念高一，就敢在杂志上指名道姓批评他的老校长，说明他没有白念南开，也说明我们南开教育的成功！吴鼎昌闻听此言，不住地点头称是。[①]

实际上，张伯苓也有自己的政治底线和政治智慧。抗战胜利后，他回到天津，南京国民党政权要行宪，解散国民参政会，制定宪法，召开国大代表会议，在各省各地也要选举国大代表。在天津市，竞选国大代表的人很多，但是又不能不抬出一个足以拿得出来的台面人物，好在南京国民大会上占一个重要的地位，所以他们不容分说地把张伯苓搬出来作为号召。当时除了一些内定的票数在投选几个国民党要员以外，其余市民的票都自动地投选他，总计当时所得票数之多，为国内罕见。于是，有一些不得意的要员造谣说张某人竞选国大代表，是在每一个投票人投他的票之后送给一元钱。先生听到之后，不由哈哈大笑。王夫人在旁大惊："这是真的吗？你是哪里来的那么多钱呀？"先生笑道："我每月赚的几个薪水，不是都交给你了吗？除非是你给的！我又哪里来的钱哪？"他还用幽默的口吻说道："这笔竞选费可真不少啊！若以每人一元计算，足有一百多万元，足可够我再办两个中学的！"张伯苓真是三句话不离本行，又想起要在东北和上海再办两所南开分校的事情了。

后来南京政府又要竞选总统，当时闹得真是热火朝天。在南京，有一个新闻记者问先生道："张校长！你也有意竞选副总统吗？"这句话问得太冒失了，可是回答得稍有不慎，就会惹出是非来，张伯苓非常智慧地回答道："国家行宪，实行民主，莫说副总统，就是大总统我也可以来参加竞选！不过现在我有南开的教育事业要做，还不想来参加竞选罢了。"[②] 如此巧妙地把新闻记者提的带有挑战性的问题给挡回去了。

可是，张伯苓也有自己的无奈和苦衷。11月的一天下午，张伯苓请重庆南开中学的唐贤可、丁润生等学生到津南村座谈。丁润生的回忆是学生问张伯苓："校长过去不是讲学校不要过问政治吗？"张伯苓："我是办教育的，

---

①《百年南开》摄制组：《难忘的南开爱国教育——访马平》，《重庆南开校友通讯》第39期，2013年6月版，第134页；丛林：《春秋广记：重庆南开史话》，《重庆南开校友通讯》第41期，2014年6月版，第156页。

②张锡祚：《先父张伯苓先生传略》，南开大学出版社2016年版，第82—83页。

本来不想过问政治，政治却要来过问我。从抗日时期在重庆参加国民参政会，就开始参政议政了嘛！”学生接着提出：“听说您当考试院长才几个月，怎么就……”张伯苓无奈地回答：“唉，跟着‘跑龙套’罢了！原想给咱们南开多找些路子，多化点缘，早点把南开大学赎回来。其实那里也是无官不贪，无吏不污，快烂透了！看来不服老是不行了，开过几次刀，跑不动了。可我还是乐观的。咱们南开有好几万毕业生呢，几十年前我就讲过，中国的希望在培养人才。南开学生应该成为中国的中流砥柱。如今我老头子在前面拉不动了，这未竟的事业以后还得靠你们年轻人啰！”[①]

据唐贤可记述，喻传鉴事前曾跟他们几个学生说：“张校长前些日子病了，现正在逐渐恢复。他长时间不和学生见面，心里就难受，想约几位同学今天到他家里去谈谈。”唐贤可等人与校长“两年多不见，老校长苍老多了。他说话的声音很低很慢，他一再对我们说，他从来不想当官，考试院长一职是在无可奈何中就任的。他一生只有一个志愿，就是把南开办好。老校长问我们知不知道美国的魏德迈将军回美国前在机场大骂国民党贪污、无能。他说：我在南京几个月，亲眼看到国民党员是无官不贪，无吏不污，所以他们必然失败。共产党之所以胜利，就是因为全心全意为人民。老校长最后又回到公能校训。他说：积半个世纪办学之经验，我更加相信，在学生中提倡‘公能’是没有错的。”此外，唐贤可还记录了一个细节：“谈话间，校长夫人端来一碗汤，劝老校长边喝边谈。这时，我们才知道，老校长前不久患了中风症，现在还只能吃流食。这是我第一次见到校长夫人，但她送孙子抗日，多年来协助校长办学的佳话早已在同学中广为流传。老校长的孙女和我是同学，我曾听她说，在蒋介石最后一次来南开敦促老校长即刻飞往台湾时，正是这位德高贤惠的校长夫人勇敢地站出来对蒋介石说了一番话，才打消了蒋介石的念头。”[②]

---

①丁润生：《忆张校长1948年一席谈话的启示》，龚克主编：《张伯苓全集》第3卷，南开大学出版社2015年版，第310页。

②唐贤可：《怀念张伯苓校长》，南开大学校长办公室：《张伯苓纪念文集》，南开大学出版社1986年版，第113—114页。

九先生的出使生涯

和兄长张伯苓一样，张彭春也是自 20 世纪 30 年代开始涉足政坛的。不过稍有不同的是，他选择了一条以外交手段来纾解国难的道路。这似乎是命运早已安排好的经历。张彭春一向善于辞令，早在南开学校时，他的语言魅力就为学生们所公认，“先生言时，声音仪容，或激之使扬，或抑之使低，淋漓婉转，莫不尽致”。[①] 而其翩然风度、斯文举止，更体现了作为外交家的潜质。虽然当时的南开并没有设置专门的外交系，或专门开设教授外交学的课程，但南开的学生中却也确实出过几位像凌冰、张平群、段茂澜等大使级的外交家。值得注意的是，在他们的身上竟然依稀可见张彭春的影子。对于张彭春来说，更为重要的是，从最初留学美国到 20 世纪 20 年代多次到欧美访问、讲学、募捐，再到 30 年代初担任梅兰芳访美、访苏剧团的总顾问，他已经积累了丰富的对外交流经验。

1937 年 7 月，在南开大学遭到日本侵略军炸毁的当晚，张彭春就连夜乔装逃离天津，乘船经威海卫转至南京。不久，他就接受国民政府的聘任，赴英、美等国宣传中国抗战形势，以争取国际舆论的援助。此行，他先赴瑞士日内瓦，与中国驻国际联盟代表进行数次商谈。后赴英国，在伦敦阿尔伯特大会堂等公共场合发表演讲，向爱好和平的国际人士痛斥日本侵略军轰炸南开大学的暴行，并呼吁全世界的和平主义者全力支持中国。1938 年，张彭春回到昆明，任国立西南联合大学教授。不久，与兄长张伯苓一起出席了国民参政会第一届会议，任参政员。此后，张彭春用英文撰写了《中国大学与国家建设》一文，收录在英国牛津大学出版社出版的文集《欧洲以外大学》中。

当战事愈演愈烈，武汉、广州相继失陷于日本侵略军之手后，中国的对外交通被切断，此时寻求来自国际方面的援助尤显重要。1939 年 1 月，张彭春再次出国宣传中国的抗战，争取外援。1 月 19 日，他在美国

①怀恩：《周总理青少年时代诗文书信集》（上卷），四川人民出版社 1979 年版，第 64 页。

华盛顿发起组织了“不参加日本侵略委员会”(American Committee For Nonparticipation In Japanese Aggression)，并请曾任美国国务卿的史汀生先生出任该委员会的荣誉会长，由此得到史汀生等人的大力支持。为壮声势，张彭春还联络了美国30个和平团体，争取他们对中国军民抗击外来侵略的支持。“当时美国四十余和平团体中约有三十”均与张彭春“常有往还，此等团体所造之气氛，有利中国”。[①]

张彭春和“不参加日本侵略委员会”对国家民族所做出的最大贡献，莫过于游说美国国会通过了《对日经济制裁法案》以及废除了《美日商约》。适时，美国国会正在讨论中立法案，张彭春听闻此讯，与“不参加日本侵略委员会”干事毕范宇（Henry Price，《三民主义》英文译者）邀请了若干专家如James Shotwell、Quincy Wright等人起草了一份有关中立法案的草案。4月11日，张彭春和毕范宇一起拜访了美国参议院外交委员会主席毕特门，并将他们所拟定的草案陈递上去。毕特门接阅之后当即答应送交美国总统罗斯福商议，再另外约定时间与毕范宇讨论草案细目。4月18日，张彭春在致国民政府外交部的电文中称：

> 据称：美政府有关机关对于草案正在研究。毕氏对该案颇表同情，并根据彼观察：上院外交委员会约有半数赞同，但进行程序须先对广义提案、毕（特门）案、汤（姆斯）案等讨论，然后再提及对日新案。毕氏态度似甚诚恳，现因时间紧迫，力向各方活动，以期新案早日提出。[②]

两个月之后，6月9日，张彭春又致电外交部称：

> 关于修改中立法案，两星期来因美外长表示及下议院代理外交委员长提议，空气略为转佳。修正通过可能性以下议院较上议院为多，但

①南开校友会编：《张伯苓先生百年诞辰纪念册》，1975年版，第215页。

②南开校友会编：《张伯苓先生百年诞辰纪念册》，1975年版，第215—216页。

闭会期间可否通过不无疑问。至于有关中日特殊立法，现以Schwe-Henbach上议院议员六月一日提案最堪注意。该提案经Price（毕范宇）暗中活动襄助颇多，全文日昨飞邮寄出。内容要点为国家如违反与美签订之条约而侵略第三国之独立及领土行政完整，美国除农产品外，自动限制本国任何出产物供给该违约国，此提案经上议院数议员赞助，有与毕德门特殊提案水乳合并趋势。毕氏示意与Price：此两星期内应致权力于特殊争端之舆论活动。[①]

为了争取国际舆论支持，张彭春立即飞往芝加哥等美国中西部地区，在城市中心地区以及商会等重要社会机构中发表讲演，宣传中国军民反抗日本军国主义侵略的伟大意义，并与史汀生委员会的工作人员密切接洽，直到6月20日才结束行程，返回纽约。

由于张彭春等人的努力推进，美国国会逐渐倾向于对日本采取经济制裁。7月7日，张彭春致电外交部称：

顷Price（毕范宇）面称：今午谒史汀生，拟促其赴华府婉劝当局，推进经济制裁日本法案。据史氏称：政府当局因中立法修正案未经下议院照原案通过，有碍已定暗助英法方案。昨日外交部长（即国务卿）郝尔（Hull）由电话征询史氏意见。史氏答复大致谓：在此中立法修正案进行不利之时，政府当局应在远东问题中寻一出路，如对日采取经济制裁步骤，即可使俄、英、法在欧多得行动自由，影响德之强硬态度，或可减少欧战之可能。且下议院外交委员会中共和党员之少数会员报告，曾斥民主党会员不愿现有已侵害美国利益之远东战争，而专眷尚未实现欧洲战争，甚属非策。此时远东问题如有相当办法，对于其他国际问题之解决，相助甚多等语。查共和党会员既有是项表示，如政府当局能得民

①南开校友会编：《张伯苓先生百年诞辰纪念册》，1975年版，第216页。

主党国会议员谅解，制裁日本方案所遇阻碍必较少于修正现时中立法。总统既关心欧洲战局，颇愿暗助和平阵线国家。通过中立法修正案，又已感困难，何以不乘此良机走远东路程。以上史氏所谈，再三嘱 Price 严守秘密，请勿宣布。按史氏与郝尔交谊颇笃，传闻史氏对赫尔商战政案，郝氏对史氏不承认主义互助甚多，此次谈话似有相当价值。又按今日上议院外交委员会决定展期讨论中立法修正案，该案前途似不甚光明。在此种情形之下，某种对日经济制裁方案在最近将来或有提出可能。"不参加日本侵略委员会"现正积极工作，促其实现。①

而此时，日本灭亡中国的野心日益昭显，美国政府终于做出了废除《美日商约》的决定。7 月 28 日，张彭春得知此讯，立刻电报外交部称：

（一）美政府取消美日商约消息发布后，"不参加侵略委员会"立即联络各和平组织电请各地方有关团体及人士致电总统及国务卿，贺其采取之步骤，并促其继续主持正义。（二）现正与 Price Leaf 举办下六个月各方活动大纲及步骤，彭返美之后，关于此项工作由焌吉兄秘密与彼等接洽电部。（三）美国现在既有动作，英国能否采取同样步骤或他种积极表示，似系目前极应注意问题。彭定七月三十日早飞英、三十一日下午抵伦敦参加活动，勉尽绵薄，是则可于英国国会闭会前四日赶到，进行接洽。②

张彭春为争取美、英等各国的支持而辛苦奔波，也为在国际社会上争取对中国抗战的舆论支持立下了汗马功劳。

美国政府决定取消《美日商约》，虽然与国际形势的迅猛发展以及国内各党派的立场有关，但是张彭春及"不参加日本侵略委员会"卓有成效的工作

①南开校友会编：《张伯苓先生百年诞辰纪念册》，1975 年版，第 216—217 页。
②南开校友会编：《张伯苓先生百年诞辰纪念册》，1975 年版，第 217—218 页。

也极大地促进了美国政府、美国民众与中国的友好关系，功不可没。鉴于张彭春在外交方面做出的卓越成绩，1939 年 8 月 1 日，中国驻纽约总领事特向外交部发去电报，称赞张彭春的外交贡献：

> 此次美政府骤然取消《美日商约》，国际情势及内部党派原因虽多，而舆论方面督促政府采取积极步骤之力实大。抗战以来在美各方宣传救济工作，实促成舆论要素，不参加侵略委员会及张彭春博士奔走甚力，张昨晨飞英取道回国。查国会明天将讨论停止军用品赴日案，此数月内在美工作极为重要，如能促彼等早日回纽约，共同努力，收效必大。①

不久，张彭春又飞往美国及加拿大各大城市发表讲演，争取国际社会的同情与支持。1939 年 6 月，克拉克大学为了表示对张彭春的尊重，特授予张彭春名誉博士学位。

由于张彭春在国际舞台上展现出卓绝的外交才能，1940 年，他一回到重庆就被调到了外交部。5 月，他被任命为中国驻土耳其全权公使。赴任之前，张彭春还忙里偷闲，在重庆南开中学帮助学生们编排话剧《财狂》。无奈重任在肩，他并未将这部戏排完，就于 10 月 10 日偕妻、子到任。1942 年 3 月 16 日，张彭春代表中国政府与伊拉克签订了友好条约，还用英语向伊拉克皇室做过两次演讲。此外，他还在巴格达做了关于中国和阿拉伯文化的讲座，将儒家思想和伊斯兰教义进行了精辟的比较。5 月 30 日，张彭春被调任驻智利全权公使，7 月 28 日到任。他终日为国家大事四处奔波，难得休息，年过半百就不幸患上了心脏病。为了调养身体，张彭春在 1944 年 10 月赴纽约开会后，就辞去公使一职，任教于早年就读的美国哥伦比亚大学，远隔重洋，翘首盼望着中国的抗战能够早日取得彻底胜利。

对于张彭春抗战时期的外交活动，张伯苓也给出极高的评价。他在 1945

---

①南开校友会编：《张伯苓先生百年诞辰纪念册》，1975 年版，第 218 页。

年1月20日南开同人聚餐会时讲："抗战初期，蒋委员长约请南大教授张蓬春[①]君分赴英、美、苏联各国，做国民外交的宣传，告诉他们，中国对日抗战不是哪一国对哪一国的战争，他乃是整个世界反侵略战争的一部分，他乃是整个世界反侵略战争的序幕战。世界上一切反侵略的国家，应当一齐站在中国方面，反对世界侵略者，共同作战，没有徘徊的余地，更没有中立的可能。否则，世界绝对得不到和平，人类绝对得不到安宁。这是最简单的道理，可惜当时英、美一部分人士未能认识清楚，一直等到美国参战以后，他们才算是逐渐地明白了！回想当年，领袖的卓识远见，真是值得全世界人士的崇高敬佩！"更为可贵的是，在张伯苓的思想观念中，世界是整个的，中国是世界各国中的一个国家，中国不是中国的一个国家。今后我们要想在世界上立足，能存在，有地位，最要紧的，是自己先能自强，然后才能自立。不然，就有被淘汰、被消灭的悲运。我有一次对郑道儒校友说过："现在的中国要好也罢，不要好也罢，但是非好不行。"这就是说，今后中国要想立足世界，必得自己时时向好处去做不可，因为世界上是不允许任何一个落伍退后的、不求长进的国家可以存在的。[②]

---

①即张彭春。

②龚克主编：《张伯苓全集》第3卷，南开大学出版社2015年版，第165—166页。

十三、生命的最后辉煌

复兴南开

1945年8月，在听到抗战胜利的消息后，张伯苓的心情十分喜悦。9月3日中国正式接受日本投降，重庆市举行了大规模的庆祝抗战胜利游行活动。张伯苓校长出席了当天晚上在重庆南开中学举行的庆祝晚会，与全校师生一起庆祝这难忘的历史时刻。[①] 为了分享抗战胜利的喜悦，张伯苓还约请抗战名将，来学校演讲。

宜生主席长官台鉴：

抗战八年，麾下抗敌卫土，功在国家，举国人民同声敬佩，敝校学子尤思一瞻风采，藉表景仰之忱。兹闻麾下因公来渝，敢恳拨冗，惠临敝校演讲。时间拟请在下星期一（二十五日）上午十一时起，如有不便，下午三时半后，何日均可，还望早日赐教为幸。

---

①见顾学荣：《抗日战争末期南开校园生活点滴》，《重庆南开校友通讯》第41期，2014年6月版，第113页。

专此，顺请

勋安！

张伯苓[1]

不仅如此，处于抗战胜利之中的张伯苓马上意识到眼前有一项盼望已久的重要工作即将开始，于是召集在校的重要同人，开会研究复校事宜。南开大学因为在并入西南联大时已经改为国立了，复校经费可由政府拨给，而南开中学、南开女中还是私立的，一切经费均需自行筹措，复校的工作显然不是一件小事情，既要人力，又要物力。好在张伯苓校长“在抗战一开始时，就已预做了日后复校的准备工作。他明白南开学校的建立是由于社会人士的支持，将来南开复校，还是离不开社会人士的支持。所以他在平时就是尽力联络各方社会人士，把南开学校的教育宗旨介绍给他们，使他们对这个培养民族新人的学府有一个深刻的印象。他还明白，在当时南开校友是一个巨大的力量。所以在平时，他极注意校友会的活动，设置专人负责校友的联络工作，出版校友会刊，年年校庆日召集校友大会，经常把他的复校计划向大家讲说”。[2]

具体来说，早在1941年美国于“珍珠港事件”加入对日作战之时，张伯苓就极有远见地预言了战争的结局。卢建荣一针见血地指出：“太平洋战争爆发，暴日徒自速其败亡，我与同盟国之最后胜利为期当在不远。”[3] 从那以后，张伯苓就经常召集南开大学教师议论复校的相关事宜，包括学校性质、院系设置、复校用款以及人才延揽等问题。何廉、邱宗岳、杨石先、伉乃如、陈序经等人纷纷献计献策。1945年8月，眼见日本军国主义败局已定，张伯苓便将南开大学复校工作提上议事日程，并准备付诸实践。关于战后南开复校的地点，张伯苓仍然决定在天津。这主要是基于以下两方面考虑：一方面是

①宋璞主编：《张伯苓在重庆》，重庆出版社2004年版，第35页。

②张锡祚：《先父张伯苓先生传略》，南开大学出版社2016年版，第62—63页。

③南开大学校史编写组：《南开大学校史（1919—1949）》，南开大学出版社1989年版，第321页。

由于天津乃南开大学的诞生地，另一方面是由于天津可以为南开大学发展提供强有力的支持。张伯苓认为当时北平实际上是主持工业化事业的大本营，而天津地接北平，具有很大的发展潜力，因此南开大学复校地址，必在天津。

1945年8月11日，日本投降已成定局，张伯苓当即写信给蒋介石，提出希望与要求："南开大学未来之发展，需费颇巨。在最初十年所需之款，拟请按照北京大学、清华大学经费数目，由政府拨付。南开原有之校舍、设备，均被敌人破坏无余。兹拟请政府就华北敌产中指定相当财产，予以赔偿，并做学校永久基金。"[①] 可是，蒋介石却想趁南开大学需要政府资助之际把南开由私立大学改为国立大学。因此，张伯苓在9月便又呈文对以前的希望和要求提出进一步的修改："复校第一年所需之经常费，准照北京、清华两校经费比例，由政府全数补助。嗣后逐年递减十分之一，至第十一年，即全由南开自行筹措。"[②] 但是，蒋介石却依然坚持己见，想将南开大学变为国立学校。张伯苓非常矛盾，他深知南开大学如果改为国立，那么在政府的过多干预下，以前所拥有的独立发展空间必然不复存在，但是战后复校工作急需大量的金钱，如果不借助政府的资金，复兴根本无从谈起。经过仔细权衡，张伯苓终于找出了一条权宜之计：同意将南开改为国立大学，但是以10年为期，10年之后仍改为私立。1946年4月9日，国民政府教育部宣布将南开大学改为国立，张伯苓仍担任校长。

复兴南开的工作是从接收校产开始的。1945年9月至10月，张伯苓先后派自己的得力助手喻传鉴、黄钰生回到天津，具体负责校产清点接收工作。曾经如此美丽的南开校园在被日寇的炮火摧毁殆尽后，又被强行占领了八年，木斋图书馆、秀山堂和第一、第二宿舍只剩下一堆瓦砾，思源堂成了日本侵略军的训练室和库房，定量分析实验室被改成了禁闭室，应用化学研究所办公室则变成了厨房，其他经过这场浩劫之后幸存下来的校舍也早已面目皆非。校园内的近万株树木被日本侵略军砍伐殆尽。原来南北莲池和大中路两侧水

---

①南开大学校史编写组：《南开大学校史（1919—1949）》，南开大学出版社1989年版，第325页。

②王文俊等编：《南开大学校史资料选（1919—1949）》，南开大学出版社1989年版，第95页。

溪，都被填成平地。正如《民国日报》刊载的《南开四校视察记》一文中所描述得那样："其余一切美化设备，皆成荆棘，满目凄凉，仅于路旁见数丛紫色野菊，迎风颤动。"[①]

张伯苓得知南开大学被日本侵略者摧残成这副模样之后，心中万分悲愤，无限感伤，遂决定从重庆返回天津，视察学校的复兴工作。但是由于他身体欠佳，只能让刚从美国赶回来的胞弟张彭春先行抵津。1945 年 10 月，张彭春抵达天津，人们把复校的希望寄托在他的身上。"九先生仍是那么精神，那么健壮，而且在国际间更增加了声誉，大家所盼望的遂集于九先生一身。"到天津之后不久，张彭春就在黄钰生、喻传鉴等人的陪同下，视察了南开中学的原校址，恰巧赶上驻扎在这里的最后一队日本侵略军离开。看着眼前这残破的惨状，张彭春凝视他处，默然良久，悲哀、愤恨、惋惜各种情绪齐集心头。最后他万分感慨地说："我们在别处重新建设罢！"但由于当时南开极其缺乏资金，张彭春亲自筹划并主持了复校募捐运动，并拟定以联币五亿元为最终目标，预计在三个星期之内完成。尽管当时物价膨胀得很厉害，五亿元仍是一笔不小的数目。一方面张彭春凭借他在外交界及政界的影响力，联系筹款复校；另一方面他同工商各界广泛联络，寻求同情者和支持者。在他的多方努力下，筹款的任务顺利完成，并远远地超过了以前的计划指标。如果连物资计算在内的话，共募集了超出最初设想几倍至十倍的资产。"此固然是众擎易举，但海内贤达爱护南开，同情南开，于以足多。而南开之足令人爱护，令人同情，不是校长的伟大人格所感召么。"[②]南开依然威望不减！

张彭春在天津停留的时间虽然不长，却应社会各界人士的邀请做了 10 余次精彩的讲演。他演讲的内容十分广泛，从抗战胜利一直讲到今后的发展形势，从国内问题一直讲到国际大事。他那不凡的气度、高雅的举止以及颇有见地的国际眼光，都给时人留下了深刻的印象。特别是他用振奋人心的言辞，表达了乐观向上的精神，深深地感染和鼓舞了大家。"九先生是国际驰誉的学

---

① 《南开四二校庆复校周年纪念刊》，1946 年 10 月 17 日。

② 《南开四二校庆复校周年纪念刊》，1946 年 10 月 17 日。

者，两任驻外公使，数任出席国际会议代表，其言论风采，人人仰望。”[①] 11月14日，在海光寺卫津河畔的中日书院北楼上的小礼堂，张彭春对在此借读的南开中学同学发表了令人难忘的演讲。后来有人记述道：“张彭春先生以《孟子 · 告子篇》中：‘天将降大任于斯人也……’教诲我们，逐字逐句教我们朗诵，直到全部背诵下来。嘱我们把‘人’字改成‘国’字，勖勉大家爱国、立志、为富国兴邦奋斗不息。”[②]

1946年1月，黄钰生、喻传鉴等人在第六区重庆道成立了“南开大学复校办事处”。经过多日奔波和不懈的努力，1月7日，南开大学收回在天津的八里台校舍基地853亩，后来连六里台敌产中日中学、农场、综合运动场、苗圃和米统制会仓场等110亩也收归南开所有。这样，沿卫津河南北两里、东西一里范围内，皆归南开。另外，其他敌产、校舍也陆续收回。“天津市政府在市内甘肃路拨给了一所原日本学校作为南大东院，招生开学。有一些抗战前散去的老校工，今日听到南开复校，也都白发苍苍地回到学校来工作。人终是有感情的动物，不只是校友们爱这个学校，老师们爱这个学校，同学们也爱这个学校，以至曾经在南开学校工作过的老校工们，也爱这个学校。”这恰好印证了张伯苓平日常说的那句话：“南开学校是南开校友的，是中华人民的。”[③] 于是，在南开人的精心筹备下建立起一座座宿舍、办公室、实验室、教学楼。1946年5月4日，西南联大在重庆举行了最后一次毕业典礼，典礼在慷慨激昂的《西南联合大学进行曲》中结束。7月31日，国立西南联合大学光荣地结束了她的历史使命。南开大学师生陆续返津，“渤海之滨，白河之津，巍巍我南开精神”的校歌又回荡在南开校园中。次年春，经济研究所也自重庆迁返天津。

至于南开中学的复校，更得益于天津社会各界人士以及校友们的鼎力支持和热心帮助。在重庆时，张伯苓派喻传鉴、丁辅仁、王九龄等人先到天津

---

①《南开四二校庆复校周年纪念刊》，1946年10月17日。

②《南开春秋》第7辑，1994年版，第183页。

③张锡祚：《先父张伯苓先生传略》，南开大学出版社2016年版，第63页。

来筹备复校，由丁辅仁负责南开中学复校的具体工作。在临行时，张伯苓对他们说："你们就扛着这面南开的大旗去干吧！"第二年的夏天，丁辅仁笑眯眯地操着东北口音向回到天津的张锡祚说："你看啊！校长给了我这面大旗，我扛着它真是无路不通。刚来时，中学部剩下的这几所楼破坏不堪，大礼堂里空洞洞的一无所有，窗户上连一块整玻璃都没有，图书馆日本兵抢来做了马棚。现在呢？修理得焕然一新，又接收了甘肃路一所日本女学，作为女中部校舍，一切教学设备等全都有了，礼堂里收拾得像新建的一样，一排排的椅子，足可容纳下两千人，这些东西单是有钱也是买不来的，我们只是跑跑腿，动动嘴，就把这些事情办成啦，全亏这些社会人士们、校友们，有出钱的，有出力的，没费什么劲，就全办好了，这不是奇迹吗？"这再次让张锡祚感到"因为人民需要它，所以就把它迅速地恢复起来了。所以说这一段复校史是顺利的。其中大学部、男中部、女中部都恢复起来了，只有小学部因为校舍全部被日军荡平，而小学教育因为学龄的关系，不适宜于大规模集中地办，所以暂时没有恢复起来"。[①]

纽约七十大寿

在南开大学师生热火朝天地开展复校工作之时，张伯苓深受前列腺肿大病症的困扰。在抗战后期，因为年岁渐高，张伯苓罹患此病，时常尿血，小便不通。因为校务繁忙，一直没有办法认真、系统治疗，虽在重庆入院经过几次治疗手术，却无法得到根治。要想把前列腺全部割除，按照当时国内的医疗设施情况来看，也不能奏效。一来二去，治病之事竟然拖到了抗战胜利之后。可转念一想，抗战胜利了，要有很多的事要做，若不能把病根除掉，一稍劳累，就要尿血，既承受很多痛苦，又不能担当起以后的繁重工作，所以决计到国外去做手术医疗。由于国民政府已从重庆迁回南京，所以就由南

①张锡祚：《先父张伯苓先生传略》，南开大学出版社 2016 年版，第 65 页。

京国民政府拨给出国医疗外汇，由长子锡禄陪同，在1945年的冬天，启程去美国治病。可是，张伯苓刚从重庆到达上海，就受到校友们的热烈欢迎和接待。当地的南开校友们因为多年不见校长，无不“怀着炽热的心情来欢迎他，举行盛大的欢迎会，天天不断地有人来看他、约请他，因此受了些累，又尿起血来。因为积血堵塞住膀胱，不能排除小便，立即送到医院施行手术，从小腹处安装导尿管，调养了一个时期，就带着导尿管到美国去治病”[①]。1946年4月，在家人的陪同下，张伯苓赴美国纽约入院接受治疗，手术做得很顺利，把全部前列腺割除了，病就好了。

出院后，张伯苓就住在弟弟张彭春的纽约家中。兄弟二人笃于手足情谊，畅聚了一个时期。张彭春比张伯苓小16岁，平日视兄长如严师，敬中生爱。在张锡祚眼里，叔叔是学哲学的，博闻强记，最善于演讲。祖父去世时，才18岁，翌年就到美国去游学，几十年在国外的时间多，遍历欧洲美洲各国，深通各国情况。只因赋性过直，嫉恶过甚，虽然曾做过几任外交官，终是格格不入，一直在美国过着讲学生活。抗战前，张彭春曾游历过苏联，带回来很多书籍，选出一些来给孩子们看。据说：他和周恩来总理最相契。[②]

不仅如此，张伯苓治疗修养期间，美国哥伦比亚大学在6月4日举行的第192次毕业典礼上，向他授予了名誉博士学位。哥伦比亚大学代理校长法肯塞（M. Fackenthal）在致辞中说：

> 教育家张伯苓是南开大学的创建人和校长。他是全世界公认的教育机构的缔造者和造育人类的领导人物。50年来，以坚定的信仰和毫不动摇的意志献身教育，振兴中华，是全国自信的象征。我很愉快地接受你为本校名誉文学博士，授予学位，并授予一切有关的权利和特权。[③]

①张锡祚：《先父张伯苓先生传略》，南开大学出版社2016年版，第65页。
②张锡祚：《先父张伯苓先生传略》，南开大学出版社2016年版，第66页。
③梁吉生：《张伯苓与南开大学》，山西教育出版社1995年版，第82页。

6月5日，《纽约日报》就此事做了专门报道，可谓实至名归，深孚众望。张伯苓虽然没写博士学位论文，但是对教育学、心理学等深有研究，并应用到实际教育、教学之中，颇多创新性理论和实践早已闻名海内外。30年前，他曾在哥伦比亚大学研究过教育，并与当代著名学者、教育家杜威、桑代客、克伯屈等人是学问上的挚友。“该校为了表彰先生的事业成就，特为赠给名誉博士学位，以示荣誉。”[①]

6月9日，一些侨居在美国的中国人和南开校友70余人集会纽约“华美协进社”，祝贺张伯苓七十大寿。他感到十分欣慰，扶杖莅会。“席间由老舍[②]、曹禺两君祝诵寿诗，庄谐并陈，极一时之盛。”[③] 因为他们与张伯苓有过较长时间的相处，认识和了解得比较深，所以写得也很真切，最能道出张伯苓的生平和志业。全诗如下：

知道有个中国的，
便也知道有个南开。
这不是吹，
也不是唠，
真的，天下谁人不知，
南开有个张校长？！

不用胡吹，
不要乱讲，
一提起我们的张校长，
就仿佛提到华盛顿，
或莎士比亚那个样。

①张锡祚：《先父张伯苓先生传略》，南开大学出版社2016年版，第73页。
②老舍即舒舍予。
③《大公报》，1946年7月1日。

虽然他并不稀罕做几任总统，
或写几部剧教人鼓掌。
可是他会把成千论万的小淘气儿，
用人格的熏陶，
与身心的教养，
造成华盛顿或不朽的写家，
把古老的中华，
变得比英美还更棒！

在天津，他把臭水坑子，
变成天下闻名的学堂，
他不慌，
也不忙，
骑驴看小说——走着瞧吧，
不久，他把八里台的荒凉一片，
也变成学府，带着绿柳与荷塘！

看这股子劲儿，
哼！这真是股子劲儿！
他永不悲观，
永不绝望，
天大的困难，
他不皱眉头，
而慢条斯理地横打鼻梁！

就是这点劲儿，
教小日本儿恨上了他，

哼！小鬼儿们说：“有这个老头子，
我们吃了天津萝卜也不会消化！”
烧啊！毁啊！
小鬼们到处连烧带杀，
特别加劲儿祸害张校长的家！
他的家，他的家，
只是几条板凳，几件粗布大褂，
他们烧毁的是南开大学，
学生们是他的子女，
八里台才真是他的家！

可是他有准备！
他才不怕！
你们把天津烧毁，
抹一抹鼻梁，
哼！咱老子还有昆明和沙坪坝！
什么话呢：
有一天中国便有一天南开，
中国不会亡，南开也不会垮台！
沙坪坝，不久
又变成他的家，
也有荷塘，也有楼馆，
还有啊，红梅绿栀，
和那四时不谢之花！

人老心可不老，
真的！可请别误会，

他并不求名，也不图利，

他只深信教育青年真对！

对，就干吧！

干吧！

说句村话，

有本事不干，

简直是装蒜！

胜利了，

他的雄心随着想象狂驰，

他要留着沙坪坝，

还须重建八里台，

另外，在东北，

在上海，

到处都设立南开！

南开越大，

中国就越强，

这并不只是他个人的主张，

而是大家的信念与希望！

他不吸烟，

也不喝酒，

一辈子也不摸：

麻将和牌九，

他爱的是学生，

想念的是校友，

他的一颗永远不老的心，

只有时候听几句郝寿臣，
可永不高兴梅博士的贵妃醉酒。

张校长！
您今年才七十，
小得很呢！
杜甫不是圣人，
所以才说：“人生七十古来稀！”
我们，
您的学生，
和您的朋友，
都相信，您还小得很呢！
起码，还并费不了多大的劲，
您还有三四十年的好运！
您的好运也就是中国的幸福。
因为只有您不撒手南开，
中国人才能不老那么糊涂。

张校长！
今天我们祝您健康，
祝您快乐！
在您的健康快乐中，
我们好追随着，
建设起和平的、幸福的新中国！

大中华民国三十五年六月九日
学生曹禺
后学老舍敬贺

对于这首贺词，张伯苓及其后人都非常喜欢。张伯苓说："这首诗写得很好，给我好好地保存着。"张锡祚认为：这是一首绝妙的诗，写得非常妙，也非常真实。为此，他还就诗中的一些地方加以注释，以方便人们的理解。其一，南开中学校址原来是一片荒地和臭水坑，经过填平建成学校，直到后来学校后面还有一片臭水坑，现已填平建成南开公园了，所以诗中提到臭水坑。其二，天津在当时是以出产小刘庄青萝卜闻名的，脆嫩多水，色如碧玉，凡是到过天津的人没有不爱吃它的。张伯苓每年冬日饭后一定会吃几片青萝卜帮助消化。老舍、曹禺二人也是老天津，虽然远在异国他乡，仍然是不能忘情于家乡风味。诗中提到天津萝卜，想是日本小鬼们也想吃它吧？就是不消化。其三，再有诗中提到戏剧爱好问题，张伯苓和郝寿臣是好友，和梅兰芳也是好友，一视同仁，诗中的形容，不过是说张伯苓的性格喜欢雄伟壮阔，为诗人的一种比喻而已。[①]

与此同时，张伯苓在美国的一些朋友，如燕京大学前校长、美国驻华大使司徒雷登、美国驻华大使馆副大使恒安石的父亲恒慕义及哈佛大学、加州大学、辛辛那提大学、芝加哥大学的12位教授，也为这位受人尊重的近代中国教育家送上了一份特殊的礼物——《另一个中国》(*There Is Another China*)。在这本书里，收录了他们的文章，既有对张伯苓的赞扬也有对中国现代化之期盼。其中也收录了胡适的《教育家张伯苓》一文。司徒雷登特意为该书撰写了导言，以诚挚的态度、优美的笔触对张伯苓50年间醉心于教育的实践活动给予了极高的赞誉：

> 作为燕京大学校长，在美国我有一批潜在的赞助者。美国人习惯于响应国内和国外在教育和宗教方面的呼吁。他们了解传教士呼吁的目的。他们有相当的财富。张伯苓没有这些优越条件。在中国，高等教育一向

①张锡祚：《先父张伯苓先生传略》，南开大学出版社2016年版，第72页。

> 是由国家办理的。大学的经费是由中央政府或省政府提供的。办私立大学，张伯苓是一个拓荒者……1919年张伯苓虽然感觉到经费短缺和管理事务会加重，但他仍毅然决定创办大学。如果没有创造精神和不知疲倦的努力，成功是不可能的。经过努力，从各方面募来了捐款，开创了私人捐资兴办大学的新范例。经费来源仅有一部分是可靠的。如何能使预算收支相抵是一件令人忧虑的事。我对张伯苓遇到的困难，深有同感。我看着张伯苓一年一年地过来了。这足以证明他具有辛勤努力和艰苦的精神，令人赞赏。[①]

值得关注的是，司徒雷登在结语中写道："自从我第一次认识他，由于他清逸的风度，敏锐的观察，永恒不息的热心，与毫无污点的人格，他的生命就成了我的启示。然则吾们称先生为一代完人，当不为过欤！"该书之所以取名为"另一个中国"，意思是说在那动荡的岁月里，中国的绝大多数人都生活在战争和混乱的社会状态之中，但是在中国天津的一个角落里，则是一片和谐、奋斗、进步的天地，那就是张伯苓和他的南开学校。

阔别十年　重返津城

1946年年底，身体康复后的张伯苓离美归国。12月18日，当他到达上海时，市长吴国桢和近百名南开校友都来到码头迎接老校长。校友们的尊敬和爱戴，让这位年逾70的老人受到极大的鼓舞，对未来充满美好憧憬。29日，在上海的南开校友齐集一堂，举行盛大的欢迎会。张伯苓难以抑制激动的心情，慷慨陈词。他首先表达了对国家前途的瞻望：此次余系第四次赴美，在国内外观察所得，深信国家前途与世界前途愈趋光明。我国前为一切不平等条约所束，如租界等即为一致命之伤。加上日本压迫，民族深受苦难，此

① *There is Another China*. Columbia University, 1.

次战争结束后，压迫业已解除，当即须注重和平谋国际之合作。[①] 其次，他描绘了南开学校的美好前景，“关于学校方面，南大因经济关系暂行改为国立，十年后仍将改为私立，中学分校现在除天津、重庆二校已设立外，上海将来拟设第三分校，东北拟设第四分校”。[②] 雄心勃勃的张伯苓仿佛已经看到了一幅南开分校遍布全国的宏伟蓝图。

1947 年 1 月 5 日，在南京的南开校友为张伯苓举办欢迎茶会，南开校友会南京分会召集人、中央通讯社唐际清在致辞中说：“据我所知，抗日战争胜利后，在被立案惩处的汉奸之中，没有一个是战前的南开学校毕业生。虽然这个发现暂时也许不宜公诸报端，但是凡我南开校友理应为此自豪。”听到这个消息，张伯苓感到十分欣慰。[③]

1947 年 1 月 29 日，张伯苓接到美国加利福尼亚大学校长的信函，称该校决定授予他荣誉法学博士学位。3 月 19 日，他由重庆回到了阔别 10 年之久的天津。南开师生、校友和天津各界人士数千人（一说数万人[④]）到火车站前来迎接。只见月台上人头攒动，挤得水泄不通。迎接仪式规模之盛大乃天津前所未有，表达了人们对这位将一生的心血和智慧毫无保留地奉献给教育事业的老教育家无比尊敬的心情。为什么会出现这样的欢迎盛况？张氏后人的解释，可以说明一部分问题：“阔别十年，一旦归来，他是天津人的荣誉，所以天津人爱他，出自本心地来欢迎他。他在天津办学校，给天津人教育子女，天津人有子女能在南开学校读书的，都认为是值得夸耀的一件事。”据张锡祚透露：父亲“重返天津时，年纪已经 72 岁了，但是他的雄心不减当年，他认为大学教育可以集中在天津来办，但是中学教育宜于普遍分设在全国几个大城市，使学生可以就近入学。所以他又在理想着在东北和上海再设两个分校，得天下之英才而教育之，他要把南开精神再进一步更广泛地散播到全国青年

---

①梁吉生：《张伯苓教育思想研究》，辽宁教育出版社 1994 年版，第 330 页。

②梁吉生：《张伯苓与南开大学》，山西教育出版社 1995 年版，第 309—310 页。

③张元龙：《南开为中国而牺牲》，南开大学党委宣传部、南开大学校史研究室：《抗战烽火中的南开大学》，河南大学出版社 2015 年版，第 450 页。

④张锡祚：《先父张伯苓先生传略》，南开大学出版社 2016 年版，第 73 页。

学生的心里”。[①]

抵津当天，张伯苓不顾自己年事已高，迫不及待地回到南开巡视，与师生们亲切谈话。他走到哪里，热烈的掌声就会在哪里响起。张伯苓看着劫后的校园再次焕发出勃勃生机，从内心深处重又感受到了南开那股昂扬向上的生命力，激动地对前来采访的记者说：

> 四十九年前，因感于帝国主义之压迫，而决心从事教育。初与严范孙先生办学，学生不过五人，今日南开学生已不可胜计，中国经此次抗战，不平等条约终获解放，此即为余数十年前办学之目的……余并深信中国前途极为光明，盖中国人有智慧，能吃苦，并具有老文化。此老文化，与各国较，各有长短，我人决不能丢弃。[②]

当天，南开校友、天津市市长杜建时还特意到家中向张伯苓报喜：平津二市被立案的汉奸之中，没有一个战前的南开毕业生。这让张伯苓喜不自禁地答道：“这比接受任何勋章都让我高兴。”[③] 所谓的勋章，就是国民政府在抗战胜利后，颁发给党政军各界抗战人士的奖励，“有关国民参政会部分领衔者即为张伯苓校长”。[④]

这样的办学佳绩，怎能不让这位教育家信心满满。不久，张伯苓又满怀豪情地对南开教职员工及校友说：

> 回顾南开以往的战斗史，展望未来复校的艰巨事功，我见前途充满光明的希望。南开的工作无止境，南开的发展无穷尽，愿以同样勇气，

---

①张锡祚：《先父张伯苓先生传略》，南开大学出版社 2016 年版，第 73 页。

②《大公报》，1947 年 3 月 20 日。

③张元龙：《南开为中国而牺牲》，南开大学党委宣传部、南开大学校史研究室编：《抗战烽火中的南开大学》，河南大学出版社 2015 年版，第 450 页；《南开校友》第 2 号。

④ 2015 年 8 月 27 日，台湾朋友丘智贤致笔者的电子邮件。

同样坚韧，共同前进，俾使南开在复兴国家的时期占一更重要的地位。[①]

尽管回国之后，张伯苓一再表达了专注教育、不问政治的想法："我决定摆脱政治，回来办理复校工作，继续从事教育。"[②] 但事与愿违，他始终也没能远离政治、摆脱政治。1947年5月，张伯苓出席国民参政会，再度出任大会主席团主席。1947年6月29日，张伯苓于南开女中礼堂召集在津校友举行茶话会。他在致辞中强调：

现在是民主国家，要做民主政治工作，我们应从学校发祥地——天津做起。本市政治工作人员，嗣后将由选举方式产生，要选好人担任。我们身在天津，如选举不好，便身受其害。再说选举亦是我们的责任，希望大家不要放弃。民主政治给予大家选举权利，世界潮流亦是民主的，所以大家亦不应放弃，我们应该商议如何选举一切人物，如参议员、市长、立法委员、监察委员……我们参加选举，要仍本着南开"公能"精神，要选肯负责能做事的人出来任事，我的意思绝不是要大家选举某某人，更不是要造成一个机会给任何人运用。我请大家来，目的是使大家注意政治，选举好人。这个意思我曾和几位校友谈起，都很以为然。所以我们要组织公能学会，实现这种理想。[③]

现实是十分严酷的，此时蒋介石早已迫不及待地推行他的专制独裁统治，可张伯苓还依然沉醉在"好人政治"的理想中。这种理想和现实的矛盾与冲突，已经注定张伯苓在日后的政治生涯中遭到失败。

此后，张伯苓参与组织了公能学会，并参加了国民大会代表竞选。1947年11月，他以17万张选票顺利当选"天津市国大代表"。1948年3月，张

---

①《大公报》，1947年3月20日。

②梁吉生：《张伯苓与南开大学》，山西教育出版社1995年版，第310页。

③《南开校友》，第五期第5号。

伯苓在南京参加“行宪国大”会议，入选主席团。蒋介石本来就打算要利用张伯苓的声望来为实现其政治目的服务，张伯苓的这次当选正中蒋介石下怀。据蒋介石随从秘书郑彦棻回忆：“张先生是中国教育的象征，人很厚道，全国人对这位老先生都很尊敬。将来不得已必须采取各党派联合政府时，张先生出面组织国会，是可为各党派所通过的。设若不得已必须恢复前六年林森做主席的形式，张先生也是最理想的人。”① 张伯苓虽然多次参加国民参政会和国民代表大会，但是却一直是以议政的身份出现，并不是国民政府的官员。他对国民政府的贪污腐败等问题也略知一二，感到非常气愤，所以对出任政府要职之事一直心存警惕，敬谢不敏。

1948 年，南京国民政府改组，原来的考试院院长戴季陶辞职了。为争这个位置，派系之间斗得很厉害。蒋介石想抬出张伯苓来，平息众议，一连发出三封电报邀请他出山。不仅如此，蒋介石还让曾在南开中学读书的天津市市长杜建时当面敦请张伯苓出任国民政府考试院院长。可是，张伯苓态度明确地表示：“我不愿做这些事。黎元洪当总统时曾约我当教育总长，说什么我也不干。我是办教育的，还是办教育的好。”② 可是，杜建时依然每天晚上一到七点钟以后，必到张伯苓的家里来劝驾，可是每次都被婉言谢绝。由于杜建时也称得上是南开中学的老学生了，所以深知校长的性格，知道不好劝，但又不能不来，于是就这么着僵持了好多日子。

等杜建时走了以后，王夫人总是劝丈夫道：“你的年岁已经大了，不必再去了吧！”实际上，王夫人的话也道出一些事情，那就是这一时期张伯苓经常头晕。为此，家人还给他请来了一位医生，那就是南开的老校友景绍薪大夫给张伯苓检查病情，发现他的血管有老年性硬化的现象，遂也劝道：“校长可以休息了吧！南京不必去了。”张伯苓对于家人和大家的意见也都同意，所以一再托付杜建时帮自己向蒋介石辞谢。

可是蒋介石就是不甘心，所以第四次又派考试院铨叙部的马国琳司长拿

① 《天津文史资料选辑》第 8 辑，天津人民出版社 1980 年版，第 159 页。
② 《天津文史资料选辑》第 8 辑，天津人民出版社 1980 年版，第 160 页。

着他的亲笔信来面见张伯苓，催促他赴南京就职。信上的大意是说在行宪后，把教育部划归考试院，请张伯苓为全国的教育事业设想，再多尽一份力量。在张伯苓的后人看来，这中间还有一段内情需要说清楚。

原来南开大学自从抗战后，与北京大学、清华大学合组国立西南联合大学，经费改由教育部按月拨给。至南开大学回到天津八里台复校，仍是国立。虽说经费有所保障，但数额固定，不用说要想再像以前那样年年发展，是不容易了，就是将经过敌人惨重破坏的校园恢复到原状，已不是一件简单的事。凡百事都要钱，可是钱需要由教育部拨给。张伯苓在每次去南京见蒋介石时，所有的事情都很好办，但是到了教育部却又样样办不了。可大学里面天天花钱，月月开支，天天有人找校长要钱，经费又严重不足，仿佛是改成国立之后，经费反而不如私立时充裕。这究竟是为什么呢？

当时国民政府的教育部部长是朱家骅，在抗战时期就担任这一职务，对于权力运作烂熟于心。原来朱家骅有个孩子在重庆南开中学上学，因为太调皮，不遵守校规，屡教不改，致使学校里的老师怕因为他一个人破坏了全校的纪律，带坏了校风，遂做出开除的决定。这不啻是给了朱家骅一记大耳光。堂堂教育部部长的儿子竟然让一个学校给开除了，岂不是太不给他这个当老子的面子了。朱家骅把孩子领回，从此就憋着一口恶气。他在把孩子安置在另外一个学校后，就找碴和张伯苓校长过不去。虽说是南开中学惹的祸，他也可以找南开大学算账，反正都是一个张伯苓做校长吧！张伯苓的后人对此也有所了解，并发出“这一双小鞋，可真够他老人家穿的”慨叹，张锡祚也知道：“这些都是心里面的事，又不能和蒋介石明说。”但蒋介石似乎是看透了张伯苓的心思，所以在信中就明确提出：把教育部划归考试院，可谓击中要害。如果张伯苓答应了，就任考试院院长一职，将来把教育部划过来，一切烦恼都可消除。不然的话，脖子上的这个扣，就永远别想解开，那就是真没办法。俗语说得好，“不怕官，只怕管”。张伯苓为了南开学校的顺利发展，也要重新思索，并无奈地做出抉择。在这种情况下，他提出了三个条件，蒋介石如能应允，便可勉就。这三个条件是：一、只同意担任考试院院长三个月；二、南开大学校长的职务还要兼着；三、要请沈鸿烈担任考试院的铨叙部长。对于张伯苓提出的这三个条件，张氏后人是这样理解的：第一，只担任3个月的考试院院长，作为一个过渡，三个月后，你们另请高明。第二，南开大学校长是正职，考试院院长只算作兼职，因为三个月后，他还要回来。第三，他曾说："在中国的军人里，我有两个好朋友，一个是傅作义先生，一个是沈鸿烈先生。"他们都是正直的人，作风淳朴，和张伯苓气味相投。所以，他要求沈鸿烈担任铨叙部长。

蒋当时就都答应了张伯苓所提出的条件，并要张群借到北方来的机会，接张伯苓到南京去履职。6月16日，蒋介石在国民党中央政治会议上亲自提名张伯苓出任考试院院长，并获得一致通过。

对于张伯苓的决定，很多南开师生都不太理解。有人还出面劝阻，不愿老校长做此无谓牺牲。学生们甚至还贴出壁报加以挽留。黄钰生非常尖锐地质问张伯苓："先生一个人还能挽回国民党的颓局吗？"张伯苓叹了一口气说："蒋先生要我去跑龙套，我只好去。"在去南京就任之前的一次校务会上，张伯苓无可奈何地向与会者表示："出长考试院，恳辞不获，只得应命。"7月2日，张伯苓又在校务会议上说："学校为个人终生事业，绝不脱离，望同仁仍本既往精神，合作一致，为校努力。"四天之后，张伯苓乘专机飞到南京。10日，在考试院礼堂举行交任接任典礼。张伯苓身着夏布长衫、黑马褂，手里拿着一把扇子，从前任院长戴季陶手中接过印信，然后上台发表就职演说。一向以擅长言辞著称的张伯苓，这次只说了一句话："兄弟对这工作完全外行，以后一切事都由贾副院长管理。"然后就下台离去。出乎张伯苓预料的是，出任考试院院长一职，竟让自己离开了南开大学校长的职位。因为按当时的规定，国民政府考试院院长是不能兼任大学校长的。虽然蒋介石曾亲口承诺，保证张伯苓可以继续担任南开大学校长，但是教育部却坚持不能破例，不愿通融。最后，张伯苓只得被迫辞去南开大学校长一职，由教育部任命何廉为新任校长。尽管考试院院长是政府高官，但是在张伯苓的心中哪里比得上自己一手创办的南开重要？而如今，他却因为这个自己并不愿意接受的官职而被迫离开了南开，心中的悲伤可想而知。[①] 这是之前笔者的认识和解读，张锡祚对父亲张伯苓的回忆，帮忙我们重新做出分析、判断，觉得另有原因。

张家后人——张锡祚清楚地记得：张伯苓去南京不到一个月就回来了，坐在椅子上生气。张锡祚问他：国民政府怎么样？只见他脸色涨得绽紫，用手使劲拍着椅子扶手，皱着眉，摇着头，狠狠地叹了一口气道："嗐！无官不贪！无官不贪！"看得出来，父亲是彻底失望了。他钻进傀儡戏的幕后，看到了真面目。他回来后不久，南京跟着电报来催，接二连三，张伯苓也无可奈何，只得再到南京去。住了不多日子，张伯苓就以"体弱需静养"为托词，离开南京躲到重庆去了，依然住在沙坪坝南开中学他的老寓所里。[②] 远离政治中心的他不仅没有失落感，反而获得了回到重庆南开中学的喜悦。12 月初，夫人王淑贞和二儿媳、三儿媳及四个孙子和孙女也来到重庆陪伴张伯苓。夫人的温柔劝慰、儿媳的细致照顾、孙子孙女们承欢膝下，让晚年的张伯苓体味到人生的美好与幸福。从此，享受天伦之乐的他过起了平淡朴实的生活。

拒绝赴台　心向北方

早在张伯苓离开南京之前，国民党的败局业已注定。兵败如山倒。国民党军队先是在东北弃守，接着在淮海战役中又一败涂地，而平津战役也即将打响。蒋介石退守重庆之后，亲自到张伯苓的住所，劝其一同前往台湾或赴美国定居。张伯苓表示自己年老多病，请辞去考试院院长职务。蒋氏不仅不准张伯苓辞职，还坚持说："坐飞机如果怕累，可以在飞机上放两张帆布床，张先生和夫人可以睡在床上飞走，到了台湾或是美国，无论住处或是生活，都可有办法，儿媳和孙子们都可以带去。"先生始终不应。蒋介石后来又连派蒋经国到张伯苓的寓所三次，又派张群来过一次，反复劝他离开重庆，可是

---

①侯杰、秦方：《百年家族——张伯苓》，河北教育出版社 2004 年版，第 314 页。

②张锡祚：《先父张伯苓先生传略》，南开大学出版社 2016 年版，第 86 页。

他就是坚决不肯走。

蒋介石第二次来张家时，态度非常恳切，只要肯走，什么条件都可以答应。张伯苓只是低着头不说话，和蒋介石默默地相对而坐，僵持了很长的一段时间，一个态度坚决地劝走，一个态度明确地不肯走。王夫人虽是一个传统时代的妇女，但是平日遇事最有胆识，能做决断。她见到这个不可解的局面，就站出来向蒋介石氏说道："蒋先生！他老了！又有病！应该退休了！他做不了什么事啦！你叫他辞职吧！"蒋介石答道："张先生如要退休，可以到国外去休养，一切生活等，我都可以给想办法，夫人一同去，儿子孙子们都可一同去，愿去台湾也可以，愿去美国也可以，和仲述先生一同住不好吗？"王夫人答道："我们的二个儿了都在天津和北平了！我们哪里也不去！他舍不得南开学校，舍不得儿子，你叫他辞职吧！"蒋介石没提防王夫人会说出这么一段柔中带刚的言辞，当时竟无话可答。

对于这位王夫人，蒋介石之前多少有所领教。抗战期间，蒋介石有一次在重庆设宴招待社会贤达和政府首要人物及其夫人一同参加。蒋介石和宋美龄，孔祥熙和宋霭龄等高官显宦及其夫人都出席了，真是各个珠光宝气。只有王夫人衣裳简素、态度大方地和张伯苓一同来参与盛会，对任何人都是一样的应答接待。这让在场的所有人都印象深刻，既惊奇王夫人的安之若素，又羡慕王夫人的大方稳重。餐会过后回到家来，张伯苓对着全家人盛赞王夫人的稳重大方。王夫人道："他们不也是人吗？咱们不也是人吗？有什么不如他们的？倒是寻常不论到哪里，无论遇见什么人，一提起你来，没有一个不竖起大拇指来说好的，他们又怎样呢？"王夫人对事情的见解高人一筹，赢得家人和孩子的敬重，也让达官显贵们另眼相看。在面对蒋介石应答丈夫张伯苓是走是留的问题时，多亏了她的大胆作风，称得起是贤妻良母。[①]

于是，蒋介石沉默了好一会儿，最后只能站起身来告辞。张伯苓送他到门外，两人相对而立了好半晌，没说一句话。最后，蒋介石才走向车前，由

---

①张锡祚：《先父张伯苓先生传略》，南开大学出版社 2016 年版，第 89 页。

侍从打开汽车门。因为心里有事没当心，蒋介石上车时不小心一头撞在汽车门框上。张伯苓见状，急忙询问：“撞得怎样了？”蒋介石用手摸着头，歇了好半天，才答道：“不要紧，不要紧。”接着，很不愉快地走了。又过了两天，送来了一封公文，批准张伯苓辞去考试院院长职务。张伯苓这才一块石头落了地，欢喜不尽。

然而，蒋介石还是不甘心，在自己飞离重庆之后，还派儿子蒋经国到张家来，继续劝张伯苓走。最后，他见张伯苓执意不走，就说给他留下一架飞机，几时想走就几时走。但是张伯苓是几时也不想离开他那50年来艰难缔造的南开学校。就当时的情景来看也可能是很危险的，但是张伯苓不再顾虑那些了。他的一生，应付环境，委曲求全，一切是为了南开学校，为了他的教育救国目标，如果要是违背了这个目标，他就不再顾忌什么了。何况他年事已高，身体状况已大不如前。

1949年11月，张伯苓在沙坪坝寓所迎接重庆解放。次年春天，有一天晚饭后，他独自一人坐在门前闲眺，看着天上的行云和对面的南开校舍。忽然口角歪斜，嘴里流出涎沫来。王夫人看到，急唤儿媳帮忙搀扶张伯苓到房里。躺了几天，才渐渐地恢复过来，这是他第一次患中风症。[①]

此时，已经在北京起义的傅作义很关心张伯苓的安全。有一天，傅作义找到张伯苓的儿子张希陆商谈北来之事。张希陆对傅作义说：此事最好告诉周恩来。不久，傅作义给张希陆打来电话，“我刚从周恩来那里回来，请你来一趟”。两人见面之后，傅作义对张希陆说：“你想得很对。周恩来告诉我，过几天邓小平来再作商谈。周恩来说，现在要想办法透消息给张伯苓校长，不让他去台湾。”正巧在北京的中孚银行总经理要返回香港，周恩来便请他转告在香港的南开校友王恩东，让王捎信给老校长。不久，张伯苓收到了一封“无名氏”的信，信上说“老同学飞飞不让老校长动”。“飞飞”是当年周恩来在南开发表文章的笔名，而张伯苓一见此名，就知道这是周恩来托人写给他

①张锡祚：《先父张伯苓先生传略》，南开大学出版社2016年版，第89页。

的信，看到这位出色的南开学子在关键时刻仍然不忘关照自己，更加坚定了他不去台湾的决心。此后，蒋经国又奉蒋介石之命来沙坪坝劝说张伯苓去台湾，张伯苓以“不愿离开南开，更不想离开祖国”为由拒绝了蒋氏父子的请求，安心地留在重庆，等待着新中国的诞生，也等待着掀开自己生命历程中新的篇章。重庆解放之后，张伯苓为了表示自己对共产党和人民政府的坚决拥护，把私立重庆南开中学、小学以及幼儿园全部献给了国家。他和喻传鉴还特别指示教导主任等人，一定要核查清算学校财产，保证把学校完完整整地交给人民政府。这是何等的洒脱，出于何种情怀才能做出这样的举动？

遥想南开学校在1898年，严氏家馆时期，只有五六个学生，六年后中学部成立，也只有73个学生，一直发展到新中国成立前夕，前后50年，成立了南开大、中、女、小和重庆分校五部，学生达到4000多人。历年来先后曾在南开上过学和毕业的学生，更不下数万人，为社会中坚。南开是一个私人创办的学校，中国经常内战，而南开的教育事业也经常处在这种疾风骤雨、惊涛骇浪之中。在最后它又遭遇日寇的轰炸劫烧，将天津的大、中、女、小四部校舍全部摧毁。日本军国主义者想把南开学校彻底毁灭。但是它并没有如他们所想象的那样被毁掉，它随着又发出了更茁壮的蓓蕾——重庆南开中学，开放着更灿烂的花朵，南开学校是在暴风雨中成长起来的，它富有强烈的生命力，虽然经过一次又一次的波折，遍历种种困难，但是它却在发展，在壮大。诚如张伯苓平日所说的：“南开学校的诞生和发展，这是中国人民的愿望，不过是借着我的手来完成起来罢了。”[①] 这句话也得到张氏后人的认同。至于“学校不是校长的学校，是大家的学校”“私立学校不是私有学校”[②] 更征服了成千上万的人。

1950年5月初，张伯苓希望回到北方。当周恩来听到傅作义报告的“张伯苓没有走，希望北归”的消息后，非常高兴，立即安排飞机到重庆接张伯

---

①张锡祚：《先父张伯苓先生传略》，南开大学出版社2016年版，第74页。

②刘兆吉：《我心目中的张伯苓校长》，南开大学校长办公室：《张伯苓纪念文集》，南开大学出版社1986年版，第99页。

苓夫妇，并请时任中共中央西南局第一书记的邓小平给予协助。5月3日，重庆南开中学全校教职员工欢送校长和夫人北归，并在学校大操场上合影留念。翌日，部分教职员工同往珊瑚坝机场送行。老校长乘坐军用运输机，向着北京飞去。

张伯苓一行到达北京时，周恩来专门派童小鹏和秘书何谦前往机场迎候。傅作义也到机场迎接，并邀请张伯苓住到自己西城小酱坊胡同7号的宅邸中。刚到傅家，周恩来就匆匆赶来，向张伯苓表示亲切的问候，并无微不至地询问老校长在重庆的起居生活，他们还一起回忆了以前在重庆共度的美好岁月。此后，周恩来一有空就前往傅宅看望张伯苓，并欣喜地向他介绍祖国建设的新成就。由于年事渐高，张伯苓的身体也不大如前，特别是右腿肌肉很不灵活，不借助手力，很难站立起来。每次探望，周恩来总要很体贴地询问张伯苓的身体状况和生活需要，细致入微地为他安排好饮食起居。张伯苓对于周恩来耐心和周到的询问，十分感佩。他对亲友说："我活了七十多岁，与政府高级官员谈话还没有一个人像周恩来那样推心置腹。"① 这一时期，竺可桢、陶孟和、吴有训等老朋友和一些南开校友也常来拜访他。南开大学秘书长黄钰生每周都要从天津赶来傅家，看望张伯苓。大家济济一堂，满怀希望地展望新中国的美好前景，张伯苓也逐渐地加深了对人民政府的认识。全新的视野、全新的思想、全新的话题，都让张伯苓感受到了这个全新的时代所带来的全新的生命力。他是那么开心地看着自己的学生们在一步步地成长，那么欣慰地看到自己培养的高才生们在继续着自己改造社会的理想，也是那么惊奇和欣喜地发现自己的学生们已经超越自己的思想很多了。周恩来曾说：

> 张伯苓先生，晚年做了国民党政府的考试院院长，重庆解放以后，开始有了觉悟，后悔了。以后他回到北京，又转到天津。他和我总算是师生关系了，也很接近，但是我丝毫没有勉强他写一个东西。以后，他

①梁吉生：《张伯苓与南开大学》，山西教育出版社1995年版，第261页。

慢慢地认识了新中国，认识人民中国的好处，开始跟我讲了一些他最赞成、最高兴的事，但是我仍然没有请他写个东西。我觉得一个人的进步要等他自觉地认识以后才最可靠。[①]

在北京逗留四个月之后，张伯苓在9月执意要回天津，看看他日夜惦念的南开和诸位校友。临行前，周恩来、邓颖超在中南海西花厅自己的家里为老校长饯行，并邀请在京的南开校友李福景、潘世伦、吴勤以及张伯苓的儿子张希陆等人作陪。张伯苓特意给周恩来带去了南开校父严范孙的照片，满足了周恩来在重庆就提出的想要珍藏严范孙照片的要求。饭后，周恩来关切地询问张伯苓返回天津之后有什么困难。张希陆不无担心地说："就怕校长回天津有人不理解。"周恩来马上说："我写信给天津，说明是我们把校长接回来的。"果然，天津市市长黄敬（即南开学生俞启威）对张伯苓多方予以照顾，张伯苓还特意到市政府表示感谢。

刚返回天津的时候，张伯苓一家住在卢开源家，后搬入大理道87号与三子张锡祚全家同住。祖孙三代同堂，给张伯苓的晚年生活增添了不少天伦之乐。

在天津的生活，是平淡的，也是宁静的。据张伯苓的三儿媳瞿安贵女士回忆：

> 伯苓公每天早晨五点半左右起床，漱洗后六点跟着无线电上早操，风雨无阻。七点钟早餐，早餐他吃得很多，令人瞠目。伯苓公早餐要吃一碗牛奶，两个煮鸡蛋，鸡蛋不能老也不能嫩，蛋黄要溏心的，敲开蛋壳用小匙舀着吃之后，还要吃两个芝麻烧饼就着一套豆腐皮卷果箅，抹上面酱，最后，还要喝一碗面茶，是用黄米面做成的稀粥，上面撒着麻酱与芝麻。

---

①梁吉生：《张伯苓教育思想研究》，辽宁教育出版社1994年版，第354页。

早餐后，由工友王树林陪同，带着媛良（注：张锡祚之女）、元龙（注：张锡祚之子）出去遛早，先送媛良去常德道四友幼儿园上学，回来带着元龙围民园体育场转一圈。回家大约是十点了，在沙发上休息，听听无线电，看看报纸，到十二点吃饭。午饭他吃得很少，只一小碗米饭，饭后在卧室沙发上稍事休息，喝一杯浓浓的香片茶。老夫妇二人在一点半左右睡午觉，三点左右下床。这时就有客人与校友陆续来了……一直到五点左右，客人全走了。休息一会儿，六点半吃晚饭。晚饭他吃得很少，一小口米饭，吃一点点菜，喝半碗汤。他常与王夫人开玩笑说："晚饭少吃口，活到九十九，我要留后福。"王夫人的食文化箴言是："人过六十，非肉不饱。"所以我们做菜必须搭配有菜有肉才能符合二老的口味。

饭后，老夫妇二人在书桌前面对面坐着，摆下一个玻璃片圆盘，内放纸牌，伯苓公专门陪王夫人斗牌，俗称"十胡"，斗完牌有时还用牌九接龙，伯苓公一面斗牌，一面边听着无线电，到八点正时，伯苓公从抽屉内拿出七块大小不同的手表与无线电对时。有时伯苓公笑着说："名牌也有不准的时候，不是名牌的反而准确无误。"伯苓公一生没有任何嗜好，唯一的乐趣就是对表。这些表都是学生们所送，而且都很陈旧了。对表以后还接着斗牌，一面吃着小零食。这是戒烟以后留下的习惯，经年不断，晚十点左右就寝。他生活不但没有任何不良嗜好，而且非常规律，年节不祭典不熬夜，这就是伯苓公家居生活的全部。[①]

有时，张伯苓也出去转转，或者和一两个老学生在公园里走走，或者每周一、周四去小梨园听听大鼓，或者去华北戏院听听河北梆子。据了解他的家人说：张伯苓后来最喜欢听高亢激越的音调。这也算他晚年的爱好吧。每次外出，他都不愿坐三轮车，只好乘电车。由于电车规定从前门上后门下，

①龙飞、孔延庚：《张伯苓与张彭春》，百花文艺出版社 1997 年版，第 252 页。

所以张伯苓每次上车之后，须慢慢由前头一步一步移到后头，以准备到站下车。否则，电车到站，赶着下车就来不及了，耽误其他乘客的时间。他常对人讲："我做了三十年天津电车公司董事，我懂得坐电车。"

这种平静的生活并不意味着张伯苓对新中国的建设和发展漠不关心，恰恰相反，他非常关心社会的发展，关注着祖国的建设事业。张伯苓跟身边的孩子们说："我现在已经老了，但是一生尽心力为国家民族复兴事业而奋斗，今日虽是退休了，但对于国家民族的大事，又岂能淡然置之耶？"所以他虽然是退休了，但是对于国家的大事，仍然是时刻关心，天天要看几份报纸。其余的时间，就是常常请些老校友老同学们到家里来和他谈谈闲话。他在每个星期里规定有一两天，要分别约请几位老校友到家里来吃饭，谈个半天话。有时也由人陪着出去看看戏。晚上饭后和儿子孙子们坐在一起听听无线电广播的戏曲节目，就是这么度过晚年。[①]

此外，张伯苓还经常阅读毛泽东的《论联合政府》《新民主主义论》等文章，并语重心长地对黄钰生等人说："我若早几年看到毛主席的书，我可以少犯许多错误。"黄钰生从北京听完教育部传达周恩来总理的报告回到天津后，就向张伯苓介绍了人民政府将以爱国主义为重点对全国青年进行教育的情况，张伯苓十分兴奋地说："对，好。教育青年爱国这是正经。"同时又指着手中《人民日报》第一版左上角的图片标题《我们伟大的祖国》说道："这个对，这是好教学法，现在的爱国教育比我所做的内容丰富多啦。"[②] 但是时时刻刻，他仍是念念不能忘掉自己50年来一手创办的南开学校。他曾多次亲临南开，受到秘书长黄钰生等人的热情接待。一次，他在思源堂，遇见刘晋年教授，表达了南开大学教学与科研的念念不忘，关心着外文期刊是否完整无缺。文学院在六里台北院举行周孝友堂赠书典礼，他也主动参加，让人感到这位老人家对半个世纪心血浇灌的南开总是那么温情脉脉，流连忘返啊！有一天，张伯苓来到南开大学文学院，想看看以往的老朋友和南开的学生，遇到了文

①张锡祚：《先父张伯苓先生传略》，南开大学出版社 2016 年版，第 52 页。

②黄钰生：《张伯苓先生追悼词》，申泮文主编：《黄钰生文集》，百花文艺出版社 2009 年版，第 127 页。

学院工会副主席张镜潭。他开门见山地问张镜潭："你说哪个党好？"闻听此言，张镜潭还未反应过来做出回答。张伯苓紧接着就自问自答地说："我看还是共产党好，毛主席伟大！我的孙子张元敬已经参加了人民解放军……"这让张镜潭真切地感到张校长的这一席话，直截了当，明确表态，正说明了他老人家由于目睹了解放前南京政府的怪现状，从反面受到了教育，因而"已觉今是而昨非"，他政治思想上这种巨大转变，实在是难能可贵，值得人们赞扬与肯定。[①]

1950年10月17日，是南开中学创办四十六年纪念日，也是严氏、王氏家塾建立五十二年纪念日。还没到纪念日，张伯苓就特别迫切地希望回南开看看，想和南开师生一起庆祝学校校庆。"但是却有人讽刺他，叫他不要到学校去，说怕有人和他捣乱。"后来天津校友会的会长阎子亨来劝说张伯苓："老师暂且不要去了吧！万一有个小人来和您捣乱呢？岂不是不好吗？"于是，张伯苓接受了劝说，答应不去了，但是他的心里是多么痛苦啊！张锡祚清楚地记得："那一天早上在下着小雨，他独自一个人闷闷地坐在房里，默默无言的在出神，后来大学部有几位同仁来说说话，他的心情好像解开点。又过了几天是南开大学的建校纪念日，学校里来人接他去看了看，他的心情好似松开些，但是平日总像是有什么心事似的，郁郁不乐。"[②] 这次校庆日重返南开大学的情况是，冯文潜教授向他讲述了学校开展学术研究的情况，张伯苓频频点头，表示满意。当时在场的人觉得，张伯苓对南开大学是十分关心的。[③]

---

①张镜潭：《昔日南大琐记》，南开大学校长办公室：《张伯苓纪念文集》，南开大学出版社1986年版，第115页。

②张锡祚：《先父张伯苓先生传略》，南开大学出版社2016年版，第98页。

③杨肖彭：《我对张伯苓校长与南开学校的回忆》，南开大学校长办公室：《张伯苓纪念文集》，南开大学出版社1986年版，第73页。

伯苓先生千古

屋漏偏逢连夜雨。精神健康状况欠佳的张伯苓在1950年的年底，忽然得了一场肺炎。经过积极治疗，加上原来的体质很强，所以他很快就痊愈了。可是没过多久，他又得了一次感冒，虽然很快康复了。但是，这两次病魔的侵袭，使张伯苓的身体健康水平严重下降。“过了新历年和旧历年，在北京的长子和次子全家都来看他，他自觉身体也复原了，头几天还叫人给买好戏票，他要去听河北梆子。在1951年2月14日下午，有位朋友来看他，谈得很高兴，约莫有六点钟的时候，客人临走，他还送出门外。回到房里来吃晚饭，饭后自己坐在卧室的椅子上，忽然一阵口角歪斜，左臂麻木，我们急把他扶到床上睡下，那时神智还清楚，但是嘴已经不能说话了。”[①] 实际上，早在1949年春天张伯苓寓居重庆时就曾患过轻微中风，幸亏王夫人和儿媳及时发现，及时抢救，并未留下严重的后遗症。但这次患病，使张伯苓的健康状况急剧恶化，家人虽然“急忙请来医生救治，说是脑栓塞，恐怕希望已不大了。因为喉咙麻痹，不能进饮食，精神日渐衰弱，虽行鼻饲法，也终于不能支持多久”[②]。眼看老校长生命垂危，“经大哥与众校友相商，应当立一遗嘱告全国南开校友，大家讨论中，认为黄钰生老师是最佳人选”。黄钰生和张伯苓的关系一向非常密切，而且又长期参与南开发展，相交相知最深。黄钰生“连夜执笔，写了一篇遗嘱”，并将遗嘱草稿，交南开大学中文系教授张清常润色定稿。遗嘱全文如下：

---

①张锡祚：《先父张伯苓先生传略》第99页。另据瞿安贵在《回忆张校长逝世的日子》中记述，1951年2月17日，卢开瑗下午5点钟左右来我家看望校长，他带来北京消息：“党中央将邀请张校长为全国政协副主席。”张校长听后非常兴奋，因为他为南开教育事业付出了一辈子心血，他在家中赋闲已有一年多了，因受到冷落，情绪一直低落，听说能出来为国效劳，意味着人民政府认可他的本身价值，真是又惊又喜。客人走后，很可能惊喜波动情绪，兴奋过度加上着凉，诱发高血压脑溢血。只见校长口眼歪斜，口吐白沫，思想有意识，但不能语言了。我立即将家人叫起，扶他上床卧倒，马上找大夫抢救。（大哥）次日立即由京赶回天津，大家日夜守护，病情继续恶化。（宋璞主编：《张伯苓在重庆》，重庆出版社2004年版，第97页）

②张锡祚：《先父张伯苓先生传略》，南开大学出版社2016年版，第99页。

一八九七年，余愤于帝国主义之侵略，因严范孙先生之启发，从事教育，五十年来，矢志未渝。凡余所尝致力而未逮之科学教育、健康教育、爱国教育，以允公允能，日新月异，与我同学共勉者，今将在人民政府之下，一一见诸实施。余所尝效力之南开大学、南开中学、重庆南开中学，在人民政府之下，亦将积极改造，迅速发展。今日之人民政府为中国前所未有之廉洁良好政府，其发展生产、友好苏联之政策，实为高瞻远瞩，英明正确之政策。凡我友好同学，尤宜竭尽所能，合群团结，为公为国，拥护人民政府，以建设富强康乐之新中国。无限光明远景，余将含笑待之。友好同学，务共努力。[①]

2月19日早晨，黄钰生拿着修改完的遗嘱，来到张伯苓的病榻前，读给他听。那时张伯苓虽然不能说话，但神志还清醒，听力也还好。黄钰生念一句，张伯苓听一句，“都一一点头同意，念到最后一句，他还用手挑起大拇指，想要说好。但只能挑大拇指，不能出声了”。[②] 当时在场的还有张伯苓夫人王淑贞、长子张希陆夫妇、二子张锡羊夫妇、三子张锡祚夫妇。待遗嘱全文念完之后，二儿媳叶磊泽还大声地问公公：“您说写得行不行？”张伯苓又一次竖起大拇指表示满意。

1951年2月23日晨，张伯苓病情加重，处于弥留之际。张希陆给国务院总理办公室打去电话，通报校长病危。下午6点半，张伯苓因抢救无效而与世长辞，享年76岁。中国教育界痛失一位忠厚长者，中国社会痛失一位坚定爱国者。据张氏后人说：“死后他的两眼不瞑，仿佛还是在念着南开学校，看护他的护士傅同志用热毛巾给他揉摩着双眼说道：安息吧！安息吧！你的工作已经做完了，你应该休息了！他的眼才闭合上。”[③] 由此可见，不论是张伯苓的家人还是送去临终关怀的白衣天使，都认定他是一心牵挂着南开学校

---

①《天津日报》，1951年2月26日。

②瞿安贵：《回忆张校长逝世的日子》，宋璞：《张伯苓在重庆》，重庆出版社2004年版，第97—98页。

③张锡祚：《先父张伯苓先生传略》，南开大学出版社2016年版，第99页。

和工作，直到走完生命的最后一程。

24 日凌晨 3 点左右，周恩来总理来电话，由张希陆接听。总理问校长病情如何？当听到张伯苓逝世的消息后，他沉默了一会儿说："我是今夜专车来津的，明晨我去吊唁。"张伯苓的后人们"听说总理为了最后能见校长一面而匆匆来津，未能赶上永别而惋惜"。早上，周恩来在时任天津市市长黄敬、副市长许建国陪同下，来到大理道张家吊唁。张希陆将周总理领上二楼校长的卧室，张家的三个儿子与媳妇在一旁站立。只见周总理匆匆进入室内，用满面忧伤、欲哭无泪的表情注视张伯苓遗容，深深地三鞠躬。随后，张伯苓的家人一起还礼。这时，周总理低头不语，用沉痛而哀伤的语气对张伯苓的家人们说："校长身体这么好，我真没想到校长去世这么突然，我原是想让校长看看我们的新中国、新社会，再请他出来工作的。"在现场的张伯苓的后人，见到的周总理的表情显得遗憾与伤感。接着，周总理说："我要看看师母。"张希陆请总理到校长卧室对面的小客厅看望了王夫人，"师母认识我嘛！我周恩来，请师母节哀，多多保重身体"。王夫人说："谢谢你的关怀，也谢谢你特地来吊唁。"这时，楼梯上下挤满了人，张希陆为了安全起见，请周总理到一楼小书房内，并召集了总理的二三十位同窗好友。对校友们所提出的如何评价张校长的问题，他诚挚地说："看一个人应当依据他的历史背景和条件，切不可用现在的标准去评论过去的人。校长的一生中是进步的、爱国的，他办教育有成绩，是有功于人们的，咱们都是他的学生。人民政府对校长十分关心，对他寄予希望，对他去世，十分惋惜。"又说："晚年校长虽有失误，但毕竟没有跟蒋介石到台湾去。"① 据张锡祚的记述，周总理"叹惜先生死得太早了、太快了，不能看到日后新中国的伟大建设，和伟大的教育计划"。②

周恩来不仅领衔张伯苓治丧委员会，而且敬送题有"伯苓师千古"和"学生周恩来敬挽"的花圈。张伯苓逝世后，《天津日报》以《前南开校长张伯苓病逝，遗嘱友好同学拥护人民政府》为题刊载了张伯苓遗嘱，以及他的

---

①瞿安贵：《回忆张校长逝世的日子》，宋璞主编：《张伯苓在重庆》，重庆出版社 2004 年版，第 98 页。
②张锡祚：《先父张伯苓先生传略》，南开大学出版社 2016 年版，第 99 页。

三个儿子的一则“讣闻”：“先父伯苓公于一九五一年二月廿三日下午六时半逝世，事寿七十六岁。谨定于三月四日星期日上午十点移灵永安公墓。此讣闻，后人张锡羊、希陆、锡祚哀启。”闻此噩耗，“远近各地知交校友，纷纷来信来电报或亲自来吊唁，国外各地凡有南开校友的，都在举行追悼会，纪念先生的一生。在三月发引，临时来参加丧仪的有近千人”[①]。作为基督教徒，张伯苓的丧礼由天津教会的王牧师主持。送殡之日约有2000多人随棺木缓缓而行，大都是张伯苓的家人、生前好友、南开校友以及仰慕老校长之人。4月8日，张伯苓追悼会在南开女中礼堂举行。黄钰生怀着万分悲痛的心情宣读悼词，以缅怀这位毕生精力都无私贡献给中国教育事业的教育家：

> 张伯苓先生逝世后四十四天，他七十六岁的生日后三天，他的朋友和学生在他所创办的学校之一——南开女中的礼堂，开会追悼他。这个追悼会，是应了许多人感情上的要求；这个追悼会，可以起团结和教育的作用……我们今天所追念的是伯苓先生对于教育的贡献。他所办的学校，他所教的学生，就是他的贡献最雄辩的见证。南开，张伯苓，在人们的心中，早就成了不可分离的联想。凡是亲炙过他的教训的人，像我们这些四十、五十、六十岁的人们，谁不敬仰而又亲爱我们的老师——四十多年，为教育、为中国，辛辛苦苦，劳碌奔波，到处碰壁。失败了再起来，起来了又失败，愈失败愈奋斗，这（位）教育工作者、教育家、一代人师，中国新教育的启蒙者，张伯苓先生。[②]

当黄钰生讲道：“他懊悔晚节的失足，他叹息老境不能参与这个伟大的时代的工作，他悲伤他是被新中国所扬弃的人，他悲伤在新社会里无他的地位，他悲伤他不如他的老友颜惠庆，他悲伤他一生的工作都被否定了，他悲伤他

①张锡祚：《先父张伯苓先生传略》，南开大学出版社2016年版，第99页。

②黄钰生：《张伯苓先生追悼词》，申泮文主编：《黄钰生文集》，百花文艺出版社2009年版，第122—123页。

一生心血所在的南开中学已经不认识他了。在校庆的那一天到礼堂去坐一坐都得不到许可，他伤心极了”[①]，感同身受的黄钰生竟然一时哽咽，再也讲不下去了。台下的350余位听众无不为之动容，潸然泪下。[②]接着，他坚强地继续致辞：

> 在这追悼会中，我们怀念那个身体魁梧，声音洪亮，谈笑风生，豪爽豁达，性格中充满矛盾，而能在工作中统一矛盾的人——这个人，机警而天真，急躁而慈祥，不文而雄辩，倔强而克己；这个人，能从辛苦中得快乐，能从失败里找成功，严肃之中又有风趣，富于理想而又极其现实。我们怀念15年前、20年前、30年前，教训我们，号召我们团结合作，硬干苦干，指导我们，百炼钢化为绕指柔，不取巧，不抄近，随时准备自己忠实地报效国家的那个人。我们怀念，15年前，20年前，30年前，每到一处，青年们争先恐后，满坑满谷，去听他演讲，爱护青年而为青年所敬爱的那个人，国士，教育家，新教育的启蒙者，一代导师，张伯苓先生。[③]

原本是到北京参加全国中等教育会议的重庆南开中学校长喻传鉴，听到召开张伯苓追悼会的消息后，匆匆赶来。他在追悼会上不无伤感地说：“我到北方来，未曾想到参加张伯苓先生的追悼会。”刚讲完这一句话，他就开始摘眼镜，擦眼泪。当说到“但我看到这个追悼会如此凄惨”时，他早已泣不成声。此时，台下也已是一片呜咽，悲痛的气氛充斥着整个追悼会的会场。他深有感触地说：“张伯苓一切都是为了南开，他当考试院院长也是因为他想把南开搞好，希望蒋介石帮助。如果张校长要做官，早就做了，南开就没有今日了！”李烛尘在致辞中说：“天津有三个抗日的团体，那就是南开、久大和

①黄钰生：《张伯苓先生追悼词》，申泮文主编：《黄钰生文集》，百花文艺出版社2009年版，第128页。

②周利成：《鲜为人知的张伯苓追悼会》，《南方周末》，2007年2月1日。

③黄钰生：《张伯苓先生追悼词》，申泮文主编：《黄钰生文集》，百花文艺出版社2009年版，第128页。

《大公报》，所以，日寇对这三个团体的手段也特别地狠。‘七七事变’时，日寇首先就用飞机、大炮把南开炸毁了……张伯苓先生对我国的教育事业是有贡献的，我们应该追悼他！”

中央科学院副院长陶孟和更为动情地说：“我们今天追悼的是一位伟大的爱国主义者，一位伟大的教育家——张伯苓先生，他不仅是中国的教育家，而且是全人类的教育家！他为新中国准备了各种人才，并且他有许多学生是共产党员，甚至还有共产党的领导者。”他最后更是哭着说：“我从小就失去了父亲，读书时张校长没要我一分钱，张校长培养了我，是我一生都无以报答的！”杨石先的讲话很简短，时任北京国华银行经理的张伯苓的长子张希陆代表家属致谢辞时，不停地向参加追悼会的人鞠躬，不停地说“谢谢大家参加这个追悼会”。[①]

张伯苓最先葬于天津吴家窑永安公墓，后来因为该地建设，迁到津东杨家台祖坟里安葬。丈夫去世后，夫人王淑贞继续与三子张锡祚同住，身体尚健，帮助照顾孙辈。后来，因为被一个叫丁学达的设局，骗去仅有的一点积蓄，生活一时陷于困窘。已经年逾 80 的王夫人经受不起这样的挫折，在 1953 年冬天，患中风症，右侧麻木，经过急救，逐渐恢复好转，但不能下床行动。后来又赶上困难时期，她的痼疾未能得到很好的治疗。周恩来听说此事，动情地说：“当年我在南开中学上学，每个周末都到校长家吃师母做的红烧牛肉与熬小鱼，现在绝不能让师母没有营养。”他让邓颖超赶到天津，将自己的高干购物证及从他们个人存款中取出的 500 元钱交给张伯苓夫人，嘱咐天津市委统战部予以关照，为师母开了一个户头，每月供应 15 斤油、15 斤肉、15 斤带鱼、10 斤鸡蛋等食品。在那个物资十分紧缺的时期，这无疑是雪中送炭。1961 年冬，王淑贞与世长辞，享年 89 岁。周恩来闻讯，立刻派人送去用茉莉花扎成的花圈，上写“师母大人千古”和“学生周恩来、邓颖超敬挽”。[②]

---

①周利成：《鲜为人知的张伯苓追悼会》，《南方周末》，2007 年 2 月 1 日。

②龙飞、孔延庚：《张伯苓与张彭春》，百花文艺出版社 1997 年版，第 249 页。

王淑贞去世之后，与丈夫张伯苓合葬于天津北仓烈士公墓，时为1962年清明节。碑文由三子张锡祚撰文，曾任南开大学教师、张伯苓秘书的吴玉如书写：

> 故南开大学校长张公伯苓，讳寿春。生于公元一八七六年，毕业于北洋水师学堂。曾与中日甲午之战，慨国事之日非，痛民族之濒危，奋志以教育救国。毕生殚精力无渝，先后五十余年。历考中外，不畏艰难，创立天津南开大学、中学、女中、小学及重庆南开中学。作育人才，力崇实践。始终以允公允能、日新月异为校训。自奉则绳检澹泊；待人唯和易笃诚。卒于公元一九五一年。夫人王氏，生于一八七三年，相夫教子，勤俭持家。公生平志业亦赖于内顾无忧也，卒于一九六一年。①

直到1975年火化后，两人骨灰置于北京长子张希陆家中。1979年，在天津水上公园烈士陵园举行了张伯苓骨灰安放仪式，王夫人的骨灰置于天津三子张锡祚的家中。后迁至北仓烈士陵园。1986年，南开大学张伯苓铜像落成，经天津市人民政府批准，张伯苓夫妇的骨灰合葬张伯苓半身铜像后。张伯苓魂归南开，也了却了他生前的夙愿。老校长终于能够看着一代又一代的南开学子成长为国家民族的栋梁之才，看着他倾注了无数心血的南开学校日新月异，发展壮大。2002年，设衣冠冢于天津蓟县元宝山庄公墓，与逝去的家人共同安葬于家人墓地。

在台湾，当蒋介石于1951年2月27日得悉张伯苓病逝的消息后，便在日记中写下了“痛悼无已”的字句。接着，台湾各界人士为张伯苓举行了隆重的追悼大会，蒋介石亲写“守正不阿，多士所宗，伯苓先生千古”的挽联，要人集体出席。以后，每至张伯苓逢十华诞纪念日，台湾都要举行纪念会。1975年4月5日，是蒋介石生命的最后一天。据蒋经国在日记中记载：“忆

①沈卫星：《重读张伯苓》，光明日报出版社2006年版，第383页。

晨向父亲请安之时，父亲已起身坐于轮椅，见儿至，父亲面带笑容，儿心甚安。因儿已久未见父亲笑容矣。父亲并问及清明节以及张伯苓先生百岁诞辰之事……”[①] 当晚，蒋介石逝世。可见，在生命的最后一刻，蒋介石还惦记着张伯苓百年诞辰纪念之事。

融入中华智慧的《世界人权宣言》

“七七事变”后，张彭春除任西南联合大学教授外，还兼任国民参政会第一届参政员。同年，奉派赴美，从事国民外交活动。1939 年 1 月，发起组织不参加日本侵略委员会。1940 年 5 月，正式担任外交官，初任中国驻土耳其公使，10 月到任。1942 年 5 月，调任驻智利公使，7 月到任，直至 1944 年 10 月。抗日战争胜利后，张彭春忙完南开复校工作，便返回国际舞台，转任联合国经济社会理事会中国代表，马不停蹄地奔波于世界各国之间，处理国际、外交事务。1946 年 1 月，张彭春作为中国代表出席了在伦敦举行的联合国创办会议，并参与社会文化组的工作。同月，他又被任命为中国驻联合国经济暨社会理事会常任代表，12 月，任中国签署《联合国麻醉剂草约章程》全权代表。1947 年 5 月，任中国签署《国际难民机构章程》全权代表。1948 年 3 月，任中国出席联合国新闻自由会议的首席代表。同年，任联合国人权委员会副主席，并与作为美国代表的罗斯福总统的夫人建立起了良好的工作关系和个人友谊。

当时，刚刚成立的联合国决定起草一份世界范围内的人权宣言，这个设想可以说是具有划时代意义的。因为“在世界历史上，国际社会的成员从来没有一道成功地为不仅仅是一个国家或者一类人，而是为不论任何地方和任何时代的所有人定义他们应该享受的权利和自由”。[②] 为了落实这一决议，共

①岳南：《张伯苓：悲情校长闯荡一生》，《博览群书》2013 年第 12 期。

②《高尚的使命——联合国〈世界人权宣言〉诞生过程》。

有59个国家派出代表参与宣言的起草。宣言起草委员会主席是美国总统罗斯福的夫人，此外还有黎巴嫩人查理·马里克（Charles Malik）和法国人勒内·卡森（René Cassin）等参与起草工作。尽管中国当时正处于内战时期，但是国民政府仍然指派具有丰富外交经验、精通中西文化的张彭春参加《世界人权宣言》的起草工作。由于他在起草工作刚刚启动时即提交了自己的方案，且具相当水准，因此被推选为起草委员会副主席。张彭春在《世界人权宣言》起草工作中贡献良多，对宣言在联大巴黎会议上顺利通过发挥了很大的作用。他的声音不仅代表了中国，同样也代表了亚洲和全人类的共同心声。

在宣言起草过程中，张彭春成功地将中国传统的儒家文化融入《世界人权宣言》之中。在他看来，“宣言应该既反映出托马斯·阿奎曼的思想也反映出孔子的思想”。例如，《世界人权宣言》在第一条中既明确指出：“人人生而自由，在尊严和权利上一律平等。他们赋有理性和良心，并应以兄弟关系的精神相对待。”其中，“良心”（conscience）一词便是基于张彭春的建议，是融入儒家价值观的典型反映。他甚至还建议起草委员会成员花上几个月时间来深入研究儒家思想。对此，学者萨尼·突维斯(Sumner B.Twiss)认为：“中国代表张彭春当年把儒家的一些理念、观点引入《世界人权宣言》的审议过程，这种努力导致了宣言的最后形成并通过。在智慧的高度上，张彭春对宣言的形成所尽的责任比谁都要大，他将具有更为普遍性而非纯粹西方的思想注入于世界人权宣言之中。”[①]

在刚刚经历了人类历史上最为惨痛的杀戮和破坏——第二次世界大战之后，59个国家的代表齐集一堂，共同商议、起草和制定《世界人权宣言》，谈何容易！不同的文化传统、价值观念，乃至国情，必然会带来许多误解、矛盾和争端，但是张彭春凭借其广博的中外文化知识，出色的外交手腕，化解了谈判过程中的许多僵局，成为东方文化与西方文化的调解者和沟通者。张彭春以自己独特的方式化解矛盾和寻求出路，在讨论过程中起到了良好的促

① 《“五四”的反省与超越——以现代性与传统为中心的思考》。

进作用。例如，尽管南非代表强烈反对，张彭春仍然支持法国代表卡森提出的建议，在宣言的第一条中明确写入“平等尊严”的原则。有如，美国的代表最早提出“All men are created equal”（“人生而平等”，英文中“人”与“男人”同为一词，所以也可以译为“男人生而平等”）的表述，遭到一些国家代表的抗议，认为这损害了女性权益；另外，在英文中，“create”也隐含上帝创造人类的宗教意味，因而受到其他非基督教国家代表的质疑。张彭春则主张立足于普遍主义，坚持取消一切借助于自然和神的措辞，他的观点最终为起草委员会主席罗斯福夫人所接受。据法国代表卡森说：全靠张先生用适当词句，摒除障碍，宣言才得以顺利通过。此外，更值得一提的是，张彭春极力支持和赞同将经济、社会和文化权利等方面的内容列入宣言之中。

1948 年 12 月 10 日，经过两年的反复讨论和不断修改，联合国大会巴黎会议最终通过了《世界人权宣言》。张彭春代表中国政府投了赞成票。罗斯福夫人在联合国大会上发表讲话，再次强调《世界人权宣言》所具有的划时代意义：“我们今天就要面临一个无论对联合国的历程还是对人类生命来说都十分重大的事件。人权宣言很可能就成为全世界所有人的国际宪章。我们希望联合国大会颁布的人权宣言和法国人民 1789 年宣布的《人权和公民权利宣言》、美国人民采纳的《人权法案》以及其他国家在不同时间采纳的类似宣言具有同等重要的意义。”[①]《世界人权宣言》成为人类追求民主平等、共同进步的基础和准则，推动了 20 世纪人类文明的和平与进步。作为参与宣言起草这一重要工作的中国代表，张彭春在国际外交舞台上充分展现了他的杰出才干和超群智慧。

在作为中国驻联合国代表这一时期，张彭春还向联合国提出了很多有价值的议题，其中就包括创办世界卫生组织。在联合国工作期间，张彭春除了常去瑞士、英国、法国参加联合国会议外，还先后访问了许多国家，积极开展对外交流工作。

---

①《高尚的使命——联合国〈世界人权宣言〉诞生过程》。

联合国成立之初，百事待兴，因此张彭春的工作十分繁重，总有数不清的会议要出席，总有不计其数的文件要处理。但是每逢春、秋两季旅美南开校友会召开会议，他总要在百忙之中抽出时间来热心参加。虽然有时会因为工作关系迟到或早退，但是无论如何一定要设法出席，同旅美南开校友见见面，联络一下感情，讨论一些校友会务。1946 年 4 月，张伯苓赴美国治病，一直住在张彭春的家中。10 月 17 日，他陪同刚刚病愈出院的兄长出席了由纽约旅美南开校友召开的校庆纪念活动。

20 世纪 50 年代初，因病退休后的张彭春定居于美国新泽西州纳特莱城(Nutler)，将大部分时间都花在文学和音乐上。他学习钢琴演奏，着迷于西洋古典音乐，因此家中收藏了很多唱片。

客居海外，张彭春仍时刻不忘自己是一个中国人。有一次，张彭春应纽约 Dumount 电视台邀请向广大美国观众讲授中国音乐。他引用了唐代诗人白居易的著名作品《琵琶行》里的诗句："大弦嘈嘈如急雨，小弦切切如私语。嘈嘈切切错杂弹，大珠小珠落玉盘。"这四句诗被他翻译成英文，用来形容琵琶悠扬顿挫的声音。或许父亲张久庵生前从未想到，自己最为钟爱的琵琶，居然在几十年之后被儿子以这种独特的方式介绍到西方国家。为了在异域他邦将中国传统文化传承下去，张彭春竭尽心力。每次召开旅美南开校友会时，他都教校友的孩子们背诵唐诗，然后进行表演。张彭春先用英文向孩子们讲解唐诗的内容，再让他们用中文高声朗读，经过反复排练之后，然后在校友会上正式表演，作为余兴节目。舞台已不是当年表演新剧的舞台，演员也不是当年的南开热血青年，但他还是像当年那样认真和执着。当孩子们站在台上，用不甚标准的中文朗诵着唐诗宋词时，张彭春仿佛又回到了过去的岁月……[①]

1953 年，张彭春因心脏病加重，入院治疗。然而，病痛的折磨并不能改变这位花甲老人喜欢旅行的性情，反而使他更加热爱生活、热爱家人。翌年，

①黄殿祺：《话剧在北方奠基人之一——张彭春》，中国戏剧出版社 1995 年版，第 376—378 页。

身体刚刚好转，张彭春就开车前往华盛顿以南一带旅行。1955年11月，他又搭乘火车到康奈尔大学看望长子一家人。在旅途中，张彭春尽情品味着人生的乐趣。

1957年7月19日子夜，张彭春毫无先兆地因心脏病猝发在位于美国新泽西州纳特利城（Nutler）的寓所中逝世，享年66岁。或许用张彭春在抗战胜利之后发表的讲演《什么是现代化》中的几句话最能概括他一生的经历：

> 个人有时致力于教育，有时从事外交，有时也研究戏剧，表面上看起来，似乎所务太广。其实一切活动，都有一贯的中心兴趣，个人三十年来，时时萦绕在脑际的中心问题，就是现代化，也就是中国怎么才能现代化。①

张彭春去世之后，和他相濡以沫几十年的夫人蔡秀珠心情忧郁，难以释怀。后来，为免睹物思人，她不得已将丈夫的遗物处理掉，搬去和长女一起居住。1986年10月14日，蔡秀珠病逝于美国加州（California）洛杉矶（Los Angeles）郊外的寓所，享年88岁。

张氏兄弟相继走完了自己的人生旅程，与他们血脉相传的后辈子孙们却依然在各自的领域中忙碌着，或教学、或经商、或从军，有着不同的境况和遭遇。在这些张门子孙的生命历程中，张氏家族那种积极向上的精神，代代相传，生生不息。

---

①《公能报》，1946年11月。

十四、一门四虎　枝繁叶茂

数学专家张锡禄

张伯苓和夫人王淑贞一共生育了七子一女，但是只有四个儿子长大成人。他们是张锡禄、张锡羊、张锡祚和张锡祜。四个儿子似乎都遗传了父母的优良基因，个个英俊挺拔、高大威猛，认识张家的人都说张家一门四虎，可是了不得。张伯苓对这四个儿子的要求非常严格，尤其注重培养他们的道德修养。他常说："我不给孩子留财产，我给他们留德。"张伯苓以身作则，言行一致。他病逝后，家人在他的衣兜里只发现了七元钱和两张过期的戏票。在学业方面，张伯苓对孩子们的要求也很高，一点都不放松。为了搞好他们的学习，张伯苓在力所能及的情况下为孩子们提供一切必要条件。在收音机传入中国不久，张伯苓就在家里安装了一台矿石收音机，并让孩子们坚持每天收听外语新闻，以便有效地提高英语听说水平。为了让孩子们拥有健康的体魄，张伯苓还特意在家中的庭院内安装了简易的体育器械，让孩子们在读书学习之余强身健体。在张伯苓的教育下，他的四个儿子德、智、体全面发展，在各自的领域里都有所成就。

长子张锡禄，生于清光绪二十七年（1901 年），后改名为希陆。张希陆在中学时代就读于南开中学，但他并没有因为父亲是校长而放松对自己的要求，在学习上不敢有丝毫懈怠，反而更加严于律己，脚踏实地、勤奋努力地学好每一门功课。从南开中学毕业之后，希陆考入清华学校。五四运动爆发后，他积极投身反帝爱国洪流，并于 1920 年代表北京学生回到天津，组织示威游行，赴直隶公署请愿。在当局以武力镇压学生的爱国行动的过程中，张希陆还被军警用刺刀刺伤。后来，他考取了清华学校“庚子赔款”赴美留学资格。张希陆自幼对学习数学抱有非常浓厚的兴趣，并显示出极高的天赋，所以到美国之后，便毫不犹豫地入读了威斯康星大学的数学系。在获得学士学位之后，又转入芝加哥大学研究院继续学习数学专业。之后，张希陆将一生的精力和热情全部投入到数学的教学和科研工作中去。1928 年毕业后，张希陆丝毫不留恋在美国的优越生活，义无反顾地回到祖国，投身于自己所热爱的事业。回国后，他历任南开大学数学系教授、厦门大学理学院院长兼数学系主任、国立西南联合大学教授以及中法大学经济数学及统计学教授。抗日战争时期，他供职于中央银行人事处，任视察专员。新中国成立后，张希陆坚定地留在了祖国大陆，为国家建设贡献自己的才智和力量，成为在海内外有着广泛影响力和号召力的爱国人士。20 世纪 50 年代，当美国发动侵略朝鲜战争时，张希陆响应政府号召，积极参加抗美援朝运动，并做了一些实际工作。

1950 年，张伯苓夫妇从重庆来到北京后，张希陆就陪伴在父母身边。后来，张伯苓决定回天津，周恩来特来询问两位老人今后的生活上是否会有困难。张希陆非常了解父亲的想法，就对周总理说，生怕老校长回到天津之后，有人因为他曾做过国民党的官员而对他另眼看待。周恩来当即表示一定会解决此事。[①] 此后，他也经常从北京回到天津看望父母。

1953 年，张希陆参与北京石油学院数学教研室的筹建工作，担任数学教

①梁吉生：《张伯苓教育思想研究》，辽宁教育出版社 1994 年版，第 355 页。

研室主任，兢兢业业、任劳任怨，为祖国的数学科研事业辛勤工作。张希陆的科研能力非常强，同时也是一位甘为人梯、桃李满天下的好教授。多年来，他培养的很多学生都已成为海内外知名的专家学者。“文化大革命”期间，张希陆遭受迫害，身心受到严重摧残，以致晚年卧病在床。改革开放以后，世界数学界泰斗陈省身教授曾表示要与张希陆合作，但张希陆因身体状况欠佳而终未如愿。1988 年 11 月 5 日，张希陆因病在北京去世，享年 88 岁。全国政协主席邓颖超以及阎明复、卢嘉锡、钱伟长、周培源、童小鹏、曹禺等人均送来花圈表示哀悼。中央统战部的领导还特意会见了张希陆的家属表示慰问。张希陆的夫人张淑贞系南开校友、著名外交家张平群之胞妹。张希陆夫妇生子女五人，分别是女儿张媛美、张媛和、张媛庆等。

驰骋商场的张锡羊

次子张锡羊，出生在清光绪三十三年（1907 年）。之所以取“羊”字为名，是因为在中国传统文化中“羊”字表示吉祥。而他本人也深得父亲张伯苓的怜爱。1928 年，父亲特意安排他随叔叔张彭春以及南开大学的蒋廷黻、萧遽、杨石先、何廉、李继侗、傅恩龄等教授赴大连，做东北实地调查。张伯苓在给中华基督教青年会余日章的信中，介绍了南开大学诸位教授的“东省之游”，“借以调查情况，对于移民问题特别注意”。还特别写上：“小儿锡羊亦随同前往。”① 张锡羊就读于南开大学商学院，毕业后走上了经商之途。张锡羊多年在外奔波，最远曾到过哈尔滨等地进行经贸活动。抗日战争时期，张锡羊与敖世珍、钟瑞可、张灏、宋挚民等人在成都创办了一个小规模的新华公司，经营工程建筑等方面的业务。张锡羊深谙父亲提倡的奋斗精神，尽力服务社会，因此公司的经营管理亦具有浓厚的南开色彩，养成员工以公司为家的观念，同人之间齐心协力，共谋发展。或许可以认为，新华公司是南

①梁吉生：《张伯苓年谱长编》中卷，人民教育出版社 2009 年版，第 25 页。

开在四川发展的一个实业基地兼办事处。张伯苓每次到成都，总是住在那里。抗日战争结束后，天津设立了管理城市公共设施的公用局，所辖的电车汽车管理处负责公交营运。1946 年下半年，张锡羊出任天津公用局局长兼电车汽车管理处处长。为了解决当时颇为严重的无票乘车问题，张锡羊带领部下到各条公交线路进行监督检查，刹住了这股坏风气。新中国成立后，他和家人一起留在了天津，长期在粮食部门工作，后在十年动乱中遭受迫害，去世。张锡羊的夫人是叶磊泽，夫妇二人生有六个子女，分别是女儿张媛贞、儿子张元龢等人。张元龢又名元敬，为张伯苓的长孙。

替父立传的张锡祚

三子张锡祚，生于清光绪三十四年（1908 年）。他身材高大，相貌英俊、威严，走在路上常常吸引行人的目光。他自幼聪颖，勤于学业，成绩上佳，做事认真，深得父亲张伯苓的喜爱。10 余岁的时候，张锡祚开始练习武术，因过于刻苦，劳累过度，抵抗力下降，不幸染上肺结核。因为此病传染，当时就读于南开中学的他不得不休学。后来病情逐渐加重，张伯苓只得四处延请名医为儿子诊治，但疗效并不明显。医生对于张锡祚的病束手无策，甚至认为他将不久于人世。但是，他的母亲王淑贞从不轻易向命运低头，决意亲自悉心调护儿子的病体。经过她充满慈爱的护理和照顾，张锡祚的病情不仅没有恶化，竟然还稳定了下来。

抗日战争时期，张锡祚和父母亲同住在重庆南开中学。经重庆名医诊治，用去掉九根肋骨的办法治好了他多年的肺疾。病愈之后，张锡祚不愿继续待在家里，就去经营小型工商业，开办农场，为南开学校的发展尽自己的绵薄之力。长年的病痛，虽然使他无法像弟弟那样效命疆场，但是更多地受到父母的关心和爱护。对于他的学习和成长，张伯苓非常关心。一次，他问张锡祚："你在看什么小说？记得你祖父曾说过，年轻人不要看《红楼梦》，看过之后，看着房檐底下的椽子，都觉得是灰色的，会使人感到人生的暗淡无光（因为当时的老式房子都是前面出檐，下有椽子，所以这样说）。不如看《水浒传》，宋江是个创业的，他从火并王伦的几条好汉，一直发展到一百〇八条好汉，把个梁山泊布置得井井有条，一片兴旺之气，看完之后，会教人觉得精神振奋。”所以我们小时，都把《水浒传》看得烂熟，后来做事时受到它的影响不小。对于父亲的教诲，张锡祚总是反复思考，认真体会。他以为父亲“所说的年轻人不要看《红楼梦》，是因为一个十几岁的孩子，在他的智慧上和生活经验上，还不能领会这一部书的文学价值和分析它的人与人的关系，只是在看它的故事，易于产生一种颓废的思想。当然在一个成年人，对于文学的修养高了，社会生活经验丰富了，那是又当别论的”。[①]

对于张锡祚这一代人来说，生活在文学、艺术的世界，是多么的幸福呀。现实世界是那样的残酷，充满着血雨腥风。他同样直接或间接地感受到日本侵略者的凶残，对杀人不眨眼的刽子手们的暴行充满仇恨。

张锡祚所经历的战时后方——重庆市的生活充满险恶，持续不断的大轰炸给中国人民造成巨大的灾难。他清楚地记得：自从国民党政府自汉口后撤到重庆以后，日本侵略者的飞机便追踪而来，天天轰炸。四川天气，冬季多雾，飞机在高空向下什么也看不到。但是一到春天，天朗气清，雾气全消。在1939年5月3日、4日这两天，日机连续编队来袭。当时国民党的空军力量损失得所余已不多了，没有截拦能力，只有几架高射炮对空轰轰地射击。日本侵略者的飞机对准这一城市，疯狂地投下了无数的炸弹和硫黄弹。重庆的房子绝大多数是编壁抹灰的建筑，因为中国南方多产毛竹，而四川天气温暖，没有大风暴雨，所以房子都是用竹编壁，上面抹上灰砂，乍一看来，仿佛是砖墙，其实最怕着火，一烧起来就不得了。日本侵略者的飞机凶狠地投下了无数的烧夷弹之后，引起了全市大火，在距城40里的沙坪坝，远远地就可以望到城里的火焰，照红满天，那时烧死的人要比炸死的人多得多，真是

①张锡祚：《先父张伯苓先生传略》，南开大学出版社2016年版，第96—97页。

一场浩劫。市内民房，多数烧毁，一连一个多月在城里到处都闻到尸臭之气，始终不散。但是，在张锡祚的观念里："中华民族是打不倒的，没到一年工夫，市内房子又建起来了，唯其构造简单，所以容易被毁，也唯其构造简单，所以也容易恢复。虽然敌机天天来炸，有一次一连炸了八天八夜，警报一直未解除，这叫作疲劳轰炸，但是只要敌机一去，警报一解除，人们立刻走出防空洞，一切工作照常进行，干什么的还照常干什么，谁也没有因为警报而影响了生活、影响了工作。直到最后两年，因为有了友邦空军的援助，敌机来袭的次数才减少。每当空袭过后，地上常见到有残肢碎体，血肉狼藉，这些无辜者，他们又是如何的触犯了这些穷兵黩武的军国主义者了呢？"

至于张锡祚所了解的前方各地，日本侵略军所到之处更是惨不忍睹。他写道："有一部美国摄制的电影，名字叫《轰炸巴纳号》，里面拍摄的日军在南京大屠杀情景，死人遍地，叫人看了头发都会竖起来。这一群吃人的魔鬼，他们在南京还有'千人斩'的杀人竞赛，两个日本兵比赛着，看谁能用大军刀先砍掉一千个中国人的脑袋。"他还说自己认识一个名叫赵宗义的工人，因为被国民党拉去当壮丁，在宜昌作战被俘后逃回。赵宗义告诉张锡祚："日本兵在宜昌见到了中国的年轻女人，就拉去供他们糟蹋，因为怕她们逃跑，把他们的衣服都脱光了，奶头用铁丝穿上拉着走。"但据张锡祚所知，国民党中宣部印行的一本小册子，上面印有从日军俘虏身上搜出来的照片，比赵宗义所说的更惨。因此，张锡祚清楚地认识到：这一些日本军国主义者，已经灭绝了人性。他们不但要占领中国的土地，掠夺中国的资源，而且是好杀成性。在这里我们证明了一条真理："世界上一天有帝国主义存在，就一天有战争的土壤。"如果不消灭了这些军国主义者，世界上是不会有太平日子的。[①] 严酷的战争环境，恶劣的身体状况，非但没有压垮张锡祚，反而使他养成了向往和平、顽强地与恶势力和疾病搏斗的坚韧性格。

1945 年 8 月，日本军国主义者战败投降，抗战胜利。全国人民欢腾鼓

①张锡祚：《先父张伯苓先生传略》，南开大学出版社 2016 年版，第 56 页。

舞。张锡祚不禁想起杜甫的《闻官军收河南河北》诗来，抒发自己的情怀：

剑外忽传收蓟北，初闻涕泪满衣裳。
却看妻子愁何在，漫卷诗书喜欲狂。
白日放歌须纵酒，青春作伴好还乡。
即从巴峡穿巫峡，便下襄阳向洛阳。

包括张伯苓、张锡祚一家在内所有身居四川的人们，“在无线电广播里忽听到日军投降的消息，真是兴奋得涕泪交流，欢喜欲狂，急忙打点，结伴还乡，过巴峡，穿巫峡，顺流而下，返还故里。在人们的心里，是期待着，期待着，八年之久，这一天终于到来了”。[①] 经过多年的艰苦奋战，中国人民终于迎来了和平的生活。张锡祚性格喜静，早就练就了一手漂亮的毛笔字，还非常喜欢摄影。新中国成立后，张锡祚任天津文教工业公司财务科科长，精于会计工作。当张伯苓和夫人回到天津之后，张锡祚和父母同住，并为二位老人养老送终。

因为长期和父母一起生活，与张伯苓夫妇的感情特别深，所以在张伯苓去世后，他长久以来一直希望给父亲的一生写一篇传记。在儿子的眼里，“他的一生，的确是不平凡的一生。七十余年来，为祖国的复兴，献身于教育事业，知交遍海内，桃李满门墙，知与不知，无不以一识张伯苓校长为荣，平生事迹，指不胜屈”。可是当真要动笔的时候，张锡祚又感到“要为他写一篇全传列传，正如一部二十四史，不知当从何处说起”。在他看来，“记事立传，文章贵在传神；绘声写貌，叙事宜求逼真。唯有就我43年来，所见所闻（先父去世时，我正43岁），用稗官野史之笔，列叙平生正史逸事，题名《四十三年回忆录》。所为传之久远，使后世之读此书者，得窥先贤规范，藉供高山向往之意”。[②] 1960年年初养病期间，张锡祚尽管身体不好，依然笔耕

①张锡祚：《先父张伯苓先生传略》，南开大学出版社2016年版，第62页。
②张锡祚：《先父张伯苓先生传略·前记》，南开大学出版社2016年版。

不辍，撰写完成了《四十三年回忆录——故南开大学校长张伯苓先生传》。通过编写这部传记，张锡祚“深深地体会到先生的一生，的确是不平凡的，有许多地方，是可供我们今日学习和参考的”。他也深知“前人的事实，有前人的历史条件和历史背景，而今人的事实，有今人的历史条件和历史背景，我们不能拿前人的眼光来看今日的事实，也不能拿今日的历史条件来要求前人的事实，这样都是脱离现实，不合乎逻辑的”。他在引述西方谚语“读史使人智”后，继续阐释说：“我们通过了阅读前人的历史事迹，可以发现各个时期的历史发展规律，若干事实，可以用来作为我们今日的借鉴。我们对人很难求其万全，圣人也不是万能的，何况我们不是圣人。我们只不过是沿着马列主义的思想大道，多学习、多思考，尽可能做到最善之处而已。至于前人的是非得失，且留待后日的历史学家，用历史唯物主义的观点来评判他吧！”[①]

由此可见，张锡祚不仅从一个家人的角度，近距离观察既是父亲，又是南开校长、近代中国教育家的张伯苓之思想和行为，完成了一部意义非凡的传记，而且还努力用马克思主义的思想、方法看待历史，评价历史人物，包括自己的父亲，同时也寄希望于后来者——历史学家们用历史唯物主义的观点，客观、公正的评价张伯苓。

尽管“他一生疾病缠身，未能有像样的业绩”，但是，张锡祚“个性鲜明，疾恶如仇，颇讲义气”。张锡祚在十年浩劫中虽然身受迫害，可是仍“经常帮助陷入困境的朋友，毫不犹豫地拿出家里仅有的余款，周济他们”。[②]1976年前后，张锡祚去世。他与瞿秋白的侄女瞿安贵结婚。瞿安贵为人贤淑，张伯苓经常在人前人后称赞三儿媳对老人照顾周到，十分孝顺。张锡祚夫妇育有女儿张媛良、儿子张元龙。

由于和父亲接触的时间比较多，张锡祚一家照顾老人的时间也较长，自然得到父亲教诲的地方也不少。当孙子张元龙长到10个月大时，张伯苓突然对三儿媳说：

---

①张锡祚：《先父张伯苓先生传略·后记》，南开大学出版社2016年版。

②张元龙：《先父张伯苓先生传略·序》，张锡祚：《先父张伯苓先生传略》，南开大学出版社2016年版。

> 你娘最喜欢孙子，你生了元龙，又有女儿媛良，儿女双全，已经完成生育的历史任务了。不要像你大嫂、二嫂那样，生那么多孩子，一个人精力有限，孩子多，操心费神，全部精力用在孩子身上，再没有精力干其他事情了。人太多对国家也是一个沉重的负担。比如大嫂四个孩子要买八只鞋，二嫂六个孩子要买十二只鞋，你只有两个孩子只要买四只鞋就行了。从经济上讲，孩子多负担也太重。我给你讲一个小故事：南大XX教授夫妇二人带着四个孩子去美国工作。夫妇俩领着孩子逛街时，一位美国人用蔑视的口吻讥笑说："中国人什么也不会，就会生孩子，像个猪。"教授听后非常气恼，为了不再受他人耻笑，这次上街只带老大老二，下次再带老三老四。我讲这故事的意思是告诉你，生孩子要少而精，孩子生多少与人的思想素质有关。望你好自为之，坚决不再要第三胎，就此打住。[①]

瞿安贵听从了公公张伯苓的意见，只生育了两个孩子。20世纪60年代，她还因此被评为计划生育先进个人。有关部门的领导让瞿安贵在庆祝国际劳动妇女节的大会上讲讲自己实行计划生育的体会，又有谁知道这实际上还要归功于张伯苓的远见卓识呢。

2016年，张锡祚撰写的这部《四十三年回忆录——故南开大学校长张伯苓先生传》在南开大学出版社出版，更名为《先父张伯苓先生传略》。张锡祚的儿子张元龙说，该书"为研究张伯苓教育思想的学者们提供一个新的视角"[②]，实际上，其价值远不止于此。立即引起海内外学术界、新闻出版界、教育界的广泛关注，必将发挥更大的作用，彰显更高的价值。

---

①龙飞、孔延庚：《张伯苓与张彭春》，百花文艺出版社1997年版，第240页。

②张元龙：《先父张伯苓先生传略 · 序》，张锡祚：《先父张伯苓先生传略》，南开大学出版社2016年版。

为国捐躯的张锡祜

四子张锡祜，生于 1913 年。他是张伯苓最钟爱的孩子。张锡祜长大成人之后身高在两米开外，因此外号是“长人”。他不论走到哪里，都会引起人们的注意。张锡祜热爱运动，是个优秀的运动员，就读于南开中学时，曾代表天津参加在杭州举行的全国运动大会，在校内小有名气，是和“海怪”严仁颖齐名的“陆怪”。

张锡祜上高中二年级时，国民政府在杭州笕桥建立空军学校，在全国范围内招生。胸怀雄心壮志的张锡祜在征得父亲同意之后，前去应考，凭着良好的文化素质和身体条件，被录取为军校的第三期学员。望子成龙的张伯苓亲自将儿子送入学校，接受军事教育和训练。1934 年，张锡祜从空军学校毕业，张伯苓作为学生家长应邀参加了毕业典礼，并代表全体学生家长发表了慷慨激昂的讲话。当张锡祜回津探亲时，张伯苓还以岳母教子的故事勉励儿子在国难日甚一日之际，树立起报效祖国的雄心壮志，为抗击外来侵略而发奋努力。入伍之后，张锡祜先是担任空军某队队长，后奉命赶赴抗日前线。张伯苓得知儿子上战场的消息之后，在南开中学向学生讲话时还兴奋地说：“前几天我接到四儿子的来信……我不因为儿子赴前线作战，凶多吉少而悲伤，我反而觉得非常高兴。这正是中国空军历史上光荣的第一页，但愿他们能把这一页写好！”作为父亲，他将对儿子的担心深深地藏在了心底。

1937 年 8 月 2 日，就在南开学校遭到日本军国主义者炸毁之后数日，张伯苓接到儿子张锡祜的来信，表达了慰问之情和誓死抗击日本侵略者的决心。张锡祜在给父亲的信中写道：[①]

父亲大人：

自别慈颜，男等于上月九日返赣，近日男身体精神一切均佳，请大

①原信影印件由张伯苓之孙张元龙提供，特此感谢。

人勿念！时局以近日所见大战当在不远！天津情形前接大哥来信称尚为平静，母亲已迁入英租界！昨见报载南开大中两部已均为日人分别轰炸焚毁！惨哉！大人数十年来心血无所积，一旦为人做无意识之消灭！然此亦可证明，大人教育之成绩！因大人早日即不亲日又不附日，而所造成之校友又均为国家之良材！此遭恨敌人之最大原因！而有如此之毁灭！然此又可为大人教育成功之庆也！尤有可喜者，母校虽惨遭不幸，而其独生子——南渝中学，早于去岁成立，而今年又有新建筑成立！望大人万不可过分伤感，而以余力以培养此最为可贵之独生子，使我南开精神永远光大于我大中华民国之人间！男等现已奉命出发，地点因系秘密性质，函札之中不敢奉禀！一俟有妥善之通信处，当再禀知！儿昨整理行装，发现二物是以禀告于大人者，其一即去年十月间，大人于四川致儿之手谕，其中有引孝经句："阵中无勇非孝也。"儿虽不敏不能奉双亲以终老，然亦不敢为我中华之罪人，遗臭万年有辱我张氏之门庭。此次出发非比往常内战，生死早置度外。望大人勿以儿之胆量为念！其二即为去年十月间绥东抗日时空军出动前，委座之训词，今随禀奉上，望大人读此之后不以儿之生死为念！若能凯旋而归，当能奉双亲于故乡以叙天伦之乐，倘有不幸虽负不孝之名，然为国而殉亦能慰双亲于万一也！

家中情形不知近日如何？母亲大人不知是否南下？儿意最好请母亲入川与二哥同住，因沿海各省一旦开战将无一片静土！母亲一生历尽磨难，而当晚年又遭此变乱，其不使老人太过痛苦耶！不知大人意下以为如何？大人在京如零星事物，可找叶民代办，彼前曾来信托儿转禀，日来准备颇为忙碌，时间仓促余容再禀，专此敬请

金安

男锡祜谨禀

二日晨

可谁又能想到，这封信竟然是张锡祜的绝笔。1937年11月，日本从长

崎基地和中国台北基地起飞大批战机，飞临上海、南京地区，大肆轰炸。中国空军奉命执行迎战御敌的战斗任务，张锡祜从笕桥驾驶飞机出战，奔赴前线，在江西南昌不幸遇难，机毁人亡，壮烈牺牲。他为了消灭日本侵略者而付出了自己年轻而宝贵的生命，被安葬于南京航空烈士墓第七十四号。这件事，对南开师生的触动很大。曾在上海外滩观看中国空军轰炸日本“出云舰”之战的端木蕻良深情地写道：“后来，我听到南开老同学告诉我，老校长的‘老四’张锡祜是空军，据在这次轰炸‘出云舰’时牺牲了。这事使我沉思了很久。张锡祜和我同班，他是老校长的小儿子，尤其是张师母最心爱的一个，老校长居然让他参军抗日去。”[①] 这难以割舍的母子情、父子情、同学情，最终都凝结成爱国情。端木蕻良继续道：“解放后，又听说锡祜并没有在此役牺牲，但不管怎样，老校长让爱子参军，这是事实。不须再多的话，就说明我们的老校长是位坚定的抗战派了”。[②]

当抗日战争全面爆发后，王夫人率领三子锡祚和长孙元敬辗转逃到南京来，一家相聚，悲喜交集。因为南京天天被日机轰炸，张伯苓就决定全家入川。在随后进行的保卫武汉的战斗中，张伯苓勉励南开校友同仇敌忾，奋起抗日救亡。在张伯苓向校友们讲话时，严仁颖获悉张锡祜牺牲的消息，准备向老校长汇报。当时站在校长背后的、正服务于国民政府军事委员会的周恩来示意不要讲，以免张伯苓伤心。

张伯苓抵达重庆之后，定居在沙坪坝南开中学之津南村。在南京的蒋介石听说他已经到达重庆了，就把四子锡祜殒命的消息电告给了张伯苓。据当时在场的张锡祚后来回忆：那时正是九月初的天气，重庆气候炎热，父亲张伯苓正坐在门前乘凉。接到电报，看过之后，递给我道：“你看看，老四殉国了。”他的声音镇定而又坚决，又沉默了一会儿道：“你看和你娘说吗？我看不必了，免得她太伤心。”那时张锡祚的心情是又悲痛而又迷惑，仿佛是在梦

①端木蕻良：《我们的老校长——有关张伯苓校长的片段回忆》，南开大学校长办公室：《张伯苓纪念文集》，南开大学出版社 1986 年版，第 128 页。

②《南开校史研究》丛书第 5 辑，天津教育出版社 2012 年版，第 145 页。

中，睁着眼看着父亲的脸，只见他的脸上红涨，涨得发紫，两眼湿润，但是竭力压抑着，不让一滴泪水流出来。接着又慢慢地说道："我早就把他许给国家了，今日的事，早在意中，可惜他未能给国家立大功，这是遗憾！"三子张锡祚真切地体会到父亲所受到的巨大冲击及其顽强不屈的精神："在一个短短的时期里，国家破碎，多年的心血——南开学校被毁，幼子殉国，六十多岁的人，经受着这么沉重的打击，但是他的个性是坚强的，他没有被悲痛打倒，他把悲痛化为力量，努力地发展重庆南开中学，用教育救国的手段，和敌人作殊死斗，这就是他的一生，这就是南开精神。"①

为了避免夫人受到精神上的刺激，张伯苓一直隐瞒着儿子的死讯。当夫人问起时，他就以孩子去美国培训为托词搪塞过去。直到抗日战争胜利之后，张伯苓看再也隐瞒不下去，就语重心长地对夫人说："一个军人的职责是打仗，老四已为国捐躯，这是意料中之事，一直瞒着你，是怕你伤心过度，你是明理之人，事情已是如此，望你不要太伤心。"闻听此言，王淑贞强忍悲痛，一言不发。第二天，等到张伯苓出门之后，她便要三儿媳瞿安贵陪着她来到泥娃娃三爷面前，坐在椅子上放声痛哭。她哽咽着说："我早预料老四牺牲了，我总希望三爷在天之灵能保佑我的孩子回来！"从此以后，性格坚强的她再也没有提过四儿子的事，尤其是在丈夫面前，更是无论如何也不流露出一丝一毫的悲伤之情。她是怕自己的过度感伤会影响到丈夫的情绪，给他添乱，只好暗自强忍丧子之痛。

张祝春儿女的"家族"情怀

张祝春和马千里一共生育了六个孩子，他们是马秋官、马珠官、马翠官、马桂官、马宝官、马琪官。除了马琪官夭折之外，其他的几个孩子小时候经常去五舅张伯苓家，和表兄锡羊、锡祚、锡祜一起玩耍，彼此的感情很深。

①张锡祚：《先父张伯苓先生传略》，南开大学出版社 2016 年版，第 49 页。

马秋官还和几个表兄弟都是从天津市模范小学毕业的，算是同学。马秋官对五舅家的孩子，既羡慕，又同情。同情的是，张伯苓对孩子要求很严，只是因为工作忙，无暇亲自过问表兄弟的功课。羡慕的是，张伯苓想办法引导他们爱科学、学科学、用科学。早在20世纪20年代，他就教给孩子们安装矿石收音机，能收听外国广播，同时增进听外语的能力。

因为经常在一起，所以他们对五舅家的情况实在是太熟悉了，“有前后两个大院，中间隔以花架，前院铺砖，北面一排四间是居室和会客室，夏天晚上一家人常在院中乘凉、饮茶，有时也会客。每逢五舅寿辰，摆多桌席请校友宾客吃寿面。后院是土地，南面种树，院中有秋千、单杠、双杠、墩子、石锁等，让孩子们锻炼身体”。他们都知道：五舅母王夫人虽然没有太多的文化，但是治家有方，相夫教子，家中清洁，饮食得当。无论是在天津还是重庆家中，都保持异常整洁，窗明几净。她对五舅说：“你在外边事情忙，家里事你不用管了。”因此，五舅毫无后顾之忧，得以专心办教育和从事社会活动。而五舅的思维极为敏捷、口才流利，在学校做报告时，语言严肃中见活泼，缓慢而幽默，给听者以教义，并留下深刻的印象，极受听众欢迎。宾客来谈，五舅谈话非常风趣，每引得哄堂大笑。桂官小时皮肤粗黑，有一次去五舅家拜年时，五舅打趣地说：“桂官生得很秀，秀气的秀要加个金字旁。”[①] 大家都知道这是张伯苓爱的表达，所以随之一笑，也不往心里去。

马秋官虽然自幼因病失聪，但是却天资聪颖，学习勤奋，每次考试都名列前茅。张伯苓常常都是以马秋官为骄傲，在孩子们面前夸奖说：“秋官耳朵不好，可功课很好，他一定有一套学习方法。”每次马秋官考试得100分时，张伯苓就奖励给他一些活页本、《辞源》等书籍或文具。马秋官觉得“五舅对于我是特别喜爱的”，实际上张伯苓对其他孩子也很喜爱，基本上是一视同仁。每当这几个在学习上取得了好成绩，身为舅舅的张伯苓总是忘不了给他们一些奖励，以鼓励他们继续努力，好好学习。礼物虽不贵重，但孩子们都

①马秋官：《怀念五舅张伯苓先生》，南开大学校长办公室：《张伯苓纪念文集》，南开大学出版社1986年版，第201页。

能从中体会到长辈对他们早日成才的期盼之心。

1924 年，马秋官考入南开中学，1930 年毕业离校。在唐山交通大学上学期间，他每次放假回家也常到舅舅家，看望老人家。1931 年，正就读于唐山交通大学土木工程学系的马秋官中耳炎复发，耳鼻口均歪向左边，无法进食。张祝春急忙送儿子前往北平同仁医院就诊，医生诊断为系脑神经受到压迫，必须立即实施手术。眼见儿子的性命危在旦夕，张祝春急忙打长途电话向兄长求救。张伯苓立刻让长子张希陆赶到北平，帮助安排马秋官转往协和医院接受治疗。当时正是周末，医生照例不做手术，但马秋官的病情十分严重，不容延误，张伯苓遂以该院董事身份请求医院特别通融，最后医院和大夫这才同意进行手术。经过四次治疗，马秋官终于得以痊愈，恢复了身体健康。马秋官在唐山交通大学毕业时，得到前五名成绩优良奖，被接受为某专业技术学会的会员，可凭证购买金质奖牌。于是，九舅张彭春就给马秋官 20 元大洋去做奖牌，五舅张伯苓也给了奖品鼓励孩子学业有成。从唐山交通大学毕业后，马秋官找到一份稳定的工作。由此，张祝春谢绝了张伯苓、张彭春两位兄弟对自己和孩子的经济支持。可是，马秋官和舅舅们的感情很深，饮水思源，总觉得“五舅又养我，又教育我”，始终感恩不尽，具有很深的张氏家族情怀。1945 年，马秋官到美国去铁路工程实习，而张伯苓在 1946 年也到了美国治病。于是，马秋官找到医院去看望他。张伯苓看到马秋官身体有些消瘦，就十分关心地说：“Don’t strive yourself too much”，意思是不要因为太过努力而伤害身体。

在马秋官看来，“舅舅为人宽厚，是受外祖母杨老夫人的影响。外祖母每逢年、节、寿辰，必给远房本族穷亲戚送衣服、食品”。他亲眼看到有一位本族的双目失明的老太太，常来外祖母家吃寿面，拿衣服。外祖母不仅不嫌弃，而且还特别客气，给予细心关照。让马秋官感动的是，张伯苓“给本族穷亲戚找工作是常事，对没有劳动力的则给以物质援助”。有一位远房本族哥哥张三舅，名叫张鸿宾，大家叫他老三爷，人老实而懦弱，终生未婚。少时学画清朝官服大袖的花，民国成立后没有找到合适的工作，就到五舅家帮忙买点鱼、肉、菜和送表兄弟们上小学，工作踏实仔细，尽心尽力。张伯苓怕他担心自己的生活没有来源，就安慰他说："只要我有工作，我养你一辈子。"张伯苓说到做到，一直把他当作家人一样对待。直到全家迁居重庆之前，张伯苓才无奈地把老三爷托付给一个本族的侄子照料，还给他留下足够的粮食和钱，不让他为生活担忧。①

在张祝春的女儿中，马珠官与南开学校的情缘很深。她于 1926 年考入南开女中，成为第五届学生。马珠官对南开女中的早期发展十分熟悉：前四届是租民房，在南开中学附近的六德里招生授课，直到第五年南开女中新校舍落成，才迁入新校舍。按照南开女中的规定，入学要考国语、英语、算术三科。但是当时的小学不教英语，所以南开就在考前的暑假期间设立英文补习班。凡是要考南开一年级生的必须先入补习班，作为准备。教材是商务印书馆出版的英语模范读本第一册。幸运的是，马珠官不用上补习班，因为小学是在父亲办的达仁女学上的，六年级设有一堂英语课程，所以有一定的英语根基，从而顺利考入。南开中学重视英文，每天都排一小时的英语课。因为中学是升入大学的阶梯，如英语基础好，日后升入大学就不会遇到什么困难。马珠官的英语老师是从美国留学归国的刘菊淡女士，一进入教室就要求学生说英语，不可以说中国话。开始的时候，学生不习惯，刘老师即以动作、手势等肢体动作辅助讲解。日子一长，学生们就习惯了。初中一年级的读本是英语模范读本第二册起读，上课时每位同学预备一个练习簿，先默写 10 个生字，由老师念，学生写在练习簿上，并要注明意思，写完交给老师。第二天发回该练习簿，再默写 10 个生字。如此一年，学生已牢记数百个生字。马珠官那一届学生共有 90 人，分两班授课，每班 45 人。可是到升入初中三年级时，两个班就合并成一个班。因为一半的学生因为承受不起严格的教育，自行退学。一半的学生因为三科不及格而被学校勒令退学。可见，舅舅办的学校淘汰率有多高。

①马秋官：《怀念五舅张伯苓先生》，南开大学校长办公室：《张伯苓纪念文集》，南开大学出版社 1986 年版，第 199—202 页。

上高中一年级时，马珠官遇到了更大的挑战。学校规定，除国文和本国史地外，数学、化学、物理均用英文原版课本。英语课开始学英文语法。高中二年级英语课读莎士比亚著作之50小说集，实际上就是选择其中数篇为教材，以提高学生阅读英文的能力。从这一年开始，学生被分入文科、理科不同的班上课。理科班数学加读大代数、解析几何，文科班英文加读文选，是一本名叫*New China*的教材。高中三年级英语读修辞学。到高三毕业时，班里只剩下26人，再次说明南开女中教学、考试是多么的严格。其实，南开男中也是一样。从马珠官的毕业同学录中就可以看出男女中学每班都只有为数不多的人成为幸运者，得以毕业，多数人中途就被淘汰了。

马珠官也有特别遗憾的地方，那就是南开校规中本来有男女中学毕业生如欲升入南开大学就读可以免试的规定；如果考其他大学，多数也是名列前茅，被录取的可能性很大。这说明南开中学的教育很成功，升学率极高。但是，马珠官由于父亲英年早逝，没有大学求学期间的经济来源，所以没能进入大学，抱憾终生。尽管如此，“我仍感谢南开在我成长时期教育了我，使我懂得人情世故，明是非。我的英语至今能与洋人寒暄，一生受益不尽”。

抗战时期，马珠官姐妹三人随同母亲张祝春入川，途经香港时下榻于中国银行。潘述庵经理向张祝春提出一个建议：将行李暂存在银行仓库里，因为入川的路途遥远，负担重，也不安全。于是，张祝春就将丈夫马千里一生精心写下的23本日记存放在香港，带着孩子们由香港转道海南岛，登陆入昆明、贵州，转重庆。当时南开中学早已迁到重庆，张祝春一家投奔张伯苓，住在教职员宿舍——津南村。马珠官到教务处服务，上级领导是南开中学算学教员张信鸿。此时，全国政要均随政府迁至重庆，因为南开中学在全国享有盛誉，所以要人们的孩子争先恐后地想到南开中学来就读，“每天校中收到介绍信不计其数，我舅为公平起见，与同人商讨一个原则：第一需与一般人一同参加考试，不够录取资格而欲入学者为旁听生，学费加一倍。一学期如成绩优良，第二学期改为正式生。”这一棘手问题，终于得以解决。马珠官负责的工作就是保管学生成绩之登记，按学生的姓氏笔画排列成册，所以对学生的情况比较清楚，印象也比较深刻。

转眼之间，马秋官就到了谈婚论嫁的年龄。张伯苓就像当年亲自将妹妹张祝春交到马千里手上一样，张伯苓又以主婚人的身份，将自己疼爱的外甥女马珠官嫁给了山东人李毓万。当时李毓万正在国民政府担任要职，结婚也没发请帖，只在报纸上登了一则广告：李毓万与马珠官在重庆XX举行结婚典礼，抗战时期，一切从简，不请客、不送礼，只准备茶点。证婚人是监察院长于右任。证婚人致辞时说：新郎比如一朵莲花出淤泥而不染，为人最为清廉。此言一出，新郎李毓万感到万分欣慰，从此以“清廉”二字为家训，让儿孙遵守。婚后，夫妻二人十分恩爱，生活得幸福美满。[①]

为感念舅舅的关怀和照顾，夫妻二人特意在张伯苓七十大寿的那天，奉上了亲笔撰写的祝寿诗：

运筹借箸绍家风，横海楼船命世雄。忧乐常为天下计，襟怀期与古人同。
七年参政言无间，八表尊贤论自公。花灿山城春不老，极婣照座正融融。
手创南开四十年，人伦师表着鞭先。江山丽藻昌文运，桃李秾华拱寿躔。
悟道独超天地外，诒谋争羡子孙贤。蒹葭倚玉吾何幸，莱彩随班祝大年。

抗战胜利后，马珠官先是随丈夫还都南京，两年半后又随丈夫一家迁往台湾。1993年5月18日，在“千里园”纪念碑前举行马千里暨夫人张祝春骨灰撒放仪式。他们的长女、81岁的马珠官专程从台湾赶来参加，并且向天津市第三中学捐款一万元人民币，作为奖励学生不断进取的教育奖励基金，同时表达张祝春、马千里后人的爱国之心，以及对祖国教育事业的支持[②]。

①马珠官：《我的五舅张伯苓》，沈卫星：《重读张伯苓》，光明日报出版社2006年版，第401页。
②《天津日报》，1993年5月19日。

十五、张门代有才人出

新中国体育教育事业的开拓者

人们总爱说“隔辈亲”，一般来说，祖父母对孙子女的宠爱多于对自己的子女。可张伯苓对第三代的管教和要求却依然极为严格，他的孙子、孙女从来没有因为祖父的缘故而在南开学校享受过任何特殊待遇，反而受到了更为严格的要求。

长孙张元敬小时候有些贪玩，一次外文考试不及格，张伯苓便跟他说每天早晨站在我的窗子底下读外语，念大声点，给我听。直到严厉的祖父说声“够了”，才可以休息。孙女张媛贞在重庆南开中学上初二时因数学考试成绩不理想而被祖父严厉惩罚，留级重读。在孙辈们的印象中，张伯苓从不轻易地表扬或批评谁，但只要他们表现出色，祖父也从不吝给予肯定。所以，在孙辈们的记忆里，“祖父批评了谁，表扬了谁，这在我们家中都是一件大事”。有一次，年幼的张元敬在校园里看到一位卖报的贫穷老人很可怜，就把自己的压岁钱都送给他了。张伯苓知道之后，在其他孙子孙女们面前表扬了他，为的是让年幼的孩子们都懂得应该尽自己的力量去帮助别人的道理。后来，张元敬悄悄离家，偷着参加了共产党领导的华北野战军。他的祖母得知后十分担心，祖父却拍手称赞孙儿做得好。张伯苓严格的家教培养了孩子们的爱心，同时也使他们树立起认真负责、力争上游的做人原则。张氏家族的第三代人都铭记着祖父“要么不干，要干就干好”的谆谆教诲，在各自的岗位上努力工作，取得了一定的成绩。同时，他们继续传承和发扬着张氏家族的优良传统。小孙女张媛华在内蒙古插队十年，同伴们一个个都托关系陆续离开，但是她从未利用祖父的关系，全凭着自己的能力不断奋斗。她当过农民，当过工人，后来终于成为一名出色的会计师。而张媛和夫妇曾公派出国近十年，却根本没想过要把儿子送到国外。

大孙女张媛美 1931 年 9 月 11 日出生于天津，是南开中学 1951 届毕业生。新中国成立后，张伯苓全家离渝北返，先在北京居住。张媛美就在那时考入了燕京大学心理学系。1952 年，全国高校院系调整，将清华大学、北京大学、燕京大学的文理学院合并在一起，组成新的北京大学。1955 年，张媛美从北京大学哲学系心理学专业毕业之后，服从组织分配，到上海体育学院基础部心理教研室任教。作为新中国培养的大学生，她热爱祖国，拥护党，把这份工作当作是祖父当年倡行体育的精神和实践在新时代的延续，投入巨大热情，为新中国培养体育人才做出了突出贡献。当时，上海体育院校号召向苏联学习，学生们不仅要学习体育技术，还要学习思想理论，而张媛美开设的心理学课程则成为上海体育学院开设的第一门理论必修课。在毫无前人经验可资借鉴的情况下，张媛美悉心钻研，大胆尝试，终于闯出一条独具特色的教学之路。她工作勤勤恳恳，教学工作一丝不苟，精益求精，为培养社会需要的人才奉献了自己全部热情和青春岁月。除了校内的教学工作外，张媛美还要负责教授校外的函授课程，30 多年如一日，奋斗在体育教学第一线。最忙的时候，她一天要去三个城市授课，克服了腰椎间盘突出症所带来的病痛。从这些人生经历当中，张媛美深深体会到了当年祖父创办教育事业的艰难，但当看到自己亲手培养出来的学生逐渐成长起来，她同样体会到了当年祖辈、父辈的欣慰和满足。

一分耕耘，一分收获。作为新中国成立以后第一所体育学院的心理学教师，张媛美为心理学发展努力奋斗了一生。1985年，她荣获国家体委特奖，并且荣膺“新中国体育开拓者”的光荣称号，还被授予奖章、奖状和奖金。同年，上海体育学院向张媛美颁发奖章、奖状，以奖励这位长期辛勤耕耘在教学第一线的体育教育工作者。1988年退休之后，张媛美仍然为各种各样的社会事务而奔忙，利用众多亲属在国外的关系，为引进先进科技以及海峡两岸和平统一做出了贡献。她先后担任许多社会职务，曾任上海市侨联的联络员、上海市侨界知识分子联谊会会员、上海市政协常委直属第三学习组组员，还积极参加上海市政协举办的台、港、澳、侨联谊活动。同时，张媛美还是上海市民主促进会的外联员、上海市南开校友会名誉理事长及上海市燕京大学校友会副总干事。

张媛美积极参加上海市南开校友会的各项活动，出谋划策。更多的是透过她，为各地的校友联系建立起一条快速迅捷的通道。虽然患有骨质疏松症，足不出户，但她通过电话和大家保持密切联系。有一年的中秋节，她和丈夫王同因不仅热情地接待了既是同学，又是好友的朱蒸夫妇，而且还当场赋诗一首《迎朱蒸、邹金月来家欢聚》：“花好月圆中秋夜，每逢佳节倍思亲，祝愿身心永康健，幸福生活万万年。”当重庆南开中学在沪校友决定出版《湖滨学子忆春晖》一书时，她也全情参与并投稿。可见，张媛美尽管自己行动不便，还要伺候有病的丈夫，还经受丧女之痛。但始终以一颗开朗热情奔放的年轻人的心态，面对南开校友和校友工作。2003年3月17日，为接受《百年南开》摄制组采访，她一早就开始忙着准备。录像时，张媛美面对镜头，侃侃而谈，风度不减当年。当时在现场的好友朱蒸写下一首纪实诗《采访现场》：“摄像机前答编导，回忆往事一件件。应邀再把老歌唱，风姿卓著似当年。”

2007年7月1日，张媛美猝死在上海，享年76岁。她的不幸逝世，震惊了她的家人、亲戚朋友和南开同学，一时间，她的亲友、儿孙从国内外匆匆赶来，张媛华夫妇、张媛贞的儿女、张媛和之子以及南开校友出席了7月

12日上午9时在上海殡仪馆举行的追悼会。天津南开校友总会、重庆南开中学校友会、南开校友会上海分会、重庆南开中学上海校友会、重庆南开中学50级全体校友敬献花圈。下午，在衡山路（上海国际礼拜堂）举行追思会，按照基督教追思礼拜的程序进行。在家属缅怀发言中，张媛美的儿子张良和儿媳郑秀兰还朗诵了一首张媛美早年写的诗歌："几年来大家同游同息，想不到今天要分离，忘不了歌乐嘉陵江滨，游水划船徘徊在绿荫里。骊歌高唱，琴声悲凄，身虽离心不离，品学常勉力，南开儿女，前程万里，珍重！珍重！后会有期！"字里行间浸透了她深深的南开同窗情谊，赤子情怀。随后，由儿媳郑秀兰伴奏，儿子张良和儿媳郑秀兰共唱《除你之外》（Whom Have T But You）赞美诗，为母亲送行。[①]

张媛美的儿子、女儿和女婿均在美国获得了学士、硕士、博士学位，在各自的工作岗位上做出了一定的成绩。

张媛美的妹妹张媛和在抗战前后直到1950年就读于南开小学、南开中学，是中学1950届毕业生。1950年5月随祖父张伯苓从重庆回到北京，没有念完高三。后来，她成为北京市政协委员，一直关心南开学校的发展，和南开校友会保持密切联系。2007年8月28日，她写信给重庆南开中学校友会，表达自己的情怀：

重庆南开中学校友会负责同志：

您好！

……

首先感谢校友会不断地寄给我有关书籍刊物。我虽离开母校近甲子之年，使我记忆起当年学习、生活的美好时光。愿我们仍假期联系。

我已年过古稀之年，在北京许多学兄、学姐见面，一提起在重庆度过的青少年时代，都有说不完的话。最近，有一位1942届校友韩宗琦

①朱蒸：《张媛美，祝你一路走好！》，《重庆南开校友通讯》第28期，2007年12月版，第165—167页。

（原北京医院副院长、牙科专家，中央首长保健医生）和我回忆在抗战时期在南开住进许多民主人士及知名人士，如邵力子、柳亚子等。韩院长之父一家也住在津南村（自1937年到1946年），均为免费居住。

我们认为，这和张伯苓对抗战工作的贡献是分不开的。不知道史料中是否记载？或从老教职工口中得知一些？希望能函告：1）有哪些非南开之人住进津南村等住处？2）他们与张伯苓关系？3）其他信息。

预致谢意！您们的信息会写入南开史册。

敬礼！

张媛和

2007年8月28日[①]

数年之后的2011年9月12日，是中华民族传统佳节中秋节。时任中共中央政治局常委、国务院总理温家宝在中共中央政治局委员、北京市委书记刘淇陪同下来到北京市第一社会福利院，看望在这里生活的老人们，并向全国的老人们致以节日的问候。天津南开中学校长张伯苓的孙女张媛和与丈夫曹经纶都已年届八旬，住在福利院里五年多了，早已经把这里当成家。老人们在福利院的阳光大厅迎接总理到来的时候，张媛和情不自禁地说：“总理您好，我是张伯苓的孙女。”温家宝听了之后，十分诧异，稍作停顿后说：“啊！十分高兴！非常高兴！我不知道您也在这儿，我要是知道您在这里的话早就来看您了。”温家宝紧紧握住张媛和的手，告诉他说：前几天去看望中国科学院院士叶笃正时，叶笃正提议总结张伯苓的教学思想。温家宝当即点头表示赞同，说教育事业的改革和发展，要吸收和借鉴老一辈教育家的优秀教育思想和做法。温家宝亲切地对张媛和说：“我准备写几篇文章，写好了给你看。就是总结南开张伯苓教育思想的。”温家宝离开福利院前，又与张媛和握手道别，再次表示：“我写好了给你看。”当年冬天，仍在北京市第一社会福

① 《重庆南开校友通讯》第28期，2007年12月版，第219—220页。

利院生活的张媛和夫妇收到了温家宝总理送来的礼物：一套合身的棉毛衫衣裤。[①]

郎平的启蒙教练

在张伯苓的孙女中，最为引人注目的是张媛庆。她为我国排球运动挖掘出一位国际知名的优秀运动员——郎平。张媛庆可以说是把郎平带上排球之路的第一位教练。

当时，年满 14 岁的郎平通过测验进入了北京市第二业余体校接受训练，时任该校教练的张媛庆一眼就看中了这个高高瘦瘦的女孩子，觉得她的身上有着成为一名优秀球员的潜质。尽管在同时进入体校开始接受训练的这批孩子中，郎平的身体条件并不是最突出的。更不幸的是，郎平进入体校之后不久，脚部骨膜就发炎了，平日走起路来总是一瘸一拐的，更别说参加正常训练了。几经治疗，郎平的病情仍不见好转，有近半年的时间都无法参加常规训练。张媛庆看在眼里，急在心头。她不甘心就这样放弃了对郎平的培养和训练，但又非常担心假如继续训练下去的话可能会使郎平的伤势恶化。为了给国家造就一个优秀运动员，张媛庆觉得自己一定要负起责任，想方设法帮助郎平。于是，张媛庆在工作之余，四处打听对这种病的治疗方法。后来，她听一位大夫说，北京青年女子篮球队在最初训练时，也有一些体质不太好的队员遇到过这种情况，只要能熬过三五个月，自然就会好起来的。为此，张媛庆特意帮助郎平重新制订了训练方案，根据病情适当地调整了运动量。

三个月之后，病症真的就逐渐消退了，郎平又能参加排球队的集体训练了。细心的张媛庆非常注意观察郎平平日里的一举一动，发现她的柔韧性和协调性非常好，而且接受能力和模仿能力也非常强，尤其是训练态度很好，特别认真。即便是张媛庆在指出其他队员动作中存在的问题和辅导别人记住

---

① 《温总理说要总结张伯苓教育思想》，《南方都市报》，2011 年 9 月 14 日。

一些技术动作要领时，郎平也会在一旁静静地看着，然后反复琢磨，以免犯同样的错误。张媛庆非常满意郎平的表现，决心要认真栽培这棵排球运动的好苗子。她除了平日精心组织训练外，还争取每次出去比赛都让郎平上场，一显身手，有时还让郎平承担打主攻的艰巨任务，以增强其自信心，丰富其比赛经验。赛后，张媛庆会及时针对郎平在比赛中暴露出来的问题，帮助她在训练中一点一滴地克服和纠正。功夫不负有心人，在张媛庆的耐心指导下，仅用了两年的时间，郎平的排球技术就大为提高。郎平在16岁的时候被国家青年队相中，从此开始步入了其排球生涯的更高阶段，直至成为中国女排夺取世界冠军的主力队员和世界著名运动员。现在，郎平还是具有指导中国国家队、美国国家队夺得世界冠军等丰富经验的主教练。以后，张媛庆还陆续担任北京垒球协会副主席、高级教练等职务，长年奋斗在体育工作第一线。

医学界的创新者

张伯苓的孙女张媛贞是一个双料南开人。在张伯苓的孙子、孙女中，有10个女孩，三个男孩。因为张锡禄、张锡羊两家都住在北京，只有张锡祚一家住在天津。作为张锡羊的女儿，张媛贞照理应该随父母生活，在北京上学。可是她特别喜欢在南开读书，所以经常离开父母，单独在天津念书。可不是，她从幼儿园到小学、中学乃至大学，张媛贞一步步地走过来，从幼年到青年的所有时光都是在南开校园中度过的。这样的生活经历，引发她的无限遐想："由于家庭的背景及自己这一辈子所从事的工作，使我在这暮年之时，静思和回审，深深感到一个人的成长是和一个人所受的教育分不开的。这其中尤其和一个人的童年和青年时的家庭教育密不可分。一个人的思维和作风，是在他生长过程逐渐形成的。从我有记忆开始（约六岁时）我的童年和青年的大半时间是在一个大家庭中生活着。在天津也好，后来在抗战时期的重庆也好，都是伯伯、叔叔、兄弟姐妹20多口人生活在一起。爷爷和奶奶是我们全家的主心骨，绝对权威。就是在新中国成立后，各家独立生活了，而我在天津南开女中和南开大学读书时，在星期天仍然要回爷爷奶奶家（当时我的父母都在北京），所以说我和祖父祖母的时间最长。现在回想起来，这个大家庭生活中给我影响最深的，对我后来思维的成长可以说起着关键作用的事，我还记忆犹新。”①

那么孙女眼里的爷爷、奶奶又是怎样的呢？多少年之后，张媛贞仍如数家珍：“那时我们是大家庭生活，我们吃中午饭到晚饭全都集中到爷爷家吃饭。所以那时候爷爷给我们的印象最深刻，非常威严，从来不像现在的小孩子跟祖父那种情况。我看到了我父亲跟爷爷说话没有坐着的，都是站着的，都是背着手，爷爷问什么，说什么。所以我们这些孩子虽然有大的厅堂，大家可以吃饭，但是我们都很规矩，不敢大声说话，不敢吵闹，要闹到外边闹去，都是这样子。那时候爷爷要是说谁一句话，那就不得了。”她清楚地回忆起这样一段往事：“我小时比较调皮，有一次我吃面条，把面条拿来就这样卷卷卷，卷完了往嘴里一搁，给爷爷看见了。爷爷说别要把了……这一下不得了，我妈妈赶快抱着我回屋里大哭，这回给爷爷说了还了得。所以到了我很大很大的时候，我那个大伯父会开玩笑：你还要把吗？我说我不要把了。我可记住再也不要把了。”由此不难想见，张伯苓这位“爷爷是很威严的。因此我们小时的家教都比较好，没有听说谁在家里哇啦哇啦叫，走路啊，（坐着呀，都要有规矩）坐没坐相，都不行”。另外，孙子、孙女们的功课成绩单都要给爷爷看。

那奶奶又会怎样要求孙女呢？张媛贞回忆说：“那时学校里不都是童子军吗？咱不是穿那个童子军裙子吗？我奶奶都不允许。怎么这样光着大腿像话吗？”为此，孙女跟奶奶争辩起来：“我说，这没办法，爷爷规定的嘛。”就是这样一位没有太多文化，缠着一双小脚的家庭主妇，却非常聪明能干，有很多过人之处。“1937 年，我在空军服务的四叔锡祜在执行任务中牺牲了。

①宋璞主编：《张伯苓在重庆》，重庆出版社 2004 年版，第 95 页。

这件事对我们全家是一个沉重的打击，但这个噩耗又不能让我奶奶知道，于是全家表面都得保持沉默。尤其是爷爷严肃而镇静的一个以国为重的态度，是全家在沉痛中保持沉默的支柱。当时就告诉奶奶说：四叔出国了。后来重庆解放时，我弟弟元敬又要去参军。当时我弟弟是家中孙子辈中唯一的长孙、奶奶的宝贝，弟弟要走，要当军人，无疑又是家中的一个炸弹，对这件事，爷爷是支持的。爷爷的坚决支持，不用动员、不用劝说，奶奶和母亲即使心中极不愿意，也不敢有任何反对。在痛失儿子之后，唯一的孙子又要去参军打仗，爷爷这种深明大义，以国为重的宽阔胸怀，使我非常敬佩，尤其后来我自己也当了母亲，又当了祖母，更感到爷爷这种爱国的博大胸怀的伟大。”奶奶对四叔这种长期“出国”杳无音信的情况，“到后来心里已经完全明白了是怎么回事啦，可是我从来没有看见过我奶奶为此事在家哭闹过，而是自己默默地忍受着，从此她再也不提起四叔，也不再要求见见四叔的未婚妻。奶奶的这种坚强，我特别佩服，也是全家人所称颂的。实际上，奶奶这种态度反过来也是对爷爷最大的支持。不仅在这件事上，在家里其他的一些重大事情上，奶奶也表现得很稳重和坚韧。所以，在爷爷和奶奶生活的一生中，爷爷对奶奶一直很尊重。爷爷在家一直都是以五奶奶来尊称我奶奶的。后来，等我长大了，进入社会开始工作以后直到现在，爷爷和奶奶的高大形象经常在我脑海中浮现出来。我爸爸和叔叔们也经常把这些家事讲给我的弟妹听。在工作和生活中遇到矛盾和坎坷时，我总会提醒自己应学习爷爷和奶奶，尽量控制自己的感情，坚定自己的意志，从大处、好处着想，开阔自己的胸怀，冷静去处理一切。这是对自己思想意识的锻炼，也是对自己素质的培养，当然我也会用这些思维方法去教育和开导我的子女……近段时间，不少地方和学校举办父母培训班，说明已注意到了娃娃的成长是和父母的素质、家庭的教育分不开的，我非常赞成。现在我退休了，更殷切希望我国人民的思想素质的提高能和我国突飞猛进的科技和经济发展齐头并进，以适应建设强民富国的需要”。[①]

抗日战争时期，张媛贞在重庆南开小学和中学读书，并一直和疼爱自己的祖父母生活在一起。她清楚地记得，“在学校，同学们都害怕他，尤其是在重庆南开。他有个习惯，早晨起来就要去遛弯儿，在学校校园里溜达。谁见面都害怕，但是只要跟他一说话，他马上就非常和蔼。同学们说你真和他说话的时候，就没有好像恐惧、好像害怕的这种心理，同学们对他都那样，老校友更没话说。比如说在重庆那几年，每逢4月5日他过生日或者是10月17日校庆日，也在重庆工作的周恩来、邓颖超一定会抽空到沙坪坝来看望张伯苓校长。“所以我们那时候跟总理、跟邓颖超很熟，都叫他大伯父，叫邓颖超伯母，因为周总理跟我的大伯父是同班同学……那时候还见过毛主席，毛主席到南开来，我记得主席好高大啊，都是总理陪着来的。蒋介石当然我们也见过。”

抗日战争胜利后，张媛贞从重庆回到天津，常常陪伴在祖父母身边，对祖父的情感非常了解。张媛贞知道祖父当了“考试院”院长，但是并不愿意当，现实处境似乎有点可怜。她虽然不太懂，但看到了爷爷一句话都不说的样子，得出了这样的印象。应该说，这完全是蒋介石的一厢情愿。蒋介石认为有一个社会贤达在政府里头，可以表示这个政府的民主。“我记得蒋介石天天能坐到我们家就坐着、看着，我祖父在里屋，他坐外屋，你答应不答应，不答应就不走，最后我爷爷被逼得没办法，答应了。这样就到南京任职。他到南京三个月，一看蒋介石这个政府太腐败了，他不敢回天津，他就说咱们重庆学校的事务太重了……太忙了，他到重庆去了。”所以天津一解放，蒋介石就拿飞机把张家全部通过南京送到重庆。“当时我妈妈带着我们，我自己家里六个孩子，带着我们四个。大伯两个孩子不在天津念书吗，那时平津断了，没办法了，只有跟着我们，不回北京，还加上我奶奶，还有我婶婶带着两个孩子。我记得一个还那么小，一个还抱在怀里，就是现在的元龙抱在怀里。

①张媛贞：《对祖父的怀念》，宋璞主编：《张伯苓在重庆》，重庆出版社2004年版，第95—96页。

我们就一块儿从马场道那个小飞机场起飞，然后飞到南京。”最后，全家祖孙三代在重庆团聚。

到重庆解放前夕，蒋介石又来到张伯苓家，说给你准备两架飞机，你们都到台湾去。我爷爷不说话。后来让蒋经国来说，“飞机给你准备好了，你走不走？”张媛贞努力还原当时的场景：“我们不是堂屋吗？两边是厢房呀。我们都扒着那个门看。”这时小脚老太太王夫人走出去了，斩钉截铁地说：“蒋先生，我们张先生不走，我们三个儿子都在天津，走不了。”其实，奶奶的话根本不是什么理由，但是蒋介石、蒋经国也不好再说什么，所以张媛贞等孩子们“对我祖母非常佩服。这老太太到时候她不怕，她就这么说”，因此蒋介石也没办法硬逼着张伯苓去台湾。

此外，张伯苓拒绝蒋介石去台湾的安排，还是接受了周恩来的婉言劝告，从南国重庆乘坐飞机回到北京。因为张伯苓两袖清风，没房子没地没钱，一家人住哪儿呢？天津没家了，就住在北京傅作义的家。张媛贞等人由军管会派了几辆车、几艘船，送到汉口，转乘火车，“到北京跟我祖父会合。这时候我爸爸就在北京买了房子，所以我们就在北京立脚了，这是 1950 年”。至于“我伯父他们本来就在北京，所以我那姐妹，一个姐姐，一个妹妹就回到北京跟家里会合了。她们后来就没上南开了”。但是张媛贞还是卷着铺盖卷又回到天津去了，再上南开。按她的话说，当时“我应该上高一”，但“我在南开虽然念了很多书”，“没文凭，因为我老这么跳来跳去，所以见了南开的老同学就讲我是降班生”。为什么南开校友会 50 级、51 级、52 级都要我，就是来回这样，不等于降班生吗……所以我就一直跟南开的感情很深厚。

我们家还有这么一种情况，就是爷爷不替我们说话的。我们考试不及格就是不及格，被开除，被吓唬的开除一次。小学的时候闹，老师说明天你别来了，那就是要开除了，他不管你是校长孙子不是校长孙子，不及格就是不及格。我大学毕业以后，当了政协委员，我的老师才告诉我，她一直不知道我是张伯苓的孙女。在大学里，除了几个人，就是我的系主任知道，还有几个老教授指导，很少有人知道我是谁，我们从来不去说。我就是凭自己的本事考上南开大学。南开对我的教育是非常深刻的，就好像磨灭不了我今后的作风。他们校友都说，你这个南开味儿去不了，我说没办法。

对于祖父所提出的“允公允能，日新月异”的南开校训，张媛贞也有自己的深刻体会：“这就是说要出于公心，培养能人，不断地去创新、改革。”1956 年，她跨出南开校门，走上了工作岗位，本着这种精神，严格要求自己，要为南开争取，为中国人争气。多少年来，张媛贞就是以这种创新改革的精神要求和鞭策自己。“文化大革命”后，她受到冲击，没人管了，有二三年的时间老老实实待在家里，把书偷偷摸摸地拿出来看。可见，即使在十年动乱期间，她也不改初心：“我是搞教学、搞科研的，在相当长的一段时间里，在极‘左’路线影响下，谈创新，谈改革可不容易哪。作为一个知识分子，又由于家庭出身的关系，我是偷偷地在八小时教学之外搞我的科研课题的。”

1976 年之后，张媛贞在多年研究针刺镇痛的基础上，和南京大学医院董绍荣、杨克义大夫一起从事“董绍荣耳压法”的研究。这是一种用小颗粒压迫耳部的有关穴位以治疗胆结石症的独创疗法。由于这是一种全新的治疗方法，起初引起很多人的怀疑，甚至连一些领导也不重视他们的研究。可是张媛贞就像祖父当年办学那样执着，对此项研究的前景充满信心。她对合作者说：“这些非议和不信任，可以促使咱们更加认真更加踏实地干下去。让咱们用科学的论证来回答这一切吧！”①

事实胜于雄辩，不久，这种治疗方法经南京大学的 17 位相关专家、教授评议，终于通过了鉴定。他们认为，用耳压法治疗结石症有着广阔的发展前景，可以在临床上大力推广应用，并主张进一步把研究推向深入。这一成果公布之后，立即引起美国、日本、瑞典与中国香港等国家和地区的有关专家及结石症患者的关注。日本的中国针灸医学研究会副理事长平井荣三郎和全日针灸学副会长黑须幸男主编的《耳针法》在国际学术界具有广泛的影响力，

---

①祝修林：《她是地道的“南开人”——访张伯苓的孙女张媛贞》，天津市南开区政协文史文化委员会编：《南开春秋：南开区政协文史资料汇编》第 2 卷，天津大学出版社 2015 年版，第 213 页。

堪称权威著作。他们在编写这本书时，曾写信向张媛贞索取相关论文。

1985 年 10 月 6 日上午，张媛贞出席在北京人民大会堂举行的“各民主党派、工商联为四化服务表彰大会”，时任国家主席李先念、全国政协主席邓颖超等领导人接见了与会代表。合影之后，张媛贞快步跑到邓颖超的面前，紧紧握住她的手激动地说：“邓伯母！邓伯母！您好。”

邓颖超上下打量着她，慈祥地问道：“你是谁家的孩子呀？”

“我是张伯苓的孙女哇。”

“是老几的姑娘？”

“张锡羊是我父亲。”

“哦，是老二锡羊呀！”

会后，邓颖超特意单独接见了张媛贞，向她询问张伯苓后人的近况以及她本人的工作情况。

邓颖超为什么能一眼就断定站在自己面前的这个女孩就是张伯苓的后代呢？这里面还有一个小秘密，用张媛贞自己的话来说，那就是“我长得特别像我祖父，因为我爸爸特别像我祖父”。

共和国的同龄人

身为张伯苓最小的孙子，张元龙一出生就和祖父母生活在一起。祖父离开人世时，张元龙年仅三岁。祖父在他的心目中，大概也只是留下了一个经常带他起早遛弯儿、给他买早点吃的慈祥老人的形象。虽然祖辈、父辈开创的光辉事业已经成为历史的一部分，但张元龙这位共和国的同龄人靠着家族传承下来的那股拼搏奋斗精神，闯出了一条属于自己的人生道路。

1961 年，张元龙考入南开中学。他生性活泼，对排球运动产生了浓厚的兴趣，不仅是学校排球队的队长，而且还兼任教练。他大量阅读有关排球战术、技术等方面的书籍，不断修订校队的训练计划，加强科学训练，使得南开中学排球队的比赛成绩不断提高，他的学习成绩却受到一定影响。运动不忘读书，好强的张元龙上课认真听讲，课下用功复习、预习，很快就提高了学习成绩，也逐渐摸索出一套自学的好方法。

1968年，张元龙从南开中学毕业，随后便远赴内蒙古自治区通辽市插队。插队生活是十分艰苦的，张元龙开始思考今后的前途和出路。于是，他一边劳动，一边学习，既学习哲学，又学习第二次世界大战史，并写下了许多学习笔记。其中一本厚厚的关于二战史的笔记，花费了张元龙大量的心血。他希望有一天能够靠出色的军事才能驰骋疆场，保国卫家。结果，他未上战场先上球场，因出众的运动才华被调到了排球队，准备当二传手。后来由于种种原因，张元龙的排球梦又未能实现。结束插队生活之后，张元龙被选调到吉林省通化地区云峰热电厂工作。1978年，张元龙考入天津大学自动化系学习。1982年大学毕业后，张元龙留在天津工作，历任市电力局研究所室主任、市区供电公司总经济师以及热电公司副经理、市第二热电厂第一副厂长、三源电力总公司副总经理、三源电力集团副总经理、房地产公司总经理等职。张元龙天生爱追求新鲜事物，常常不满足于稳定的现状。他从事过文学创作，编过电视剧本，做过大众传媒工作，还担任过《天津青年报》的主编，甚至还曾“下海”经营饭店。在曲折而丰富的人生道路上，无论是在什么样的环境中，也无论是在什么样的岗位上，张元龙总是将周围的同人和员工当作兄弟姐妹一样来尊重与爱护。他常说，自己的人生经验就是“欲人爱之必先爱人”。

如今，张元龙依然活跃在天津市政治、经济生活的第一线。他先后担任全国人大代表、全国工商联执委、民建中央委员、天津市政协常委、天津市民建副主委、天津市青联副主席、天津市工商联会副会长、天津市第十四届人大常委会副主任、全国工商联常委、天津市工商联会长、全国政协常委等职。年过半百的时候，张元龙曾回首自己的人生经历，说过这样一段话：“人生给我最大的乐趣就是，我经常做那些别人不愿意做的事。当我把这些往往都是十分艰难的事情‘摆平’后，我就会产生成功的欢乐；反之，我会认为是我的失败，而失败往往又刺激着我向那些更加艰巨且成功系数极低的事情去挑战。”[①]一语道出了张氏家族几代人共同秉执的精神真谛。

最近10多年，张元龙积极建言献策，参与国家、地方政治事务方面。仅在2013年，他就在全国政协会议上，提出《环境危机背景下北京分流与首都分置的构想》《GDP改革：还原其经济指标的意义》《中国不应限制英语教育》等提案，展现出书生报国的情怀。2014年，他更加关注环境议题，提出《垃圾问题就是文化问题》《实施国家战略，构建循环社会，发展循环经济》等提案。2015年，他在抗战胜利70周年纪念这一特殊历史时刻，在全国政协会议上提出《关于在中国设立审理对日战争索赔的专事法庭的提案》，在天津政协会议上提出《关于发掘天津抗日英烈事迹和抗战纪念遗址标识的提案》，产生广泛社会影响。

不仅如此，早在一年前，即纪念中国人民抗日战争暨世界反法西斯战争胜利69周年之际，他组织天津《每日新报》与张伯苓教育思想研究会[②]、南开大学等高等院校师生联合推出了三大纪念抗日战争系列报道以及一个纪念抗日战争胜利69周年特刊。在系列报道中，发现“天津市忠烈祠”石碑、“南开系列学校被炸77周年”深度报道、专访张伯苓后人张元龙等历史亲历者、亲闻者，并以南开为中国牺牲、为和平永生以及“让历史照亮人类的共同未来，日本要反省，中国当自强”为题，披露了许多鲜为人知的抗战英雄事迹和遗址。其中有南开中学的毕业生沈崇诲、张伯苓之子张锡祜、耀华中学校长赵天麟等烈士以及南开学校被炸遗址、蓟县元宝山庄张锡祜烈士墓碑、大公报社旧址、承德道天津受降仪式现场和1934年华北运动会南开学生打出“勿忘国耻”组字的河北体育场等设施和遗址，在社会上产生持续影响。

他在接受《每日新报》记者采访的时候，说：

> 在历史上，天津是座英雄的城市。“七七事变”后，天津成为全国抗日最前线。自那之后，在中国整个抗战阵营中，天津发挥了巨大的作用。

---

① 《人物》，1998年。

② 2006年10月19日，张伯苓教育思想研究会在天津成立，张元龙担任顾问。

在这个意义上，理解“南开为中国而牺牲”这句话，其背后的东西就非常非常多了。1927 年，南开满蒙研究会不仅对东北沦陷区进行调查研究，而且还接收当时沦陷区的学生；1934 年，第 18 届华北运动会南开啦啦队用黑白两色手旗打出“勿忘国耻”，刺痛了被邀参加开幕式的日本天津驻屯军司令官梅津美治郎；甚至南开“教育救国”的理念等，都是南开被炸的历史深层原因。著名的国际记者爱泼斯坦曾详细记录日本的记者招待会，一个日本军官说，南开大学是一个抗日基地，凡是抗日基地，我们就要一律摧毁。随后，另一个日本军官对记者说，我们要炸南开大学已经有 20 多年的愿望了。

当记者提出：“南开被炸这个历史事件已经过去了 77 年，今天我们重提这件事，有怎样的重大意义？”

张元龙坦率地提出自己的想法：

我一直有一个非常强烈的观点，咱们纪念半天，不是纪念我们叫人家炸了、我们叫人家打了，我们要纪念的，应是我们当年这种顽强的战斗精神。为什么说南开是最爱国的学校？为什么说南开是为中国而牺牲？正因此，我特别想建一个纪念馆，记录抗战中天津人的壮举，纪念这种爱国精神。让我们天津人看了振奋，觉得当年确实南开和天津为中国抗战做了贡献，天津人值得为此骄傲。

他还向记者展示了两封重要函件，其一是 1937 年 8 月 25 日，日本国驻上海总领事冈本季正致外务大臣广田弘毅的密函。

在这封来自日本外务省档案的密函里，冈本季正写道：“作为文化设施的南开大学历史地位，正如您所知道的那样，它作为一所私立学校，社会联系广泛，众多毕业生活跃社会各界，势力极大。目前看来，虽然我军对南开大学的行动属战时不得已而为之，但若对此漠然不管，对中国方面自不必说，就是对外也会造成很大影响，对我方来说这是一个大大的失策。事到如今，已无他法，但尚可在时局告一段落后，外务省乃至帝国政府对于对南开大学复兴工作尽量予以帮助，减轻不利影响。我认为这是极为必要的。为此特呈此鄙见，望贵大臣预先予以考虑。”这封密函还提到了我祖父张伯苓在庐山国是会议上关于对日开战的谈话，引起中国政要的震惊，表明了南开在中国抗日阵线中的影响。

其二是叔叔张锡祜出征前给祖父张伯苓的绝笔信。他饱含深情地说：

信中有这样的话：“儿昨整理行装，发现二物，足以禀告于大人者。其一即去年十月间，大人于四川致儿之手谕，其中有引孝经句：‘阵中无勇非孝也。’儿虽不敏，不能奉双亲以终老，然亦不敢为我中华之罪人，遗臭万年，有辱我张氏之门庭。此次出发，非比往常内战，生死早置之度外。望大人勿以儿之胆量为念……不以儿之生死为念！”我叔叔是飞行员，在抗日战争中执行任务时牺牲了。这信里体现出当时我们中国军人的抗战骨气和爱国精神。

正是为了让子孙后代牢记那段历史，让日本军国主义者记住历史的教训，所以在1995年，南开大学化学系教授、中国科学院化学学部委员、南开校友会会长申泮文和张伯苓、严范孙家人曾启动对日索赔议案。张元龙参与了此次活动，并回忆道：

申泮文是中国第一个提出爱国主义教育的人，在他的带领下，我们当时对日索赔议案的主旨是建立一个基金，让中日两国的中学校长和教师长期互访，从教育和文化开始，然后做更多中日和平的努力。材料都在这里。

记者提出《中日联合声明》中明确表示放弃索赔的条款，那南开索赔的依据是什么？

张元龙胸有成竹地说：

1972年的《中日联合声明》里有一句话，就是日本对中国造成的损害要进行深刻的反省，也就是对战争是要追责的。放弃索赔的依据就是当时毛泽东主席提出的一分为二的理论，就是把军国主义和日本人民分开，为了减少日本人民的负担而放弃战争赔偿。从1972年的联合声明到1978年的日中友好条约再到1998年的中日联合宣言，所有的基础都是日本不再走军国主义道路。

但是，从1982年教科书事件，到1985年、2001年中曾根、小泉以首相身份参拜靖国神社，再到2010年的钓鱼岛争端，这一系列事件已经可以看出日本一步步走向军国主义复活的险境。那么，联合声明、友好条约、联合宣言的基础就没有了。在这种情况下，我们完全有权利要求对战争的责任进行追究，完全有权利进行索赔。还有值得注意的是，当年，《中日联合声明》中方草案第七条这样写着："为了中日两国人民的友谊，中华人民共和国政府放弃对日本国要求战争赔偿的权利。"但是在最后声明正式发布时，原来草案中的"权利"二字已经换成了"要求"。一词之差说明，我们放弃的是动作"要求"，而保留的是固有的"权利"。也就是我刚才说的，南开保留着随时向战争罪行追偿的权利。

既然如此，南开学校的对日索赔议案为什么还会中止呢？

张元龙道出其中的原委，主要有三个原因：

第一，凡是到日本索赔的人，都受尽了屈辱，并且备感伤心。为什么日本在中国犯下的罪行，我们要到日本去索赔，我们为什么不能在中国建立专门处置对日索赔的专事法庭？最近有报道说，潘家峪惨案中受害的一千多人的后人，已经开始在中国法庭申请索赔。这就是一个进展。

第二，我们的索赔需要大量的证据。因为当时是私立校，而现在是公立校，财产过度的证据，没有相关部门的配合，我们是做不到的。

第三，索赔不能只是金钱的补偿，很多的伤害，尤其这么长时间的伤害，不是金钱能够弥补的。必须得对当年的罪行有追究，赔偿的结果是能够保证历史的悲剧不再发生。当年，张伯苓在得到南开被炸的消息时说："教育是立在精神上的，而不是立在物质上的。"我们现在的索赔也应该如此。我们保留着随时向他们的罪行追偿的权利。

为什么要保留追偿的权利？张元龙有自己独特的观察和思考：

我还要说一件属于揭秘性质的历史事实。2013年8月6日，日本下水了一艘直升机驱逐舰，然而无论在吨位还是在技术上，它都超过了英国和西班牙等国的现役航母。更重要也更微妙的是，它叫"出云号"。早在1896年，拿中国满清政府的巨额赔款建造的一艘装甲巡洋舰，就叫"出云号"。后在淞沪战争中，这艘"出云号"用大炮轰击上海城区。当时中国军民千方百计地想把它打沉，结果都是无功而返。最后，南开中学毕业生、空军飞行员沈崇诲，用自杀式轰炸的方式将其重创。

这个历史事实的另一条线是，俄国有一艘巡洋舰叫"瓦良格号"，1904年2月9日遭到日本海军的袭击后自沉。而击沉"瓦良格号"的就是"出云号"装甲巡洋舰。苏联建国后，又建了一艘航空母舰还叫"瓦良格号"，而这个"瓦良格号"就是中国第一艘航母"辽宁号"的前身。

而且，全世界都知道，8月6日是广岛原子弹爆炸的日子，被特意命名为"出云号"的直升机驱逐舰选择这一天下水……其用心耐人寻味。

今天我说这件事的目的，就是提醒我们一定要正视日本军国主义正在复活这个现实。日本政府至今没有对侵华战争做过深刻反省并承担应负的责任，中国与日本间的战争赔款问题也没有真正解决。如果这些问题都不解决的话，不管钓鱼岛问题，还是东海问题，都将缺少互信的基础。

我的看法，战争不能是我们唯一的选项。所以我们要积极挖掘历史真相，希望获得日本有识之士，热爱和平的人士的共识。我们挖掘、思考的这些东西应该能够启发中日两国的政治家和精英的智慧和良知。为避免中日第三次战争的发生，日本要自省，中国要自强。在对日索赔案中，有慰安妇的索赔，有潘家峪惨案一个村的索赔，还没有一个文化教育机构为诉讼主体的索赔。我希望通过南开索赔议案的推进，以文化和教育的方式，开启与日本以及世界进行深层沟通的渠道。我无法预测最终的结果，但是这些话、这些事必须要说要做，并且要把它当作历史记载下来，要让亲历者、亲闻者的记忆，成为历史的记忆，成为国家和民族的集体记忆。①

为此，在2015年的全国政协大会上张元龙提交了《关于在中国设立审理对日战争索赔的专事法庭的提案》，基于以下几点思考：

首先，索赔的权利不是问题。1972年签订的中日联合声明中，中国放弃的是对日索赔的“要求”，而不是“权利”。战争赔偿的权利不会灭失的。而且，中日联合声明签订的前提是日本放弃军国主义路线。现在日本逐渐复活军国主义路线，破坏了中日联合声明的前提条件。因此，对中国对日索赔的权利和要求均可重申，国家的索赔权利俱在，何况民间索赔权利更是毋庸置疑。

其次，管辖权也不成问题。根据纽伦堡和东京法庭审判结果及联合国规定，受害国对战俘罪犯有管辖权，特别是人身伤害、财产损失不得援引国家豁免权的条例。而且已有国家立法支持管辖权，如美国加州以

---

①《张伯苓后人张元龙：南开为中国牺牲　为和平永生》，《每日新报》，2014年7月29日。

及韩国大法院的胜诉判决等。诉讼时效更不是问题。日本民事赔偿请求权为20年，但是战争为非民事行为，国际公约中规定，对战争罪行的追究，是不适于诉讼时效限制的。

再就是日方应诉问题。事关国家的尊严和国家的责任、人民的尊严和人民的权利，不管日本是否会到中国应诉，在中国对日本罪行的审判重在对历史的记忆，其过程比结果更重要。对历史事实的认定是最终历史问题解决的基础。随着时间推移，当事者逐渐老去，不把历史记忆留住，我们将是历史的罪人！[①]

正是怀揣着民族正义感和历史的使命感，张元龙四处奔走，接受天津电视台的专访，全力支持《长城抗战》专题片的摄制。

对于青年人，张元龙更倾注了巨大的心血和热情，帮助学生、学者更加主动地追寻和认识历史真相。2014年8月18日，他出席了由南开大学研究生院、历史学院和长治学院历史文化与旅游管理系联合主办的“抗战历史的新史料与新解读”硕博士暨青年学者学术论坛，在南开大学范孙楼，他与来自中国大陆、中国香港、中国台湾及英国、美国的南开大学、天津师范大学、北京大学、北京师范大学、首都师范大学、南京大学、兰州大学、郑州大学、河北师范大学、西南大学、长治学院、香港中文大学、台湾政治大学、台湾东华大学、美国俄亥俄大学等知名院校的50余位硕博士研究生及青年学者济济一堂，分享抗战史研究的发现，并对青年学者、学生们寄予厚望。

2015年8月1日，张元龙出席由南开大学研究生院、历史学院、马克思主义学院和安阳师范学院历史与文博学院联合举行的长城抗战暨抗战胜利70周年高层学术论坛，与来自20余所海内外知名院校及研究机构的50余位学者，特别是国民革命军二十九军军长宋哲元之外甥女、天津师范大学历史文化院教授李惠兰，卫立煌将军之孙卫智，中共黑铁山抗日武装起义指挥姚

①张元龙：《南开为中国而牺牲》，南开大学党委宣传部、南开大学校史研究室编：《抗战烽火中的南开大学》，河南大学出版社2015年版，第453页。

仲明之子、美国波士顿大学博士姚西伊，中国社科院《历史研究》主编李红岩、南开大学副校长朱光磊，历史学院院长江沛，安阳师范院历史与社会发展学院书记常全喜、副院长刘朴兵等人深入交流。在开幕式上，他以大量的事实，进一步揭露了日本侵略者采用疯狂的手段轰炸、烧毁、掠夺南开的罪行，并且剖析日本侵略者炸南开的深层原因。南开学校具有爱国传统，1931年，“九一八事变”后，接收东北沦陷区的学生；1933年1月长城抗战自榆关爆发后，张校长带头捐款，名列捐款者名单之首，在天津乃至全国率先垂范，鼓励师生捐款、捐物，并送到前线，受到抗日将领和各界人士的拥戴。就连厦门大学教职员救国会也委托张伯苓代购白布裤褂400套送往前线。《大公报》4月5日刊登的宋哲元的鸣谢特别提到了这一点。当大量难民涌入天津时，张伯苓又出面组织了天津自卫治安会，负责维护天津城市的安全以及安顿难民的工作。天津《益世报》对张伯苓等人的善举进行了报道。1934年，在天津举办的第18届华北运动会上，南开的啦啦队在日本天津驻屯军司令官梅津美治郎的眼皮底下，用手旗打出“勿忘国耻”等标语、口号，散发抗日传单，表达爱国心声。当著名记者爱泼斯坦追问为何要轰炸举世闻名的高校时，日本侵略军的军官毫不掩饰地说：“南开大学是反日的基地”“南开学生是反日的，是共产主义者。他们常常找我们的麻烦。”然而，有关长城抗战、南开等高等院校与抗战的研究目前还不够充分。因此，张元龙特别呼吁并大力倡导、参与开展相关领域的研究。

8月31日，张元龙出席在北京光明日报社举行的《东北地理教本》重印版首发式暨学术研讨会。《东北地理教本》一书是在张伯苓的大力倡导下，由南开学校地理教员傅恩龄编写；沉睡80多年后，经过张元龙等人的努力，在南开大学出版社重新影印出版。他欣然撰写序言，详细阐明此书的编纂过程：

> 从1927年8月到1929年8月，南开学校至少组织了四次大规模的东北实地考察。其间，师生们搜集了大量资料，撰写了大量调查报

告、论文。《南开双周》上开辟了“东北研究”专栏，发表调查成果。“九一八事变”后，还出版了“日本问题专号”，专门刊登有关东北问题的文章，如:《东北现在的交通》《东北金融之现在及其将来》《东北与外交》《东北社会情形及教育设施之概况》《日本对中国之侵略政策》《日本之中国研究与中国之日本研究》《日本新旧思想之变迁》《日本政党史及最近各政党之现状》《中日俄与东三省》《我们要从日本人底铁蹄下夺回东三省的自由》《收复东北是可以等待的事吗?》等。

这些调查研究的成果，后来构成了《东北地理教本》的内容。根据何炳棣的评价，在这部《东北地理教本》中，南满铁路的统计资料是国际驰名的。这部南开独有的讲义，无论从质从量的水准看都是胜于当时国内外所有地理教材中有关东北资源的部分。试想：世界上有哪个中学能在严重国难爆发三个月之内即能编印完成一部像《东北地理教本》这样最关宏旨最切时需要的爱国教材呢!

对于这部诞生在抗日烽火岁月，84年后重新影印出版的教材，张元龙深刻阐释了其多重价值和意义：

《东北地理教本》并不仅仅是一本教材，除了它自身的教育意义、学术意义以外，还充分显示了其特有的社会意义、舆论意义，尤其是在当时国际背景下、中日关系中的政治意义。例如，《东北地理教本》在“结论——东北问题之解决方策如何”一章中深刻指出：“尚有一事，亦须注意：日人经营东北之政策，现已改用组织力，资本，及技能之三者，拟将征服一切。吾国人民亦应洞察其计，努力扩张及充实，学校及社会教育，而亦以组织力，资本，及技能之三者，与之相对抗。”

不仅如此，《东北地理教本》不仅专辟一章详细论述“东北与国际之关系”，还直接把东北问题当作国际问题，甚至准确预言了第二次世界大战，教本指出：“东北不幸，国家不幸，竟成为国际间之问题，且有人还称为‘东洋巴尔干’，并曰：‘东北日人俄人与华人之势力，失其均衡之时，恐即第二世界战争开始之时。’”1939年第二次世纪大战爆发，1941年日本迫不及待地偷袭珍珠港，固然有太平洋战略的考虑，但也一定与日本对美国在中国东北处处对其制约的记恨有关。由此亦可见，中国是世界上最早开始反抗法西斯侵略国家，中国本土是亚洲反法西斯的主战场，中国在世界反法西斯战争中的地位和作用是不容忽视和低估的。

在他看来，《东北地理教本》虽然广泛涉及地缘政治、经济、历史、社会以及地理诸多方面，但是随处饱含着对民族尊严、国家主权和政体屈辱的忧患、忧愤和忧思。例如，“辽东半岛日本租界地”一章开篇道：“甲午一役辰巳一役，皆与此间租借历史有重大之关系。俄既得之而复失之，日本始得之，继失之，终复得之，而为主人者，乃袖手作壁上观，一听他人之争夺劫杀而莫能置喙于其间，亦可哀矣。”再如，“东北与国际之关系”一章，论及日俄战争之后：“不但俄人在东北一切权利，移于日本，且又加多……是我中国虽名中立，实甚于战败，是尤不平等条约中之不平等者也。”个中情怀，用教本中言，即“诚国民创巨痛深，寤寝难忘者也”。如今，中国早已结束了那段屈辱的历史，中国人的站起与中国的崛起开创了全新的世界格局。唯此，我们不能放弃对那段历史的思考，更不能忘记。

今天审视《东北地理教本》，更发人深省的，是其中坚定的理性态度。教本指出：“努力于建设事业，但不存敌忾心，亦不做徒然刺激日俄人之言行。态度光明正大，勿存过激及侥幸之心理。”“经济上实行门户开放，机会均等主义。使吾国及世界各国人士，得以自由发展。”“对于任何外人，应存光明正大的心理，不应对其生有压迫心理，亦不应受外人对于吾国所有强国心理之恶影响。”这是真正的大国思维，不恃强凌弱，也不临强示弱。

在座谈会上，张元龙不仅再次明确指出：“《东北地理教本》表明，南开是最早发现、最早揭露日本军国主义图谋我国东北的野心的，也是最积极地以社会和学校教育的方式参与抗争的组织群体。”而且还特别强调“这本书也同时启发我们，中国的抗战历史要提前、延伸到‘九一八事变’之前”。[①]

9月25日，南开系列学校“南开与抗战”座谈会在天津南开大学省身楼举行。张元龙感慨良多，对南开大学校长龚克在今年新生开学典礼的演讲中，要求新生“从认识抗战烽火中的南开开始，去了解我们的学校是怎样被侵略者夷为焦土及其前因……进而认识南开的全部历史，以真正理解……什么是南开人对民族、对世界、对人类的历史担当和社会责任”给予很高评价，认为这是非常明智的。对所有中国人来说，他提出也应该把20世纪的抗战放在中华民族的悠久历史和遥远未来中思考。紧接着，他和与会者分享了自己的思考是：

> 中华民族五千年历史，历尽磨难，遭到强邻、列强欺侮，几近亡国亡种，但总能在磨难中生存、在烈火中重生、在毁灭中崛起。一定是在民族文化中有很多倔强的根在支撑着我们。我以为，其中之一是中华民族那种“士”的精神，之二是高度的理性精神。这两种精神可以用孔子的两句话来概括：“以直报怨，以德报德”“士不可以不弘毅，任重而道远。”一百多年前的中国知识分子，秉承民族精神，为挽救民族危亡，毅然选择教育救国道路的壮举。这其中，严范孙、张伯苓就是中国“士”的典型代表，并且，他们通过教育事业把这种精神传承至今。今后，还是要靠教育把这种精神传承下去。

他深切地感受到：此次座谈会促进了对南开精神、南开与抗战、南开与中国等问题的深入研究。此前大家一直在探讨一个问题，就是为什么日军要

① 《东北地理教本：印在教材里的民族记忆》，《光明日报》，2015年9月1日。

轰炸南开、为什么南开不出汉奸，现在我们得出的结论是教育的力量，这是中国的一种“士”的精神。南开不仅仅是天津的、现在的，应该是世界的、历史的，它具有一种中国文化的力量。和平无疑是未来的方向，南开曾经为中国牺牲，今天还应该为和平而努力。具体来说：

> 南开被炸距今已 78 年。78 年过去，南开人和中国人在烈火和废墟中站起来了！但日本人使用逼迫我们付出的巨额赔款，逃避应该给我们的巨额战后赔偿。我们没有听到他们对南开受害者道一声歉，没见到他们为南开受害者付出一分钱！我们向往和平、准备宽恕，但是，无原则的宽容换不来永久的和平，中日历史恩怨的终结必须要以认定真相、追究责任、经济赔偿的方式了结。中日之间出现的令人焦虑的趋向，历史遗留问题是重要原因！背负历史的包袱，中日均无法远行。当年南开作为一所民间文化机构，被炸毁，被掠夺，金钱的赔偿只能作为善意的表示，根本无法弥补对我们的伤害，只有通过中日双方在共识的基础上，在历史的废墟上，搭建一座民间的教育文化的沟通平台，才能开始中日共同为世界和平发展努力贡献的新篇章。
>
> 当年，我们曾以文化教育反抗侵略，如今，我们应以文化教育促进和平！①

张元龙在言谈话语间，颇有几分其祖父的风范。而令其引以为傲的也还是祖父张伯苓以及南开系列学校，经过细心体会，可谓得其真谛，“我的祖父张伯苓有强烈的民族意识和国家观念，但他从来都不是一个狭隘的民族主义者和国家主义者。他最早到日本考察教育，后来又到美国留学。他的抗日救国，不是因为仇外，而是因为日本凌强欺弱的侵略行径。他的教育救国，也不是一种急功近利，而是一种远见卓识，希望中国最终自强于世界民族

①张元龙：《在南大“南开与抗战”座谈会上的发言》（未刊稿）。

之列”。[①]

在张元龙看来，大学者，应该有大楼、大师、大事、大义和大量杰出的校友！他直言不讳地说，“评价一个学校的水平，重要的是它为社会和世界培养了多少杰出校友，不管大学、中学都是一样。因此，校友就是学校最重要的财富。今天南开全球校友大会就是南开学校成绩的展示，必将在南开的史册上留下重要一页！”对于南开的活动，他热心参与，对于南开的历史经验，他也十分熟悉，简直是如数家珍，可以一一道来。

其一：

张伯苓是南开学校的校长，作为校长，除了教学，他的另一个主要任务是为学校募捐。然而，他同时也曾经是中国另外28个学校的董事或董事长。据不完全统计，从1917年到1948年，张伯苓催请捐助的函电，超过200次。其中有不少次是为帮助其他组织或个人。张伯苓出席与南开学校没有直接关系的会议共380多场，各类讲演、报告、讲话，共482次。张伯苓担任的社会职务共有209个，大到“国民参议会副议长”和“中华教育文化基金董事会”董事长，小到“未能归家学生组织暑假乐群会”的名誉总干事。其中，除了教育和体育之外，还涉及宗教、文化、外交、禁毒、废娼、灾害等众多社会领域。[②]

其二：

南开曾有一条重要的经验，就是“私立非私有”。南开是社会的，她曾是中国最成功的公益项目。据不完全统计，南开自1904年至1950年，起码获得80余名独立捐款人、14家机构、4个校友会、5个政府机构的

①张元龙：《南开为中国而牺牲》，南开大学党委宣传部、南开大学校史研究室编：《抗战烽火中的南开大学》，河南大学出版社2015年版，第452页。

②张元龙：《在纪念张伯苓诞辰140周年座谈会上的致词》（时为2016年4月5日，未刊稿）。

捐赠，总量达150笔之多。严范孙捐得最多，几乎倾尽家财，鲁迅虽然只有4元，但对南开支持的态度是鲜明的。从严范孙、王奎章到胡适、鲁迅，从袁世凯、徐世昌到黎元洪、李纯，从张学良、傅作义到卢木斋、卢作孚，以及中华教育基金会到洛克菲勒教育基金，计募得：银4.25万两、金1.02万两、美元4.7万元、公债40万元、银洋1100元、现大洋6368元、墨银15元，以及后来以十亿元计的法币、国币、金圆券。再加上耀华的玻璃、启新的洋灰、开滦的煤，再加上土地、房屋、设备，以及账上的汤圆千枚，如果要想折合成现在的人民币，恐怕南开经济学院要立个项。因此可以说南开是中国历史上最成功的众筹公益项目。

最值得注意的是校友捐款。比如，1944年1月发起的“伯苓四七奖助金”活动，预定目标是到4月5日募款110万元。结果到当天，募捐达到470万元。到7月17日活动最后结束时，募款总数超过了600万元，创造了当时国内教育捐款的最高纪录。以校友捐赠为办学经费来源，是美国哈佛、耶鲁采用的方式，南开70年前就已成功实践。[①]

近来，张元龙也在深思为什么会有这么多的社会贤达和校友为南开学校踊跃捐资呢？对于这个问题，张元龙以为用1935年6月23日在“三六”募款庆成会上张伯苓的致辞作为答案最为精辟。张伯苓当时就说：“我一向主张要公不要私，三六募款之所以成功，一方面是校友诸君热心母校，同时也是公而不私的缘故。比如，诸位要是募三万六千元钱来纪念我六十岁，我相信结果一定不是如此；假如这笔款的用途不是用之于为公的奖学金，结果也不会如此。”因此，张元龙真切地感到：南开的成功，就在一个“公”字。[②]

作为南开学校的创办人，严范孙曾因“张伯苓薪俸并未增加，殊觉不安”多次以“校长薪金太廉”，提议董事会加薪，均为张伯苓婉拒。张伯苓则感叹

---

①张元龙：《南开学校是当时中国最成功的公益项目——在南开校友总会第六届理事会2016年（扩大）会议暨第三届全球南开校友会论坛上的致词》（未刊稿）。

②张元龙：《在纪念张伯苓诞辰140周年座谈会上的致词》（时为2016年4月5日，未刊稿）。

严范孙“可惜身体太弱——也难怪，书房的环境，身体如何能好——七十岁便故去了”。他们两人，或倾尽家财，或不治家产，都是“内无余帛，外无盈财”，这正是他们化私为公的写照。对此，张元龙深有体悟。故而他不仅以张伯苓的两句话：“私立非私有，留德不留财。”作为自己的座右铭，而且将这两句话制成一对镇纸，送给朋友、师生。因为这两句话不仅“描述了严范孙、张伯苓所代表的一代教育先驱们的所做所求，也应该是我们今天的所思所求，因为其中包含了关于公与私的深刻启示”。[①]

对于南开学校的师生，张元龙也是充满敬意。在《杨石先教育思想研讨会暨纪念诞辰120周年座谈会》上，他做了一个发言——《南开精神的伟大实践者和传承者》，谦恭地写道：

> 我与杨石先先生接触不多，记得当年我姐姐考取南开大学后，杨先生第一时间亲自到我们家报信，临走时，是我送他出来的。据我姐姐回忆，他对杨石先先生佩服至极，杨先生也是全校学生最崇拜的偶像。每年入学式，大家都盼望听杨先生讲话。他的语调平稳，没有废话。那时会场分散在几个食堂。我姐姐他们离主会场很远，好多人偷跑到主会场去，为了看杨先生一眼。我姐姐跟我说，“文化大革命”时武斗，杨先生的家靠近武斗最激烈的第一教学楼。学生要他避难，他坚决不走，因为家里有他的研究资料。我姐姐她们偷偷到他家门口张望，看见杨先生背着手站在窗前，看着正在武斗的大楼，平静而肃穆。我姐姐说，那时她非常感动，只有他这样的学者才有这样气魄。根据杨先生学生的回忆，杨先生被批斗时的，也是沉默无言，昂然而立，目光凝重。[②]

此外，张元龙还继承了祖父张伯苓在天津中华基督教青年会所开创的事

①张元龙：《在纪念张伯苓诞辰140周年座谈会上的致词》（时为2016年4月5日，未刊稿）。

②张元龙：《南开精神的伟大实践者和传承者——杨石先教育思想研讨会暨纪念诞辰120周年座谈会发言》（未刊稿）。

业。作为理事长，他除组建青年会文化培训部，先后开设了英语、日语、俄语、德语、书法、口琴、烹饪和职业技能培训，开发了免费少儿声乐班和初中、高考助学讲座等活动，下设 YMCA 青年合唱团、YMCA 少儿合唱团、YMCA 口琴乐团、YMCA 东方明珠服装服饰表演团、YMCA 吉他俱乐部、YMCA 老年文学社、YMCA 烛光画社、YMCA 老友会等文艺团体，以及鹤童老人院、蓟县下营中学、文静里小区、天津师范学校、天津聋哑学校、西青区王兰庄街等服务基地外，还自 2005 年起由天津中华基督教青年会联合南开大学历史学院先后举办了“天津中华基督教青年会与近代天津文明”“天津中华基督教青年会与近代天津教育”“天津中华基督教青年会与近代天津体育”“天津中华基督教青年会与近代名人”“天津中华基督教青年会与社会服务”“青年会义工运动与当代志愿服务发展论坛”等主题的国际学术研讨会。支持天津中华基督教青年会联合南开大学、天津外国语大学、天津图书馆等学术机构，先后收集整理了《大公报》《益世报》中的青年会资料，选编了青年会历史刊物上的名人文章，编译了青年会外籍干事的报告、信件等外文资料，连同历次会议论文集，于 2015 年出版了《天津中华基督教青年会书系》[①]。不仅如此，他还为该书系撰写了序言，阐明青年会的宗旨及其特色，隆重推介这套融中外文原始资料和研究成果为一体的、近 400 万字的巨制：

> 中华基督教青年会也许是中国社会迄今为止历史最长的社会团体之一。我说的是那些具有组织结构、章程理念、持续的社会活动和保留完整的档案资料的社会组织。
>
> 当西方文明以宗教形式打开中国的大门时，受到中国民众和文化的抵制。但是青年会以基督的精神、不以传教为目的方式传播西方文明却引起中国一批敏感、好学之士的兴趣。他们是青年会的先贤。他们如饥似渴地学习、吸收、模仿这些文明，甚至包括基督那种献身社会的精神。他们也深知这种文明必须与中国实际相结合，这个组织必须由中国人推

①罗世龙、侯杰主编：《天津中华基督教青年会书系》，天津人民出版社 2015 年版。

动，解决中国的问题。这是最早的“三自”理念。他们终于实现了自己的愿望，这来自他们自己坚定的信念和他们老师的宽容。用四个字表达他们的努力最贴切，就是“洋为中用”。

我和我的小伙伴们于青年会百年之交加入这个组织，我们本着继承与发扬的精神，克服各种困难，收集整理了大量历史资料，并请专家学者就世界文明与中国文明的关系研究、撰写了大量文章。今天终于形成一部文献，奉献给社会。

我认为，中华五千年文明与世界文明的碰撞与融合是现代文明进步的动力，今天我们享受的文明成果中饱含着中国五千年文明与人类文明的基因。

当今中国经济已经深入地融合到世界经济之中，随着开放步伐，中国在各方面将更加融入世界之中。回忆和总结青年会百年历史，我们一定会以民族自信之心，张开双臂热情地拥抱丰富多彩的人类文明。[①]

在天津青年会120周年庆典上，张元龙全程参与，并出席了“天津中华基督教青年会书系”的首发仪式，向为该书系做出卓越贡献的单位个人颁送纪念牌和全书，与来自世界各地的嘉宾一道见证了这一庄严时刻。

①张元龙：《天津中华基督教青年会书系 · 序》，罗世龙、侯杰主编：《天津中华基督教青年会书系》，天津人民出版社2015年版。

附录一　张伯苓家族世系简表

张筱洲——张久庵——张伯苓（张寿春）
王淑贞
——张锡禄（又名希陆）
张淑贞
——张媛美（女）、张媛和（女）
张媛庆（女）、张媛华（女）
张媛青（女）
——张锡羊
叶磊泽
——张媛贞（女）、张元兢（又名元敬）
张媛荣（女）、张元圣、
张媛萍（女）、张媛玲（女）
——张锡祚
瞿安贵
——张媛良（女）、张元龙
——张锡祜

——张彭春
蔡秀珠
——张明珉（女）
——张新月（女）
郑师拙
——郑宗舜（女）、郑盛华、郑盛杰

——张晨钟（又名辰中）
玛菊丽
——张元苓（女）、张元平（女）
张元中、张元春（女）
——张远峰
瞿汉平
——张清音（女）、张允苓

——张祝春
马千里
——马秋官、马珠官（女）
马翠官（女）、马桂官
马宝官（女）、马琪官（女）

附录二　张伯苓家族年表

1804 年（清嘉庆九年）　张伯苓祖父张筱洲生于天津。张筱洲，名虔，后弃商从儒，成为国学生。

1834 年（清道光十四年）　张伯苓父亲张久庵出生。张久庵，名云藻，擅长骑射，精通乐器，时人称其为“琵琶张”。

1842 年（清道光二十二年）　张筱洲去世，时年 38 岁。

1876 年（清光绪二年）4 月 5 日　张伯苓生于天津。张伯苓，名寿春，字伯苓，后以字行。

1882 年（清光绪八年）　父亲张久庵亲为张伯苓启蒙，后送入同族张竹坡家馆附读。

1883 年（清光绪九年）　张氏家馆告停，张伯苓入刘姓义学读书。

1884 年（清光绪十年）　四妹张祝春生于天津。张祝春，字冠时。

1891 年（清光绪十七年）　张伯苓考入天津北洋水师学堂。

1892 年（清光绪十八年）4 月 22 日　五弟张彭春生于天津。张彭春，又名蓬春，字仲述。

1895 年（清光绪二十一年）　张伯苓从北洋水师学堂毕业，回家等候派遣。是年冬，与安氏结婚，几天之后，安氏因病去世。

1896年（清光绪二十二年） 张伯苓续娶天津世家女王淑贞。是年，在海军“通济”舰服役。

1898年（清光绪二十四年） 张伯苓亲历国帜三易，不久从海军退役，受天津社会名流严范孙礼聘，主持严氏家馆，教授西学。

1900年（清光绪二十六年） 八国联军占领天津。张伯苓偕家人到严范孙府中避难，两子染病卒。张彭春侥幸痊愈。

1901年（清光绪二十七年） 张伯苓受王奎章之邀，兼授王氏家馆。是年，张伯苓长子张锡禄出生，后改名希陆。

1902年（清光绪二十八年） 张伯苓任教于严氏女塾。

1903年（清光绪二十九年） 张伯苓东渡日本，参观考察教育。

1904年（清光绪三十年）10月17日 张伯苓成立天津私立中学堂。是年，张伯苓再次东渡日本考察教育。

1906年（清光绪三十二年） 天津士绅郑菊如将大约10余亩土地捐给私立中学堂。

1907年（清光绪三十三年） 私立中学堂迁入新校舍。张伯苓次子张锡羊出生。

1908年（清光绪三十四年） 张伯苓赴美国参观考察教育。张伯苓三子张锡祚出生。

1909年（清宣统元年）10月17日 张伯苓亲自主编、导演的话剧《用非所学》上演。是年，张伯苓皈依基督教。张伯苓之父张久庵去世。

1910年（清宣统二年） 张祝春与马千里在普育女学礼堂举行新式婚礼。张彭春赴美留学。

1911年（清宣统三年）10月10日 武昌起义爆发。是年，私立中学堂改为公立南开中学堂，以“南开”为校名实始于此。

1912年（民国元年） 公立南开中学堂改称私立南开学校，张伯苓任校长。

1913年（民国2年） 张彭春获得克拉克大学文学学士学位，旋即入哥伦比亚大学研究院攻读硕士学位。张伯苓四子张锡祜出生。

1914 年（民国 3 年） 张伯苓组织本校爱好新剧之师生成立南开新剧团。

1915 年（民国 4 年） 张伯苓在南开增设英语专科，后停办。张彭春在美国以英文创作《灰衣人》《外侮》《醒》三剧。

1916 年（民国 5 年） 张伯苓当选为华北体育联合会会长。张彭春获得哥伦比亚大学教育学与文学硕士学位。

1917 年（民国 6 年） 张伯苓赴美国入哥伦比亚大学师范学院研修教育，张彭春任南开中学代理校长。

1918 年（民国 7 年） 张伯苓自美国归来，筹建南开大学。

1919 年（民国 8 年） 南开大学正式成立。

1920 年（民国 9 年） 张伯苓迫于政府当局的压力，勒退了周恩来等 26 名参加爱国运动的学生。张彭春结识纽约私立瓦萨女子大学学生蔡秀珠。

1921 年（民国 10 年）5 月 24 日 张彭春和蔡秀珠在纽约结婚。

1922 年（民国 11 年） 张伯苓在天津八里台另建新校舍。张彭春长女张明珉出生，后因病致残。

1923 年（民国 12 年） 南开女中正式成立。张彭春就任清华教务长，负责清华改革事宜。张彭春次女张新月出生。

1924 年（民国 13 年） 南开发生“轮回风波”，引发罢课风潮。张伯苓离开南开。

1925 年（民国 14 年） 经南开校董调解，张伯苓回校，学生道歉，“轮回风波”终结。

1926 年（民国 15 年） 张伯苓在南开开设“社会调查”社会实践课程。

1927 年（民国 16 年） 张伯苓成立满蒙研究会，后更名为东北研究会。

1928 年（民国 17 年） 张伯苓提出以“土货化”为南开日后发展的根本方针。是年，南开小学正式成立。

1929 年（民国 18 年）3 月 15 日 南开校父严范孙逝世。

1930 年（民国 19 年） 张彭春受梅兰芳聘请，担任赴美访问的梅剧团导演，演出获得巨大成功。

1931 年（民国 20 年）　“九一八事变”爆发。9 月 20 日，张伯苓表明抗击日本侵略的坚定态度。

1932 年（民国 21 年）　南开大学开始接受国民政府的补助。

1933 年（民国 22 年）　山海关失陷。张伯苓亲笔致函抗日前线将士，鼓励他们“努力杀敌，为国争光”。

1934 年（民国 23 年）　张伯苓宣布南开校训为“允公允能，日新月异”，以培养学生“爱国爱群之公德，与夫服务社会之能力”。张锡祜从杭州笕桥空军学校毕业。

1935 年（民国 24 年）　张彭春再次担任梅剧团导演，前往苏联交流访问，获得巨大成功。

1936 年（民国 25 年）　重庆南渝中学成立，张伯苓任校长。

1937 年（民国 26 年）　日本侵略军将南开大学、中学、女中、小学摧毁殆尽，张伯苓表示坚决抗战之决心。张彭春出国宣传，争取外援。张锡祜在执行抗战军事任务中机毁人亡。

1938 年（民国 27 年）　由北京大学、清华、南开联合组建的国立西南联合大学在昆明成立。蔡秀珠带着四个孩子辗转到达昆明。

1939 年（民国 28 年）　张彭春在美国华盛顿发起组织“不参加日本侵略委员会”（American Committee For Nonparticipation In Japanese Aggression），并推动美国废除《美日商约》。

1940 年（民国 29 年）　张伯苓参加第一届国民参政会第五次大会。张彭春出任驻土耳其全权公使。张明珉和张新月随四姨迁居上海。

1941 年（民国 30 年）　张伯苓当选国民参政会主席团成员。

1942 年（民国 31 年）　张伯苓开始筹划南开复校事宜。张彭春代表中国政府与伊拉克签订友好条约，后调任驻智利全权公使。

1943 年（民国 32 年）　张伯苓写信对南开大学便将人文研究室的研究成果表示赞扬，并对南开未来发展表示希望。

1944年（民国33年） 国民政府为褒奖张伯苓终身从事教育，颁予一等景星勋章。张伯苓为南开中学建校四十周年撰写纪念文章《四十年南开学校之回顾》。

1945年（民国34年） 张伯苓决定申请第十五届奥林匹克运动会（1952年）在中国召开，成为我国申办奥运第一人。日本无条件投降后，张彭春到天津巡视南开学校收复事宜。

1946年（民国35年） 张彭春代表中国政府参加在伦敦举行的第一届联合国大会。南开大学改为国立，张伯苓仍任校长。

1947年（民国36年） 张伯苓返抵天津，亲自视察南开校园。

1948年（民国37年） 张彭春代表中国担任联合国新闻自由会议的首席代表。张伯苓出任国民政府考试院院长，并被迫辞去国立南开大学校长职务。张伯苓幼孙张元龙出生。

1949年10月1日 中华人民共和国成立。是年，张伯苓把重庆南开中学、小学及幼儿园全部献给国家。

1950年5月 张伯苓由重庆北上北京，周恩来前往探望。

1950年9月 张伯苓回到天津，与三子张锡祚一家同住。

1951年2月23日 张伯苓在天津寓所病逝，享年76岁。是年，张伯苓长孙女张媛美毕业于南开中学。

1952年 张彭春从联合国退休。

1953年 张希陆参加北京石油学院数学教研室的筹建工作。

1954年 张彭春到华盛顿以南一带旅行。

1955年 张媛美毕业于北京大学，到上海体育学院任教。张伯苓孙女张媛贞毕业于南开大学。

1957年7月19日 张彭春因心脏病猝发在美国逝世，享年66岁。

1961年 张伯苓夫人王淑贞病逝于天津，享年89岁。张元龙考入南开中学。

1966年 张祝春逝世，享年82岁。

1968年 张元龙从南开中学毕业，随即赴内蒙古通辽市插队。

1978 年　张元龙考入天津大学自动化系学习。

1984 年　张媛美获得上海体育学院颁发的长期任教奖章和奖状。

1985 年　张媛美被授予“新中国体育开拓者”称号。张媛贞作为各民主党派、工商联为四化服务表彰大会的代表，在北京人民大会堂受到党和国家领导人接见。

1986 年 10 月 14 日　张彭春夫人蔡秀珠病逝于美国加州洛杉矶郊外公寓，享年 88 岁。

1988 年 11 月 5 日　张希陆在北京病逝，享年 88 岁。

1989 年　经天津市人民政府批准，张伯苓和夫人的遗体迁葬于南开大学张伯苓铜像之后的坟墓。

图书在版编目（CIP）数据

张伯苓家族 / 侯杰，秦方著 . -- 北京：新星出版社，2018.5

ISBN 978-7-5133-2701-5

Ⅰ. ①张… Ⅱ. ①侯… ②秦… Ⅲ. ①张伯苓（1876-1951）- 家族 - 史料 ②张伯苓（1876-1951）- 传记 Ⅳ. ① K820.9 ② K825.46

中国版本图书馆 CIP 数据核字（2017）第 150146 号

传记文库

张伯苓家族

侯杰　秦方　著

策　　划：彭明哲
责任编辑：杨英瑜
责任校对：刘　义
责任印制：李珊珊
装帧设计：冷暖儿

出版发行：新星出版社
出 版 人：马汝军
社　　址：北京市西城区车公庄大街丙3号楼　100044
网　　址：www.newstarpress.com
电　　话：010-88310888
传　　真：010-65270449
法律顾问：北京市岳成律师事务所

读者服务：010-88310811　service@newstarpress.com
邮购地址：北京市西城区车公庄大街丙3号楼　100044

印　　刷：三河市文通印刷包装有限公司
开　　本：660mm × 970mm　1/16
印　　张：31.5
字　　数：460千字
版　　次：2018年5月第一版　2018年5月第一次印刷
书　　号：ISBN 978-7-5133-2701-5
定　　价：66.00元